Auf einen Blick

Wir hoffen sehr, dass Ihnen dieses Buch gefallen hat. Bitte teilen Sie uns doch Ihre Meinung mit. Eine E-Mail mit Ihrem Lob oder Tadel senden Sie direkt an den Lektor des Buches: *stephan.mattescheck@galileo-press.de*. Im Falle einer Reklamation steht Ihnen gerne unser Leserservice zur Verfügung: *service@galileo-press.de*. Informationen über Rezensions- und Schulungsexemplare erhalten Sie von: *britta.behrens@galileo-press.de*.

Informationen zum Verlag und weitere Kontaktmöglichkeiten finden Sie auf unserer Verlagswebsite *www.galileo-press.de*. Dort können Sie sich auch umfassend und aus erster Hand über unser aktuelles Verlagsprogramm informieren und alle unsere Bücher versandkostenfrei bestellen.

An diesem Buch haben viele mitgewirkt, insbesondere:

Lektorat Stephan Mattescheck
Korrektorat Petra Bromand
Herstellung Denis Schaal
Layout Vera Brauner
Einbandgestaltung Mai Loan Nguyen Duy
Titelbild iStockphoto: 18512422 © fotofermer, 19627309 © smlharvey, 19856438 © Eric Isselée, 19856465 © Eric Isselée, 19987678 © studiocasper, 20340645 © Borislav Gnjidic, 14307484 © Borislav Gnjidic, 15762558 © Borislav Gnjidic , 5605995 © Kais Tolmats, 13094695 © Linda Steward, 15474251 © Marek Mnich, Veer 2466114 © MihaiDancaescu
Satz III-satz, Husby
Druck Beltz Bad Langensalza, Bad Langensalza

Dieses Buch wurde gesetzt aus der TheAntiquaB (9,35/13,7 pt) in FrameMaker. Gedruckt wurde es auf chlorfrei gebleichtem Offsetpapier (90 g/m^2).

Der Name Galileo Press geht auf den italienischen Mathematiker und Philosophen Galileo Galilei (1564–1642) zurück. Er gilt als Gründungsfigur der neuzeitlichen Wissenschaft und wurde berühmt als Verfechter des modernen, heliozentrischen Weltbilds. Legendär ist sein Ausspruch *Eppur si muove* (Und sie bewegt sich doch). Das Emblem von Galileo Press ist der Jupiter, umkreist von den vier Galileischen Monden. Galilei entdeckte die nach ihm benannten Monde 1610.

Bibliografische Information der Deutschen Nationalbibliothek:
Die Deutsche Nationalbibliothek verzeichnet diese Publikation in der Deutschen National-bibliografie; detaillierte bibliografische Daten sind im Internet über *http://dnb.d-nb.de* abrufbar.

ISBN 978-3-8362-3482-5
2., erweiterte und aktualisierte Auflage 2015
© Galileo Press, Bonn 2015

iPhone- und iPad-Apps entwickeln
Ideal für Programmiereinsteiger

Inhalt

3 Von der Idee bis in den App Store – die Theorie 121

4 Nachts ist jede Theorie grau 159

5 An der Oberfläche 209

6   Daten, Karten und das Netz   243

7   Die Außenwelt   293

8   Arbeit auf dem Gerät   319

9   Zeichnen wie ein Profi

10   Ab in den App Store

Vorwort

Wer hat sich bloß diesen Mist mit dem Fortschritt ausgedacht? Also vor allem, dass man gute Sachen immer noch besser machen kann und muss? Ja, Mister Jobs, Sie wollten sich gerade zu Wort melden? Ne, jetzt mal im Ernst – vor allem unter Steve Jobs galt Apple als eines der innovativsten Unternehmen weltweit. Gleich zwei grundlegend neue Dinge hat der Konzern seinerzeit auf den Markt gebracht: Das iPhone und das iPad – und mit beiden Entwicklungen die jeweiligen Märkte von hinten aufgerollt. Hinzu kamen eine Reihe von »One more things« – und die Hoffnung vor allem der Journalisten, alle halbe Jahre würde es etwas ähnlich Revolutionäres wie Smartphone oder Tablet-PC geben.

Und – Überraschung, Überraschung – das ist sogar so; auch nach dem Tod von Steve Jobs hat Apple sich seine Innovationsfreudigkeit erhalten. Nur dass viele Dinge jetzt nicht mehr so im öffentlichen Fokus stehen wie früher, denn es sind Veränderungen, die sich eben nicht so publikumswirksam in die Kameras der Weltpresse halten lassen. Die Umstellung des iPhones auf einen 64-Bit-Prozessor ist eine davon, das Zusammenwachsen von klassischem Desktop-Mac und Mobilgeräten eine Andere.

Und eine Dritte, durchgreifende Veränderung trifft uns ganz konkret, Sie und uns, die wir uns mit der Programmierung der Apple-Mobilgeräte beschäftigen. Im Sommer 2014 hat Apple eine neue Programmiersprache präsentiert. Sie trägt den Name »Swift« und soll vor allem Anfängern den Einstieg in die Programmierung ermöglichen. »Wunderbar – her damit«, werden Sie jetzt vielleicht sagen – aber da müssen wir Sie leider enttäuschen. Das heißt: Vielleicht ist das gar keine Enttäuschung.

Wir haben uns entschieden, in diesem Buch nicht auf Swift zurückzugreifen. Und wir haben uns die Entscheidung nicht leicht gemacht. Glauben Sie uns: Swift ist ein guter Ansatz, eine Sprache, die es noch weit bringen kann. Aber: Sie ist – in unseren Augen – noch nicht fertig. Es ist wie mit dem ersten iPhone 2007: Dass das Konzept ein Erfolg wird, war damals schon absehbar. Aber das erste iPhone konnte weder MMS verschicken, noch beherrschte es schnelles Mobilfunk-Internet und der App-Store für Anwendungen Dritter war auch noch nicht geboren. Mit Swift ist es ähnlich – hätten wir das Buch darauf aufgebaut, hätten wir Sie als Einsteiger in einer halbfertigen Lagerhalle absetzen müssen. Objective-C dagegen – die Sprache, die bisher ausschließlich für die Apple-Programmierung genutzt wurde – ist dazu im Vergleich der aufs Feinste ausgebaute Innenstadt-Wolkenkratzer; viele Stockwerke – und darin wohnen vor allem viele

Menschen, die man auch mal fragen kann. Objective-C hat nämlich schon gut 30 Jahre auf dem Buckel ... Swift muss erst mal wachsen und gedeihen, ehe es tatsächlich für Anfänger die richtige Wahl ist.

Ist es jetzt ein Nachteil, wenn Sie in diesem Buch mit Objective-C das Programmieren lernen? Nein. Denn beim Programmieren kommt es gar nicht so sehr auf die Programmiersprache an, sondern vielmehr auf die Denkweise, die Konzepte und Bibliotheken hinter dem Ganzen. Mit diesem Buch, da sind wir uns sicher, werden Sie Ihre ersten Schwimmübungen absolvieren können – wir begleiten Sie zum Seepferdchen. Und ob Sie dann später lieber kraulend oder als Rückenschwimmer an ihr Ziel kommen, das ist Ihnen überlassen. Mit anderen Worten: Wenn Sie dieses Buch erfolgreich hinter sich gebracht haben, können Sie sich auch Apples Einführungswerk zu Swift schnappen und sich in diese Programmiersprache einarbeiten.

Alternativ würde es uns natürlich sehr freuen, wenn Sie uns die Treue halten – es gibt bei Galileo Press nämlich noch ein weiteres Buch für die Programmierung von iPhone- und iPad-Apps. Das ist wesentlich dicker und vertieft Dinge, die wir in diesem Einsteiger-Band nicht oder nicht so ausführlich schildern können.

Davon abgesehen geht auch dieses Einsteiger-Buch außerhalb des Buches noch weiter – es gib nämlich eine eigene Internetseite zum Buch: *http://www.luftkissenfahrzeug-voller-aale.de*. Dort finden Sie nicht nur den Code zum Herunterladen, sondern auch weiterführende Informationen und insbesondere eine Liste von hilfreichen Informationsquellen. Falls das Buch also Fragen offen lassen sollte, gucken Sie doch einfach mal auf die Webseite; mit großer Wahrscheinlichkeit werden Sie dort fündig.

Wichtig ist uns auch Ihre Rückmeldung: Was können wir in künftigen Auflagen besser machen? (Ja, das mit Swift haben wir im Hinterkopf, versprochen!) Was gefällt Ihnen; an welchen Stellen haben Sie die Hände über dem Kopf zusammengeschlagen oder sich dieses Buch auf selbigen? Wir freuen uns über Lob und über jede sachliche Kritik.

Nordhalbkugel

Jörg Brunsmann & Klaus Rodewig
E-Mail: *die_zwei@luftkissenfahrzeug-voller-aale.de*

Kapitel 1
Ein kleiner Schritt ...

»Ich brauche mehr Details!«
Bruno Koob

Eigentlich könnte dieses Kapitel anfangen mit »Da stellen mer uns mal janz dumm: Wat is ene App?«. Aber weil das hier kein Spielfilm, sondern ein Sachbuch ist, lässt sich das Ganze wunderbar abkürzen: Eine App ist ein Computerprogramm. Punkt.

Das reicht Ihnen nicht? Sie wollen mehr darüber wissen? Okay, dann schauen wir doch mal, was die allwissende Wikipedia dazu zu sagen hat. Aber, Überraschung, Überraschung, das Stichwort »App« als solches gibt es da gar nicht mehr; Wikipedia unterscheidet inzwischen zwischen »App, Anwendungssoftware«, »Hybrid-App« und »Mobile App«. Da wir ja nun einmal für Mobilgeräte programmieren wollen, passt für uns am ehesten der Eintrag unter »Mobile App«. Here we go:

> »Als Mobile App (auf Deutsch meist in der Kurzform die App, eine Abkürzung für den Fachbegriff Applikation; [...]) wird eine Anwendungssoftware für Mobilgeräte bzw. mobile Betriebssysteme bezeichnet.

> Obwohl sich der Begriff App als Abkürzung von dem englischen Begriff Application Software auf jegliche Art von Anwendungssoftware bezieht, wird er im deutschen Sprachraum oft mit Anwendungssoftware für Mobilgeräte gleichgesetzt. Im Sprachgebrauch sind damit meist Anwendungen für Smartphones und Tablet-Computer gemeint.«

In diesen drei Sätzen sind schon ganz wesentliche Informationen enthalten. Zum einen wird damit die sprachliche Herkunft des Begriffs *App* deutlich – es ist die Abkürzung für Applikation oder, um es einfacher auszudrücken, Anwendungsprogramm. Was übrigens auch eindeutig zeigt, woher der Begriff kommt: Im englischsprachigen Raum ist *Application* als Begriff für ein Computerprogramm seit Jahren üblich; im Deutschen spricht man dagegen eher von Programm oder Software; nur manche Softwarefirmen, die besonders exklusiv erscheinen wollten, haben hierzulande schon vor Jahren geschrieben: »Hier können Sie unsere Applikationen kaufen.« Aber – auch hier hat Wikipedia Recht – erst mit dem Aufkommen der Smartphones und Tablet-Computer ist der Begriff App so richtig in Mode gekommen; niemand hätte in Windows-Zeiten gesagt: »Endlich ist Duke Nukem 3D draußen; die Spiele-App muss ich mir sofort kaufen.«

So richtig nachhaltig geprägt hat den Begriff Apple mit dem iPhone; schließlich heißt der Onlineshop für Programme bei Apple auch *App Store*. Dem Konzern passt das (wenn auch vielleicht eher zufällig) gut ins Konzept; besonders kurzsichtige oder mit der Materie nicht ganz so vertraute iPhone-Nutzer könnten aus App Store auch kurzerhand Apple-Store lesen – und dann im Sinne von Tim Cook auch gleich in das gleichnamige Ladengeschäft des Konzerns stolpern.

Andere Unternehmen haben ihren Softwareläden zudem auch deutlich andere Namen gegeben; unter Android heißt er beispielsweise *Play Store*; Microsoft nennt das Ganze *Windows Phone Store*. Wer App und App Store sagt, meint also – zumindest in den meisten Fällen – Apple und seinen Downloadshop (siehe Abbildung 1.1).

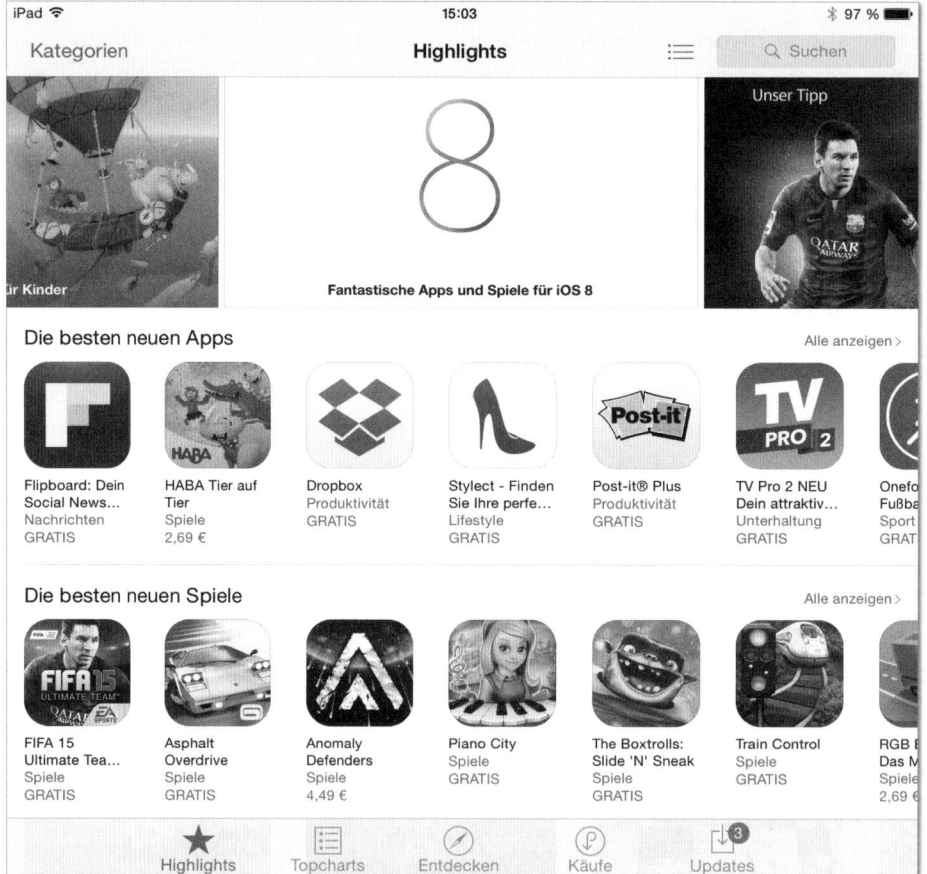

Abbildung 1.1 Apples App Store – in jedem iPhone und iPad fest eingebaut

Wie die Wikipedia mit ihrer Aufteilung des Begriffs App in drei Bereiche ganz richtig feststellt, wird der Begriff App – und damit auch App Store – immer unschärfer. Der große Erfolg der Smartphones schwappt nämlich langsam auch in andere Bereiche über und krempelt die Branche um – sowohl sprachlich als auch vom Geschäftsmodell her.

Da sind zum einen die zahlreichen Tablet-PCs, das iPad, aber auch etliche Modelle, die mit dem Betriebssystem Android arbeiten. Auch hier heißen die Programme Apps. So weit, so naheliegend, denn die aktuellen und erfolgreichen Tablet-PCs stammen von ihren Smartphone-Brüdern ab und haben somit weitestgehend die gleichen Software-gene. Inzwischen zieht die »App-Manie« aber noch weitere Kreise: Apple hat für sein Mac-Betriebssystem bereits vor einiger Zeit einen eigenen App Store ins Leben gerufen (siehe Abbildung 1.2). Ja, der heißt auch auf den »großen« Computern so! Und in Windows 8 ist der Windows Store enthalten, der ebenfalls direkt Software zum Herunterladen anbietet. Das ist deshalb eine kleine Revolution, weil die Hersteller der wichtigsten kommerziellen Betriebssysteme (Apple, Microsoft, Google) damit Aufgaben übernehmen, die eigentlich nicht zu ihrem Kerngebiet gehören.

Abbildung 1.2 Erfolgsmodell App Store – inzwischen gibt es ihn auch auf Mac-Computern.

Die Hersteller haben mit den Downloadshops einiges zu tun. Zum einen müssen sie den Shop selbst pflegen. Der ist deutlich mehr als nur ein Stück Software auf dem jeweiligen Gerät; ohne eine Anbindung an das Internet zum Herunterladen der Programme funktioniert die ganze Sache nicht. Die Hersteller brauchen also Rechenzentren mit einer entsprechend großzügigen Internetanbindung, wo die angebotenen Apps gespeichert und von den (hoffentlich) zahlreichen Kunden heruntergeladen werden können. Apropos Kunden: Viele Apps sind kostenpflichtig, das heißt, der Betreiber des App Stores muss noch weitere Aufgaben übernehmen: Er muss dafür sorgen, dass die Kunden bezahlen können – und das auch tun (siehe Abbildung 1.3). Sprich Apple & Co. müssen die komplette Rechnungsstellung und -abwicklung übernehmen und sich – falls jemand nicht zahlen will – darum kümmern, das Geld einzutreiben, und das sogenannte Inkassoverfahren übernehmen.

Abbildung 1.3 Die Betreiber der Downloadshops kümmern sich auch um das Eintreiben des Kaufpreises. Und das sind teilweise erhebliche Summen.

Für Sie als (angehenden) App-Entwickler ist das Fluch und Segen zugleich. Segen, weil Sie sich um viele Dinge nicht kümmern müssen. Einen eigenen Downloadshop einrichten, Kundenbestellungen erfassen und verwalten – gerade für kleine und mittlere Softwarefirmen ist das ein erheblicher Aufwand, der oft nicht im Verhältnis zum erzielten Gewinn steht. Auch wie oft Ihre App heruntergeladen wird, muss Sie zunächst nicht kümmern: Da gibt es keinen Provider, der meckert und mehr Geld verlangt, weil das Downloadlimit schon wieder überschritten wurde. Apple – das ist der Segen – übernimmt diese eher lästigen Nebenaufgaben. Dafür – und jetzt kommt der Fluch – verlangt Apple Geld und Einfluss. Und zwar recht kräftig: 30 Prozent der Einnahmen müssen Sie an das Unternehmen abtreten. Zudem gibt Apple die Spielregeln für den App Store vor. Bevor ein Programm zum Herunterladen bereitsteht, wird es von Apple geprüft. Welche Kriterien bei dieser Prüfung eine Rolle spielen, damit wollen wir uns in einem späteren Kapitel ausführlich beschäftigen.

Über die Regeln und Vorgaben von Apple können Sie sich jetzt aufregen, wütend an die Decke springen, Firmenchef Tim Cook oder wen auch immer verfluchen – es bringt nichts. Der von Apple kontrollierte App Store ist die einzige offizielle Möglichkeit, Software auf iPhone und iPad zu bringen und damit Geld zu verdienen.

Okay, stimmt nicht ganz: Es gibt den Jailbreak für das iPhone. Allerdings versucht Apple, es den Ausbruchskünstlern immer schwerer zu machen. Das scheint auch halbwegs zu gelingen, denn in letzter Zeit dauerte es nach der Veröffentlichung eines neuen Systems (oder eines Updates dazu) deutlich länger als früher, bis ein Jailbreak verfügbar war. Für iOS 8 gibt es zum Zeitpunkt, als wir dieses Buch geschrieben haben, noch gar keine Möglichkeit des Jailbreaks. Aber immerhin: Wer sein Gerät »geöffnet« hat, dem steht mit Cydia auch eine Software zur Verfügung, um Apps aus anderen Quellen zu installieren. Für Sie als Programmierer ist die entscheidende Frage: Wollen Sie einfach so aus Spaß an der Sache Apps programmieren, oder wollen Sie damit möglichst viele Apple-Nutzer erreichen und vielleicht auch ein bisschen Geld verdienen?

Jailbreak und der Zeigefinger

Bitte beachten Sie bei der Verwendung eines Jailbreaks, dass diese Modifikation von iOS so gut wie alle elementaren Sicherheitsmechanismen deaktiviert! Sie ziehen damit das Sicherheitsniveau Ihres iPhones oder iPads auf das eines Android-Geräts herab. ☺ Wir raten daher grundsätzlich davon ab, einen Jailbreak zu verwenden.

Wenn Sie bei Ersterem »Ja« gesagt haben, dann knöpfen Sie sich in diesem Buch vor allem die Programmierkapitel vor, lesen sich per Google das nötige Wissen an (siehe Abbildung 1.4), um Apps per Cydia anzubieten, und werden Sie glücklich, wenn Sie Ihren Freunden zeigen können, was Sie da an Apps auf die Beine gestellt haben.

Oder, um es mal anders zu sagen: Wenn Sie Erfolg mit Ihren Apps haben wollen und ein nennenswert großes Publikum erreichen wollen, dann kommen Sie um Apple und den App Store nicht herum, allen Einschränkungen und Regeln, die dort gelten, zum Trotz. Smartphones haben inzwischen den Massenmarkt erobert, nicht mehr lange, und es gibt die Geräte bei der Rubbellos-Lotterie zu gewinnen oder als Treueprämie beim Supermarkt Ihres Vertrauens.

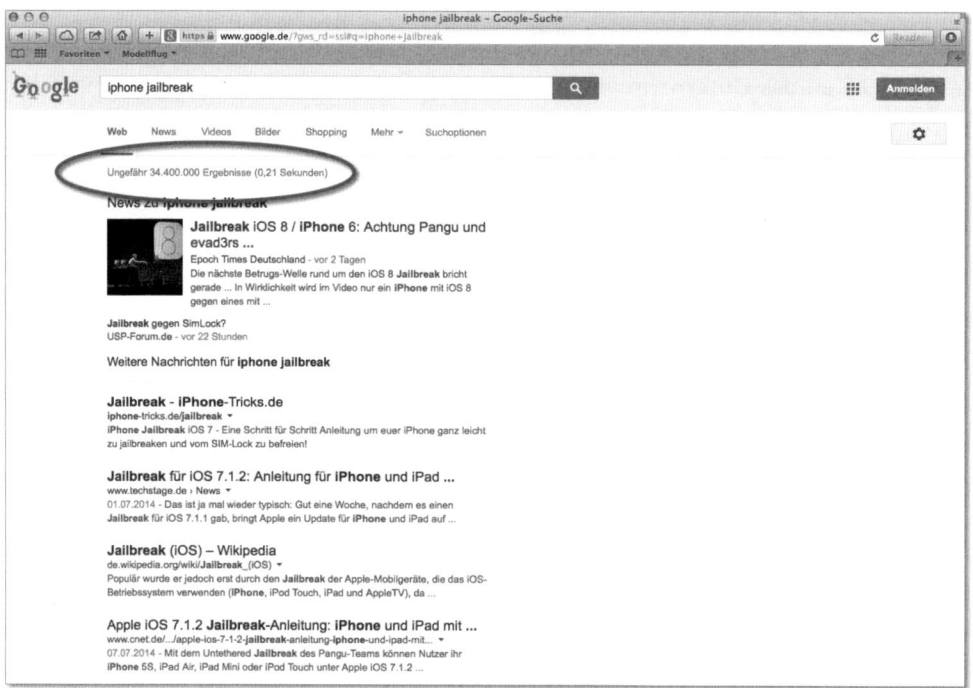

Abbildung 1.4 Die Versuchung ist offenbar groß: Google findet mehr als 34 Millionen Einträge zu »iphone« und »jailbreak«, darunter allerdings auch viele zum Thema »jailbreak rückgängig machen«. ☺

Und den meisten dieser Neubesitzer wird es völlig egal sein, ob und wie sie ihr Handy aufbohren können – sie wollen einfach nur, dass es funktioniert. iPhone-Jailbreaker kommen damit in eine Schublade mit Auto-Tieferlegern und Motor-Chiptuningfreaks: Kann man machen, ist vielen auch bekannt, dass es das gibt – aber zum Massensport wird das nicht. Auch deshalb, weil es unzweifelhaft Risiken gibt: Das Chiptuning kann den Motor an die Leistungsgrenze führen und dafür sorgen, dass er deutlich schneller den Geist aufgibt. Und der Jailbreak kann auch Schadsoftware den Weg aufs iPhone ebnen – Software, die Apple sonst im Vorfeld durch seine Prüfungen abgefangen hätte. Daher: Wenn Sie Erfolg mit Ihren Apps haben wollen, dann ärgern Sie sich nicht über Apple, sondern freuen Sie sich, dass Ihnen der Konzern einiges an Arbeit abnimmt. Ärgern können Sie sich immer noch, wenn Sie mit Ihren Apps so viel Geld verdient haben, dass nicht nur Apple die Hand aufhält, sondern auch Mama, Papa und das Finanzamt gerne was abhätten. Aber an der Stelle sind wir ja noch gar nicht.

1.1 Die Geschichte der Apps

Im Nachhinein betrachtet, könnte man fast meinen, Apple habe die Apps und den App Store eher zufällig entwickelt, jedenfalls nicht zusammen mit dem iPhone. Das erste iPhone kam Ende Juni 2007 auf den Markt; in Deutschland wurde es ab dem 9. November 2007 verkauft (siehe Abbildung 1.5). Nur, einen App Store gab es damals noch nicht. Die iPhone-Nutzer der ersten Stunde mussten mit dem leben, was Apple ihnen an Programmen auf das Handy gepackt hatte. Den meisten reichte das, denn beim ersten iPhone stand vor allem die Bedienung (praktisch nur eine Taste, man durfte überall »herumtouchen«) und die Verzahnung mit dem Internet (Browser und E-Mail-Programm waren direkt mit an Bord) im Vordergrund. Das war neu und revolutionär. Dass man sein Handy mit Programmen aus dem Internet (die direkt auch noch per Handy gekauft wurden) erweitern konnte, war seinerzeit dagegen eher unüblich – fragen Sie mal bei Nokia nach.

Weil es den App Store und die nötigen Programmierwerkzeuge aber noch nicht öffentlich gab, hat sich Apple damals eine Art Zwischending ausgedacht. Programmierer sollten im Internet spezielle Seiten anbieten, die extra für das iPhone angepasst waren und eine entsprechende Auflösung und Bedienmöglichkeiten boten. Keine besonders gute Lösung – und auch keine mit Zukunft; Angebote dieser Art wurden relativ schnell wieder eingestellt, da sie mehr einer auf mobil getrimmten Internetseite glichen als einer echten App.

Abbildung 1.5 Als Sie mit dem Begriff »App« noch Kinder erschrecken konnten – das erste iPhone von 2007 (Foto: Apple)

Erst im Juli 2008 ging der App Store an den Start – das iPhone 3G, das Apple damals neu auf den Markt brachte, war das erste iPhone, das serienmäßig auf den Store zugreifen konnte. Am Anfang gab es allerdings noch nicht allzu viele Apps, die man nutzen konnte: Zum Start waren gerade einmal 500 Apps vorhanden. Aus damaliger Sicht eine Menge; verglichen mit den heute mehr als 1,2 Millionen Apps aber eine geradezu lächerlich geringe Zahl. Der Vorteil für die Programmierer der ersten Stunde: Es gab noch keine Masse an Apps, in der man hätte untergehen können. Wer am Anfang eine (gute) App am Start hatte, konnte damit schnell eine Menge Geld verdienen.

Wobei es gerade am Anfang auch einige Ausrutscher gab und man sich heute fragt, wie Apple diese Apps seinerzeit nur in den Store lassen konnte, zum Beispiel eine App, die vorgab, als Taschenlampe zu arbeiten. Effektiv machte das kostenpflichtige Programm aber nichts anderes, als einen weißen Bildschirm anzuzeigen. Heutige Taschenlampen-Apps (soweit sie noch angeboten werden, denn Apple hat diese Funktion mit ins System integriert) nutzen üblicherweise die im iPhone eingebaute LED zur Aufhellung von Fotoszenen; die allerdings war im iPhone 3G noch gar nicht vorhanden. Einfach nur einen weißen Bildschirm anzuzeigen – und sich dafür auch noch bezahlen zu lassen –, das empfanden auch viele Käufer der ersten Stunde als Frechheit. Denn das dafür nötige Programm ist nur wenige Zeilen lang und greift auf Standardprozeduren in der Entwicklungsumgebung von Apple zurück.

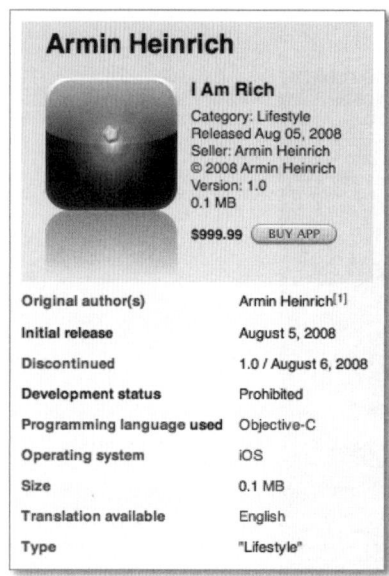

Armin Heinrich

I Am Rich

Category: Lifestyle
Released Aug 05, 2008
Seller: Armin Heinrich
© 2008 Armin Heinrich
Version: 1.0
0.1 MB

$999.99   BUY APP

Original author(s)	Armin Heinrich[1]
Initial release	August 5, 2008
Discontinued	1.0 / August 6, 2008
Development status	Prohibited
Programming language used	Objective-C
Operating system	iOS
Size	0.1 MB
Translation available	English
Type	"Lifestyle"

Abbildung 1.6 Ja, ich bin reich und offenbar auch ziemlich dämlich.
Oder würden Sie für jedes Byte 1 Cent bezahlen?

Ebenfalls zweifelhafte Berühmtheit erlangte die App »I Am Rich« (siehe Abbildung 1.6). Ein recht einfach gestricktes Programm (gerade einmal 0,1 Megabyte groß), das einen funkelnden, roten Diamanten anzeigte und ein paar Zeilen Text. Die Besonderheit allerdings war der Preis: 999,99 $ oder 799,99 € kostete die App – was genau der von Apple festgelegten Höchstgrenze entspricht. Immerhin acht Käufer soll die App gefunden haben – und das, obwohl sie nur einen einzigen Tag, nämlich am 5. August 2008, im App Store verfügbar war. Am Tag darauf wurde das Programm von Apple ohne weitere Begründung aus dem App Store entfernt. Immerhin – zu einem Eintrag in der englischsprachigen Wikipedia hat es dennoch gereicht.

In der Anfangszeit waren die meisten Apps eher einfach gestrickt. Oft waren es nur Umsetzungen von Webangeboten, beispielsweise Apps, die auf die gleiche Datenbank zugreifen wie die reguläre Internetseite, die aber in der Darstellung und den Bedienelementen entsprechend an das iPhone angepasst waren. Oder es wurden Apps programmiert, die praktisch keine Anbindung ans Netz hatten, sondern alle benötigten Daten und Elemente in der App-Datei mitbrachten bzw. auf die von Apple zur Verfügung gestellten Bibliotheken zurückgriffen. Auch die Spiele für das iPhone haben sich massiv weiterentwickelt. Anfangs gab es nur wenige Action-Spiele, und diese waren häufig auch nicht sonderlich ausgefeilt. Apple hat allerdings von Anfang an das Potenzial des iPhones auf diesem Gebiet erkannt und versucht, die Entwicklung zu beschleunigen. Bereits 2008 hat man den Spielehersteller Sega gebeten, eine Umsetzung von »Super Monkey Ball« für das iPhone zu entwickeln. Die Sega-Programmierer hatten nur zwei Wochen Zeit, um eine lauffähige Demo fertigzustellen; sie hielten den Zeitplan aber ein, so dass Apple das Programm als eines der ersten 3D-Action-Spiele präsentieren konnte (siehe Abbildung 1.7).

Inzwischen hat sich auf diesem Gebiet eine Menge getan. Nicht nur, dass die Programmierer die Möglichkeiten des iPhones besser ausnutzen, Apple hat auch bei Hard- und Software massiv nachgebessert. Am Anfang enthielt die Hauptplatine des iPhones noch einen separaten Grafikchip (eine sogenannte GPU), mit dem Erscheinen des iPads Anfang 2010 wurde die Grafikeinheit in den von Apple entwickelten Zentralchip integriert. Allein diese Integration sorgt schon für eine höhere Leistung, da die Leitungswege zwischen CPU und GPU kürzer sind. Hinzu kommt, dass Apple immer leistungsfähigere Grafikchips integriert, so dass auch für 3D-Spiele mehr Möglichkeiten und eine höhere Geschwindigkeit zur Verfügung stehen.

Zudem bietet Apple auch beim Betriebssystem neue Möglichkeiten für Spieleentwickler. Mit iOS 8 hat man im Herbst 2014 eine neue 3D-Schnittstelle namens »Metal« eingeführt. Diese soll unter anderem für deutlich mehr Geschwindigkeit sorgen. Daneben ist seit einiger Zeit auch das Game Center fest im Betriebssystem von iPhone und iPad ein-

gebaut. Das Programm macht es möglich, in jedes Spiel ohne großen Aufwand Netzwerkfunktionen einzubauen. So ist es möglich, globale Highscore-Listen zu führen oder
andere Spieler zu Multiplayer-Partien einzuladen.

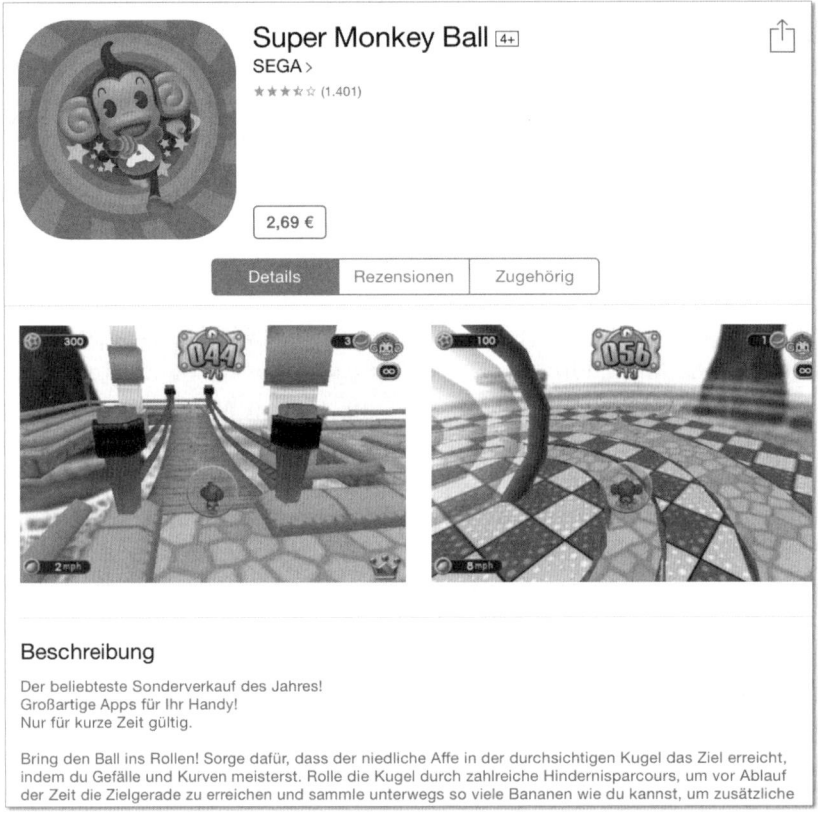

Abbildung 1.7 Gibt's immer noch im App Store: »Super Monkey Ball« von Sega war eines der
ersten 3D-Action-Spiele für das iPhone.

Die Integration des Internets und der Werkzeuge, die das iPhone bzw. das Betriebssystem iOS zur Verfügung stellen, ist ein Trend, der sich in immer mehr Apps wiederfindet.
So gehören Twitter- und Facebook-Anbindungen zur Grundausstattung des Betriebssystems, und Zugriffe auf die Sensoren oder den GPS-Empfänger des Geräts sind ebenso
möglich. Auch das ist eines der Geheimnisse, warum es eine solche Vielfalt an Apps
gibt – Apple nimmt Ihnen als Programmierer dadurch eine Menge Arbeit ab und macht
es leichter, die Möglichkeiten von iPhone und iPads auszuschöpfen. Ein gutes Beispiel
für die fortschreitende Integration solcher Funktionen in das Betriebssystem sind die
Taschenlampen-Apps, von denen es noch immer etliche gibt (siehe Abbildung 1.8). Im

Wesentlichen machen diese Apps nichts anderes, als die im iPhone eingebaute LED auf der Rückseite einzuschalten. Vor der Einführung von iOS 7 im September 2013 war das für viele Nutzer offenbar sehr praktisch – mit etwa drei Handgriffen (iPhone anschalten, entriegeln, App starten) hatte man so zügig eine Lichtquelle zur Verfügung.

Abbildung 1.8 Im Dutzend billiger – Taschenlampen-Apps
gibt es noch immer jede Menge im App Store.

Mit den Bordmitteln des iPhones konnte man die LED nicht so ohne Weiteres einschalten. Mit dem Erscheinen von iOS 7 hat Apple das allerdings geändert – jetzt ist die

Taschenlampen-Funktion im Kontrollcenter integriert und lässt sich schnell aufrufen, ohne eine eigene App zu starten. Sollten Sie also mit dem Gedanken gespielt haben, eine eigene Taschenlampen-App zu programmieren: Vergessen Sie es ganz schnell wieder. Diese Apps waren schon vor iOS 7 von Apple eher unerwünscht – jetzt sind sie definitiv überflüssig geworden. Trotzdem macht das Beispiel der Taschenlampen-App eines deutlich: Es gibt für Programmierer häufig Möglichkeiten, die Hardware und das Betriebssystem von iPhone und iPad optimal auszunutzen. Und zwar mit Ideen, auf die Apple zuvor nicht gekommen ist. Die richtige Idee für so eine App zu haben, das ist der erste Schritt auf dem Weg zu einer erfolgreichen App.

1.2   Was brauche ich, um eine App zu programmieren?

Haben wir Ihnen den Mund schon wässrig gemacht? Haben Sie Lust, sofort draufl-oszu-programmieren? Fein. Aber erst müssen wir Sie wieder ein wenig bremsen, oder auch nicht – das wird sich jetzt entscheiden. Denn um Apps für iPhone oder iPad zu programmieren, brauchen Sie einen Mac.

iPhone oder iPad? Oder beides? Oder noch mehr?

iPhone und iPad sind eng miteinander verwandt. Die Hardware ist unterschiedlich, das Betriebssystem ist dasselbe. Und bis auf die fehlende Telefonfunktion des iPads unterscheiden sich beide Geräte nicht wesentlich in ihren Fähigkeiten.

Das bedeutet, dass Sie mit den Erkenntnissen aus diesem Buch sowohl Apps für das iPhone als auch für das iPad programmieren können. Der Übersichtlichkeit halber ist in diesem Buch immer von der iPhone-Programmierung die Rede. Alle Beispiele und Aussagen gelten aber uneingeschränkt auch für das iPad. Und für den iPod touch, den kleinen Bruder von iPhone und iPad.

Ja, richtig verstanden, Sie brauchen einen Mac; ohne geht es nicht. Oder um es noch mal in aller Deutlichkeit zu sagen: Es gibt bisher keine Möglichkeit, iPhone- und iPad-Apps auf einem Windows-PC zu programmieren.

1.2.1   Die Hardware

Sie brauchen einen Mac. Erwähnten wir das schon? Stimmt. Die gute Nachricht: Es muss nicht die allerschnellste Maschine sein. Apples Entwicklungsumgebung, die den Namen Xcode trägt, ist zwar nicht unbedingt das ressourcenschonendste Programm, aber selbst auf einem Mac mini (mit aufgerüstetem Speicher) lassen sich Projekte verwirklichen. Wenn Sie tiefer in die App-Programmierung einsteigen, wird es irgendwann mühsam, Projekte auf so kleinen Maschinen zu entwickeln, doch für den Anfang geht es.

Anforderungen an Programmierer-Computer

Für die Programmierung von Apps sind zwei Faktoren des Rechners wichtig: ein schneller Prozessor und viel Speicher. Auf einem Mac mit 512 Megabyte Speicher werden Sie zwar problemlos Xcode starten und auch kleinere Apps programmieren können. Sobald Sie allerdings eine wirklich umfangreiche App auf so ausgestatteten Geräten mit Xcode übersetzen wollen, brauchen Sie viel Geduld. Und Kaffee.

Aufpassen müssen Sie, wenn Sie sich einen gebrauchten Mac zulegen sollten: Kaufen Sie keinen mit PowerPC-Prozessor. Apple hat die PowerPC-Architektur vor einigen Jahren aussortiert und ist auf Intel-Prozessoren umgeschwenkt. Neue Mac-Hardware erscheint ausschließlich mit Intel-Prozessoren, und auch neue Betriebssystemversionen funktionieren nur noch mit Intel-Hardware. Also Finger weg von den alten PowerPC-Geräten, auch wenn Ihnen die jemand billig andrehen will – als Büro-PC oder Reiseschreibmaschine mögen sie noch durchgehen, als Entwicklungsumgebung für Apps taugen sie nicht.

Doch das bloße Vorhandensein eines Intel-Prozessors ist noch kein Garant dafür, dass die aktuelle Xcode-Version auf Ihrem Rechner läuft. Aktuelle Versionen von OS X wie Mavericks und Yosemite laufen nur auf neueren Modellen. Zwar läuft die aktuelle Xcode-Version auch auf der Vorgängerversion von OS X, Mountain Lion, in der Vergangenheit hat Apple aber ziemlich rigoros alte Zöpfe abgeschnitten und Xcode nur für die jeweils aktuelle OS-X-Version angepasst.

Ein Rechner, der mit Mavericks oder Yosemite klarkommt, ist also die bessere Investition. Einen Überblick über die Hardware-Anforderungen der jeweils aktuellen OS-X-Version finden Sie auf der folgenden Seite: *http://www.apple.com/de/osx/specs*.

Werfen wir mal einen Blick auf einige mögliche Geräte und ihre Kosten. Wenn Sie schon einen Mac haben: Holen Sie sich einen Kaffee, und überspringen Sie diesen Abschnitt.

Mac mini

Der kleinste Macintosh-Rechner von Apple – und eine gute Wahl, wenn Sie eigentlich Ihrem Windows-Boliden die Treue halten wollen. Die kleine Pizzaschachtel (okay, ist nur eine Baby-Portion, dafür zwei übereinander) ist von Apple speziell für Windows-Umsteiger konzipiert worden. Die wichtigsten Anschlüsse: Er hat einen HDMI-Anschluss, eine Ethernet-Buchse und vier USB-Schnittstellen. Damit können Sie den

Mac mini mit herkömmlicher Hardware wie Monitor, Maus und Tastatur verbinden (siehe Abbildung 1.9).

Über einen Umschalter (nennt sich KVM-Switch) können Sie den Mac mini parallel zum Windows-Rechner betreiben – ein Tastendruck, und Maus, Tastatur und Monitor schalten auf das jeweils andere Gerät um.

Neu kostet der Mac mini zurzeit knapp 520 €; es gibt noch zwei besser ausgestattete Varianten, für die Apple knapp 720 € bzw. 1.020 € verlangt. Beim Mac mini lohnt sich allerdings auch ein Blick auf die Gebrauchtangebote von eBay & Co. Das Gerät wird seit 2005 von Apple angeboten; inzwischen (Oktober 2014) wird die siebte Generation produziert. Entsprechend groß ist das Angebot an Gebrauchtgeräten. Etwa 350 € sollten Sie einplanen. Bereits mit den Geräten der zweiten Generation aus dem Jahr 2006 lässt sich passabel arbeiten. Ein Gerät der ersten Generation sollten Sie nicht kaufen, da es noch auf der PowerPC-Architektur basiert – damit lassen sich keine aktuellen Apps programmieren. Zudem sollten Sie darauf achten, welche Schnittstellen Sie benötigen. Der Mac mini hat aufgrund seiner geringen Größe – verglichen mit ausgewachsenen PCs – relativ wenige Anschlussmöglichkeiten. Zudem haben sich einige der Schnittstellen im Laufe der Zeit geändert. So hat der Mac mini erst ab der fünften Generation einen HDMI-Anschluss, davor waren DVI/VGA bzw. Mini-DVI und Mini-DisplayPort der Standard. Technische Vergleichsdaten finden Sie in Tabelle 1.1.

Abbildung 1.9 Tastatur & Co. bitte selbst mitbringen – der Mac mini ist für Schon-PC-Besitzer und Umsteiger gedacht.

Gerät	Jahr	Prozessor	RAM-Speicher	Grafik-anschluss	USB	Sonstiges
1. Gen.	2005	PowerPC 1,25 oder 1,42 GHz	256 MB	DVI/VGA	2	Firewire 400
2. Gen.	2006	Intel Core Solo 1,5 oder 1,66 GHz	512 MB	DVI/VGA	4	Firewire 400
3. Gen.	März 2009	Intel Core 2 Duo 2,0 oder 2,26 GHz	1 GB	Mini-Display-Port und Mini-DVI-Port	5	Firewire 800
4. Gen.	Okt. 2009	Intel Core 2 Duo 2,26 oder 2,53 GHz	2 GB/4 GB	Mini-Display-Port und Mini-DVI-Port	5	Firewire 800
5. Gen.	2010	Intel Core 2 Duo 2,4 oder 2,66 GHz	2 GB	HDMI/DVI	4	Firewire 800 Integr. Netzteil
6. Gen.	2011	Intel Core i5 2,3 oder 2,5 GHz oder Intel Core i7 2,7 GHz	2 GB/4 GB	HDMI/DVI (mittels Adapter)	4	Firewire 800 Integr. Netzteil Thunderbolt
7. Gen.	2012	Intel Core i5 2,5 GHz Dual-Core oder Intel Core i7 2,3 oder 2,6 GHz Quad-Core	4 GB	HDMI/DVI (mittels Adapter)	4	Integr. Netzteil Thunderbolt SDXC-Kartensteckplatz Firewire 800
8. Gen.	2014	Intel Core i5 Dual-Core bis 2,8 GHz oder Intel Core i7 Dual-Core bis 3 GHz	4 GB / 8GB	HDMI / DVI (mittels Adapter)	4	Integr. Netzteil, 2 Thunderbold 2-Anschlüsse, SDXC Kartensteckplatz

Tabelle 1.1 Vom Mac mini gibt es inzwischen acht Generationen – hier die wichtigsten technischen Daten der Geräte.

Der iMac

Das ist Apples Klassiker unter den Macintosh-Computern und der Rechner, der einst das Comeback des Konzerns eingeleitet hat. Wichtigstes Merkmal: ein Gerät – alles drin. Hier sitzen Mainboard, Festplatte & Co. hinter dem Display; eigentlich brauchen Sie nichts weiter als eine Steckdose, um mit dem iMac zu arbeiten. Die mitgelieferte Tastatur und Maus können Sie (zumindest bei den aktuellen Geräten) per Bluetooth mit dem Rechner verbinden, und auch die Verbindung zum Internet geht drahtlos per WLAN.

Der iMac ist die beste Wahl, wenn Sie ohnehin einen neuen Computer kaufen wollen und nicht unbedingt Maus, Tastatur und Monitor übernehmen wollen. Selbst als Windows-Anhänger können Sie problemlos mit dem Gerät arbeiten: Da in aktuellen Mac-Computern (das gilt auch für den Mac mini) Intel-Prozessoren verbaut sind, lässt sich auch Windows darauf installieren. Apple liefert ein Programm namens BootCamp mit, das die Installation von Windows auf dem Mac erlaubt.

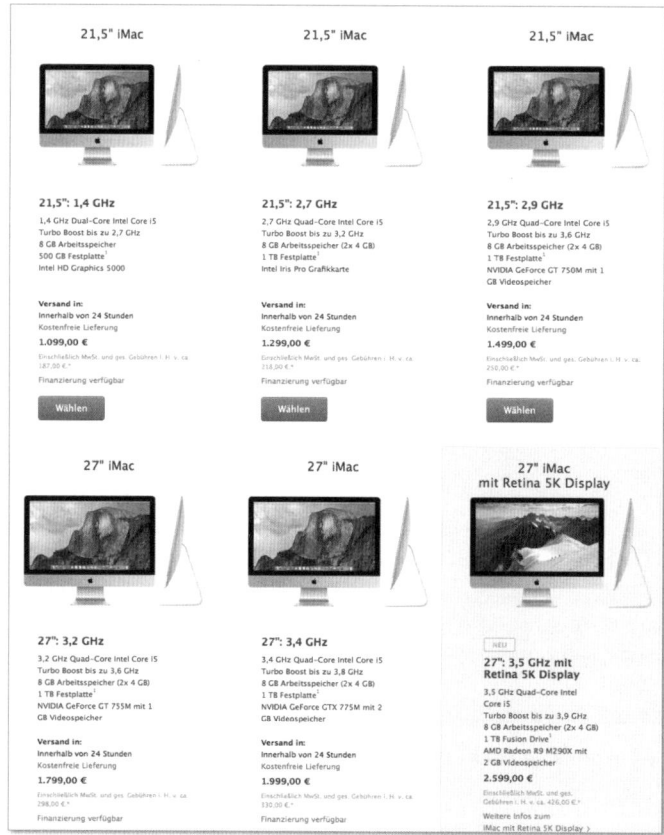

Abbildung 1.10 Den aktuellen iMac gibt es mit einer Displaygröße von bis zu 27 Zoll – da guckt selbst mancher Fernseher neidisch rüber.

Auch vom iMac gibt es inzwischen etliche Generationen; er wird seit 1998 gebaut – zuerst noch mit Röhrenmonitor und entsprechend klobigem Aussehen. Alle Varianten hier aufzulisten, ist kaum möglich, denn es gab und gibt jeweils eine umfangreiche Modellpflege, so dass im Laufe der Jahre etwa 40 verschiedene Modelle auf dem Markt waren. Als Gebraucht-Mac interessant sind vor allem Geräte mit Intel-Hardware, das war ab den Geräten der vierten Generation ab 2006 der Fall. Seit der iMac mit Flachbildschirm statt Röhrenmonitor ausgeliefert wird (ab der zweiten Generation ab 2002), werden in der Regel zwei verschiedene Displaygrößen angeboten. Am Anfang gab es Geräte mit 15 und 17 Zoll; aktuell produziert Apple den iMac mit Displaygrößen von 21,5 und 27 Zoll (siehe Abbildung 1.10). Die Preise für das kleine Modell beginnen bei 1.099 €; mit großem Display und Vollausstattung kann man für den iMac fast 4.000 € ausgeben. Mit der aktuellen Modellserie, die Apple im Oktober 2014 vorgestellt hat, hat sich zudem bei der Auflösung des Displays etwas getan. Es gibt den iMac jetzt auch mit »Retina«-Display, das heißt die Auflösung liegt bei 5.120 × 2.880 Bildpunkten. Das ist mehr als die vierfache HD-Auflösung, die unter dem Namen »4K« bekannt ist. Apple nennt das Display dieses iMacs daher konsequenterweise »5K«. Für Fotobearbeitung oder Videoschnitt macht eine so hohe Auflösung Sinn – als Programmierer allerdings können Sie getrost darauf verzichten; sie bringt (zumindest derzeit) keinen echten Mehrwert. Ein Blick auf den Gebrauchtmarkt lohnt sich, allerdings sollten Sie hier bei einem Händler kaufen, der Ihnen Garantie auf das Gerät gibt, oder Sie sollten den iMac zuvor selbst in Augenschein nehmen. Wichtig ist das vor allem, um zu überprüfen, ob das Display einwandfrei funktioniert und sich kein Staub oder andere Probleme eingeschlichen haben. Die Schwierigkeit bei vielen Geräten ist, dass die Bauteile so stark integriert sind, dass sich einzelne Bausteine kaum austauschen lassen.

Mac Pro

Der Rennwagen unter den Macs – ausgestattet mit einer Hardware, die so ziemlich jeden Windows-PC alt aussehen lässt. Bis zu zwölf Prozessorkerne sollen dem Mac Pro richtig Dampf machen; auch die restliche Ausstattung lässt eigentlich keine Wünsche mehr offen. Nur der Preis lässt einen kräftig schlucken: Apple bietet den aktuellen Mac Pro zu Preisen ab knapp 3.000 € an. Wer so richtig zulangt und die Vollausstattung wählt, kann allerdings auch 9.599 € dafür ausgeben (siehe Abbildung 1.11). Und das alles für ein Gerät ohne Display – den Monitor müssen Sie getrennt kaufen; ebenso Tastatur und Maus.

Den Mac Pro gab es in der Form als Tower-Gehäuse seit August 2006 bis zum Herbst 2013. Danach kam das derzeit aktuelle Modell auf den Markt, das eine ungewöhnlich runde Form (»die Tonne«) hat. Weil der Mac Pro schon so lange auf dem Markt ist, gibt es auch einen entsprechend großen Gebrauchtmarkt.

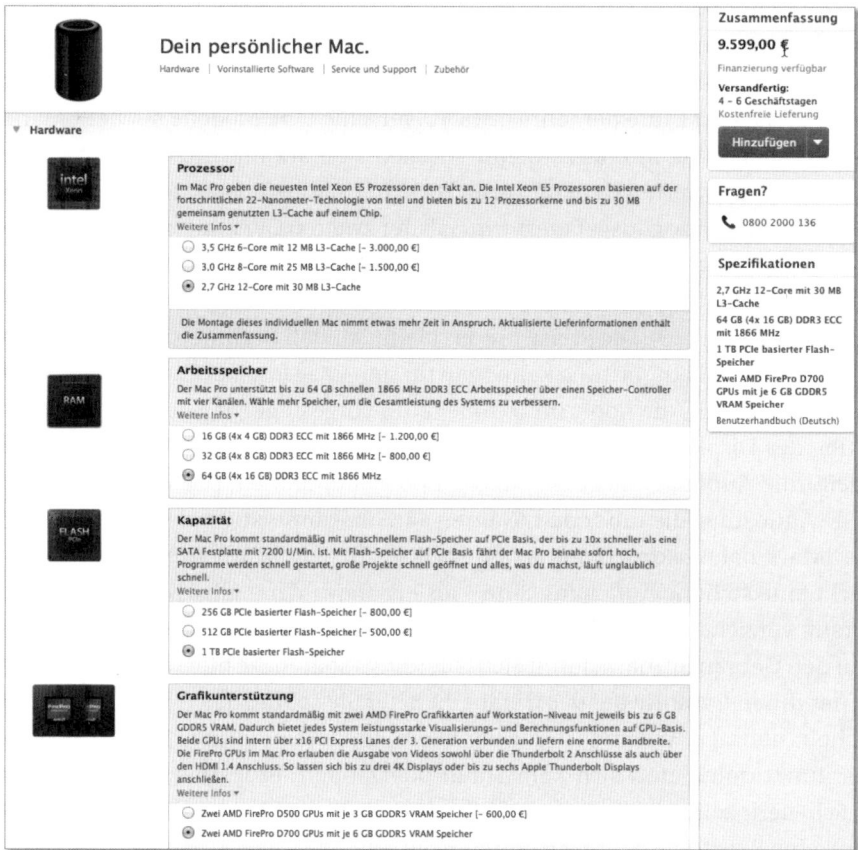

Abbildung 1.11 Ein Mac Pro für fast 9.600 €? Kann man schaffen – einfach bei der Zusatzausstattung alle Häkchen setzen ...

Mobile Geräte

Für viele die praktischere und vielleicht auch schönere Wahl: Notebooks von Apple erfreuen sich großer Beliebtheit. Aktuell hat Apple zwei Baureihen im Angebot: das MacBook Air und das MacBook Pro. Beide gibt es in mehreren Varianten. Am auffälligsten ist der Unterschied der Displaygröße: Das Air wird mit einem 11,6 oder 13,3 Zoll großen Bildschirm angeboten, das MacBook Pro gibt es mit 13,3 oder 15,4 Zoll großem Display. Das Pro-Gerät ist zudem mit dem sogenannten Retina-Display verfügbar, das eine besonders hohe Auflösung bietet. Pro-Geräte mit normalem Display gibt es ab 1.099 €, für ein Gerät mit Retina-Display müssen Sie mindestens 1.299 € ausgeben. Das MacBook Air ist mit 999 € das derzeit günstigste Notebook von Apple (siehe Abbildung 1.12).

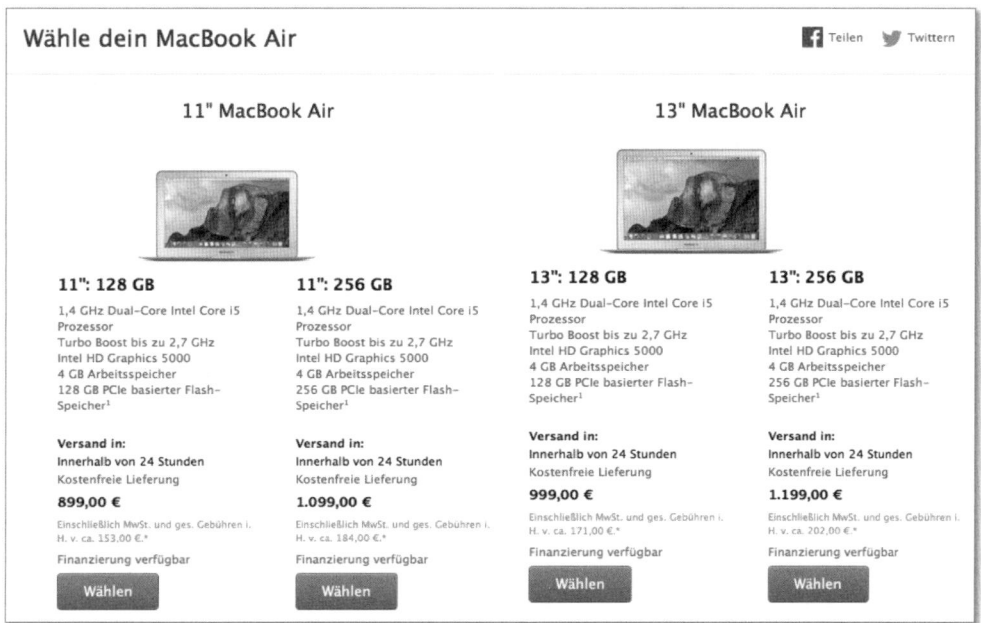

Abbildung 1.12 Das MacBook Air gilt vielen immer noch als Maßstab im Bereich der Ultrabooks – kostet allerdings auch mindestens 999 €.

Auch bei den Notebooks gibt es einen regen Gebrauchtmarkt; zusätzlich können Sie dort noch nach dem MacBook (ohne den »Pro«-Zusatz) Ausschau halten; es ist sozusagen der kleine Bruder des MacBook Pro und wurde bis 2011 von Apple angeboten. Günstig sind gut erhaltene Apple-Notebooks in aller Regel allerdings nicht – selbst für ein fünf Jahre altes Gerät werden durchaus 400 € fällig; für den Preis bekommt man ein günstiges Windows-Notebook schon neu. Zudem sollten Sie bedenken, dass der Akku ein wichtiges Bauteil der Notebooks ist und nach einigen Jahren schon eine deutlich geringere Kapazität als im Neuzustand aufweisen kann. Bei vielen neuen Apple-Geräten ist der Akku zudem fest eingebaut, so dass ein Wechsel nur schwer möglich ist bzw. nur vom Hersteller erledigt werden kann. Außerdem hat Apple gerade bei den Mobilgeräten die Leistung in den letzten Jahren kontinuierlich gesteigert. Oder um es mal anders zu sagen: Mit einem iMac des Jahrgangs 2009 dürfte das Schreiben von Apps kein Problem sein; mit einem MacBook Air des gleichen Baujahrs können Sie es gerne mal versuchen und mir dann darüber berichten – ich hab es mit so einem Gerät probiert und hatte irgendwann keine Lust mehr, die Gedenksekunde nach jedem Mausklick abzuwarten.

1.2.2   Wie kann ich verschiedene Gebrauchtgeräte vergleichen?

Klar, je neuer der Mac ist, den Sie sich zum Programmieren zulegen, desto mehr Leistung dürfen Sie auch erwarten. Letztlich ist das aber natürlich auch eine Frage des Preises. Die Leistung der verschiedenen Geräte auf dem Gebrauchtmarkt zu vergleichen, ist nicht immer einfach, denn Apple hat im Laufe der Jahre von allen Geräten verschiedene Varianten in unterschiedlichen Ausstattungen produziert. Die Übersicht zu behalten, dabei kann Ihnen das Programm Mactracker helfen. Die Autoren haben sich die Mühe gemacht, alle Apple-Produkte aufzulisten und detailliert zu beschreiben. Das heißt, Sie finden hier technische Daten aller jemals gebauten Macintosh-Computer. Besonders wichtig sind die Modell- und Apple-eigene Bestellnummer. Anhand dieser Nummern kann man ein Gerät recht einfach identifizieren – einfacher als über die technischen Daten. Mir selbst hat das beim Kauf eines Macs auch schon einmal geholfen – der Laptop im Laden war erstaunlich günstig, und der Verkäufer versicherte, es sei natürlich das aktuellste Modell. Erst ein Blick auf die Modellnummer auf dem Karton brachte Klarheit: Das Notebook war das Vorjahresmodell; eigentlich ausreichend motorisiert – aber zu diesem Preis dann wiederum zu teuer.

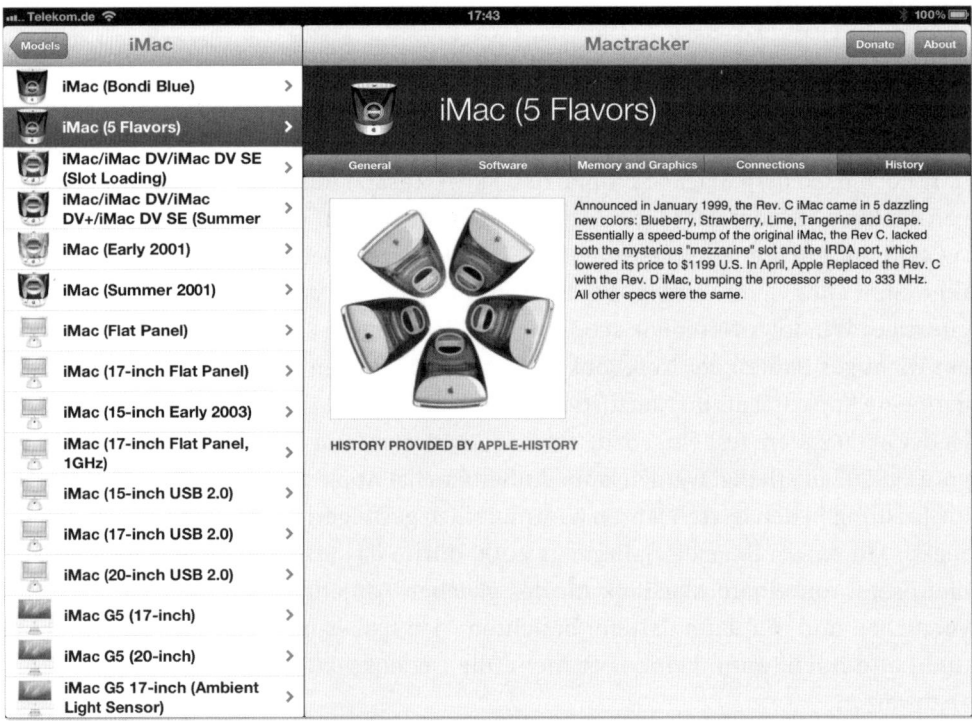

Abbildung 1.13 Der Mactracker – hier in der Version für das iPad – listet die technischen Daten aller jemals gebauten Apple-Geräte auf.

Den Mactracker können Sie als Programm für Mac, iPhone oder iPad herunterladen (siehe Abbildung 1.13). Und weil es ein bisschen widersinnig wäre, wenn Sie sich vor dem Kauf des ersten Apple-Geräts dort informieren möchten, gibt es auch eine Windows-Version. Sie bekommen das kostenlose Programm unter *http://mactracker.ca/archive.html*.

Wenn Sie ein konkretes Gerät gefunden haben und dessen Leistung mit anderen Angeboten vergleichen möchten, gibt es noch eine zweite Möglichkeit: Geekbench. Dabei handelt es sich um eine plattformübergreifende Prozessor-Benchmark – Sie können also auch Ihren PC damit auf die Probe stellen (siehe Abbildung 1.14).

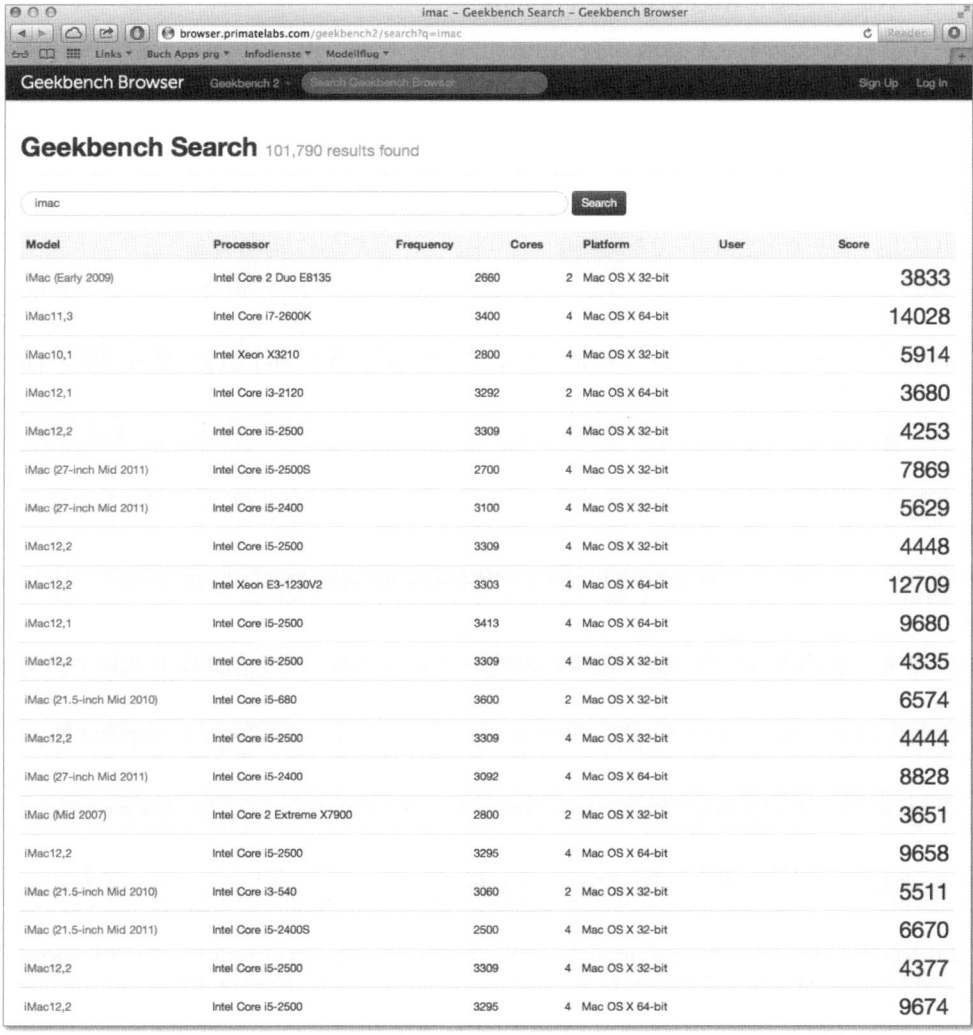

Abbildung 1.14 Geekbench ermittelt die Prozessorleistung von PCs und Macs – und stellt sie im Internet zur Verfügung.

Um den Rechner zu testen, müssen Sie unter *http://www.primatelabs.com/geekbench* das Programm herunterladen. Die Testergebnisse können in die Datenbank von Geekbench aufgenommen werden, das heißt: Dort können Sie auch nach der Leistungsfähigkeit bestimmter Modelle Ausschau halten. Sie finden diese Datenbank unter *http://browser.primatelabs.com*. Beachten Sie, dass es sich um eine Prozessor-Benchmark handelt, das heißt, es wird nur ein Teilbereich der Gesamtleistung gemessen; die Benchmark-Zahlen sind aber eine gute Orientierung.

1.2.3   Was brauche ich noch an Hardware?

Die Sache mit dem Mac-Computer hätten wir so weit geklärt, bleibt die Frage: Was brauchen Sie noch an Hardware, um Apps programmieren zu können? Die – vielleicht – verblüffende Antwort: nichts.

Sie brauchen weder zwingend ein iPhone noch ein iPad, um für die beiden Geräte Programme zu entwickeln. Die Entwicklungsumgebung enthält nämlich einen Simulator, mit dem Sie Ihre Apps testen können.

Allerdings: Ein Simulator bleibt ein Simulator; nicht alle Dinge, die dort angezeigt werden, sind anschließend auf den echten Geräten tatsächlich so. Auf Dauer macht es daher durchaus Sinn, die Apps auch auf den tatsächlichen Geräten zu testen. Aber wie gesagt, Sie können es in dieser Beziehung erst einmal ruhig angehen lassen ...

1.2.4   Die Software

Das ist das Herzstück der App-Programmierung: das Programm Xcode von Apple. Dabei handelt es sich um eine sogenannte *integrierte Entwicklungsumgebung*, Experten – und Sie sind ja auch bald einer – sprechen von einer IDE (*Integrated Development Environment*).

Xcode ist das Programm, mit dem Sie arbeiten. Dahinter verbergen sich verschiedene Teilprogramme, die alle zusammen das sogenannte *SDK* ergeben. Die Abkürzung steht für *Software Development Kit*. Im Klartext heißt das: In diesem Programmpaket finden Sie praktisch alles, was Sie zum Entwickeln und Programmieren von Apps für iPhone oder iPad benötigen. Xcode selbst ist dabei kostenlos und zudem sehr flexibel. Es lassen sich Programme für das Betriebssystem iOS entwickeln, das auf iPhone und iPad läuft, aber auch für Mac OS X, das Betriebssystem der Macintosh-Computer. Gedacht ist Xcode hauptsächlich für die Programmiersprachen C, C++ und Objective-C mit der Programmierschnittstelle Cocoa. In der derzeit (September 2014) aktuellen Version 6 bietet Xcode zudem die Möglichkeit, Apps in der von Apple entwickelten Programmiersprache *Swift* zu schreiben. In diesem Buch werden wir davon allerdings keinen Gebrauch machen. Warum? Dazu mehr in Abschnitt 1.3.

Xcode hat schon eine relativ lange Geschichte hinter sich. Die erste Version ist bereits mehr als zehn Jahre alt und stammt aus dem Jahr 2003. Seitdem wird das Programmpaket von Apple laufend weiterentwickelt und um neue Programme und Funktionen ergänzt. Insgesamt besteht das Paket aus rund 40 verschiedenen Programmen und Tools. Das Fundament von Xcode ist sogar noch wesentlich älter und geht auf das Betriebssystem NeXTStep zurück, ein System, das Apple-Gründer Steve Jobs einst ins Leben gerufen hatte, nachdem er Mitte der 1980er Jahre aus seinem Unternehmen herausgedrängt worden war (bis zum furiosen Comeback bei Apple dauerte es dann noch einige Jahre).

NeXTStep war seinerzeit wegweisend und vor allem bei Wissenschaftlern beliebt. So hat Tim Berners-Lee beispielsweise das World Wide Web und den ersten Webbrowser auf einer NeXT-Workstation entwickelt (siehe Abbildung 1.15). Xcode hat also berühmte Vorfahren ...

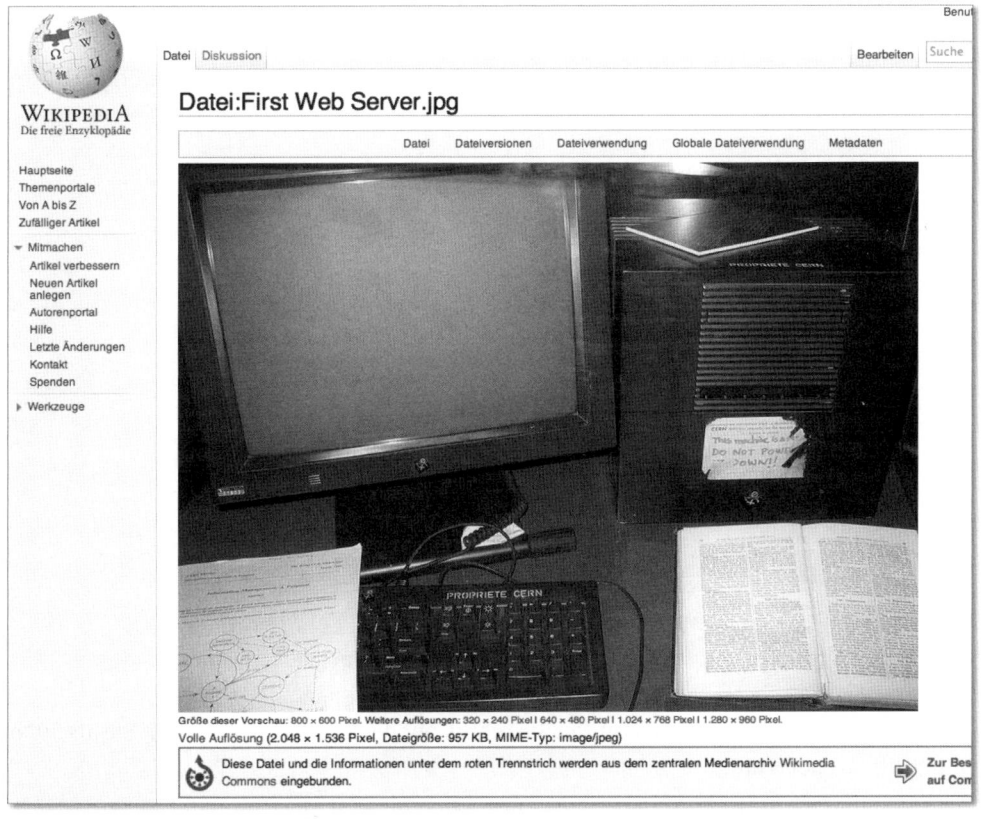

Abbildung 1.15 Der erste Webserver, eine NeXT-Workstation. Er ist der Uropa der heutigen Apple-Computer ... und der iPhones und iPads!

1.2.5   Und was brauche ich noch?

Gute Englischkenntnisse. Denn Xcode ist komplett auf Englisch, ebenso wie das sogenannte Apple Developer Program. Die Internetseite, die Ihnen bei der Entwicklung und
Veröffentlichung Ihrer Apps hilft, gibt es nicht auf Deutsch. Statt Englisch können Sie
dort allerdings auch Chinesisch, Koreanisch oder Japanisch wählen, falls Ihnen das
mehr liegt ...

Xcode herunterladen

So langsam wird es ernst. Damit es jetzt wirklich losgehen kann mit dem Programmieren, müssen Sie zunächst Xcode herunterladen und installieren. Das Programm als solches ist, wie gesagt, kostenlos. Sie bekommen es am einfachsten aus dem App Store von
OS X. Nur etwas Geduld sollten Sie mitbringen: Das Paket ist fast 2,5 Gigabyte groß; je
nach Geschwindigkeit Ihrer Internetverbindung wird es eine Weile dauern, bis alles heruntergeladen wurde.

1. Am einfachsten erreichen Sie den App Store unter OS X, indem Sie auf das Apfelsym-
   bol links oben in der Ecke klicken. Den App Store starten Sie mit Klick auf den dritten
   Eintrag von oben (siehe Abbildung 1.16).

Abbildung 1.16 Neue Software und Aktualisierungen gibt es nur noch
über den App Store von OS X – auch Xcode bekommen Sie hier.

2. Das Suchfeld des App Stores finden Sie rechts oben im Programm, geben Sie als Such-
   begriff »Xcode« ein.

3. Es tauchen mehrere Einträge auf; nur einer davon trägt aber den Titel Xcode – das ist
   das Programm, das Sie benötigen.

4. Klicken Sie das Symbol an. Die ausführliche Beschreibung des Programms wird jetzt angezeigt.

5. Sie können sich hier noch mal vergewissern, dass es das richtige Programm ist; als Entwickler ist iTunes S.a.r.l. angegeben (siehe Abbildung 1.17).

6. Klicken Sie auf die Schalfläche GRATIS im linken, oberen Bereich. Die Schaltfläche verändert sich; hier steht jetzt INSTALLIEREN. Klicken Sie darauf.

Abbildung 1.17 So ist es recht: Entwickler ist iTunes S.a.r.l., Xcode steht unter dem Copyright von Apple – dies ist das richtige Programm.

7. Sie müssen jetzt Ihre Apple-ID und das zugehörige Passwort eingeben. Haben Sie sich noch nicht bei Apple angemeldet, können Sie das über einen Mausklick auf APPLE-ID ERSTELLEN jetzt nachholen. Ohne Anmeldung können Sie das Programm nicht herunterladen.

8. Jetzt beginnt der Download, der aufgrund der Größe des Programmpakets einige Zeit dauern kann.

Abbildung 1.18 Das kann dauern ... Xcode ist immerhin knapp 2,5 Gigabyte groß.

Xcode installieren

Ist der Download beendet, müssen Sie das Programmpaket noch installieren. Wenn alles geklappt hat, finden Sie das Installationsprogramm über den FINDER unter PROGRAMME. In der Regel wird es in der Liste ganz unten stehen; die ist alphabetisch sortiert, und mit dem Namen XCODE kann man sich fast nur unten einreihen. Durch Doppelklick starten Sie das Programm.

Nächster Schritt, wie üblich: Sie müssen den Nutzungsbedingungen des Programms zustimmen. Ich werde Sie nicht davon abhalten, die etwa 13 Seiten feinstes Juristenenglisch zu lesen, aber letztlich lässt Apple da natürlich nicht mit sich verhandeln; nur durch den Klick auf AGREE geht es weiter. Kurz danach sollten Sie den Startbildschirm des Programms vor sich haben.

1.2.6 Die wichtigsten Bestandteile von Xcode

Die Programmierumgebung von Apple ist recht umfangreich und besteht aus etwa 40 verschiedenen Programmen bzw. Modulen. Nicht alle davon werden Sie direkt benötigen, mit einigen allerdings werden Sie im Laufe der Programmierarbeit ständig zu tun haben. Im Folgenden finden Sie die wichtigsten Bestandteile des Programmpakets im Überblick.

Xcode selbst

Sozusagen Ihr »Heimathafen« innerhalb der Anwendung (siehe Abbildung 1.19).

Innerhalb von Xcode können Sie Ihre Dateien und Projekte verwalten, den eigentlichen Programmcode schreiben, Programme kompilieren und überprüfen. Per Xcode erreichen Sie auch die Dokumentation der Programmierschnittstellen von iOS, der sogenannten APIs.

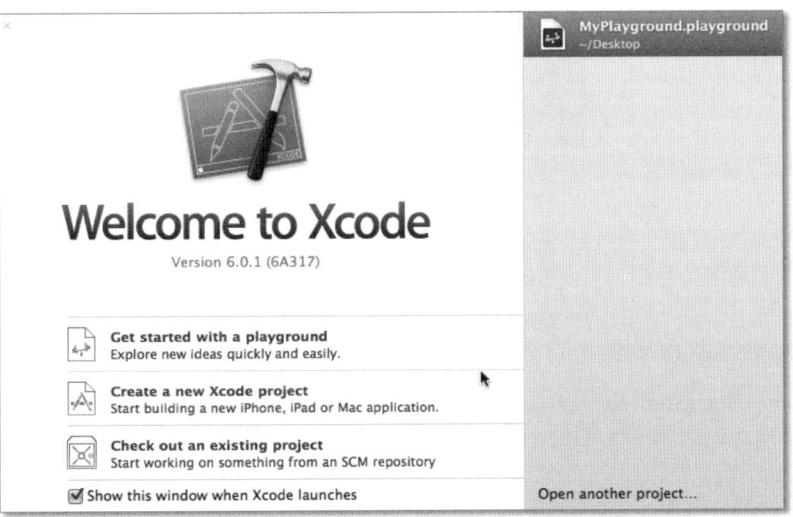

Abbildung 1.19 Hier passiert's – das ist der Hauptbildschirm von Xcode, hierüber verwalten und bearbeiten Sie Ihre Projekte.

Interface Builder

Mindestens ebenso wichtig wie der eigentliche Programmcode ist die grafische Gestaltung der App. Wo liegen die wichtigsten Bedienelemente, wie verändern sie sich bei Benutzung, welche Funktionen lösen sie innerhalb der App aus? Um das sogenannte *User Interface* Ihrer App zu gestalten (Experten sprechen natürlich lediglich von dem UI), gibt es den Interface Builder. Das Programm gibt Ihrer App nicht nur ein Gesicht, hier legen Sie auch fest, welche Verbindungen es zwischen den Bedienelementen und dem eigentlichen Programmcode gibt.

Instruments

Mit diesem Modul können Sie Ihr Programm analysieren und damit die Schwachstellen der App erkennen. Instruments zeigt Ihnen zum Beispiel den Speicherverbrauch oder Zugriffe auf das Dateisystem an. Auf diese Weise lässt sich auch erkennen, warum eine App abstürzt, obwohl der Programmcode (eigentlich) in Ordnung ist.

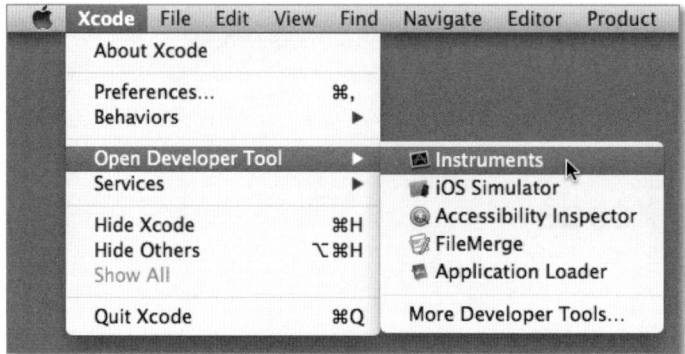

Abbildung 1.20 Die wichtigsten Werkzeuge wie Instruments oder den Simulator rufen Sie über das Menü »Xcode« • »Open Developer Tool« auf.

Simulator

Wie schon erwähnt, benötigen Sie nicht zwangsläufig ein iPhone oder iPad, um eine iOS-App zu programmieren. Diese Aufgabe übernimmt der Simulator. Hier können Sie ausprobieren, wie sich die App auf dem Gerät »anfühlt« (siehe Abbildung 1.21). Sie können hier zugleich erkennen, für welche Geräte Sie mit Ihrer Xcode-Version Programme entwickeln können. Ältere Geräte werden von Apple nämlich nach und nach in Rente geschickt. In der aktuellen Version 6 von Xcode sind das iPhone 4s und das iPad 2 die ältesten Geräte, für die Sie noch Software entwickeln können. Entscheidend ist, welche Version von iOS sich auf den Geräten befindet, und hier sind iPhone 4s und iPad 2 eben die ältesten Geräte, die noch iOS 8 bekommen. Es ist allerdings auch möglich, ein Programm unter dem älteren iOS 7 auszuprobieren. Sie müssen dafür nachträglich einen anderen Simulator installieren; das geht in Xcode über XCODE • PREFERENCES und dort im Reiter DOWNLOADS.

Und sonst?

Viele Programme und Module von Xcode werden nur für ganz bestimmte Aufgaben eingesetzt. So gibt es zum Beispiel ein Programm, das fertige Apps bei Apple einreicht, damit diese in den App Store eingestellt werden können (Apple prüft ja vorher noch), oder ein Programm, mit dem sich das Symbol für die App erstellen lässt. Nicht alle dieser zusätzlichen Programme werden Sie benötigen, einige lernen Sie im Laufe der Zeit kennen, andere gar nicht (zumindest nicht im Rahmen dieses Buches), da sie beispielsweise ausschließlich für die Programmierung von Anwendungen für den Macintosh (das Betriebssystem OS X) benötigt werden.

Abbildung 1.21 Huch, ein iPhone auf dem Desktop, und dann auch noch das aktuelle iPhone 6 – das ist er, der iOS-Simulator ...

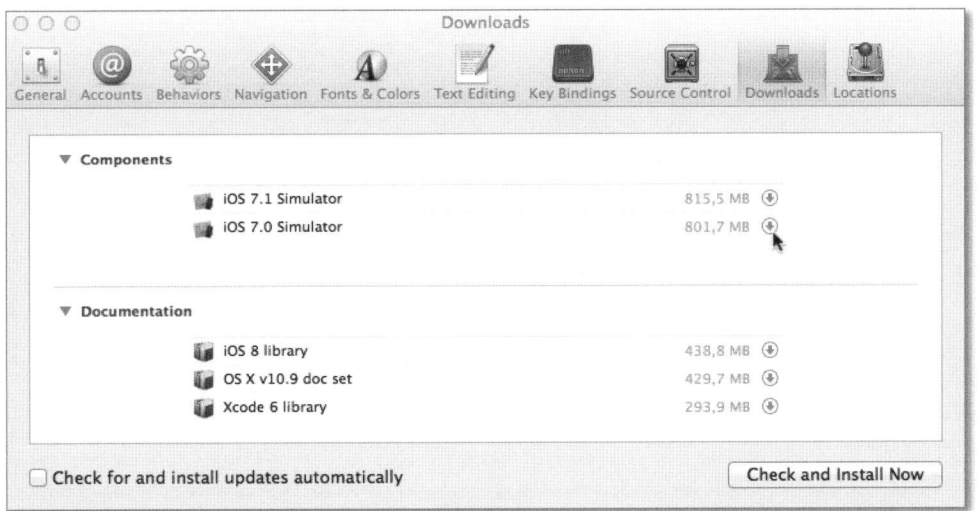

Abbildung 1.22 Ein Blick in die Preferences von Xcode kann sich lohnen – manche Erweiterung können Sie hier nachträglich herunterladen.

1.2.7   Das Apple-Entwicklerprogramm

Mit dem, was Sie bisher kennengelernt haben – nämlich *Xcode* und sein Umfeld –, können Sie für iPad und iPhone Anwendungen programmieren und mit dem eingebauten Simulator auch testen. Nur eines können Sie noch nicht: das fertige Programm in den App Store einstellen. Um das zu tun und mit Ihren Programmen auch Geld verdienen zu können, müssen Sie investieren: Apple nimmt nur Programme von Entwicklern in den App Store auf, die Mitglied im *iOS Developer Program* sind.

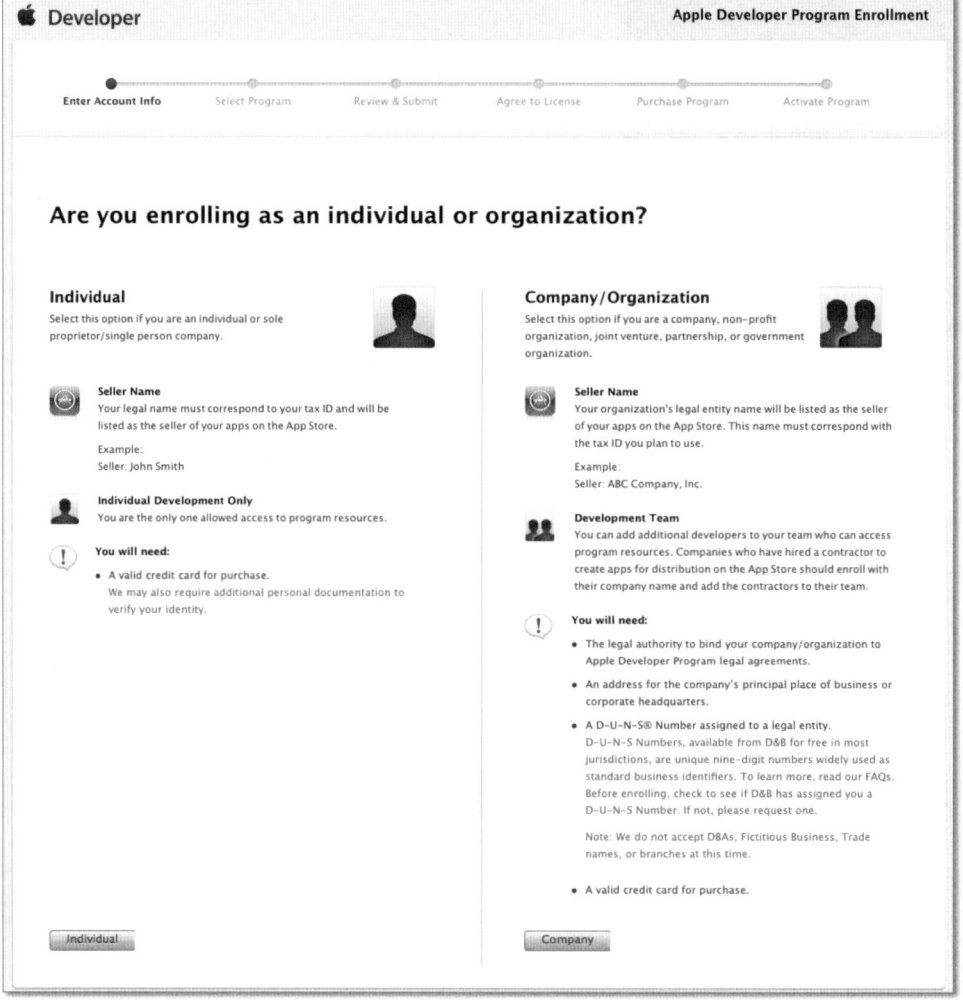

Abbildung 1.23 Privatentwickler oder unterwegs im Auftrag eines großen Unternehmens? Apple will es genau wissen …

Die Basismitgliedschaft dort kostet 99 $ – und zwar pro Jahr. Arbeiten Sie für eine große Firma (Apple versteht darunter Unternehmen mit mehr als 500 Mitarbeitern), wird es noch deutlich teurer; in diesem Fall verlangt Apple als Jahresbeitrag 299 $ (siehe Abbildung 1.23). Zudem müssen Sie besondere Voraussetzungen erfüllen, um eine solche Firmenmitgliedschaft anmelden zu können. Sie müssen beispielsweise nachweisen, dass Sie für die Firma vertretungsberechtigt sind. Zudem benötigen Sie eine D-U-N-S-Nummer, die der eindeutigen Identifizierung des Unternehmens dient.

Sie merken schon: Die Anmeldung als Unternehmen ist ein Kapitel, wenn nicht sogar ein ganzes Buch für sich. Also lassen wir das; höchstwahrscheinlich genügt ja auch die Anmeldung als Privatentwickler, dort ist die Hürde deutlich niedriger. Sie brauchen eine Apple-ID (die ja auch schon zum Herunterladen von Xcode erforderlich war) und eine gültige Kreditkarte (über die Apple den Beitrag für die Teilnahme am Entwicklerprogramm einzieht). Zudem wird Apple Ihren Namen im Zusammenhang mit Ihren Programmen im App Store angeben – Sie tauchen dort als Entwickler der Apps auf (wer auch sonst?).

Und noch eine Sache müssen Sie Apple zusichern: dass Sie – und nur Sie selbst – den Zugang zum Entwicklerprogramm nutzen. Mitglied werden und dann alle Freunde, Bekannten und Verwandten gleich mitversorgen, das geht also nicht.

So werden Sie Mitglied im Entwicklerprogramm

Apple unterhält einen großen Bereich mit Infos für Entwickler. Über diese Seite können Sie sich auch beim iOS Developer Program anmelden. Sie finden die Seite unter *developer.apple.com*. Klicken Sie dort auf iOS DEVELOPER PROGRAM.

Um die Registrierung für das Entwicklerprogramm zu starten, klicken Sie im oberen Bereich auf ENROLL NOW. Sie müssen insgesamt sechs Schritte vollziehen, um die Anmeldung abzuschließen:

Als Erstes können Sie entscheiden, ob Sie für die Anmeldung eine bestehende Apple-ID verwenden wollen oder eine neue anlegen möchten (siehe Abbildung 1.24).

Eine bestehende ID zu nutzen, macht die Sache einfacher, da Sie dann alle Daten in einem Account zusammengefasst haben. Wenn Sie professionell Apps entwickeln und damit auch Geld verdienen wollen, kann es unter Umständen allerdings besser sein, eine eigene Apple-ID dafür anzulegen. Sie haben so auch die Möglichkeit, private und berufliche Ausgaben besser voneinander zu trennen (das Finanzamt bzw. Ihr Steuerberater werden es Ihnen danken); zudem können Sie andere Daten für den Entwicklernamen und den Support angeben – diese Daten stehen ja nach Veröffentlichung den Käufern Ihrer Apps zur Verfügung.

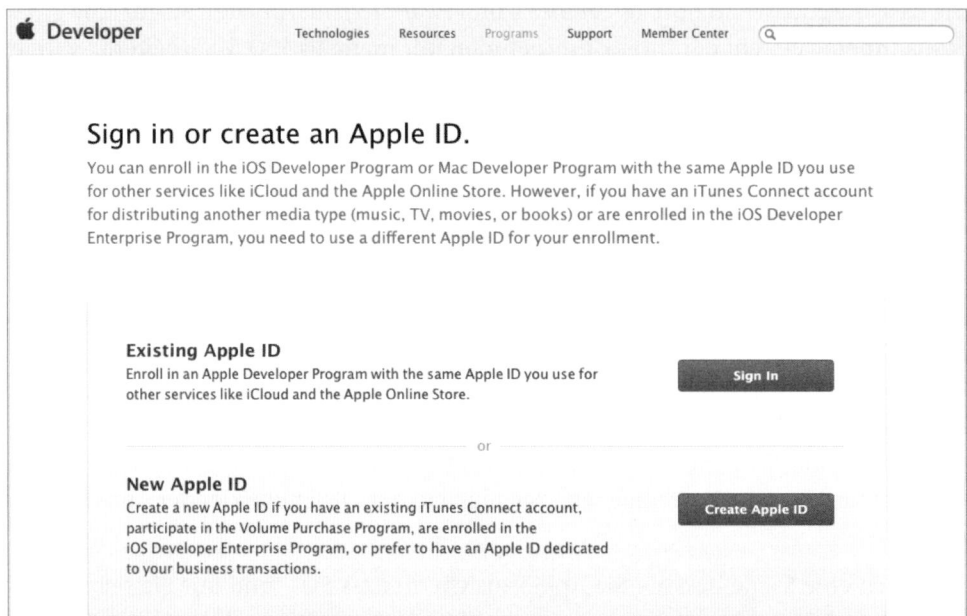

Abbildung 1.24 Neue oder bestehende Apple-ID? Hier treffen Sie die Entscheidung.

▶ Je nachdem, ob Sie nun eine eigene Apple-ID anlegen oder eine bestehende nutzen, müssen Sie Apple mit zahlreichen weiteren Informationen versorgen. So will das Unternehmen unter anderem wissen, für welche Plattformen Sie Software entwickeln wollen (in diesem Fall vor allem für iOS), welche Art von Software Sie programmieren wollen (Spiele, Büroanwendungen, Lifestyle-Programme) und ob Sie vor allem kostenlose oder kommerzielle Apps anbieten wollen. Es sind eine ganze Menge Fragen, von denen Sie zum jetzigen Zeitpunkt wahrscheinlich gar nicht alle so genau beantworten können. Das macht aber auch nichts, hier steht erst einmal die Statistik im Vordergrund, das heißt, Sie können alles so eintragen, wie es sein könnte. Wie es sein wird, steht schließlich auf einem anderen Blatt.

▶ So, jetzt wieder zum Lieblingsteil aller Vertragsabschlüsse: den Lizenzbedingungen (siehe Abbildung 1.25). Hier gibt's wieder jede Menge Lesestoff in feinstem Juristenenglisch – soll es weitergehen, bleibt Ihnen nichts anderes übrig, als diese Lizenzvereinbarung anzunehmen. Bei der Gelegenheit bestätigen Sie gegenüber Apple auch gleich, dass Sie alt genug sind, um voll geschäftsfähig zu sein – in Deutschland heißt das: mindestens 18 Jahre alt.

Abbildung 1.25 Viel Spaß beim Lesen … Am Ende bleibt einem eigentlich nichts anderes übrig, als den Lizenzbedingungen zuzustimmen.

▶ Dass es nun langsam ernst wird, merken Sie daran, dass Apple Ihnen in der Zwischenzeit eine Bestätigungs-E-Mail geschickt hat. Den Link in der E-Mail müssen Sie anklicken, um gegenüber Apple zu bestätigen, dass Sie tatsächlich zum erlauchten Kreis der Entwickler gehören wollen. Nach der Bestätigung gibt es eine neue E-Mail – und Apple begrüßt Sie als neues Mitglied im erlauchten Kreis der Entwickler.

▶ Im nächsten Schritt müssen Sie Informationen zur Zahlungsabwicklung mit Apple eingeben, unter anderem den exakten Namen, der auf Ihrer Kreditkarte notiert ist (ohne Kreditkarte geht es nicht), und eine Postadresse, die als Rechnungsadresse dient. Apple ist hier ein bisschen pingelig; manchmal hilft es beispielsweise nur, den Namen komplett in Großbuchstaben einzugeben.

▶ Als Nächstes müssen Sie sich für ein Entwicklungsprogramm von Apple entscheiden – da wir ja Apps für das iPhone und iPad entwickeln wollen, kreuzen Sie das iOS Developer Program an. Erstmals erfahren Sie hier dann auch, was die Teilnahme an dem Entwicklerprogramm in Euro kostet – zum Redaktionsschluss dieses Buches nahm Apple pro Jahr 80 € (siehe Abbildung 1.26).

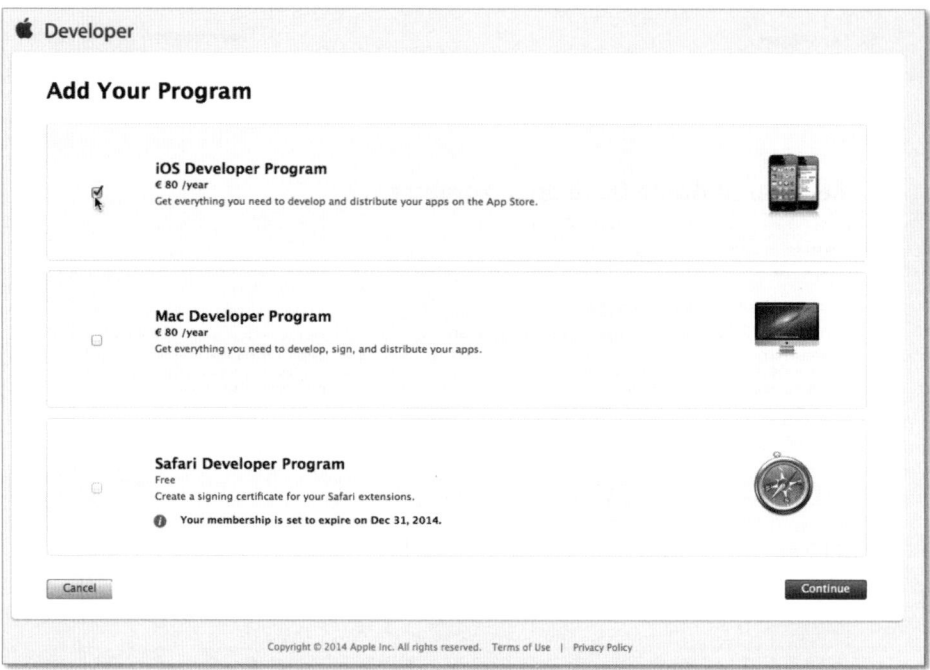

Abbildung 1.26 Einmal iOS, bitte – pro Jahr kostet die Teilnahme am Entwickler-programm derzeit 80 €.

Maßgeblich ist jedoch der Dollarbetrag, der momentan bei 99 $ pro Jahr liegt. Das heißt, je nach Umrechnungskurs zwischen Euro und Dollar kann sich dieser Betrag auch mal ändern.

▶ Apple zeigt Ihnen im nächsten Schritt noch einmal alle relevanten Informationen im Überblick. Diese sollten Sie sehr genau kontrollieren und gegebenenfalls korrigieren.

▶ Und jetzt noch einmal: Lizenzvereinbarung annehmen und bestätigen, dass Sie mindestens 18 Jahre alt sind.

▶ So, fast geschafft – noch eben bezahlen (das kennen Sie bestimmt schon aus dem App Store), und danach sollten Sie eine E-Mail mit einem Code bekommen, um Ihre Anmeldung aktivieren zu können (nein, das ist kein Déjà-vu, auch wenn Sie so was Ähnliches vorhin schon mal gemacht haben). Ist alles korrekt, sind Sie nun als neuer Apple-Entwickler registriert und können Ihre Apps offiziell bei Apple einreichen und damit jedem iPhone- und iPad-Benutzer weltweit zugänglich machen. Fehlt uns eigentlich nur noch eins zum Glück: die App selbst. Aber dazu kommen wir ja im folgenden Kapitel.

1.3   Swift: Apples neue Programmiersprache

Ach ja, da wäre noch was zu klären. Nämlich die Frage, in welcher Sprache Sie programmieren wollen. Standard war bisher Objective-C, doch Apple hat jetzt eine eigene Programmiersprache an den Start gebracht. Die trägt den Namen Swift – und könnte auf Dauer Objective-C ablösen. Na ja, vielleicht. Oder auch nicht.

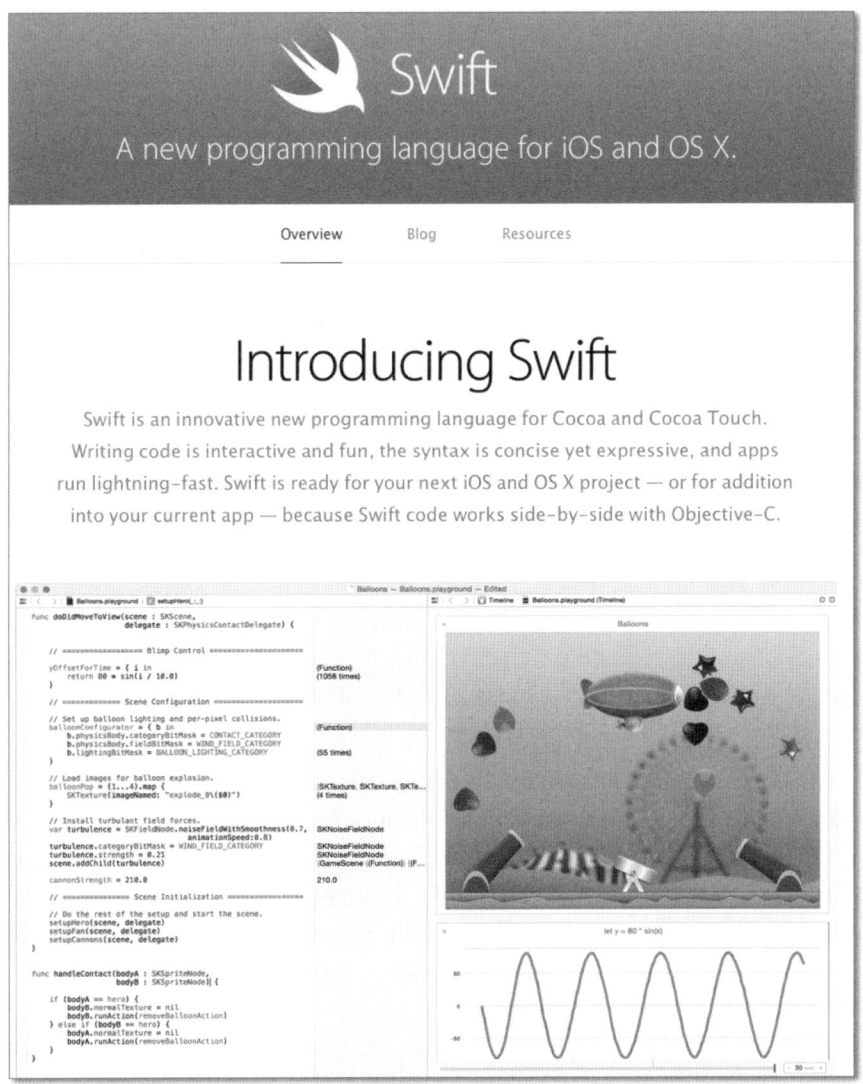

Abbildung 1.27 Apples neue Programmiersprache Swift – wirklich besser als Objective-C?

1.3.1 Das steckt hinter Swift

Wenn man so will, ist Swift die Weiterentwicklung von Objective-C, zumindest möchte Apple das Ganze so verstanden wissen. Swift hat viele Eigenschaften, die auch Objective-C hat, es bietet Mechanismen wie Klassen oder Vererbung. Das liegt allerdings weniger daran, dass sich Swift bei Objective-C bedient hätte, sondern daran, dass Swift – so wie alle modernen Programmiersprachen – eine objektorientierte Sprache ist. Neben Objective-C standen auch Sprachen wie Ruby, Python oder Rust Pate für Swift. Wenn man böse wäre, könnte man sagen: Swift ist ein ziemliches Kuddelmuddel aus allem, was die Apple-Entwickler bei anderen Sprachen für gut befunden haben.

Das Schreiben von Programmen mit Swift soll – so die Werbung von Apple – »interactive and fun« sein, es soll deutliche Vorteile gegenüber Objective-C bieten.

Apple hat für angehende Swift-Programmierer eine eigene Webseite unter *developer. apple.com/swift* eingerichtet. Hier gibt es einen eigenen Blog, einige Einführungsvideos und andere Hilfen, wenn Sie sich näher mit Swift beschäftigen möchten.

Es gibt auch ein richtiges Handbuch zu Swift, in dem alle wichtigen Funktionen und Vorgehensweisen erklärt werden. Das Handbuch ist in zwei Teile gegliedert, Sie können beide kostenlos aus dem Apple Bookstore laden und auf dem Mac, dem iPad oder iPhone lesen.

1.3.2 Warum wir in diesem Buch weiter mit Objective-C arbeiten

Die Frage ist: Warum überhaupt entwickelt Apple eine eigene Programmiersprache? So schlecht kann das bisher verwendete Objective-C nicht sein, sonst würde es nicht eine solche Menge an Apps geben. Aber vielleicht darf man diese Frage gar nicht so stellen, sondern muss anders an die Sache herangehen.

Apple hat Swift wahrscheinlich vor allem deshalb entwickelt, weil sie es können. Und weil sie mit Swift auch Dinge umsetzen können, die ihnen in Objective-C gefehlt haben. Oder die sie dort zu kompliziert fanden. Klar, wenn man Besitzer eines Hauses ist, fällt der Umbau deutlich leichter als wenn man Hunderte von Mitbewohnern und -besitzern von den Bauplänen überzeugen muss. Will Apple die Softwareentwicklung für die eigenen Geräte vorantreiben, macht es – aus ihrer Sicht – durchaus Sinn, eine eigene Programmiersprache dafür ins Leben zu rufen.

Aus unserer, aus Autorensicht hat Swift jedoch einige Nachteile. Und deshalb haben wir es in diesem Buch nicht als Grundlage genommen:

1

▶ Wir haben nicht ausreichend Erfahrung mit Swift gesammelt, um es wirklich weiter-empfehlen und vernünftig vermitteln zu können. Und das ist ein Problem, das Ihnen vorerst überall begegnen wird. Swift ist erst seit relativ kurzer Zeit verfügbar. Wenn Sie zur Programmierung eine Frage haben oder Probleme auftauchen, wird es schwer sein, jemanden zu finden, der wirklich weiterhelfen kann. Für die ernsthafte Pro-grammierung sind sogenannte »Best Practices« extrem wichtig, also Erfahrungs-werte aus der Praxis. Diese fehlen in Swift komplett. Guter Rat unsererseits: Lassen Sie anderen erst mal den Vortritt, und gucken Sie sich Swift nebenbei an. Und dann starten Sie später, mit den Erfahrungen, die andere für Sie gesammelt haben.

▶ Bei Objective-C ist das anders: Die Wurzeln dieser Programmiersprache reichen zurück bis in die 1980er Jahre, Sie werden kaum einen (ernstzunehmenden) Pro-grammierer finden, der sich noch nie mit Objective-C beschäftigt hat. Objective-C hat in den letzten Jahren sogar einen regelrechten Boom erlebt; 2011 und 2012 ist es zur »Sprache des Jahres« gewählt worden. Nach einem baufälligen Haus, das man drin-gend abreißen und ganz neu aufbauen muss, sieht das nicht aus.

▶ Entsprechend gibt es für Objective-C nicht nur viele Hilfen in Foren und auf anderen Diskussionsplattformen, es gibt auch entsprechende Bibliotheken, die Sie bei der Umsetzung Ihrer Idee unterstützen können. Kurzum: Es ist das Umfeld, das ganze Drumherum, die große Verbreitung, die Objective-C von einer guten zu einer hervor-ragenden Sprache werden lässt.

▶ All das kann Swift derzeit nicht bieten. Swift ist (vorerst) auf Apple-Produkte beschränkt. Sie können damit Programme für iPhone, iPad und Mac programmieren, sie auf andere Plattformen und Betriebssysteme zu übertragen, ist dagegen nicht so leicht. Objective-C ist die deutlich bessere Wahl, um auch für andere Systeme Pro-grammiererfahrung zu bekommen.

▶ Apple selbst sieht Swift (derzeit) nur als Ergänzung zu Objective-C, es ist bei weitem nicht so, dass Sie jetzt gezwungen sind, in Swift zu programmieren. Möglich, dass sich das irgendwann ändern wird, doch dass Apple jetzt diesen Weg wählt und beide Programmiersprachen gleichberechtigt nebeneinanderstellt, zeigt auch, dass selbst Apples Möglichkeiten in dieser Beziehung beschränkt sind. Hätte man einen Zwangs-umstieg auf Swift vollzogen, dann hätten sich mit Sicherheit viele Entwickler abge-wandt. Das kann und will auch Apple nicht riskieren.

Unter dem Strich: Wir halten Swift derzeit für noch nicht ausgereift und verbreitet genug, um es zur Basis dieses Buches zu machen. Wir glauben, dass Sie mit Objective-C wesentlich besser fahren. Mag sein, dass das in ein paar Jahren anders aussieht. Dann werden wir ein komplett neues Buch schreiben – und hoffen, dass Sie auch das dann kaufen ... ☺

1.4 Die erste App

Der Mac läuft, Xcode ist installiert, jetzt wird es Sie jucken, die erste App zu programmieren. Also los! Damals, als das Internet noch schwarzweiß war, die Telekom noch Bundespost hieß und Computer große graue Kisten mit schwarzen Terminals waren, auf denen grüne Schrift flimmerte, war Programmieren eine anstrengende und wenig intuitive Arbeit. Mit Xcode sieht das glücklicherweise ganz anders aus: Die IDE unterstützt Sie, wo sie nur kann, dabei, gute Apps zu schreiben. Damit Sie einen Überblick über die Fähigkeiten von Xcode erhalten und gleichzeitig sehen, wie schnell eine einfache App erstellt ist, werden Sie nun Ihre (wahrscheinlich) erste App für das iPhone schreiben. Dabei werden Sie bereits einige Zeilen Code programmieren, ohne dass Sie verstehen, was diese Zeilen bedeuten. Keine Angst, das ist gewollt! Direkt im nächsten Kapitel steigen Sie in die Praxis der Programmierung ein; Ihre Fragen bleiben also nicht lange unbeantwortet.

Öffnen Sie jetzt Xcode. Der Startbildschirm zeigt die Übersicht der bereits in Xcode angelegten Projekte. Falls dies Ihre erste App ist, ist die Liste der Projekte bei Ihnen natürlich leer (siehe Abbildung 1.28).

Abbildung 1.28 Die Projektübersicht von Xcode

Wählen Sie im Startbildschirm den obersten Punkt CREATE A NEW XCODE PROJECT, um ein neues Projekt anzulegen. Xcode zeigt Ihnen im nächsten Dialog die Liste der möglichen Projektarten an. Wählen Sie in der linken Spalte den Punkt IOS • APPLICATION (womit eine App gemeint ist). In der Übersicht rechts sehen Sie nun verschiedene Arten von Apps, die Sie mit Xcode erstellen können (siehe Abbildung 1.29).

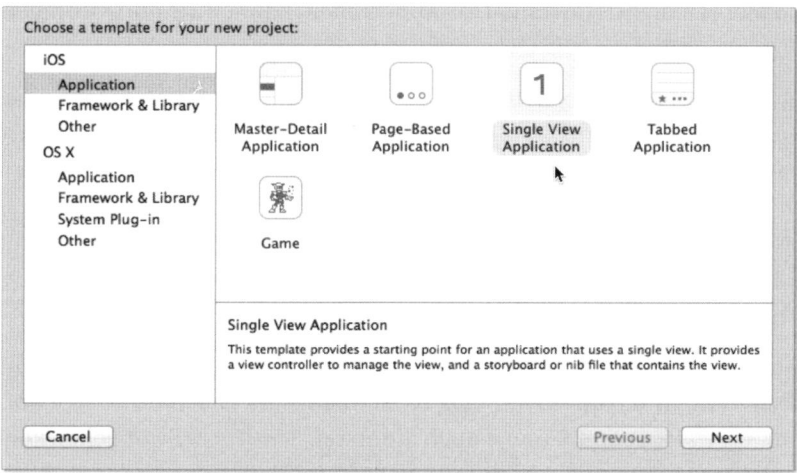

Abbildung 1.29 Die Projektschablonen von Xcode

Für den Anfang, und davon abgesehen für die meisten Fälle, wählen Sie den Typ SINGLE VIEW APPLICATION und betätigen anschließend den NEXT-Button unten rechts im Fenster. Im nächsten Dialogfenster müssen Sie noch einige Optionen festlegen, bevor Sie mit der eigentlichen Programmierung beginnen können (siehe Abbildung 1.30).

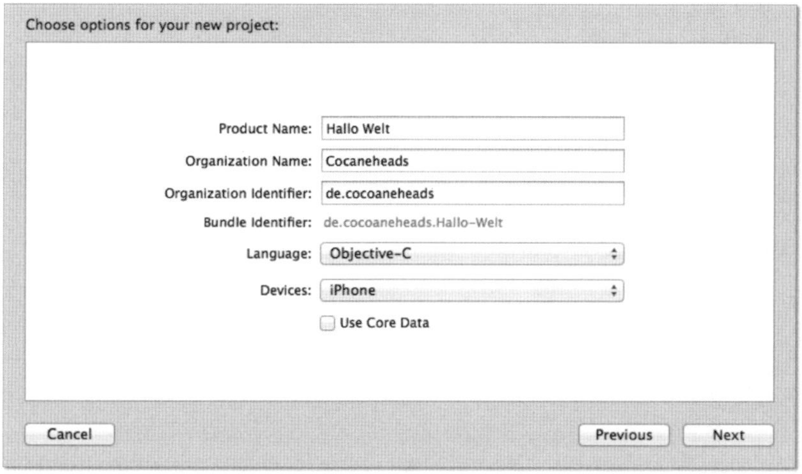

Abbildung 1.30 Die Projektoptionen von Xcode

Der PRODUCT NAME ist der Name der App, also der Name, den Sie unter dem Icon der App auf dem iPhone sehen. Geben Sie der App den Namen »Hallo Welt«. Das Feld ORGA-NIZATION NAME enthält den Namen der Firma, unter dem Sie die App veröffentlichen wollen. Da es sich hier ja lediglich um eine Test-App handelt, können Sie dort eintragen, was Sie wollen.

Dasselbe gilt für den COMPANY IDENTIFIER, der dazu dient, aus der Kombination einer Internetdomäne und des App-Namens einen eindeutigen Bezeichner zu erstellen. Diese Angabe ist für die Veröffentlichung im App Store wichtig. Wenn Sie keine eigene Internetdomäne besitzen, verwenden Sie als COMPANY IDENTIFIER einfach eine Kombination aus Ihrem Vor- und Nachnamen, also zum Beispiel »brunsmann.joerg«. Xcode macht daraus zusammen mit dem Namen der App den Bezeichner *brunsmann.joerg.MeineErsteApp*; Xcode zeigt dies bereits beim Eingeben der entsprechenden Werte an.

Als Programmiersprache (LANGUAGE) wählen Sie bitte Objective-C aus. Sie werden die App also in Objective-C schreiben. Warum das so ist, haben Sie ja bereits im Vorwort und in Abschnitt 1.3 gelesen. Damit Sie aber auch die ersten Schritte in Swift gehen können, werden Sie die App anschließend auch noch in Swift implementieren.

Nachdem Sie den Dialog über den NEXT-Button beendet haben, fragt Xcode nach einem Ordner, in dem es das neue Projekt ablegen soll. Suchen Sie ein passendes Plätzchen auf der Festplatte Ihres Macs, und geben Sie dem neuen Verzeichnis den Namen »Hallo Welt« (siehe Abbildung 1.31). Über den Button CREATE veranlassen Sie anschließend Xcode, das Projekt mit den von Ihnen festgelegten Parametern anzulegen.

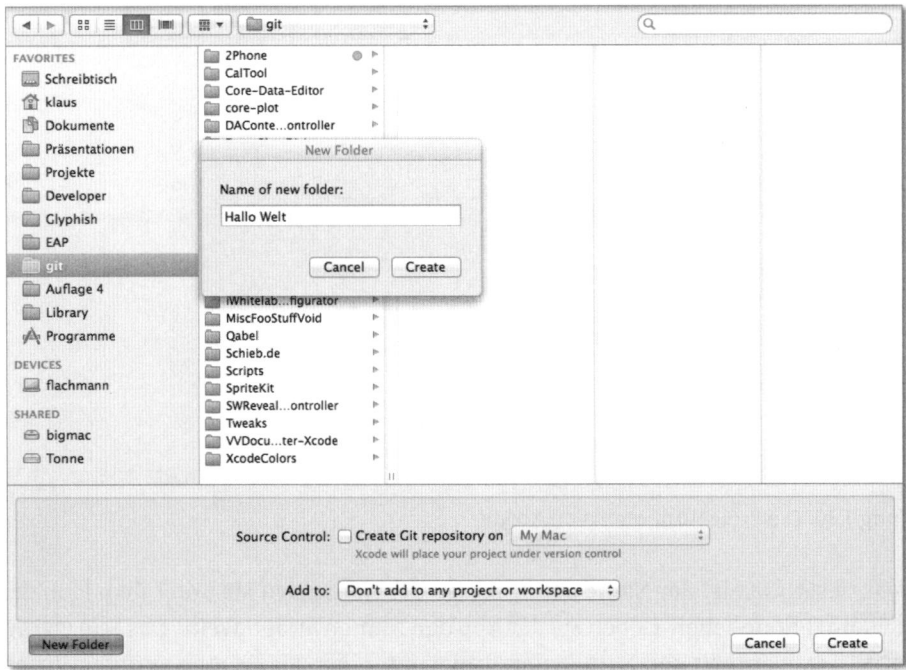

Abbildung 1.31 Das Kind braucht einen Namen!

Nach dem Anlegen des neuen Projekts begrüßt Sie der Hauptbildschirm von Xcode, den Sie ja in Abschnitt 1.2.4, »Die Software«, bereits kennengelernt haben (siehe Abbildung 1.32).

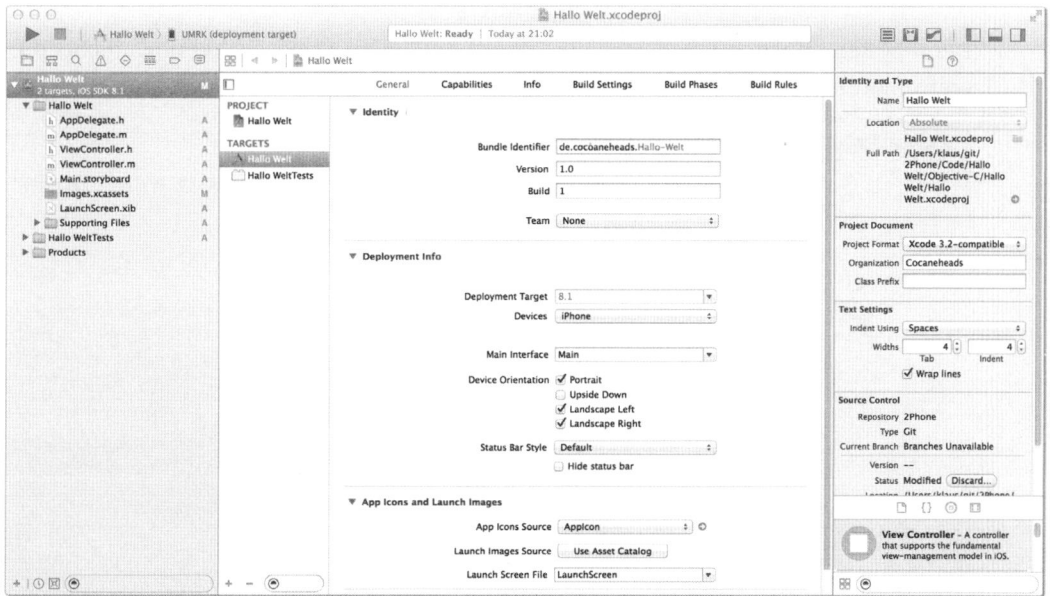

Abbildung 1.32 Das neue Projekt im Xcode-Fenster

Ganz links in der Werkzeugleiste von Xcode finden Sie den wichtigsten Button überhaupt: den RUN-Button (siehe Abbildung 1.33). Damit weisen Sie Xcode an, den Quelltext der App zu übersetzen und auszuführen. In dem Dropdown-Feld rechts neben dem ausgegrauten STOP-Button können Sie festlegen, wo Xcode die App ausführt. Standardmäßig ist hier der iPhone-Simulator ausgewählt. Belassen Sie diese Einstellung, und drücken Sie anschließend den RUN-Button.

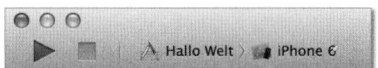

Abbildung 1.33 Der wichtigste Button von Xcode

Im Statusfenster von Xcode, in der Mitte der Werkzeugleiste, werden Sie nun allerlei Aktivität erkennen. Nach Beenden des Übersetzungsvorgangs startet Xcode den iPhone-Simulator, und das Statusfenster zeigt Vollzug.

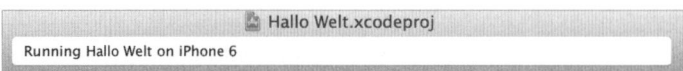

Abbildung 1.34 Das Statusfenster von Xcode

Der iPhone-Simulator zeigt Ihnen die übersetzte App an. Da Sie bisher noch nichts programmiert haben, ist die App ziemlich funktionslos.

Abbildung 1.35 Die App im Simulator. Ostfriesische Nationalflagge.

Immerhin sehen Sie aber eine graue weiße Fläche. Das ist schon mal ein guter Anfang,
denn das bedeutet zum einen, dass das Übersetzen geklappt hat, zum anderen bedeutet
es, dass Xcode Ihnen bereits eine Menge Arbeit abgenommen hat. Es hat automatisch

den Quelltext des Projekts in eine ausführbare Datei übersetzt, es hat diese Datei in den iPhone-Simulator geladen und gestartet, und die App verfügt bereits über ein Fenster. Um diese Dinge müssen Sie sich also schon nicht mehr kümmern. Beenden Sie nun die App über den STOP-Button in der Werkzeugleiste von Xcode.

1.4.1   Hallo Welt

In der IT ist es Tradition, dass das erste Programm eines Neulings daraus besteht, die zwei Wörter »Hallo Welt« auszugeben. Das ist in etwa so, wie Tontechniker beim Test von Mikrofonen immer »1, 2, 3 – Test – Test« sagen. Abgesehen von der Tradition ist ein schöner Nebeneffekt, dass man über Hallo-Welt-Programme die Syntax von Sprachen vergleichen kann. Wikipedia hält eine schöne Seite bereit, auf der die Hallo-Welt-Programme von zurzeit 108 verschiedenen Programmiersprachen aufgeführt sind. Es gibt dort sogar ein Hallo-Welt-Programm in Objective-C, der Sprache, in der die iPhone-Apps geschrieben sind.

Um aus der von Xcode erzeugten, leeren App eine Hallo-Welt-App zu machen, wählen Sie im Navigationsbereich von Xcode die Datei *Main.storyboard* aus (siehe Abbildung 1.36). Damit öffnen Sie den grafischen Editor von Xcode, den *Interface Builder* (siehe Abbildung 1.37). Dort können Sie die grafische Benutzeroberfläche der App, das GUI, bequem mit der Maus zusammenstellen.

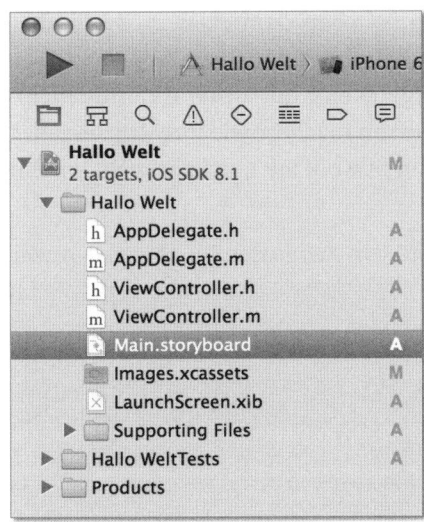

Abbildung 1.36 Die Datei Main.storyboard

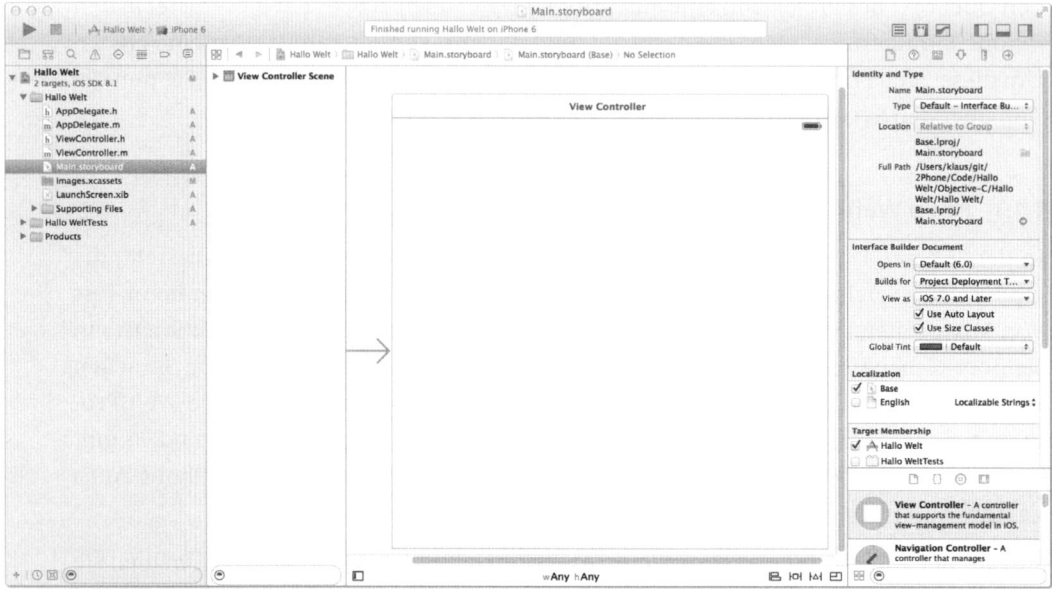

Abbildung 1.37 Der Interface Builder

Im Interface Builder sehen Sie ein quadratisches weißes Feld. Das soll die Oberfläche Ihrer App sein. Apple stellt in den neuesten Versionen von Xcode die GUI im Interface Builder standardmäßig als Quadrat dar, um alle möglichen Geräteklassen optimal zu unterstützen. Für den Anfang ist das aber mehr als verwirrend und führt Sie in die Welt der *Size Classes* – Begriffe, mit denen Sie zum jetzigen Zeitpunkt unter Garantie nichts anfangen wollen. Oder möchten Sie sich erst Gedanken machen, wie Ihre App auf allen möglichen Gerätevarianten am schönsten aussieht, obwohl Sie noch gar nicht wissen, wie Sie programmieren? Eben.

Wählen Sie daher oben rechts in der Werkzeugleiste von Xcode den Button zum Anzeigen der UTILITIES (siehe Abbildung 1.38).

Abbildung 1.38 Anzeigen der Utilities

Anschließend markieren Sie das weiße Quadrat, also die GUI der App, mit der Maus und aktivieren in der Utilities-Spalte am rechten Bildschirmrand den FILE INSPECTOR.

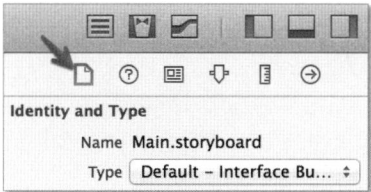

Abbildung 1.39 Öffnen Sie den File Inspector

Deaktivieren Sie im File Inspector im Abschnitt INTERFACE BUILDER DOCUMENT die Option USE SIZE CLASSES. Xcode fragt Sie dabei, für welchen Gerätetyp es die Einstellungen der GUI behalten soll. Wählen Sie iPhone.

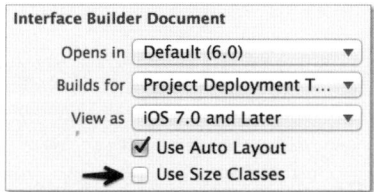

Abbildung 1.40 Deaktivieren Sie Auto Layout und Size Classes.

Abbildung 1.41 Wählen Sie als Zielmodell das iPhone.

Anschließend sieht die GUI der App aus wie ein iPhone im Hochkantformat. So soll es sein.

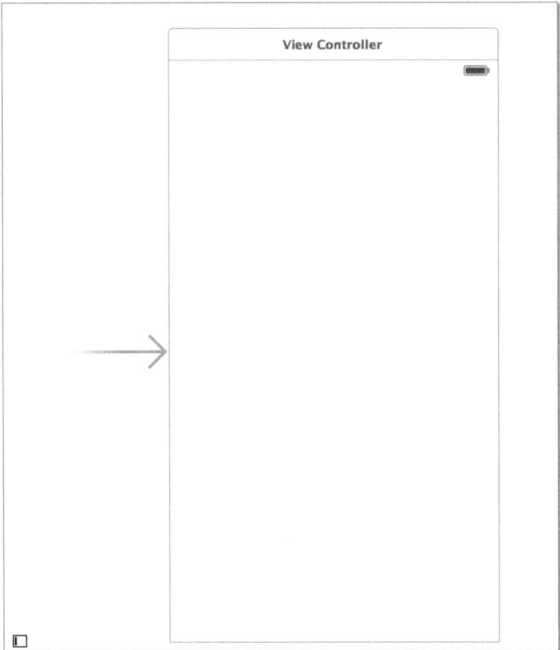

Abbildung 1.42 Ein iPhone im Hochkantformat

Die Xcode-Utilities enthalten unter anderem verschiedene Elemente zum Bauen der Benutzeroberfläche einer App. Die Hallo-Welt-App soll ja den Text »Hallo Welt« anzeigen, also benötigen Sie zunächst ein Element zum Anzeigen von Text.

In der Utilities-Leiste, die Sie durch Drücken des oben genannten Buttons im rechten Teil des Xcode-Fensters öffnen, finden Sie unten die Objektbibliothek, die OBJECT LIBRARY. Diese können Sie durch Drücken des kleinen grauen Würfels öffnen (siehe Abbildung 1.43).

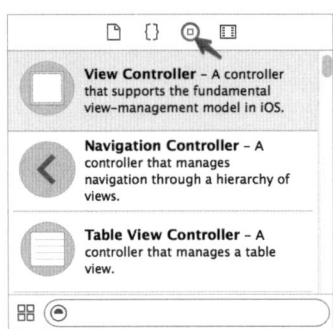

Abbildung 1.43 Die Objektbibliothek

Am unteren Ende der Objektbibliothek finden Sie ein Suchfeld, in das Sie den Text »label« eingeben. Xcode zeigt Ihnen das entsprechende Objekt an und gibt die Beschreibung direkt dazu: »A VARIABLY SIZED AMOUNT OF STATIC TEXT« (siehe Abbildung 1.44). Das klingt gut.

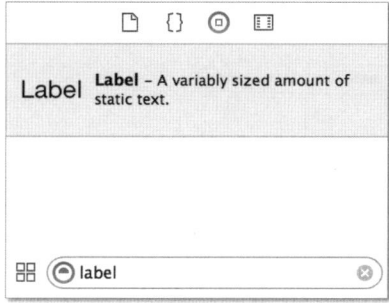

Abbildung 1.44 Ein Label

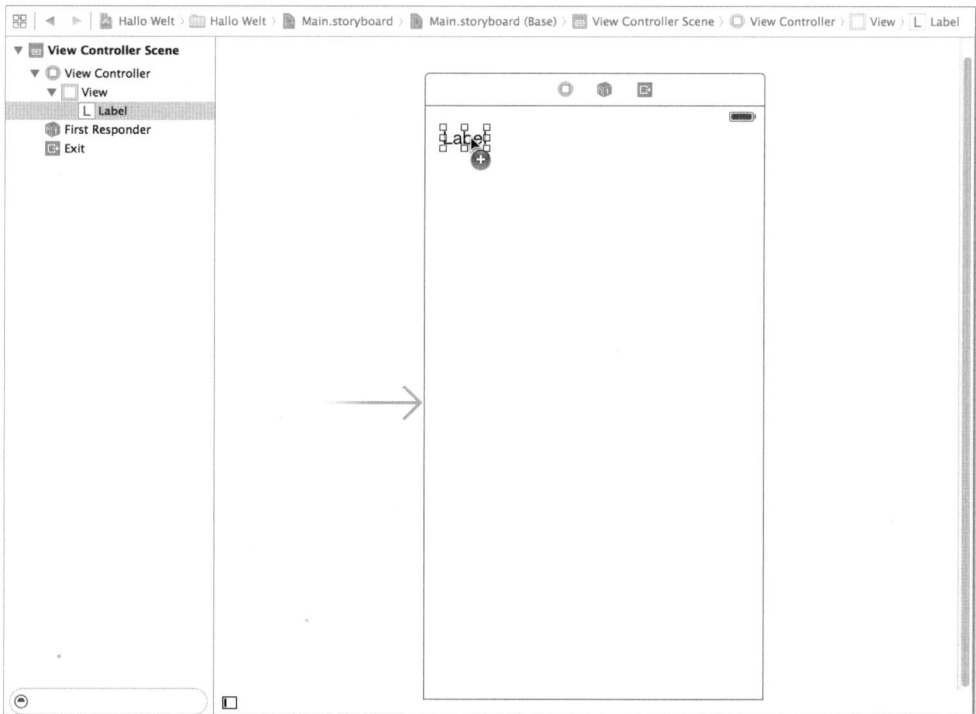

Abbildung 1.45 Man nehme ein Label …

Nehmen Sie nun das Label mit der Maus (siehe Abbildung 1.45), und ziehen Sie es mit gedrückter Maustaste auf die im Interface Builder angezeigte Oberfläche der App. Dort lassen Sie das Label los (siehe Abbildung 1.46). Xcode zeigt Ihnen Hilfslinien an, die Ihnen dabei helfen, das Label genau in der Mitte der Oberfläche zu platzieren.

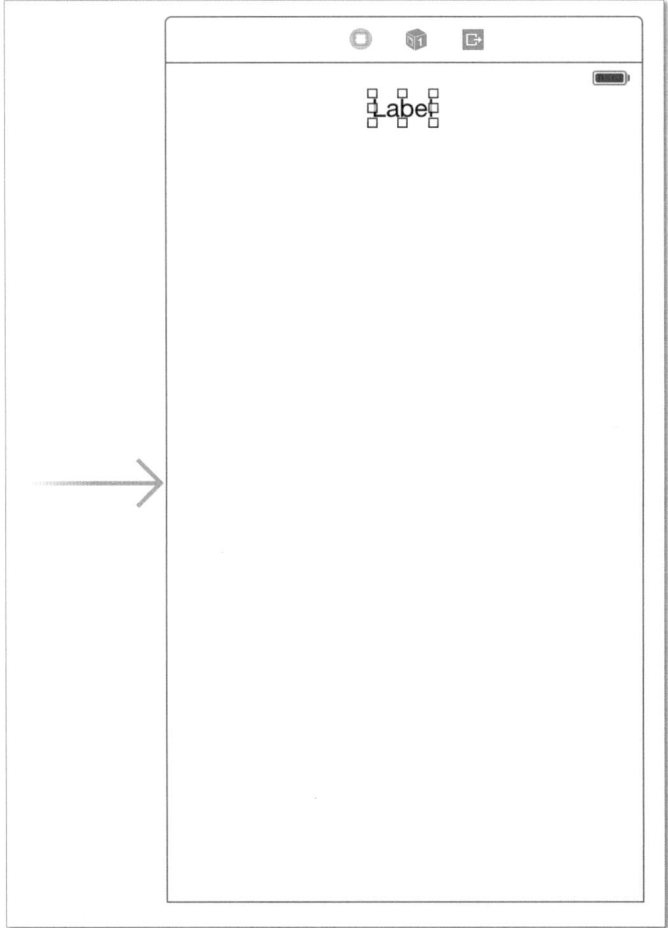

Abbildung 1.46 ... und platziere es auf der Oberfläche der App.

Ziehen Sie das Label nun nacheinander an den beiden Seiten nach außen, so dass es die gesamte Breite der App-Oberfläche einnimmt.

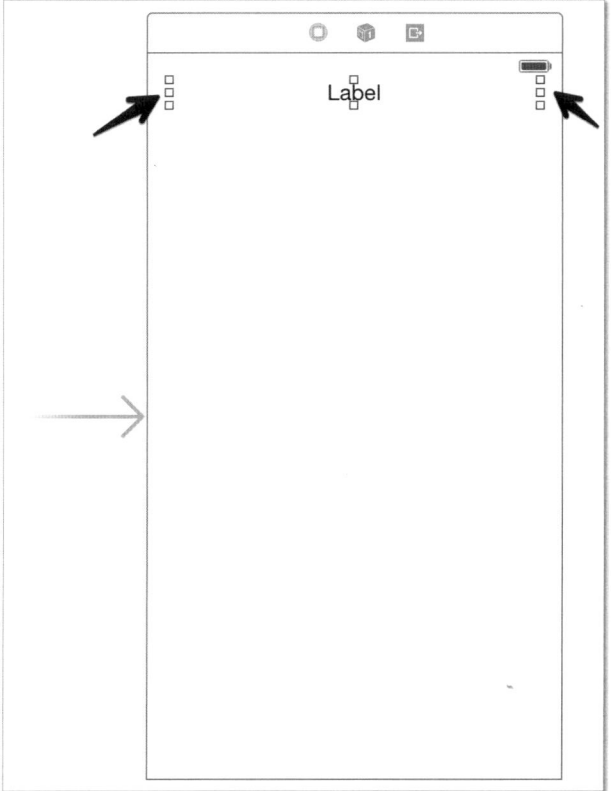

Abbildung 1.47 Das Label soll die gesamte Breite der GUI ausfüllen.

Lassen Sie das Label markiert, und öffnen Sie dann im Utilities-Bereich den ATTRIBUTES INSPECTOR. Dort ändern Sie die Textausrichtung des Labels (ALIGNMENT) auf mittig.

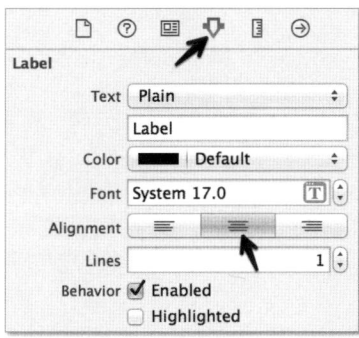

Abbildung 1.48 Die Textausrichtung soll mittig sein.

61

Anschließend ziehen Sie ein Objekt vom Typ BUTTON auf die GUI. Geben Sie »Button« in das Suchfeld der Objektbibliothek ein, und ziehen Sie ein Objekt vom Typ BUTTON auf die Oberfläche der App (siehe Abbildung 1.49).

Abbildung 1.49 Das ist der richtige Button.

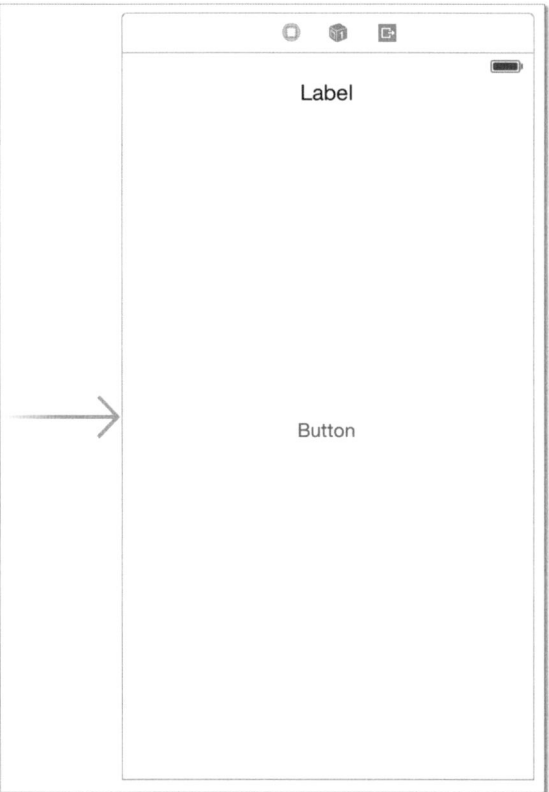

Abbildung 1.50 Die fertige Oberfläche der App

Wenn Sie die App nun übersetzen und in einem iPhone 4S starten ...

Abbildung 1.51 Starten Sie die App auf einem iPhone 4S.

... sollte der iPhone-Simulator das folgende Bild abgeben.

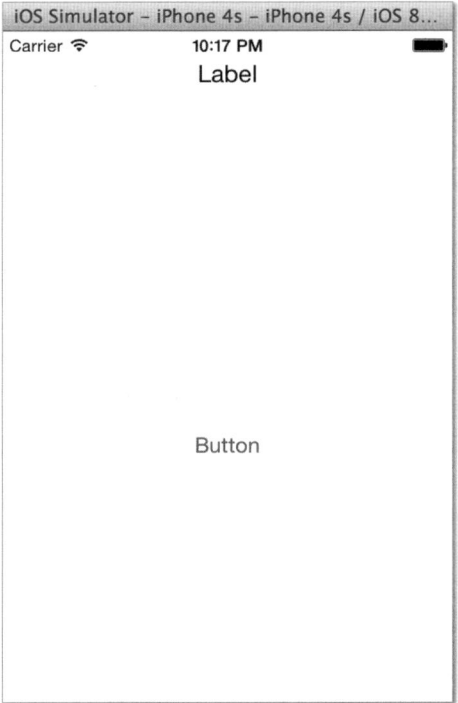

Abbildung 1.52 Trost-, aber nicht hoffnungslos.

Anders sieht es aus, wenn Sie die App auf einem iPhone 6 starten.

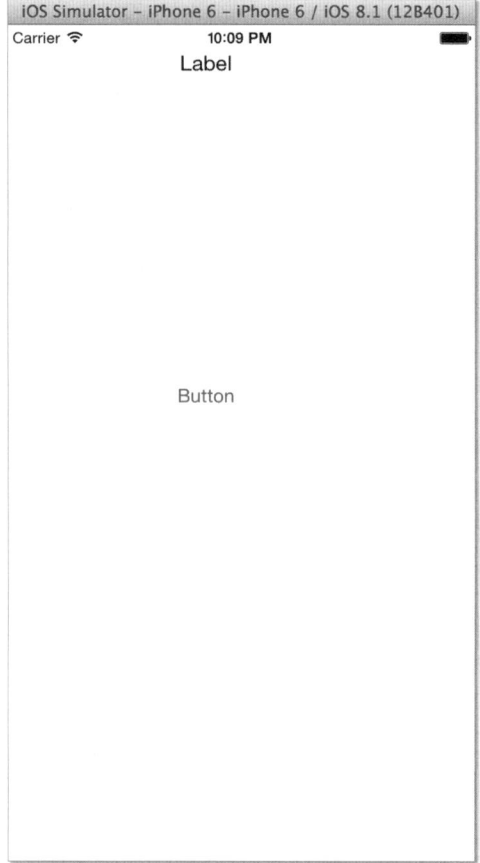

Abbildung 1.53 Schön ist das nicht!

Label und Button sind ja gar nicht mittig. Noch keine Zeile programmiert, schon geht der Ärger los. Das ist das Ergebnis der mittlerweile vielen verschiedenen iPhone-Modelle mit den verschiedenen Display-Größen. Eine im Interface Builder schnell zusammenge-klickte GUI ist nicht automatisch eine ordentliche GUI, und Elemente können ver-rutscht erscheinen. Xcode verfügt aber praktischerweise über eine Funktion namens *Autolayout*. Öffnen Sie dafür den Interface Builder, halten Sie die ⌘cmd⌘-Taste gedrückt, und markieren Sie mit der Maus das Label und den Button.

Anschließend klicken Sie auf den ALIGN-Button unten in der Fußzeile des Interface Builders.

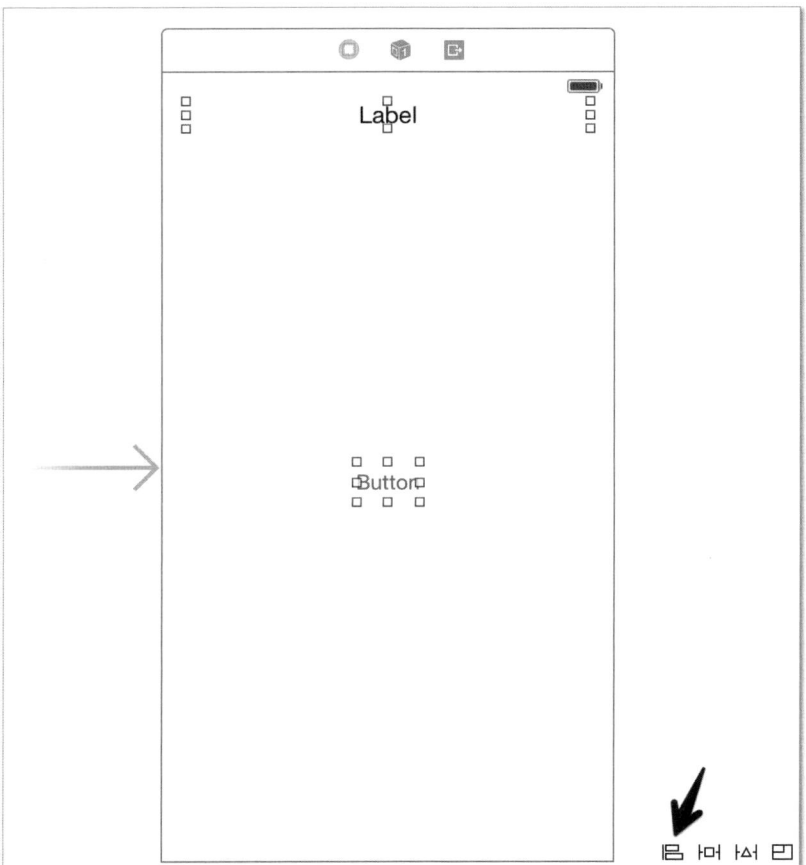

Abbildung 1.54 Label und Button auswählen und auf »Align« klicken

Es öffnet sich ein Fenster, mit dem Sie die Position von GUI-Elementen festlegen können. Für den Anfang reicht es, dass Sie für die beiden gewählten Elemente, Label und
Button, festlegen, dass diese immer mittig auf dem Bildschirm erscheinen sollen. Wählen Sie daher HORIZONTAL CENTER IN CONTAINER, belassen Sie den Wert auf 0, und
bestätigen Sie mit dem unteren Button (ADD 2 CONSTRAINTS). Führen Sie die App jetzt
auf einem iPhone 6 aus. Siehe da, Label und Button sind mittig. Heureka!

Sie können den Button der App so oft drücken, wie Sie wollen – es passiert nichts. Das
liegt daran, dass Sie über den Interface Builder zwar die Gestaltung Ihrer Apps vornehmen können, die Funktionalität aber »zu Fuß« im Hintergrund programmieren müssen. Also in die Hände gespuckt, jetzt beginnt die eigentliche Programmierarbeit.

Abbildung 1.55 Was nicht passt, wird passend gemacht.

Wählen Sie, falls nicht ohnehin noch geöffnet, im Navigationsbereich von Xcode die Datei *Main.storyboard*, so dass der Interface Builder geöffnet ist, und aktivieren Sie anschließend oben rechts in der Werkzeugleiste von Xcode den ASSISTANT EDITOR (siehe Abbildung 1.56).

Abbildung 1.56 Öffnen Sie den »Assistant editor«.

Xcode öffnet nun automatisch neben dem Interface Builder ein weiteres Fenster und zeigt dort die Datei *ViewController.h* an (siehe Abbildung 1.57).

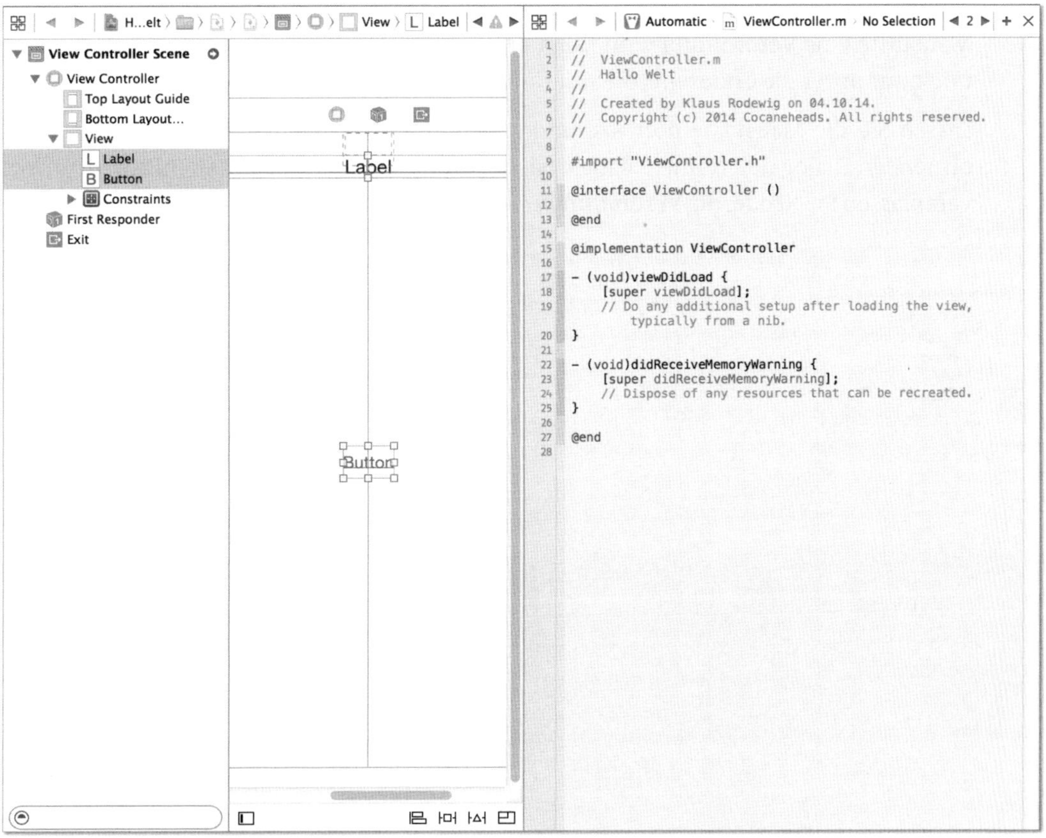

Abbildung 1.57 Der Interface Builder und der »Assistant editor« nebeneinander

Für den Fall, dass der ASSISTANT EDITOR nicht die Datei *ViewController.h* anzeigt, können Sie in der Kopfzeile des Editors einfach mit der Maus die anzuzeigende Datei selbst auswählen (siehe Abbildung 1.58).

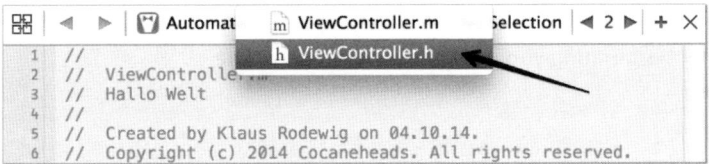

Abbildung 1.58 Auswahl der Datei für den »Assistant editor«

Halten Sie nun die ⌈ctrl⌉-Taste auf Ihrem Mac gedrückt, und ziehen Sie mit gedrückter Maustaste eine Verbindung vom Label im Interface Builder in den ASSISTANT EDITOR, und zwar unter die Codezeile, die mit @interface beginnt (siehe Abbildung 1.59).

Lassen Sie die Maustaste dort los, und geben Sie der neuen Verbindung in dem sich öffnenden Dialog den Namen »label« (siehe Abbildung 1.60). Über den Button CONNECT veranlassen Sie Xcode, die Verbindung zu erzeugen und eine neue Zeile Code anzulegen.

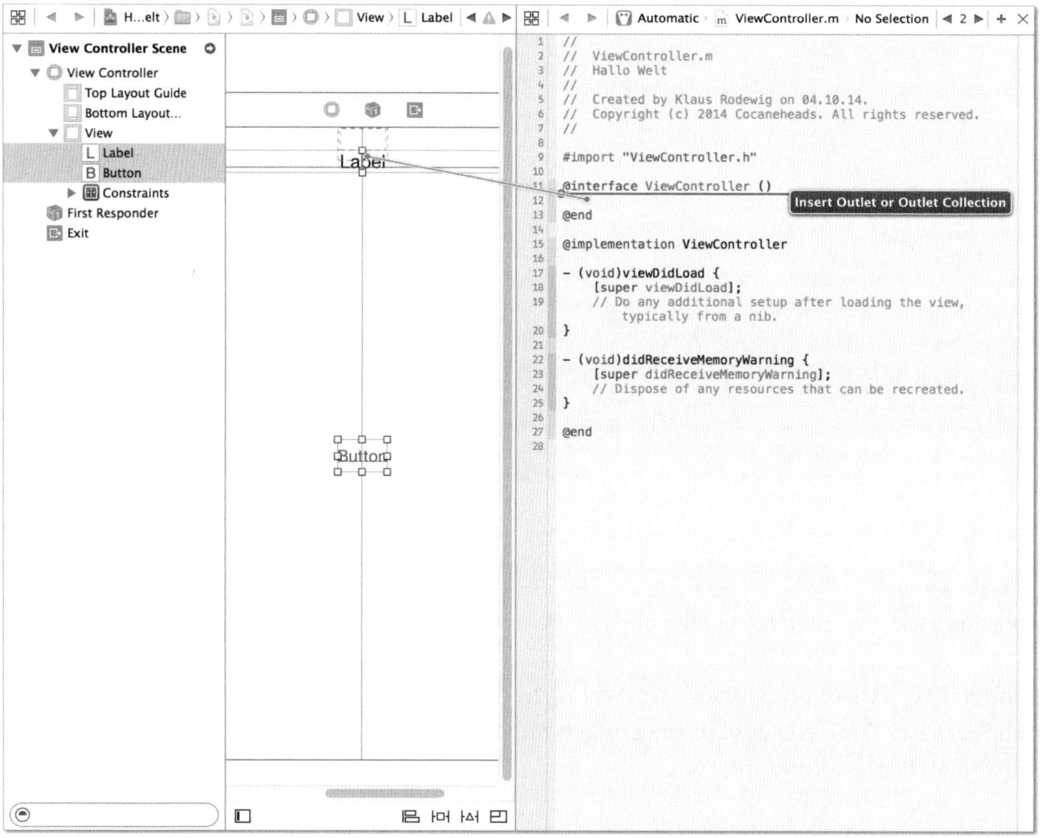

Abbildung 1.59 Ziehen einer Verbindung von der Oberfläche in den Code

Abbildung 1.60 Die Verbindung erhält den Namen »label«.

Sie haben gerade ein sogenanntes *Outlet* erzeugt. Ein Outlet, übersetzt Ausgang, ist eine Verbindung vom Code zur Oberfläche einer App. Das Programm kann dieses Outlet ansprechen. Sie ahnen es bereits: Im Endzustand wird das Label auf der Oberfläche der App die Zeichenkette »Hallo Welt« anzeigen. Den ersten Schritt dazu haben Sie bereits erledigt.

Jetzt fehlt noch eine Verbindung, die dem Button Leben einhaucht. Ziehen Sie also ebenfalls mit gedrückter ⌈ctrl⌉-Taste eine Verbindung vom Button unter die eben erzeugte Codezeile.

Wählen Sie in dem sich öffnenden Dialog oben den Typ ACTION aus, geben Sie dieser Action den Namen »Button«, und bestätigen Sie den Dialog mit dem CONNECT-Button (siehe Abbildung 1.61).

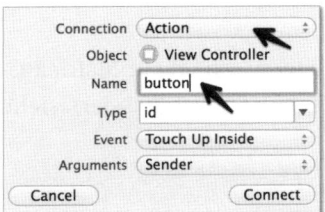

Abbildung 1.61 Eine Action mit dem Namen »button«

Der Inhalt der Datei *ViewController.h* sollte nun wie folgt aussehen:

```
#import <UIKit/UIKit.h>

@interface ViewController : UIViewController
@property (weak, nonatomic) IBOutlet UILabel *label;
- (IBAction)button:(id)sender;
@end
```

Listing 1.1 Die Datei ViewController.h

Schließen Sie nun den ASSISTANT EDITOR, und öffnen Sie anschließend die Datei *View-Controller.m*. Dort finden Sie am Ende die folgende Methode:

```
- (IBAction)button:(id)sender {
}
```

Listing 1.2 Der Rumpf der Methode »button:«

Diese Methode hat Xcode automatisch angelegt, als Sie die Action BUTTON erzeugt haben. Folgerichtig wird die Methode aufgerufen, wenn Sie den Button der App betätigen. Es fehlt nun also nur noch die Anweisung, mit deren Hilfe das Label den Text »Hallo Welt« anzeigt. Dazu bedienen Sie sich des Outlets label und fügen die folgende Zeile der Methode button: hinzu:

```
self.label.text = @"Hallo Welt";
```

Die ganze Methode sieht also dann so aus:

```
- (IBAction)button:(id)sender {
    self.label.text = @"Hallo Welt";
}
```

Listing 1.3 Die Methode »button:« im Endausbau

Jetzt bleibt nicht sehr viel mehr zu tun, als die App zu übersetzen und im Simulator auszuführen. Drücken Sie nach dem Start auf den Button, und sehen Sie, was passiert (siehe Abbildung 1.62).

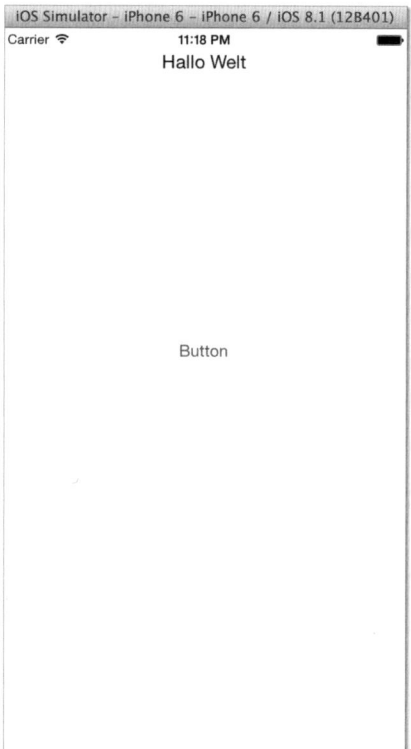

Abbildung 1.62 Hallo Welt!

Gratulation, Sie haben soeben Ihr erstes Hallo-Welt-Programm auf dem iPhone programmiert! War doch gar nicht so schwierig, oder?

Eine kleine Verschönerung sollten Sie allerdings noch vornehmen. Der unbedarfte Benutzer weiß womöglich nichts mit der App anzufangen. Daher fügen Sie in der Datei *ViewController.m* in der Methode viewDidLoad noch eine Zeile ein, die dem Label den Text »Bitte Button drücken!« zuweist (in Listing 1.4 fett gedruckt):

```
- (void)viewDidLoad
{
    [super viewDidLoad];
    self.label.text = @"Bitte Button drücken!";
}
```

Listing 1.4 Die Methode »viewDidLoad«

Wenn Sie die App nun erneut übersetzen und starten, erscheint nach dem Laden zunächst dieser Text. Das Auge guckt ja schließlich auch mit!

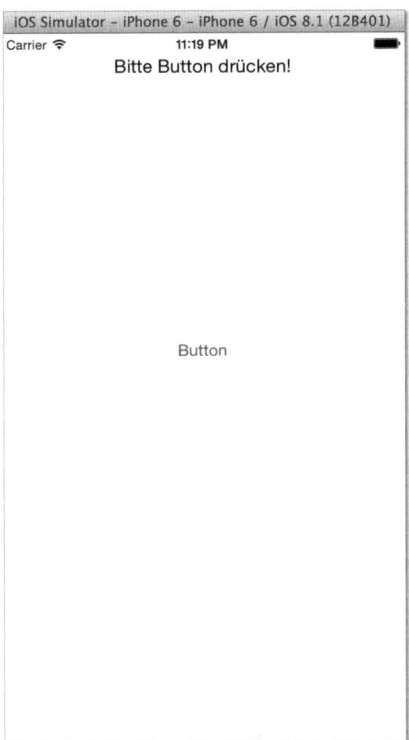

Abbildung 1.63 Ich habe fertig.

1.4.2 Hallo Welt – in Swift

Swift, dazu hatten wir ja bereits etwas geschrieben. Wir können und wollen es aber nicht verteufeln; immerhin ist das die Zukunft für iOS-Programmierer. Grund genug, dass Sie an dieser Stelle die Zukunft kennenlernen. Denken Sie aber daran, der Zukunft noch ausreichend Zeit zu geben.

In den folgenden Schritten werden Sie die Hallo-Welt-App aus Abschnitt 1.4 in Swift nachprogrammieren. Viele Schritte sind identisch, daher führen wir im Folgenden nur noch die Schritte auf, bei denen sich das Vorgehen zu dem bei der Programmierung in Objective-C unterscheidet. Falls Sie bei einem dieser Punkte nicht mehr genau wissen, wie es geht, schlagen Sie einfach noch mal in Abschnitt 1.4.1 nach.

Öffnen Sie Xcode, falls nicht bereits geöffnet, und erstellen Sie ein neues Projekt. Wählen Sie dazu wieder den Typ SINGLE VIEW APPLICATION. In den Einstellungen für das neue Projekt wählen Sie dieses Mal als Sprache nicht OBJECTIVE-C, sondern SWIFT.

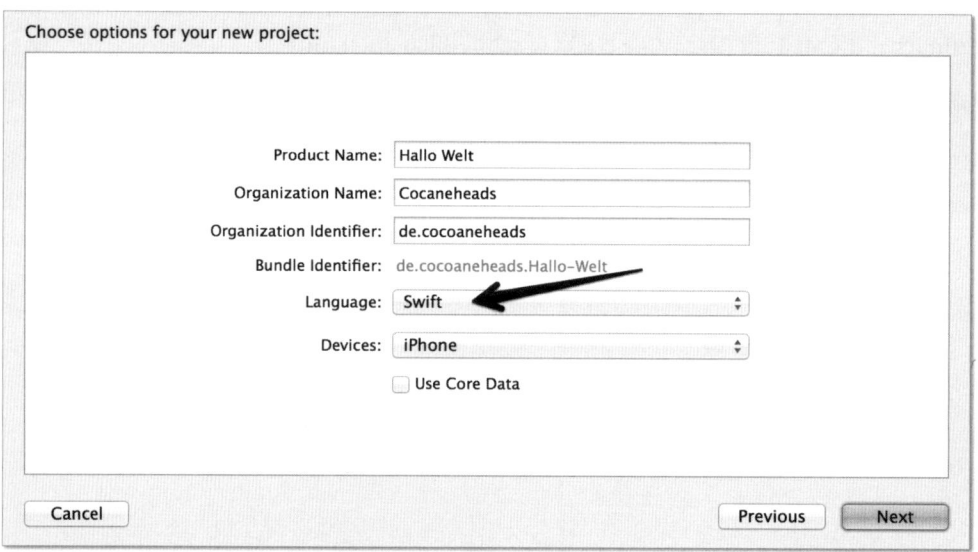

Abbildung 1.64 Die Projektsprache ist nun Swift.

Nach Abschluss des Dialogs sehen Sie im Hauptfenster von Xcode das neue Projekt. Auf den ersten Blick sieht es nicht viel anders aus als das Projekt in Objective-C. Die einzigen Änderungen, die ins Auge stechen, sind die beiden Dateien *AppDelegate.swift* sowie *ViewController.swift*.

Gehen Sie nun vor wie in Abschnitt 1.4.1; öffnen Sie den Interface Builder, und deaktivieren Sie dort die Size Classes. Anschließend ziehen Sie ein Label und einen Button auf die GUI der App. Das Label ziehen Sie über die ganze Breite und richten den Text mittig aus. Für beide Elemente definieren Sie zum Schluss über das Autolayout die Ausrichtung in der Mitte der GUI.

Öffnen Sie dann den Assistant editor, und ziehen Sie zunächst eine Verbindung vom Label in die Datei *ViewController.swift*, mit der Sie das Outlet label erzeugen.

Abbildung 1.65 Das Projekt enthält .swift-Dateien.

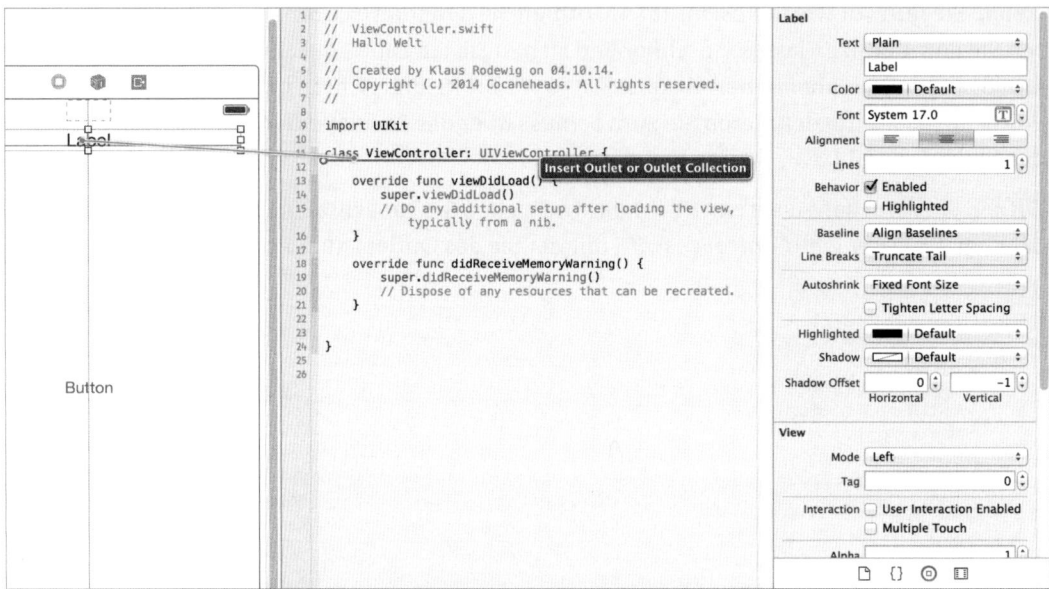

Abbildung 1.66 Ein Outlet für das Label

Für den Button und seine Action BUTTON verfahren Sie genauso (siehe Abbildung 1.67).

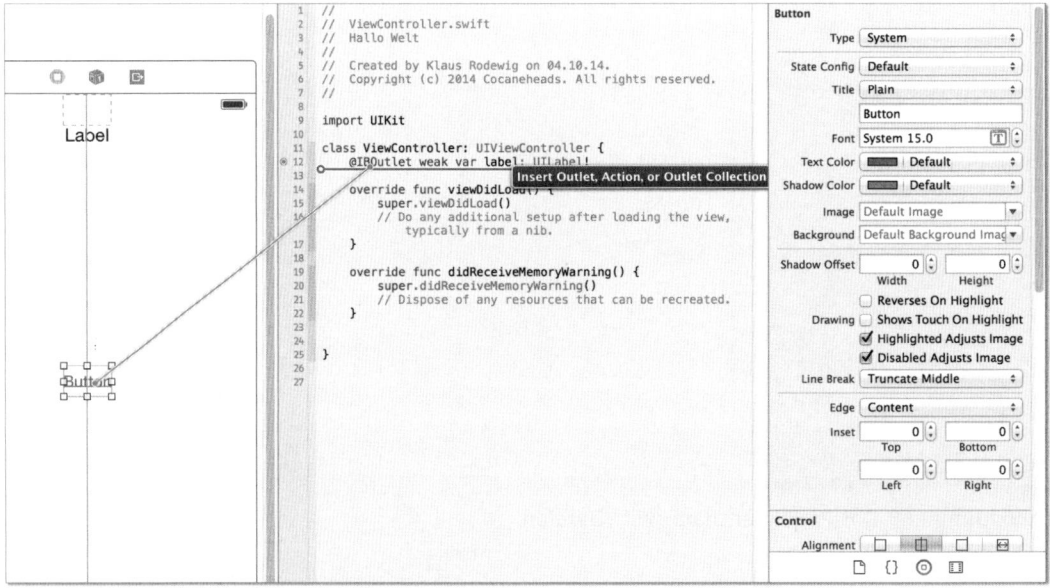

Abbildung 1.67 Die Verbindung für die Action

Wenn Sie nun die Datei *ViewController.swift* öffnen, erkennen Sie die Methode `viewDid-Load`:

```
[…]
override func viewDidLoad() {
[…]
```

Innerhalb dieser Methode fügen Sie die Anweisung an, dass die App nach dem Start einen Text im Label anzeigen soll:

```
override func viewDidLoad() {
        super.viewDidLoad()
        label.text = "Bitte Button drücken!"
}
```

Listing 1.5 Die Methode »viewDidLoad« in Swift

Jetzt fehlt noch die Anweisung für den Druck auf den Button. Diese fügen Sie in die von Xcode automatisch beim Erzeugen der Action angelegte Methode `button` ein:

```
@IBAction func button(sender: AnyObject) {
        label.text = "Hallo Welt!"
}
```

Listing 1.6 Die Methode »button«

Wenn Sie die App jetzt übersetzen und im Simulator starten, wird sie sich genauso verhalten wie ihr Pendant in Objective-C. Das sind nicht die schlechtesten Voraussetzungen für einen mittelfristigen Umstieg, oder?

Swift. Und nun?

Wie wir bereits angemerkt hatten, ist der Weg zu Swift noch ein weiter. Es steht für Apple noch viel Arbeit »unter der Haube« von iOS an. Bis dahin sollten Sie sich mit Swift vertraut machen. In diesem Buch beschließen wir die Beschäftigung mit Swift an dieser Stelle. Es würde sonst seinem Zweck als Einsteigerbuch in die iOS-Programmierung nicht gerecht werden.

Sie finden eine ausführliche Einführung in Swift in dem im Vorwort referenzierten Buch. Darüber hinaus stellt Apple ein englischsprachiges Swift-Buch kostenlos im iBookstore zur Verfügung. Wenn Sie neugierig sind, schauen Sie mal hinein. Aber Vor-

---

sicht: Sie sollten bereits programmieren können und die Eigenarten und Konzepte von iOS kennen. Der richtige Zeitpunkt wäre also nach der Lektüre des vorliegenden Buches.

Und, last, not least, die Wege von Apple sind unergründlich. Vielleicht wird Auflage 3 dieses Buches ja schon komplett auf Swift umgestellt sein. Ob es so kommen wird, weiß allerdings alleine Tim Cook.

1.5   Zusammenfassung

Nach dem Durcharbeiten dieses Kapitels sollten Sie einen Überblick darüber gewonnen haben, was Sie an Hard- und Software benötigen, um Apps programmieren zu können. Sie haben das *Software Development Kit* Xcode und seine wichtigsten Bestandteile kennengelernt und erfahren, wo man sich als Apple-Entwickler registrieren kann, um auf weiter gehende Dokumentationen und Informationen zugreifen zu können. Und zu guter Letzt haben Sie Ihre erste App programmiert! Damit sind Sie gut gerüstet, um in den nächsten Kapiteln tiefer in die App-Programmierung eintauchen zu können.

Kapitel 2

Programmierung für Einsteiger und Eingerostete

»Wer nie sein Brot im Bette aß, der weiß auch nicht, wie Krümel piken«
Volksmund

Bevor Sie sich im weiteren Verlauf des Buches zum veritablen App-Programmierer hocharbeiten, können Sie in diesem Kapitel zunächst die Grundlagen der Programmierung kennenlernen. Xcode nimmt Ihnen zwar, wie Sie ja bereits im ersten Kapitel gesehen haben, eine Menge Arbeit ab, aber wenn Sie eine wirklich erfolgreiche App bis in den App Store bringen wollen, kommen Sie um das »echte« Programmieren nicht herum. Also: Los geht es, wir steigen jetzt in die Grundlagen der Programmierung ein.

In diesem Kapitel lernen Sie den Umgang mit der Programmiersprache C. Die Programmierung von Apps für iPhone und iPad erfolgt in Objective-C, und Objective-C ist eine Erweiterung von C. Bei der Programmierung in Objective-C finden elementare Operationen in der Sprache C statt, so dass Sie als App-Programmierer über solide Grundkenntnisse in C verfügen sollten. Falls Sie bereits Erfahrungen mit einer anderen Programmiersprache haben, sollten Sie dieses Kapitel trotzdem lesen, denn es ist für C-Einsteiger im Allgemeinen sehr schwierig, Wissen aus einer anderen Programmiersprache auf C zu transferieren.

Die Sprache C ist, gemessen an der schnelllebigen IT-Branche, eine wahrhaft uralte Programmiersprache. Sie wurde, gemeinsam mit Unix, Anfang der 1970er Jahre in den Bell Labs entwickelt. Erfunden haben sie die Herren Kernighan und Ritchie, die durch ihre Arbeit an C und Unix (Ritchie) wahrhaft Großartiges und Fundamentales für die gesamte IT-Entwicklung vollbracht haben. Wenn Sie mehr darüber erfahren möchten, werfen Sie einen Blick in das Buch »Programmieren in C«. Dieses Buch von Ritchie und Kernighan ist **das** Standardwerk der Programmierbücher. Und, nach heutigen Maßstäben gemessen, ein Musterexemplar für Nerd[1]-Literatur. Generationen von Programmierern haben mit diesem Buch programmieren gelernt ... ein sehr, sehr steiniger Weg.

---

1 *https://de.wikipedia.org/wiki/Nerd*

Wir machen es Ihnen leichter und beschränken uns in diesem Kapitel auf die wesentlichen Aspekte von C, mit denen Sie bei der Programmierung von iOS-Apps in Berührung kommen werden. Theoretisches Wissen, genauso wie Wissen, mit dem Sie am Programmierstammtisch angeben, bei der App-Programmierung aber nichts anfangen können, werden Sie hier vergebens suchen.

C++? Was soll das denn sein?

Sie werden möglicherweise schon mal etwas über eine Sprache namens C++ gelesen haben. C++ ist der vergebliche Versuch, C in eine objektorientierte Sprache zu verwandeln. Dabei sind nicht nur grundlegende Konzepte der objektorientierten Programmierung auf der Strecke geblieben, C++ ist über die Jahre immer der Entwicklung hinterhergehechelt und wurde mit immer neuen Pflastern um fehlende Konzepte und Techniken erweitert. Herausgekommen ist ein unbeherrschbares Monster. Dummerweise ist Akzeptanz selten ein Indikator für Qualität, und so kommt es, dass C++ lange Zeit **die** Standardsprache, zumindest unter Windows, war.

Wenn Sie C++ nicht kennen, freuen Sie sich: Sie haben nichts verpasst. Und mittlerweile hat auch die Qualität gesiegt: Objective-C hat C++ überholt.[2]

Apple steht auf den Schultern von Giganten. iOS basiert, genauso wie sein großer Bruder OS X, auf Unix. Objective-C, die Programmiersprache unter iOS und OS X, basiert auf C. Ironie der Geschichte: Als Steve Jobs 2011 viel zu früh verstorben ist, wurde allerorten seiner außerordentlichen Leistungen gedacht. Dennis Ritchie starb wenige Tage nach Steve Jobs. Bis auf ein wenig Beachtung in IT-Kreisen blieb dieser große Mann aber in der breiten Öffentlichkeit unbeachtet.

Kleinlaute Anmerkung zu Swift (Auflage 2)

Nach dem vorstehenden Kasten über C++, der bereits in der ersten Auflage vorhanden war, müssen wir nun noch kleinlaut eingestehen, dass einige Merkmale von C++, die man als Objective-C-Programmierer immer belächelt hat, Einzug in Swift gehalten haben. *Generics, Templates, Mehrfachvererbung* … Begriffe, die Ihnen als Einsteiger nichts sagen müssen. Aber allesamt Techniken, die es in Objective-C nicht gibt, weil Objective-C ein komplett anderes Paradigma verfolgt als C++ oder Swift. Insbesondere deswegen ist es so schwierig und wird noch lange dauern, die gesamte iOS-Programmierung auf Swift umzustellen.

---

2 *http://www.heise.de/developer/meldung/TIOBE-Index-Objective-C-ueberholt-C-1633484.html*

2.1   Ein neues Projekt

Theorie muss nicht notwendigerweise trocken sein; man muss sie beim Erklären nur praktisch anwenden, dann wird aus dem Frontalunterricht ein Workshop, bei dem alle mitarbeiten. Also ran an die Buletten, ein neues Xcode-Projekt erzeugen. Wählen Sie dieses Mal wieder den Typ OS X • APPLICATION • COMMAND LINE TOOL. Es geht ja um die Grundlagen der Programmierung, da lenkt das grafische Beiwerk einer iOS-App nur ab.

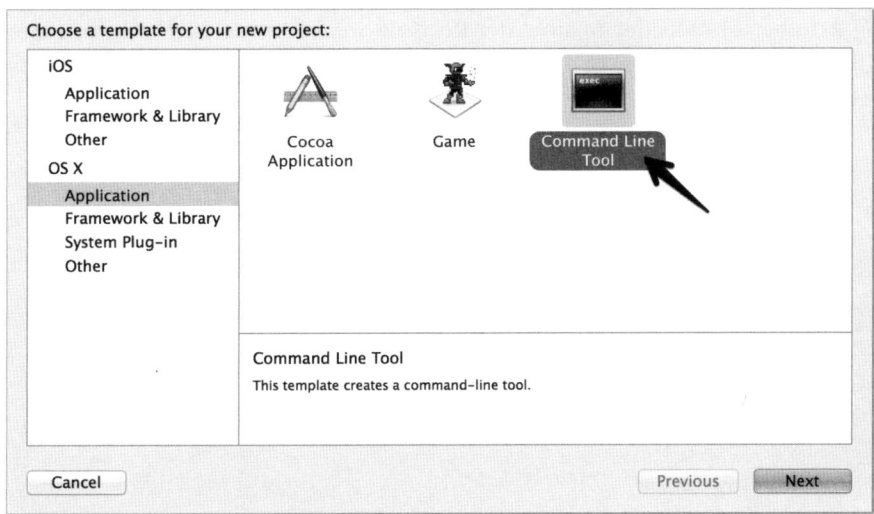

Abbildung 2.1 Ein neues Projekt für die Kommandozeile

Geben Sie dem Projekt den Namen »C4Runaways«, und achten Sie darauf, dass als Sprache *Objective-C* ausgewählt ist.

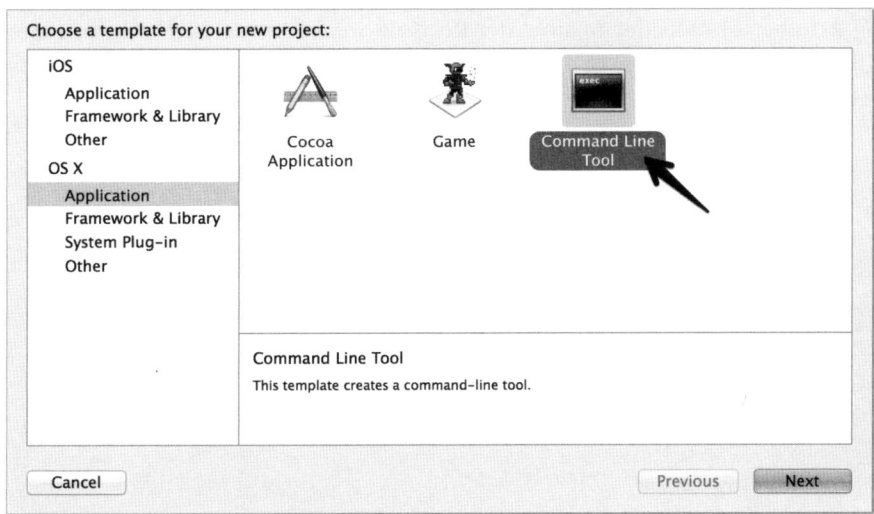

Abbildung 2.2 Ein Foundation-Tool in Objective-C

Richten Sie das Xcode-Fenster so ein, dass Sie unten die Konsolenausgabe sehen kön-nen – das ist bei einer Konsolenanwendung freilich hilfreich. Dazu aktivieren Sie oben rechts in der Toolbar von Xcode die DEBUG AREA.

Abbildung 2.3 Aktivieren Sie die Debug Area.

Die Debug Area besteht aus der Ansicht der Konsole, in der Xcode allerlei Informatio-nen ausgibt, und dem VARIABLES VIEW. Letzteren benötigen wir in diesem Beispiel nicht, weswegen Sie ihn unten in der Fußzeile von Xcode deaktivieren können.

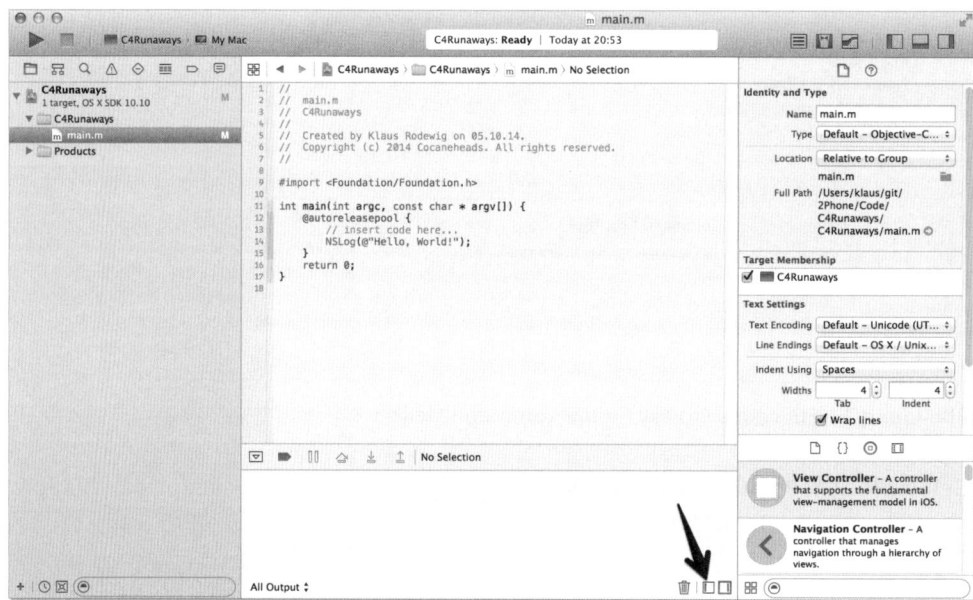

Abbildung 2.4 Deaktivieren Sie den Variables View.

Foundation – die Mutter aller Frameworks

Das Foundation-Framework, das Sie für das Beispielprojekt ausgewählt haben, ist, wie der Name vermuten lässt, das grundlegendste Framework in iOS (und OS X). Founda-tion enthält grundlegende Klassen wie NSString für die Arbeit mit Zeichenketten, NSDate für Datumsoperationen, NSFileManager für Operationen im Dateisystem etc. Ohne das Foundation-Framework kommen Sie nicht sehr weit, weswegen es grund-sätzlich immer eingebunden werden muss, sobald Sie eine App mit Cocoa (OS X) oder Cocoa Touch (iOS) programmieren möchten.

Wenn Sie das Projekt nun übersetzen und ausführen, sehen Sie in der Konsolenausgabe eine Zeile mit Datum und Uhrzeit (Hello, World!) und die Angabe PROGRAM ENDED WITH EXIT CODE: 0.

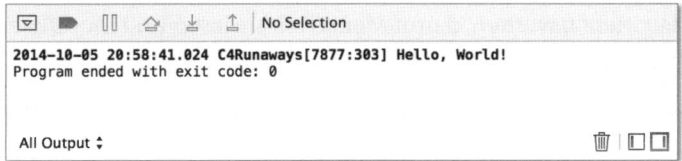

Abbildung 2.5 Die Ausgaben in der Konsole

Das Projekt ist jetzt also startklar. Also legen wir los ...

2.2 Programmieren in C

Jetzt haben Sie die grundlegenden Vorbereitungen getroffen – Xcode steht bereit und wartet auf unseren C-Code. Um ein Programm zu schreiben, muss man *Quelltext* (auch *Quellcode* oder *Sourcecode*) erzeugen, also in einer Programmiersprache *programmieren*. Die von Xcode beim Anlegen des Projekts erzeugte Datei *main.m* enthält bereits Quelltext in C:

```
#import <Foundation/Foundation.h>
int main(int argc, const char * argv[])
{
    @autoreleasepool {
        // insert code here...
    }
    return 0;
}
```

Listing 2.1 C-Quelltext in »main.m«

Sie sehen, C-Quelltext ist streckenweise durch die Verwendung allgemein verständlicher englischer Wörter fast selbsterklärend (import), streckenweise aber auch sehr kryptisch (const char *argv). Genau genommen sehen Sie im vorstehenden Listing nicht nur C-Code, sondern auch Objective-C, aber das ist an dieser Stelle unerheblich. Hier geht es ausschließlich um das Verständnis für das Wesen des Quelltextes.

2.2.1 Kommentare

Die unter Informatikern bekannten Autoren Abelson und Sussman haben den folgenden Satz geprägt:

»So müssen Programme geschrieben werden, damit Menschen sie lesen und modifizieren, und nur in zweiter Linie, damit Maschinen sie ausführen können.«

Dem ist wenig hinzuzufügen, denn als Programmierer verbringt man sehr viel Zeit damit, seinen eigenen Quelltext und natürlich den anderer Programmierer zu verstehen. Was Sie heute programmieren, verstehen Sie in sechs Wochen schon nicht mehr auf Anhieb. Da müssen Sie schon ziemlich genau nachdenken. Quelltext lesen ist für Ungeübte eben keine intuitive Angelegenheit, anders als etwa das Lesen eines Buches.

Um das Verständnis des Quelltextes zu erhöhen, erlaubt C bzw. der Compiler (siehe dazu Abschnitt 2.3.2 weiter hinten in diesem Kapitel) Kommentare im Quelltext. Diese Kommentare stellen keine Anweisungen für den Computer dar, sondern dienen dem Programmierer einfach zum Dokumentieren seines Codes – der Computer ignoriert sie schlicht und einfach. Ein Kommentar darf deshalb beliebige Zeichen und Wörter enthalten.

In Listing 2.1 ist bereits ein Kommentar enthalten:

```
// insert code here...
```

Dies ist eine von Apple eingefügte Aufforderung an den Programmierer und nicht an den Computer. Sie können also durch Voranstellen von zwei Schrägstrichen einen Kommentar im Quelltext platzieren. Xcode stellt den Kommentar farblich heraus, so dass er auf Anhieb erkennbar ist.

Wenn ein Kommentar mehr als eine Zeile umfassen soll, markieren Sie ihn nicht mit den zwei Schrägstrichen, sondern beginnen den Kommentar mit einem Schrägstrich, gefolgt von einem Sternchen:

```
/*
```

Das Ende des Kommentars wird durch die umgekehrte Anordnung dieser beiden Zeichen markiert:

```
*/
```

Alles, was dazwischenliegt, ist dann ein Kommentar:

```
/* Noch ...
... mehr ...
... Platz ...
```

```
... für ...
... Kommentare
*/
```

Listing 2.2 Ein Kommentar über mehrere Zeilen

Apropos Zeile: Eine Anweisung in C muss nicht zwingend in einer einzigen Zeile stehen. Sie kann sich über mehrere Zeilen erstrecken. Das Ende einer Anweisung markiert immer ein Semikolon:

```
return 0;
```

Es gibt Ausnahmen, so wie die import-Anweisung in Listing 2.1, aber diese werden Sie im weiteren Verlauf dieses Kapitels erklärt bekommen.

2.2.2   Datentypen und Variablen

Nachdem nun geklärt ist, wie ein Kommentar aussieht und dass der Computer damit nichts anfängt, wenden wir uns jetzt den Dingen zu, mit denen der Computer etwas anfangen kann.

Die wichtigste Arbeit des Computers ist es, Daten zu speichern und mit diesen gespeicherten Daten zu arbeiten. In einem Programm bzw. in einer App ist das nicht anders. Eine App empfängt Daten vom Benutzer, aus dem Internet, von den Sensoren oder beispielsweise vom Betriebssystem, speichert diese Daten ab, verarbeitet sie, zeigt sie an, sendet sie ins Internet etc. Alles dreht sich um Daten. Aus diesem Grund stellt C die Möglichkeit zur Verfügung, Daten in einem Programm zu speichern. Die Speicherplätze zum Ablegen von Daten nennen sich *Variablen*.

C bietet für die Arbeit mit Daten in Variablen verschiedene *Datentypen*. Ein Datentyp definiert die Eigenschaften einer Variablen und die mit dieser Variablen erlaubten Operationen. Die Verwendung von Datentypen erlaubt dem Compiler, bei der Übersetzung eines Programms zu prüfen, ob mit einer Variablen eines bestimmten Typs nur zulässige Operationen ausgeführt werden. Das macht auch Sinn, denn so wie man die berühmten Äpfel nicht mit Birnen vergleichen kann, lassen sich Texte auch nicht mit Zahlen addieren – es muss also eine Trennung zwischen verschiedenen Datentypen geben, und der Computer muss wissen, ob er eine Zahl als Text oder als Zahl zum Rechnen betrachten soll.

Bei der Programmierung von Apps werden Sie mit diesen C-Datentypen allerdings nur selten in Berührung kommen, denn das Cocoa-Touch-Framework von iOS bietet eigene Klassen für die Speicherung von Daten. Nichtsdestotrotz sollten Sie die wichtigsten

C-Datentypen einmal gehört haben, um die entsprechenden Begriffe später richtig einordnen zu können.

Der Standarddatentyp von C zum Speichern ganzzahliger Zahlen ist *Integer*, abgekürzt int. Um eine Variable vom Typ int mit dem Namen zahl zu deklarieren, schreiben Sie im Programm einfach die folgende Anweisung:

```
int zahl;
```

Damit reserviert der Compiler innerhalb des Programms zur Laufzeit den Speicherplatz für diese Variable.

Übersetzungszeit und Laufzeit

Sie werden bei der Programmierung häufig die beiden Begriffe *Übersetzungszeit* und *Laufzeit* hören. Die Übersetzungszeit ist der Zeitpunkt, an dem ein Programm vom Quelltext in die vom Computer ausführbare Form übersetzt wird (siehe Abschnitt 2.3). Die Laufzeit ist der Zeitpunkt, zu dem das Programm vom Computer dann wirklich ausgeführt wird, wenn also zum Beispiel ein Benutzer Ihre App verwendet.

Wenn Sie der Variablen zahl nun einen Wert zuweisen möchten, können Sie das durch Verwendung des *Zuweisungsoperators* (siehe dazu auch Abschnitt 2.2.5):

```
zahl = 42;
```

Probieren Sie das direkt in unserem Xcode-Projekt aus, und platzieren Sie die beiden vorstehenden Anweisungen in der Datei *main.m* direkt unter dem Kommentar insert code here …:

```
// insert code here...
int zahl;
zahl = 42;
```

Fügen Sie unter den beiden Anweisungen dann noch die folgende NSLog-Anweisung ein:

```
NSLog(@"zahl: %i", zahl);
```

Allzweckwaffe NSLog

NSLog ist ein Befehl, um Textausgaben in die Konsole zu schreiben. Damit können Sie beliebige Werte zur Laufzeit des Programms ausgeben und in der Konsole kontrollieren.

Übersetzen und starten Sie das Projekt über den Run-Button, und beobachten Sie die Ausgabe in der Konsole:

```
2013-04-08 20:45:38.203 C4Runaways[42147:303] zahl: 42
```

Sie haben also erfolgreich eine Variable vom Typ Integer erzeugt und dieser den Wert 42 zugewiesen, was die Ausgabe des Wertes von zahl in der NSLog-Ausgabe beweist. Die Daten davor – Sie haben es sich wahrscheinlich schon gedacht – sind das Datum und die Uhrzeit, zu der Sie das Programm ausgeführt haben, sowie der Name des Programms.

Sie können einer Variablen übrigens auch direkt bei ihrer Deklaration einen Wert übergeben und die zwei im Beispiel verwendeten Anweisungen zu einer einzigen zusammenfassen:

```
int zahl = 42;
```

Sie haben überdies noch etwas anderes gelernt: Bei einer Zuweisung steht der Empfänger immer links vom Zuweisungsoperator (zahl = ...) und das zuzuweisende Datum immer rechts (... = 42). Und wie oben bereits erwähnt, wird jede Anweisung in C mit einem Semikolon abgeschlossen.

Wenn Sie jetzt die Ziffern 42 in den Text "foobar" ändern, werden Sie den Sinn von Datentypen verstehen. Xcode meckert umgehend, dass Sie der Variablen zahl vom Typ int irgendetwas Unpassendes übergeben haben.

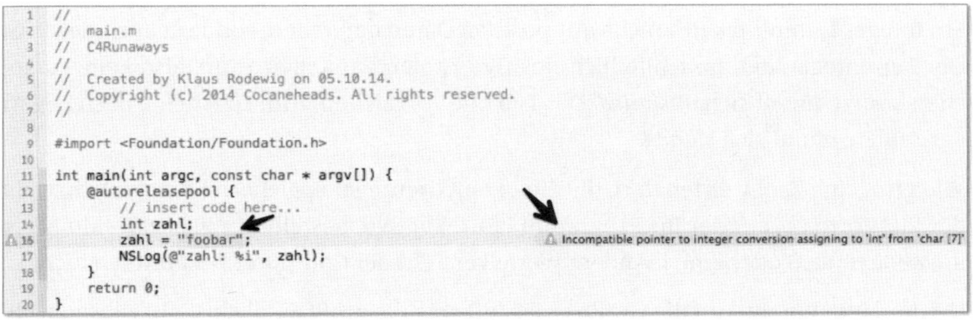

```
1  //
2  //  main.m
3  //  C4Runaways
4  //
5  //  Created by Klaus Rodewig on 05.10.14.
6  //  Copyright (c) 2014 Cocaneheads. All rights reserved.
7  //
8
9  #import <Foundation/Foundation.h>
10
11 int main(int argc, const char * argv[]) {
12     @autoreleasepool {
13         // insert code here...
14         int zahl;
15         zahl = "foobar";           Incompatible pointer to integer conversion assigning to 'int' from 'char [7]'
16         NSLog(@"zahl: %i", zahl);
17     }
18     return 0;
19 }
```

Abbildung 2.6 Xcode fällt die falsche Verwendung sofort auf.

Dass Xcode die Zeile mit dem Fehler – "foobar" ist ja nun offensichtlich keine Zahl – gelb hinterlegt, bedeutet, dass Xcode diese Zuweisung nicht als grundsätzlich falsch einstuft. Gelb ist wie im Fußball nur eine Warnung; das Programm lässt sich trotzdem übersetzen. Erst wenn Xcode eine rote Warnung zeigt, die rote Karte sozusagen, schlägt bereits die Übersetzung fehl. Probieren Sie es aus: Übersetzen und starten Sie die App. Das Ergebnis in der Konsole ist verwirrend:

```
2013-04-08 21:00:41.237 C4Runaways[43266:303] zahl: 3914
```

Dass zur Laufzeit aus "foobar" auf einmal die Zahl 3914 wird, ist offensichtlich wenig sinnvoll. Genau darauf wollte Xcode mit der Warnung hinweisen.

Wenn Sie nun noch eine rote Karte provozieren wollen, entfernen Sie die Anführungszeichen bei "foobar". Die Quittung kommt sofort, und das Projekt lässt sich nicht mehr übersetzen:

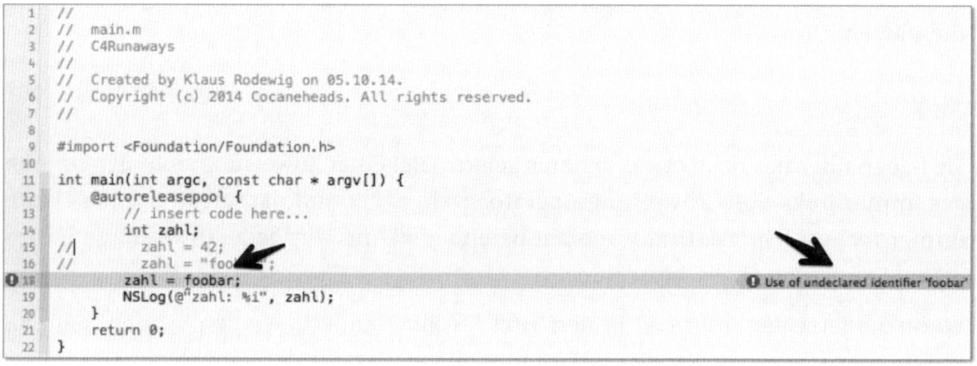

```
1   //
2   //  main.m
3   //  C4Runaways
4   //
5   //  Created by Klaus Rodewig on 05.10.14.
6   //  Copyright (c) 2014 Cocaneheads. All rights reserved.
7   //
8
9   #import <Foundation/Foundation.h>
10
11  int main(int argc, const char * argv[]) {
12      @autoreleasepool {
13          // insert code here...
14          int zahl;
15  //      zahl = 42;
16  //      zahl = "foobar";
17          zahl = foobar;                          Use of undeclared identifier 'foobar'
18          NSLog(@"zahl: %i", zahl);
19      }
20      return 0;
21  }
```

Abbildung 2.7 Rote Karte!

Ein Integer-Datentyp kann nicht nur positive Daten darstellen, sondern auch negative. Der Typ Integer, der ausschließlich positive Zahlen darstellen kann, also kein Vorzeichen besitzt, nennt sich *unsigned*. Der Typ mit Vorzeichen, zum Darstellen auch negativer Zahlen, nennt sich *signed*.

Wie groß eine Zahl werden darf, die Sie in einem Integer speichern können, hängt von der Plattform ab, auf der Ihr Programm läuft. Ein *Byte* besteht aus acht *Bits*. Ein Bit ist entweder eine 0 oder eine 1. Andere Werte versteht der Computer bekanntlich nicht.

Um aus dem Wissen um die Größe eines Integers die größtmögliche Zahl zu ermitteln, die sich darin speichern lässt, müssen Sie nur eine ganz einfache Formel aus der Schulmathematik verwenden:

▶ Ein Bit kann 0 oder 1 sein.

▶ Ein Byte sind 8 Bits.

▶ Vier Bytes sind demnach 32 Bits.

Verwenden Sie die Anzahl der Bits, auf die Sie die Formel anwenden, als Potenz zur Größe des möglichen Wertebereichs eines Bits. Ein Bit kann 0 oder 1 sein, der Wertebereich ist folglich 2, denn 0 und 1 sind **zwei** Werte. 32 Bits sind gesucht, also ist die Formel:

2^{32} = 4294967296

Das ist der theoretisch größte Wert, den eine Variable vom Typ Integer aufnehmen kann. Da der kleinstmögliche Wert aber die 0 ist, ist der tatsächlich größte Wert 4294967296 − 1, also 4294967295. Der Wertebereich eines Unsigned-Integers ist also 0 – 4294967295.

Das kann Ihnen aber auch Ihr Mac selbst erzählen. Erweitern Sie das Beispielprogramm um die folgenden vier Zeilen:

```
[...]
NSLog(@"Speicherplatz int: %ld Byte\n", sizeof(int) );
NSLog(@"Minimum: %d\n", INT_MIN);
NSLog(@"Maximum: %d\n", INT_MAX);
NSLog(@"Maximum unsigned: %ld\n", UINT_MAX);
[...]
```

Listing 2.3 Ermitteln von Größe und Wertebereich eines Integers

Die Konsole hat dazu folgende Meinung:

```
[...] C4Runaways[16856:303] Speicherplatz int: 4 Byte
[...] C4Runaways[16856:303] Minimum: −2147483648
[...] C4Runaways[16856:303] Maximum: 2147483647
[...] C4Runaways[16856:303] Maximum unsigned: 4294967295
```

Zur Erklärung: INT_MIN, INT_MAX und UINT_MAX sind sogenannte Präprozessor-Makros. Was genau das ist, erfahren Sie in Abschnitt 2.3.1. Hier genügt es, dass Sie wissen, dass beim Übersetzen des Quelltextes diese Abkürzungen in die tatsächlichen Werte umgewandelt werden. Und so ergibt sich aus INT_MIN (kleinstmöglicher Integer-Wert) die Zahl −2147483648, INT_MAX (maximaler Integer-Wert) ergibt die Zahl 2147483647, und der größtmögliche (unsigned) Integer-Wert (UINT_MAX) ist, wie eben bereits errechnet, 4294967295.

Neben dem Datentyp Integer kennt C noch weitere Datentypen. Die wichtigsten zeigt die folgende Tabelle:

Datentyp	Verwendung
Integer	Ganzzahlige Werte
Char	Alphanumerische Daten, also Zahlen und Zeichen
Float	Gleitkommazahlen
Void	Nix. Der Datentyp void kann keine Daten speichern, er repräsentiert schlichtweg ... nichts. Den Sinn dahinter werden Sie im weiteren Verlauf des Buches verstehen. Ganz sicher!

Tabelle 2.1 Die wichtigsten Datentypen in C

2.2.3 Konstanten

Eine Variable ist, nun ja, wie der Name schon vermuten lässt, variabel. Das bedeutet, dass Sie einer Variablen im Programmverlauf beliebig oft neue Werte zuweisen können. Erweitern Sie das Beispiel um eine weitere Zuweisung an zahl und eine weitere NSLog-Ausgabe:

```
[...]
int zahl;
zahl = 42;
NSLog(@"zahl: %i", zahl);
zahl = 23;
NSLog(@"zahl: %i", zahl);
[...]
```

Listing 2.4 Mehrfache Benutzung der Variablen »zahl«

Die Ausgabe auf der Konsole ergibt Folgendes:

```
2013-04-20 17:07:40.674 C4Runaways[1905:303] zahl: 42
2013-04-20 17:07:40.676 C4Runaways[1905:303] zahl: 23
```

Es ist also ohne Weiteres möglich, den in einer Variablen gespeicherten Wert zu ändern. Das ist meistens praktisch, manchmal aber auch gefährlich. In komplexen Programmen arbeiten häufig verschiedene Programmteile nebenläufig, d. h. parallel, und dort kann eine ungeplante oder unerwünschte Änderung einer Variablen durch einen anderen Programmteil zu unschönen Ergebnissen führen.

Darüber hinaus weiß man bei der Erstellung eines Programms mitunter, dass ein Wert nicht verändert werden darf. Um diesen Wert entsprechend vor Veränderungen zur Laufzeit zu schützen, gibt es in C sogenannte Konstanten. Eine Konstante ist eine Variable, die, einmal mit einem Wert gefüllt, anschließend nicht mehr verändert werden kann.

Um eine Konstante zu erzeugen, setzen Sie vor die betreffende zukünftige Ex-Variable das Schlüsselwort const:

```
const int foo;
```

Probieren Sie es direkt im Beispielprogramm, und fügen Sie den folgenden Aufruf ein:

```
const int foo = 23;
NSLog(@"foo: %i", foo);
```

Die Konsole gibt erwartungsgemäß Folgendes aus:

```
2013-04-21 21:51:49.772 C4Runaways[7060:303] foo: 23
```

Wenn Sie jetzt nach der NSLog-Anweisung versuchen, der Konstanten foo einen neuen Wert zuzuweisen, wird Xcode Sie auf den Fehler hinweisen – genau das ist der Sinn einer Konstanten. Wie wichtig Xcode es damit nimmt, sehen Sie daran, dass es hier sofort die »rote« Karte gibt.

Abbildung 2.8 Keine Änderung möglich – der Wert ist konstant.

2.2.4   Kontrollstrukturen

Um ein sinnvolles Programm schreiben zu können, müssen Sie als Programmierer die Möglichkeit haben, den Programmfluss in Abhängigkeit von bestimmten Gegebenheiten dynamisch zu gestalten. Wenn Ihr Programm beispielsweise auf eine bestimmte Benutzereingabe warten und nur dann eine bestimmte Aktion ausführen soll, wenn der Benutzer die Zahl 23 eingibt, müssen Sie ja irgendwie überprüfen können, welchen Wert der Benutzer denn nun eingegeben hat. Dafür stellt C, wie die meisten anderen Hochsprachen, sogenannte Kontrollstrukturen zur Verfügung. Dieser Name rührt daher, dass man als Programmierer mit Kontrollstrukturen den Verlauf des Programms kontrollieren kann.

if-else

Die if-else-Verzweigung erlaubt das Abfragen eines Wahrheitswertes und die Definition eines alternativen Programmverlaufs, wenn der Wert wie gewünscht ist. Fügen Sie den folgenden Code in das Beispiel ein (das doppelte Gleichheitszeichen ist richtig – Erklärung weiter unten im Kapitel):

```
if(foo==23) {
    NSLog(@"foo ist 23");
} else {
    NSLog(@"foo ist: %i", foo);
}
```

Listing 2.5 Die »if-else«-Verzweigung im Beispiel

Sofern Sie im vorhergehenden Abschnitt die Konstante foo mit dem Wert 23 belegt haben, gibt die Konsole bei Ihnen jetzt Folgendes aus:

```
2013-04-21 22:27:28.326 C4Runaways[9992:303] foo ist 23
```

Ändern Sie im Quelltext den Wert von foo auf 24, und führen Sie das Programm erneut aus. Die Konsole zeigt dann:

```
2013-04-21 22:31:37.645 C4Runaways[10382:303] foo ist: 24
```

Der Programmfluss hat also die Anweisung der else-Verzweigung genommen. Zum besseren Verständnis: Das if prüft, ob der in Klammern stehende Wert wahr ist. Damit können Sie nicht nur den Wert von Variablen überprüfen, sondern jeden Ausdruck, der wahr oder falsch als Ergebnis liefert. Genauso können Sie in diesem Beispiel auch prüfen, ob der Wert von foo **nicht** 23 ist. Im Vorgriff auf den Abschnitt zu Operatoren weiter unten in diesem Kapitel sähe die if-Verzweigung dann wie folgt aus und würde eben den Wert *wahr* zurückgeben, wenn foo **nicht** den Wert 23 hat.

```
if(foo!=23)
[...]
```

else-if

Sie können mit einer if-else-Verzweigung mehr als eine alternative Möglichkeit für den Programmfluss anbieten, wenn Sie statt des einfachen else ein else if verwenden, die Alternative(n) also mit weiteren if-Abfragen ausstatten. Im Gegensatz zur Politik ist der Verlauf eines Programms nicht zwangsläufig alternativlos.

```
if(foo == 23)
    NSLog(@"Illuminaten!");
else if(foo == 42)
    NSLog(@"Wie war die Frage?");
else
    NSLog(@"Nichts Genaues weiß man nicht.");
```

Listing 2.6 »if-else« und »else-if«

Das vorstehende Listing prüft zunächst, ob der Wert von foo 23 ist. Ist dies der Fall, gibt die Konsole »Illuminaten!« aus. Ist der Wert von foo 42, zeigt die Konsole »Wie war die Frage?«, und nur, wenn foo einen anderen Wert als 23 oder 42 hat, führt das Programm die letzte NSLog-Anweisung aus und schreibt »Nichts Genaues weiß man nicht.« in die Konsole.

---

if und die geschweiften Klammern

Bei den vorstehenden Listing 2.5 und 2.6 ist Ihnen vielleicht aufgefallen, dass in Listing 2.5 die auszuführenden Anweisungen von geschweiften Klammern umschlossen sind, in Listing 2.6 hingegen nicht. Das ist kein Fehler, sondern Absicht.

Grundsätzlich ist bei der if-Verzweigung (und auch der weiter unten beschriebenen for-Schleife) die Verwendung von geschweiften Klammern notwendig. Eine Ausnahme kann gemacht werden, wenn die Bedingung nur aus einer einzelnen Anweisung besteht.

Bei ...

```
if (1 == 1)
    NSLog(@"Wie wahr!");
```

... sind keine geschweiften Klammern notwendig, aber **möglich**.

Anders bei ...

```
if(1 == 1) {
    NSLog(@"Dieses war der erste Streich!");
    NSLog(@"Und der zweite folgt sogleich!");
}
```

Hier folgen auf die if-Abfrage mehrere Anweisungen. Diese müssen von geschweiften Klammern umfasst sein.

Sie können es bei einer einzelnen Anweisung also halten, wie Sie mögen. Leichter zu merken ist es freilich, wenn Sie grundsätzlich geschweifte Klammern verwenden – egal wie viele Anweisungen auf ein if oder else folgen.

---

switch

Die if-Verzweigung ist grundsätzlich gut und übersichtlich; wenn es aber zu viele else-Alternativen gibt, wird der Code schnell unübersichtlich. Daher steht in C mit der switch-Verzweigung eine übersichtlichere Möglichkeit zur Verfügung, Verzweigungen zu erstellen.

```
switch(foo){
    case 23: NSLog(@"foo: 23");
        break;
    case 42: NSLog(@"foo: 42");
        break;
    case 43: NSLog(@"foo: 43");
         break;
    case 44: NSLog(@"foo: 44");
        break;
    default:NSLog(@"foo ist anders");
}
```

Listing 2.7 Die »switch«-Verzweigung

Die switch-Verzweigung prüft in den einzelnen case-Anweisungen den Wert der Konstanten (in diesem Fall foo) und führt bei einem Treffer die hinter der case-Bedingung stehende Anweisung aus. Zum Verlassen der switch-Anweisung nach einem Treffer dient das break hinter der case-Bedingung. Dieses führt dazu, dass keine weitere Prüfung mehr stattfindet und das Programm hinter der schließenden geschweiften Klammer der switch-Anweisung fortfährt – in unserem Beispiel also beendet wird.

Möchten Sie auf mehrere Werte hin prüfen, können Sie die break-Anweisung auch weglassen, dann werden die folgenden case-Bedingungen auch noch geprüft.

Die default-Anweisung am Ende hat die gleiche Funktion wie else in der if-else-Verzweigung; wird kein passender case-Fall gefunden, führt das Programm die default-Anweisung aus.

goto

Neben der leicht nachvollziehbaren Strukturierung über die vorstehenden Verzweigungen bietet C die Möglichkeit, an im Vorfeld definierte Stellen im Programm zu springen. Dazu dient die goto-Anweisung. Diese erlaubt das direkte Springen zu einem definierten *Label*.

```
[...]
NSLog(@"Jetzt kommt ein Karton!");
goto MERKE;
NSLog(@"Wie meinen?");
MERKE:NSLog(@"Ich wollte doch noch was gesagt haben ...");
[...]
```

Listing 2.8 Verwendung von »goto«

Die Konsole zeigt, dass das Programm von der Anweisung goto MERKE unmittelbar zum Label MERKE springt. Die dazwischenliegende Anweisung wird somit übergangen.

Stilfrage

Die Verwendung von goto ist heiß umstritten. Das gängigste Argument vieler Gelehrter gegen goto ist die angeblich schlechte Lesbarkeit und Struktur, die aus der Anwendung erwächst. Es gibt allerdings namhafte Programmierer, die in der Verwendung von goto keinen Stilbruch sehen, sondern eine legitime C-Anweisung, die, richtig angewendet, die Lesbarkeit eines Programms signifikant erhöhen kann. Ein Vertreter dieser Argumentation ist der Linux-Erfinder Linus Torvalds. Und der muss es ja wissen.

---

for

Ein ganz elementares Konstrukt für die Programmierung ist die for-Schleife. Damit können Sie eine vorgegebene Anzahl von Wiederholungen im Programmfluss einbauen und damit Ihr Programm mit der immens wichtigen Fähigkeit des Abzählens von Werten ausstatten.

Die for-Schleife ist wie folgt aufgebaut:

```
for(Initialisierung; Bedingung; Fortsetzung) {
    Anweisung
}
```

Die drei Anweisungen in Klammern hinter der for-Anweisung beziehen sich auf die sogenannte Schleifenvariable, also die Variable, die dem Programm als Zähler dient. Mit diesem Konstrukt können Sie Ihr Programm jetzt zum Beispiel von 1 bis 10 zählen lassen:

```
for(int i=1; i<=10; i++){
    NSLog(@"i: %d", i);
}
```

Listing 2.9 10 kleine Jägermeister

Im vorstehenden Listing besteht die Initialisierung aus dem Erzeugen der Variablen i vom Typ Integer und der Zuweisung des Wertes 1 an diese Variable. Die Initialisierung einer for-Schleife wird nur einmal vorgenommen, nämlich beim ersten Durchlauf.

Die Bedingung, in diesem Fall die Prüfung, ob der Wert der Variablen i kleiner oder gleich 10 ist, bestimmt, ob die Schleife durchlaufen oder abgebrochen wird. Solange i kleiner oder gleich 10 ist, wird die for-Schleife durchlaufen. Bei jedem Durchlauf wird dann noch die Fortsetzung ausgeführt, in diesem Fall die Anweisung i++. Dahinter verbirgt sich das Erhöhen des Wertes von i um den Wert 1 (mehr zu diesem ++-Konstrukt erfahren Sie später im Abschnitt über Operatoren).

Übersetzen und starten Sie das Programm. In der Konsole werden Sie sehen, dass das Programm nun genau zehnmal die Schleife durchläuft:

```
2013-05-10 20:53:13.354 C4Runaways[14998:303] i: 1
2013-05-10 20:53:13.354 C4Runaways[14998:303] i: 2
2013-05-10 20:53:13.354 C4Runaways[14998:303] i: 3
2013-05-10 20:53:13.355 C4Runaways[14998:303] i: 4
2013-05-10 20:53:13.355 C4Runaways[14998:303] i: 5
2013-05-10 20:53:13.356 C4Runaways[14998:303] i: 6
2013-05-10 20:53:13.356 C4Runaways[14998:303] i: 7
2013-05-10 20:53:13.356 C4Runaways[14998:303] i: 8
2013-05-10 20:53:13.357 C4Runaways[14998:303] i: 9
2013-05-10 20:53:13.357 C4Runaways[14998:303] i: 10
```

Listing 2.10 Glückwunsch, Ihr Programm kann bis 10 zählen.

Sie können das Programm auch rückwärts zählen lassen, indem Sie i mit dem Wert 10 initialisieren, prüfen, ob i größer oder gleich 1 ist und bei jedem Durchlauf den Wert von i um 1 verringern.

```
for(int i=10; i>=1; i--){
    NSLog(@"i: %d", i);
}
```

Listing 2.11 Andersrum geht auch.

Die Konsole beweist es:

```
2013-05-10 20:59:13.497 C4Runaways[15320:303] i: 10
2013-05-10 20:59:13.497 C4Runaways[15320:303] i: 9
2013-05-10 20:59:13.498 C4Runaways[15320:303] i: 8
2013-05-10 20:59:13.498 C4Runaways[15320:303] i: 7
```

```
2013-05-10 20:59:13.498 C4Runaways[15320:303] i: 6
2013-05-10 20:59:13.499 C4Runaways[15320:303] i: 5
2013-05-10 20:59:13.499 C4Runaways[15320:303] i: 4
2013-05-10 20:59:13.500 C4Runaways[15320:303] i: 3
2013-05-10 20:59:13.500 C4Runaways[15320:303] i: 2
2013-05-10 20:59:13.500 C4Runaways[15320:303] i: 1
```

Listing 2.12 Ein veritabler Countdown

Finger weg von der Schleifenvariablen

Ganz schlechter Stil ist es, in der Schleife selbst die Schleifenvariable zu manipulieren:

```
for(int i=10; i>=1; i--){
    NSLog(@"i: %d", i);
    i--;
}
```

Probieren Sie ruhig aus, was diese Änderung der Schleife bewirkt. Dieses Verhalten kann gewünscht sein, für das Manipulieren von Schleifenvariablen gibt es aber in der Regel keinen sinnvollen Grund, außer dem Wunsch nach schwer auffindbaren Fehlern. Lassen Sie die Schleifenvariable daher innerhalb der Schleife unverändert. Sie können damit arbeiten, nicht aber ihren Wert verändern, das führt in Teufels Küche!

---

while

Eine einfachere Form der Schleife bietet while:

```
int i = 1;
while (i<=10){
    NSLog(@"i: %d", i);
    i++;
}
```

Listing 2.13 Die »while«-Schleife in Aktion

Im Gegensatz zur for-Schleife müssen Sie bei der while-Schleife selbst für die Manipulation der Schleifenvariablen sorgen. Diese muss überdies außerhalb der Schleife erzeugt werden.

do-while

Eine abgewandelte Form der while-Schleife ist die do-while-Schleife:

```
i = 1;
do {
    NSLog(@"i: %d", i);
    i++;
} while (i<=10);
```

Listing 2.14 Die »do-while«-Schleife

Im Gegensatz zur while-Schleife, die ihre Bedingung **vor** der Ausführung der Anweisungen prüft, wird die do-while-Schleife erst durchlaufen, und dann erfolgt die Prüfung der Bedingung. Das bedeutet, dass die do-while-Schleife in jedem Fall mindestens einmal durchlaufen wird.

Das folgende Listing demonstriert diesen Umstand:

```
// while-Schleife
int i = 11;
while (i<=10){
    NSLog(@"while-i: %d", i);
    i++;
}

// do-while-Schleife
i = 11;
do {
    NSLog(@"do-while-i: %d", i);
    i++;
} while (i<=10);
```

Die Konsole meint dazu:

```
2013-05-10 21:24:48.852 C4Runaways[16755:303] do-while-i: 11
```

Die while-Schleife ist also gar nicht durchlaufen worden, da die Bedingung i <= 10 bereits vor dem ersten Durchlauf nicht erfüllt war. Die do-while-Schleife wurde einmal durchlaufen, dann erst ist die Bedingung als nicht wahr erkannt worden. Daher sehen Sie keine NSLog-Ausgabe der while-Schleife, sehr wohl aber die der do-while-Schleife.

continue und break

Bei der Arbeit mit Kontrollstrukturen sind die beiden Schlüsselwörter continue und break wichtig. Mit continue können Sie innerhalb einer Schleife umgehend zum nächsten Durchlauf springen. break verlässt eine Schleife.

```
for(int i=1; i<=10; i++){
    if(i == 5)
        continue;
    else if (i==7)
        break;
    NSLog(@"i: %d", i);
}
```

Listing 2.15 »continue« und »break«

Innerhalb der bereits bekannten for-Schleife, die i von 1 bis 10 durchzählt, gibt es jetzt noch eine if-Verzweigung für den Fall, dass i den Wert 5 hat. In diesem Fall soll die Schleife umgehend zur nächsten Ausführung springen, also nicht mehr die else-if- und die NSLog-Anweisung ausführen.

Die else-if-Anweisung prüft, ob i den Wert 7 hat, und verlässt, sobald das Ergebnis der Prüfung wahr ist, die Schleife.

```
2013-05-10 21:31:50.620 C4Runaways[17155:303] i: 1
2013-05-10 21:31:50.620 C4Runaways[17155:303] i: 2
2013-05-10 21:31:50.620 C4Runaways[17155:303] i: 3
2013-05-10 21:31:50.621 C4Runaways[17155:303] i: 4
2013-05-10 21:31:50.621 C4Runaways[17155:303] i: 6
```

Listing 2.16 Das Ergebnis von »continue« und »break«

Die Schleife zählt jetzt nur noch bis 6 und überspringt dabei die 5.

2.2.5   Operatoren

Operatoren haben Sie im bisherigen Verlauf dieses Buches bereits vielfach angewendet: das Erhöhen des Wertes der Variablen i über den Operator ++, die Zuweisung von Werten über den Operator =, der Vergleichsoperator == etc. Operatoren dienen dazu, Operationen auszuführen. Daher vermutlich auch der Name. ☺

C kennt eine ganze Reihe von Operatoren, die Sie natürlich auch bei der Arbeit mit Objective-C verwenden. Je nach Position eines Operators trägt dieser die Bezeichnung Präfix-Operator (z. B. ++i), Infix-Operator (z. B. i+i) oder Postfix-Operator (z. B. i++). Die wichtigsten Operatoren stellen wir Ihnen jetzt im Schweinsgalopp vor. Dabei beschränken wir uns auf die Operatoren, mit denen Sie bei der App-Programmierung am häufigsten arbeiten werden. Für eine vollständige Übersicht über alle C-Operatoren schauen Sie einfach in ein gutes C-Buch[3].

Zuweisungsoperator

Den Zuweisungsoperator haben Sie bereits verwendet, das ist das einfache Gleichheitszeichen. Der Operand links vom Gleichheitszeichen ist das Ziel, der Operand rechts ist die Quelle. Die folgende Anweisung weist also der Variablen i den Wert 5 zu (Sie kennen das bereits):

```
i = 5
```

Vergleichsoperator

Um zwei Werte miteinander zu vergleichen, benötigen Sie Vergleichsoperatoren; Sie haben im Beispielprojekt bereits einige verwendet. Vergleichsoperatoren entsprechen ihren mathematischen Vorbildern, wie die folgende Tabelle zeigt. Ein Vergleichsoperator steht, genauso wie der Zuweisungsoperator, immer zwischen zwei Operanden.

Operator	Bedeutung
<	kleiner
<=	kleiner gleich
>	größer
>=	größer gleich
==	gleich
!=	ungleich

Tabelle 2.2 Übersicht der Vergleichsoperatoren

Vorsicht mit dem Vergleichsoperator!

Der Vergleichsoperator besteht aus zwei Gleichheitszeichen. Ein beliebter Fehler besteht darin, statt eines Vergleichs den einfachen Zuweisungsoperator zu verwenden, so wie aus der Mathematik bekannt. Aus dem gültigen Vergleich ...

```
if(foo == 23)
```

---

3 *http://openbook.galileocomputing.de/c_von_a_bis_z*

... wird dann ...

```
if(foo = 23)
```

Der Compiler wird darüber nicht meckern, denn es handelt sich in beiden Fällen um eine gültige Anweisung. Allerdings führt die fälschliche Verwendung des Zuweisungsoperators in einem Vergleich dazu, dass die Überprüfung immer **wahr** ist. Das führt dann zu schwer auffindbaren Fehlern. Ein alter Trick ist es daher, bei einem Vergleich den absoluten Wert links vom Vergleichsoperator zu platzieren:

```
if(23 == foo)
```

Der Vergleich ist dadurch genauso gültig, allerdings wird der Compiler Ihnen den Code direkt um die Ohren hauen, wenn Sie statt des Vergleichsoperators den Zuweisungsoperator verwenden, denn in diesem Fall würden Sie einem konstanten Wert einen neuen Wert zuweisen wollen, und das mag der Compiler nicht:

```
if(23 = foo)
```

Addition und Subtraktion

Das Addieren und Subtrahieren von Werten erfolgt in C wie in der Mathematik – mit Plus und Minus:

```
foo = foo + 23;
foo = foo - 23;
```

Um den Wert einer Variablen um 1 zu erhöhen bzw. zu verringern, gibt es zwei *Präfix*- und zwei *Postfix*-Operatoren.

```
foo++
```

Dieser Operator erhöht den Wert von foo **nach** der Benutzung von foo um 1. Coole Programmierer sprechen von *Inkrementierung*. Dieser Operator ist ein Postfix-Operator (»post« ist der lateinische Begriff für »nach«).

Der Postfix-Operator zum Verringern des Wertes um 1, zum *Dekrementieren*, ist der folgende:

```
foo--
```

Auch hier ist wichtig, dass der Wert erst nach der Benutzung von foo dekrementiert wird. Ein Beispiel:

```
foo = 23;
NSLog(@"foo vorher: %d", foo++);
NSLog(@"foo nachher: %d", foo);
```

Listing 2.17 Der Postfix-Operator

Die Konsolenausgabe:

```
[...] C4Runaways[14150:303] foo vorher: 23
[...] C4Runaways[14150:303] foo nachher: 24
```

Die erste NSLog-Anweisung inkrementiert die Variable foo also erst nach deren Verwendung.

Umgekehrt sieht es bei den Präfix-Pendants der gerade gezeigten Postfix-Operatoren aus (»Prä« kommt von lateinisch »prae« und bedeutet »vor«):

```
++foo
--foo
```

Diese inkrementieren bzw. dekrementieren den Operanden auch, allerdings **vor** dessen Verwendung.

```
foo = 23;
NSLog(@"foo vorher: %d", ++foo);
NSLog(@"foo nachher: %d", foo);
```

Listing 2.18 Der Präfix-Operator

Hier zeigt die Konsole, dass foo bereits vor der eigentlichen Ausführung der NSLog-Anweisung (dem Schreiben in die Konsole) inkrementiert worden ist:

```
[...] C4Runaways[14403:303] foo vorher: 24
[...] C4Runaways[14403:303] foo nachher: 24
```

> **Vorzeichen-Operator**
>
> Das einfache Plus oder Minus vor einem Wert ist das Vorzeichen dieses Wertes. Auch hier gilt: Verwechseln Sie nicht das Vorzeichen mit einem der vorstehenden Inkrement- oder Dekrement-Operatoren.

2.2.6   Funktionen

Ein Programm besteht nicht aus einem einzigen unstrukturierten Block aus Quelltext, in dem alle Anweisungen hintereinanderliegen. Vielmehr sind (vor allen Dingen, aber nicht ausschließlich) mehrfach benötigte Funktionalitäten in *Funktionen* gekapselt. Klingt reichlich abstrakt – wird aber mit einem Beispiel deutlicher:

Um herauszufinden, ob eine Zahl gerade oder ungerade ist, gibt es in C die Möglichkeit, den Modulo[4]-Operator zu verwenden, mit dem Sie den Rest einer Division ermitteln können. Der Modulo-Operator in C ist das einfache Prozentzeichen. Die Anweisung ...

```
10 %2
```

... gibt den Rest aus der Division 10 ÷ 2 zurück (also 0). Um herauszufinden, ob eine Zahl gerade oder ungerade ist, müssen Sie den Rest aus der Division durch 2 bestimmen. Ist der Rest 0, ist die Zahl gerade. Ist der Rest 1, ist die Zahl ungerade.

Um die Prüfung auf gerade oder ungerade mit einer entsprechenden Konsolenausgabe zu kombinieren, packen Sie alle diese Anweisungen einfach in eine Funktion:

```
void oddOrEven(int theNumber){
    if((theNumber%2) == 0)
        NSLog(@"%d ist gerade", theNumber);
    else
        NSLog(@"%d ist ungerade", theNumber);
}
```

Listing 2.19 Die Funktion »oddOrEven«

Die erste Zeile ist die Signatur der Funktion, bestehend aus dem Typ des Rückgabewertes, dem Namen der Funktion und dem oder den Parameter(n), den oder die die Funktion übernimmt.

In diesem Fall ist der Typ des Rückgabewertes void. Das steht für »kein Rückgabewert«. Wozu Sie einen Rückgabewert benötigen, werden Sie im nächsten Beispiel sehen.

Der Name der Funktion ist oddOrEven, und als Parameter übernimmt die Funktion eine Zahl vom Typ Integer. Der Name, unter dem die Funktion diesen Parameter ansprechen kann, ist theNumber. Innerhalb der geschweiften Klammern befindet sich der *Rumpf* der Funktion, also die eigentliche Funktionalität. Diese sollte für Sie selbsterklärend sein. Innerhalb der if-Verzweigung prüft die Funktion mithilfe des Modulo-Operators auf der Zahl theNumber, ob diese Zahl gerade oder ungerade ist.

---

4 *https://de.wikipedia.org/wiki/Modulo#Modulo*

Fügen Sie diese Funktion vor der main-Funktion des Beispielprojekts ein:

```
void oddOrEven(int theNumber){
    if((theNumber%2) == 0)
        NSLog(@"%d ist gerade", theNumber);
    else
        NSLog(@"%d ist ungerade", theNumber);
}

int main(int argc, const char * argv[])
{
    @autoreleasepool {
    [...]
```

Listing 2.20 Die Funktion muss am Anfang stehen.

Jetzt können Sie unter den bereits programmierten Zeilen in der main-Funktion Ihre neue Funktion aufrufen. Dazu verwenden Sie einfach den Funktionsnamen und übergeben in Klammern den gewünschten Parameter:

```
oddOrEven(2);
oddOrEven(276);
oddOrEven(134621);
oddOrEven(9834599);
```

Listing 2.21 Aufruf der Funktion »oddOrEven« mit verschiedenen Werten

Übersetzen und starten Sie das Projekt, und beobachten Sie die Konsole:

```
[...] C4Runaways[21698:303] 2 ist gerade
[...] C4Runaways[21698:303] 276 ist gerade
[...] C4Runaways[21698:303] 134621 ist ungerade
[...] C4Runaways[21698:303] 9834599 ist ungerade
```

Voilà!

Eine Funktion kann auch keinen Parameter besitzen, dann ist die Klammer hinter dem Funktionsnamen leer:

```
void foobar(){
    NSLog(@"Funktion foo");
}
```

Listing 2.22 Eine Funktion ohne Parameter

Des Weiteren gibt es noch Funktionen, die einen Rückgabewert an den Aufrufer liefern. Bei diesen Funktionen steht kein void vor dem Namen, sondern der Typ des Rückgabewertes.

```
int foobarWithStringAndReturn(NSString *theString){
    NSLog(@"theString: %@", theString);
    return (int)[theString length];
}
```

Listing 2.23 Eine Funktion mit Rückgabewert

Am Ende einer Funktion mit Rückgabewert muss eine return-Anweisung stehen, die einen Wert des im Funktionskopf definierten Rückgabetyps zurückgibt. In diesem Fall ist das ein Integer-Wert, und die Funktion gibt die Länge des als Parameter übergebenen NSString-Objekts zurück. Ein Rückgabewert ermöglicht es, Daten aus einer Funktion an den Aufrufer zurückzugeben.

Der Aufruf der Funktion in der folgenden Anweisung gibt den Rückgabewert per NSLog in die Konsole aus:

```
NSLog(@"foobar: %d", ⤶
foobarWithStringAndReturn(@"Foobar!!drölf"));
```

Die Ausgabe in der Konsole gibt dann sowohl die NSLog-Ausgabe der Funktion selbst als auch die NSLog-Ausgabe mit dem Rückgabewert aus:

```
[...] C4Runaways[1005:303] theString: Moin!
[...] C4Runaways[1005:303] theString: Foobar!!drölf
[...] C4Runaways[1005:303] foobar: 13
```

Typkonvertierung

Sie sehen in der return-Anweisung am Ende der Funktion foobarWithStringAndReturn eine Typkonvertierung: (int). Damit teilen Sie dem Compiler mit, dass er das folgende Datum in den gewünschten Typ umwandeln soll. Die Anweisung [theString length] gibt die Länge der Zeichenkette in theString zurück.

Der Rückgabewert dieser Anweisung ist NSUInteger. Die Funktion gibt aber den Datentyp int zurück, weswegen die Konvertierung von NSUInteger in int notwendig ist.

2.2.7   Zeiger

Das wohl berüchtigtste Merkmal von C sind Zeiger. Technisch ausgedrückt sind Zeiger Verweise auf Speicherstellen. Flapsig ausgedrückt ist ein Zeiger ein perfektes Werkzeug, um Programmiereinsteiger um den Verstand zu bringen. Dabei sind Zeiger gar nichts Schlimmes. Lassen Sie sich nichts einreden!

> **Zeiger für App-Programmierer**
>
> Um eventuell bestehende Befürchtungen zu zerstreuen: Bei der Programmierung von Apps haben Sie normalerweise keine Berührungspunkte mit Zeigerprogrammierung. Es ist allerdings für das Verständnis vieler Konzepte der App-Programmierung mit Objective-C unerlässlich, das Prinzip der Zeigerprogrammierung zu kennen. Die Gefahr, dass Sie sich selbst mit Zeigerprogrammierung in den Fuß schießen, ist daher verschwindend gering. Nichtsdestotrotz sollen Sie wissen, worum es geht, wenn in Objective-C von Zeigern die Rede ist, auch wenn die Apple-Bibliotheken Ihnen die Arbeit mit Zeigern weitgehend abnehmen.

Der Computer, so auch das iPhone, speichert alle Daten, mit denen er arbeitet, im Hauptspeicher (RAM). Der Hauptspeicher ist wie ein großer Karteikasten mit ganz vielen kleinen Fächern für die Ablage von Daten. Jedes Fach besitzt eine eindeutige Adresse, unter der es der Computer finden und ansprechen kann.

Wenn Sie eine Variable erzeugen und dieser Variablen einen Wert zuweisen, müssen Sie sich um die Speicheradresse nicht kümmern; das erledigt der Compiler für Sie. Wie im Beispielprojekt bereits mehrfach getan, brauchen Sie nur den Typ einer Variablen anzugeben und können der Variablen dann über den Zuweisungsoperator einen Wert zuweisen:

```
int foo = 23;
```

Der Zugriff auf die Variable zum Auslesen des Wertes ist genauso einfach; auch in diesem Fall müssen Sie sich nicht um Speicheradressen kümmern, sondern brauchen lediglich den Namen der Variablen zu verwenden, um an den in dieser Variablen gespeicherten Wert zu kommen:

```
NSLog(@"Der Wert von foo ist: %d", foo);
```

Die folgende Abbildung zeigt, wie die vorstehende Anweisung mit Speicheradressen und dem im Speicher abgelegten Wert zusammenhängt. Durch die Deklaration der Variablen int foo wird automatisch ein Speicherbereich reserviert, der groß genug ist, um eine Variable vom Typ Integer aufzunehmen. Die Zuweisung foo=23 legt dann in dem durch die Deklaration von foo reservierten Speicherbereich die Zahl 23 ab. Wenn Sie im Programm dann auf die Variable foobar zugreifen, erledigt der Computer im Hintergrund, für Sie unsichtbar, die Umsetzung vom Namen der Variablen auf die Speicheradresse, hinter der sich der Wert der Variablen verbirgt.

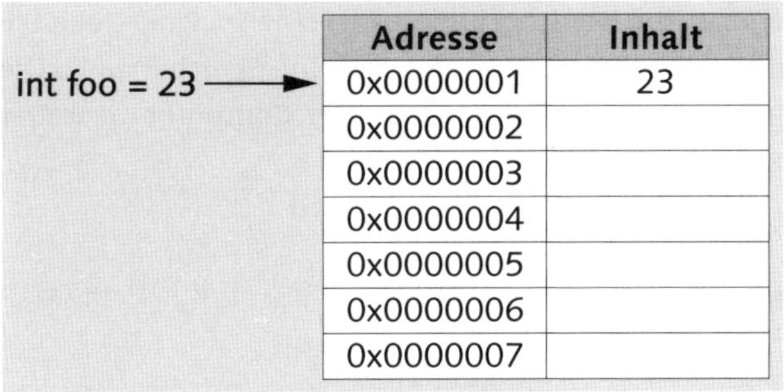

int foo = 23 →	Adresse	Inhalt
	0x0000001	23
	0x0000002	
	0x0000003	
	0x0000004	
	0x0000005	
	0x0000006	
	0x0000007	

Abbildung 2.9 Der Wert der Variablen »foo« im Speicher

Ein Zeiger ist nun nichts weiter als eine Variable, in der kein Wert gespeichert ist, sondern die Speicheradresse einer anderen Variablen. Über einen Zeiger können Sie also herausfinden, an welcher Stelle eine andere Variable im Speicher zu finden ist.

Mit der folgenden Anweisung deklarieren Sie einen Zeiger vom Typ Integer mit dem Namen bar. Das Sternchen am Namen weist das Ergebnis der Zuweisung als Zeiger aus und nennt sich *Indirektionsoperator*:

```
int *bar;
```

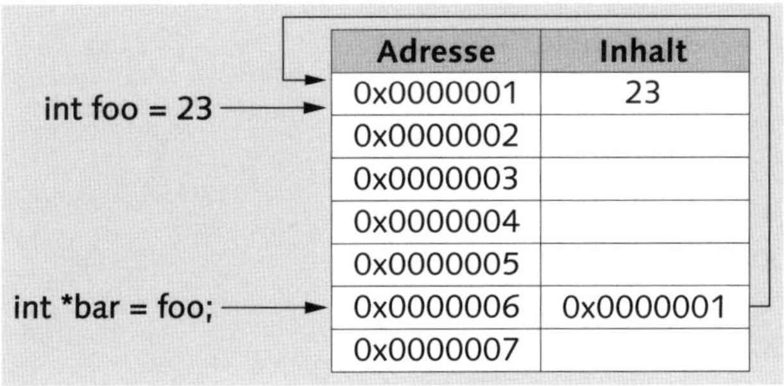

	Adresse	Inhalt
int foo = 23 →	0x0000001	23
	0x0000002	
	0x0000003	
	0x0000004	
	0x0000005	
int *bar = foo; →	0x0000006	0x0000001
	0x0000007	

Abbildung 2.10 Zeiger »*bar« auf die Variable »foo«

Den Wert von *bar können Sie, genauso wie bei einer Variablen, mit NSLog herausfinden:

```
NSLog(@"Adresse von bar: %p", bar);
```

Der Platzhalter %p steht dabei für einen Zeiger. Die Konsole zeigt einen kryptischen Wert:

```
[...] C4Runaways[35534:303] Adresse von bar: 0x100805000
```

0x100805000 ist der Wert des Zeigers bar und ist nichts anderes als eine Speicherstelle. Sie haben es also wirklich mit einem Zeiger zu tun; bar **zeigt** auf eine Speicherstelle. Die seltsame Zahl mit dem 0x davor ist eine Hexadezimalzahl. Der Computer verwaltet Speicherstellen unter Verwendung des Hexadezimalsystems[5].

Ihnen ist vermutlich die gelbe Warnung von Xcode aufgefallen:

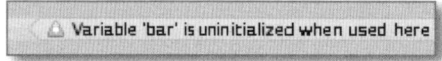

Abbildung 2.11 Xcode warnt vor einer nicht initialisierten Variablen.

Damit informiert Xcode Sie, dass der Zeiger bar nicht initialisiert ist, also keinen definierten Wert besitzt. Der Wert 0x100805000 ist also ein zufälliger Wert ohne tieferen Sinn.

Geben Sie dem Zeiger einen Sinn, und weisen Sie ihm einen sinnvollen Wert zu:

```
bar = &foo;
```

Das &-Zeichen ist kein Schreibfehler. Es handelt sich dabei um den Adressoperator, mit dem Sie auf die Adresse einer Variablen zugreifen können. bar enthält nach der Zuweisung also die Speicheradresse der Variablen foo.

	Adresse	Inhalt
int foo = 23	0x0000001	23
	0x0000002	
	0x0000003	
bar = &foo;	0x0000004	
	0x0000005	
int *bar = foo;	0x0000006	0x0000001
	0x0000007	

Abbildung 2.12 »bar« bekommt die Speicheradresse von »foo«.

---

5 *https://de.wikipedia.org/wiki/Hexadezimalsystem*

Die Speicheradresse der Variablen foo können Sie über den Adressoperator ermitteln:

```
NSLog(@"Adresse von foo: %p", &foo);
```

Listing 2.24 Die Speicheradresse der Variablen »foo«

Die Konsole zeigt die Adresse an:

```
[...] C4Runaways[2544:303] Adresse von foo: 0x7fff5fbff93c
```

Wenn Sie jetzt den Wert des Zeigers bar betrachten ...

```
NSLog(@"Zieladresse von bar: %p", bar);
```

Listing 2.25 Auf diese Adresse zeigt der Zeiger »bar«.

... erhalten Sie einen neuen Wert, nämlich die Adresse von foo:

```
[...] C4Runaways[2544:303] Zieladresse von bar: 0x7fff5fbff93c
```

Also enthält der Zeiger bar die Adresse der Variablen foo. Über den Indirektionsoperator können Sie nun auf den Wert der Variablen zugreifen, deren Adresse im Zeiger gespeichert ist:

```
NSLog(@"bar: %d", *bar);
```

Listing 2.26 Der Wert an der Speicheradresse, auf die der Zeiger »bar« zeigt

Die Konsole gibt erwartungsgemäß den Wert der Variablen foo aus:

```
[...] C4Runaways[2544:303] bar: 23
```

So weit, so gut. Wenn Sie jetzt den Wert der Variablen foo verändern, verändert sich naturgemäß auch der Wert der Adresse, auf die der Zeiger bar zeigt:

```
foo++;
NSLog(@"bar: %d", *bar);
```

Listing 2.27 Inkrementierung der Variablen »foo«

In der Konsole sehen Sie dann Folgendes:

```
[...] C4Runaways[2544:303] bar: 24
```

Damit haben Sie auch gleich die große Gefahr kennengelernt, die bei der Arbeit mit Zeigern lauert. Durch nicht vorhersehbare Ereignisse im Programmablauf kann sich der Wert im Speicher, auf den ein Zeiger zeigt, ändern (zum Beispiel durch andere Zeiger oder durch die direkte Veränderung einer Variablen), und schon zeigt der eigene Zeiger auf einen Wert, den man als Programmierer nicht erwartet hat.

Darüber hinaus gibt es noch eine andere Gefahr bei der Arbeit mit Zeigern: die fehlerhafte oder versehentlich angewendete Zeigerarithmetik. Denken Sie dazu ein paar Zeilen zurück, und rufen Sie sich den Wert des Zeigers bar ins Gedächtnis (siehe Listing 2.25):

```
[...] C4Runaways[2544:303] Zieladresse von bar: 0x7fff5fbff93c
```

Der Zeiger bar zeigt also auf die Speicheradresse 0x7fff5fbff93c. Wenn Sie jetzt im weiteren Verlauf des Programms statt der Inkrementierung der Variablen foo (siehe Listing 2.27) versehentlich den Zeiger bar inkrementieren, ...

```
bar++
```

... dann ergibt die Indirektion von bar nicht mehr den Wert 24, sondern den folgenden Wert:

```
[...] C4Runaways[8234:303] bar: 0
```

Seltsam. Und unerwartet. Und überdies nicht vom Compiler bemängelt. Das Programm würde jetzt im besten Fall abstürzen, im schlimmsten Fall irgendetwas ganz Dummes anstellen.[6]

Um herauszufinden, warum die Indirektion von bar den Wert 0 ergibt, schauen Sie sich einfach die Adresse an, auf die bar nach der Inkrementierung zeigt:

```
NSLog(@"Zieladresse von bar: %p", bar);
```

Die Konsole zeigt die folgende Adresse:

```
[...] C4Runaways[8234:303] Zieladresse von bar: 0x7fff5fbff940
```

---

6 *http://software.germanblogs.de/archive/2012/05/04/softwarefehler-die-schlimmsten-bugs-aller-zeiten.htm*

Öffnen Sie den Rechner von OS X, und schalten Sie ihn über die Tastenkombination [cmd] + 3 oder den Menüpunkt DARSTELLUNG • PROGRAMMIERER in den Programmierermodus (siehe Abbildung 2.13).

Abbildung 2.13 Der Rechner im Programmierermodus

Geben Sie als Wert die neue Speicheradresse an, auf die der Zeiger bar zeigt. Wählen Sie anschließend die Minustaste auf dem Rechner, und geben Sie als Subtrahend die Speicheradresse der Variablen foo ein.

Abbildung 2.14 Die Speicheradresse der Variablen »foo«

Drücken Sie die Ergebnistaste (=). Der Rechner zeigt die Hexadezimalzahl 0x4.

Abbildung 2.15 Das Ergebnis der Subtraktion

Der Zeiger bar zeigt nach der Inkrementierung also auf eine Speicheradresse, die sich vier Bytes über der Speicheradresse der Variablen foo befindet. Das liegt daran, dass das Inkrementieren eines Zeigers um den Wert 1 dazu führt, dass die neue Zieladresse genauso viele Bytes über der bisher im Zeiger gespeicherten Adresse liegt, wie der Datentyp des Zeigers breit ist. bar ist ein Zeiger auf einen Integer-Wert, ein Integer ist vier Bytes breit, daher sorgt die Inkrementierung von bar dafür, dass seine Zieladresse um vier Bytes nach oben wandert. Die neue Zieladresse enthält im besten Fall nicht initialisierten Speicher, so dass der neue Wert 0 ist.

Lange Rede, kurzer Sinn: Wenn man sich als C-Programmierer mit irgendetwas ganz einfach in den Fuß schießen kann, dann mit Zeigern. Seien Sie auf der Hut!

Der Sinn von Zeigern

Sie werden sich jetzt wahrscheinlich fragen, was der Unsinn mit den Zeigern soll. Zu Recht, denn so richtig hilfreich scheint der indirekte Zugriff auf Speicheradressen mithilfe von Zeigern nicht zu sein. Das ist nur vordergründig richtig, denn der eigentliche Nutzen von Zeigern besteht in der Dynamik, die Zeiger der Sprache C verleihen. Mithilfe von Zeigern kann man in C dynamisch Speicher anfordern und verwalten und Dinge wie lineare Listen und binäre Bäume erstellen. Das sind alles Sachen, die Sie als App-Programmierer nicht brauchen werden, denn Apple war so weitsichtig, all das in Frameworks zu kapseln, die viel einfacher und ungefährlicher sind, als zu Fuß mit Zeigern zu hantieren.

Elementar wichtig für Sie als angehenden App-Programmierer ist allerdings das Wissen um das Wesen von Zeigern, also die Möglichkeit, Verweise zu setzen. Die App-Programmierung in Objective-C macht regen Gebrauch von Verweisen. Daher sollten Sie wissen, was ein Adress- und was ein Indirektionsoperator ist. Beiden werden Sie häufig begegnen. Sie müssen sich aber nicht um Speicheradressen kümmern, und Zeigerarithmetik sowie manuelle Speicherverwaltung mit Zeigern benötigen Sie bei der Programmierung in Objective-C überhaupt nicht. Lehnen Sie sich also ganz entspannt zurück, und behalten Sie * und & im Gedächtnis.

2.3   Wie wird aus Quelltext eine App?

Der Quelltext, den Sie beim Programmieren von iOS-Apps erzeugen, ist für den Computer nicht lesbar. Der Computer kann kein C oder Objective-C verstehen, er rechnet ausschließlich mit Nullen und Einsen. Damit also aus Ihrem Quelltext eine App entsteht, übersetzt Xcode den Quelltext in eine *Binärdatei*[7], also in ein Format, das der Computer »verstehen« und ausführen kann.

Beim Übersetzungsvorgang vom Quelltext in eine Binärdatei gibt es einige Feinheiten zu beachten. Daher lernen Sie in den folgenden Abschnitten, um welche Feinheiten es sich handelt und worauf Sie bei der Bearbeitung und Übersetzung von Quelltext achten müssen.

2.3.1   Der Präprozessor

Die Datei *main.m*, die Xcode beim Anlegen des Beispielprojekts aus Abschnitt 2.1 erzeugt hat, enthält in der ersten Zeile eine `import`-Anweisung.

Diese `import`-Anweisung fügt den Inhalt der importierten Datei zur importierenden Datei hinzu. Dies erfolgt durch den sogenannten *Präprozessor*, der vor dem eigentlichen Übersetzungsvorgang alle benötigten Quelltextdateien eines Projekts zusammenfügt.

Sie können sich dieses Vorgehen in Xcode ansehen. In einem neu erzeugten Projekt öffnen Sie dazu die Datei *main.m*. In Ihrem Beispielprojekt ist diese Datei natürlich um Ihre Änderungen ergänzt.

---

7 *https://de.wikipedia.org/wiki/Binärdatei*

```
#import <Foundation/Foundation.h>
int main(int argc, const char * argv[])
{
    @autoreleasepool {
        NSLog(@"Hello, World!");
    }
    return 0;
}
```

Listing 2.28 Die Datei »main.m«

Die Datei umfasst, um alle Kommentare bereinigt, acht Zeilen. Das ist natürlich reichlich mager für ein Programm. Insbesondere ist ja nirgendwo in diesem Listing definiert, was ein autoreleasepool ist und welche Aufgabe NSLog ausführt. Diese Informationen stecken in der importierten Headerdatei des Foundation-Frameworks (*Foundation.h*).

Um den Unterschied zwischen dem Code aus Listing 2.28 und dem vom Präprozessor um den Inhalt der Datei *Foundation.h* ergänzten Code zu sehen, wählen Sie in Xcode den Menüpunkt PRODUCT • GENERATE OUTPUT • PREPROCESSED FILE aus. Xcode zeigt Ihnen dann den Zustand des Projekts nach der Arbeit des Präprozessors an:

```
// Preprocessed output for main.m
// Generated at 1:12:55 nachm. on Samstag, März 16, 2013
// Using Release configuration, x86_64 architecture for C4Runaways target
of C4Runaways project

# 1 "/Users/klaus/git/iPhone-2/Code/C4Runaways/C4Runaways/main.m"
# 1 "<built-in>" 1
# 1 "<built-in>" 3
# 173 "<built-in>" 3
# 1 "<command line>" 1
# 1 "/Users/klaus/git/iPhone-2/Code/C4Runaways/C4Runaways/C4Runaways-Prefix.pch" 1
[...]
```

Listing 2.29 Die Arbeit des Präprozessors

An dieser Stelle ist eine bestimmte Information interessant: die Anzahl der Codezeilen nach dem Durchlauf des Präprozessors, 89859! Das Programm umfasst also nicht nur die acht in Listing 2.29 aufgeführten Codezeilen, sondern neunundachtzigtausendachthundertneunundfünfzig! Und ganz am Ende finden Sie erst den Inhalt der Datei *main.m*.

Abbildung 2.16 zeigt die Arbeit des Präprozessors. Dieser nimmt sich die über import in eine Klasse eingebundenen Headerdateien und fügt sie zu einer großen Datei zusammen.

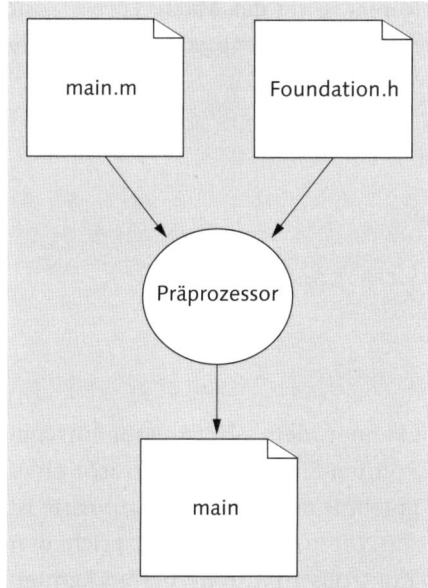

Abbildung 2.16 Die Arbeit des Präprozessors

Der Präprozessor kann aber noch mehr als nur Textdateien zusammenfügen. Er lässt sich auch über Makros steuern. Die simpelste Anwendung ist das Ersetzen von Text. Fügen Sie in der Datei *main.m* unter der import-Anweisung die folgende Zeile ein:

```
#define FOOBAR 23
```

Die NSLog-Anweisung weiter unten ändern Sie anschließend noch wie folgt:

```
NSLog(@"Makro: %i", FOOBAR);
```

Wenn Sie die App jetzt ausführen, erhalten Sie die folgende Ausgabe:

```
2013-03-16 13:28:52.970 C4Runaways[9797:303] Makro: 23
```

Der Präprozessor hat also nicht nur die Quelltextdateien zusammengefügt, sondern auch noch die Zeichenkette FOOBAR durch die Zahl 23 ersetzt.

Der Präprozessor kann aber nicht nur Zeichen ersetzen, sondern man kann ihm auch logische Aufgaben übertragen. Das folgende Makro berechnet die Quadratwurzel des als Parameter übergebenen Wertes:

```
#define SQUARE(x) x * x
```

Fügen Sie dieses Makro in die Datei *main.m* ein (direkt unter das Makro FOOBAR), und fügen Sie danach hinter der bereits vorhandenen NSLog-Anweisung noch die folgende, neue NSLog-Anweisung ein:

```
NSLog(@"Quadrat von 2: %i", SQUARE(2));
```

Die Ausgabe des Programms ist dann die folgende:

```
2013-03-16 13:44:52.241 C4Runaways[105:303] Quadrat von 2: 4
2013-03-16 13:44:52.243 C4Runaways[115:303] Makro: 23
```

Listing 2.30 Die Ausgabe der Präprozessor-Makros

Zu guter Letzt lernen Sie jetzt noch die Möglichkeit kennen, dem Präprozessor Entscheidungen zu überlassen. Über die Direktive ifdef können Sie dem Präprozessor einen Wert zur Überprüfung übergeben. Nur wenn das Ergebnis der Überprüfung positiv ist, führt der Präprozessor das dazugehörende Makro aus. Dieses Verhalten entspricht dem des if-Konstrukts in C, das Sie in Abschnitt 2.2.4, »Kontrollstrukturen«, bereits kennengelernt haben. Der typische Anwendungsfall ist die Unterscheidung zwischen der Debug- und Entwicklerversion. In einer Debug-Version, also der Version, die beim Entwickeln in Xcode vorliegt, hat man in der Regel Testdaten oder andere Informationen hinterlegt, die man nur für die Entwicklung, nicht aber für den Kunden im Apple App Store benötigt. Das kann ja zum Beispiel die URL zu einem Testserver sein, den man für die Entwicklung benötigt. Oder, mit Blick auf Kapitel 6, »Daten, Karten und das Netz«, der API-Key von Wunderground oder vergleichbarer Dienste.

Öffnen Sie die Datei *main.m,* und ändern Sie das Makro FOOBAR in die folgende ifdef-Anweisung:

```
#ifdef DEBUG
    #define FOOBAR 23
#else
    #define FOOBAR 42
#endif
```

Listing 2.31 Zuweisung von FOOBAR in Abhängigkeit der Build-Einstellungen

Die erste ifdef-Anweisung fragt die aktuelle Xcode-Einstellung ab. Ist der Parameter DEBUG gesetzt, wird das Makro verwendet, das unmittelbar auf die ifdef-Anweisung folgt; FOOBAR erhält also den Wert 23. Die else-Anweisung hinter der define-Anweisung ist für den Fall, dass die Prüfung des ersten ifdef nicht positiv verlaufen ist. In diesem Fall setzt der Präprozessor den Wert von FOOBAR dann auf 42.

Übersetzen und starten Sie das Programm. Sie erhalten die folgende Konsolenausgabe:

```
2013-03-16 18:05:04.231 C4Runaways[143:303] Quadrat von 2: 4
2013-03-16 18:05:04.233 C4Runaways[143:303] Makro: 23
```

Listing 2.32 Xcode steht auf DEBUG.

FOOBAR hat den Wert 23, also ist die Prüfung der ersten ifdef-Anweisung positiv verlaufen. Xcode steht auf DEBUG. Jetzt stellen Sie Xcode auf RELEASE. Dazu klicken Sie in der Werkzeugleiste von Xcode oben links auf den aktuellen Projektnamen. Es öffnet sich ein Popup-Menü, mit dem Sie das aktuelle *Schema* einstellen können. Wählen Sie MANAGE SCHEMES (siehe Abbildung 2.17).

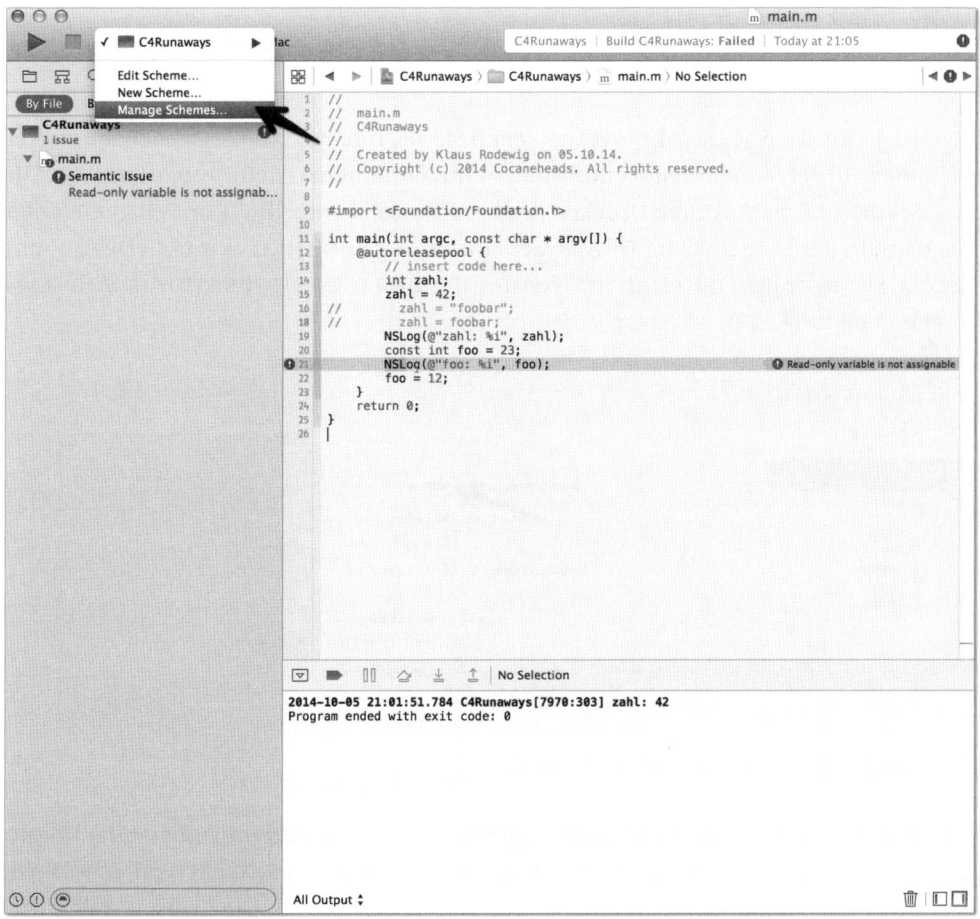

Abbildung 2.17 Schema-Verwaltung von Xcode

Ein Xcode-Schema ist, vereinfacht gesprochen, eine Zusammenfassung verschiedener Einstellungen, die beim Übersetzen eines Projekts wirksam werden. Darüber können Sie zum Beispiel für die Entwicklung einer App andere Parameter definieren als für das Release. Um zwischen beiden Entwicklungsstufen zu wechseln, müssen Sie nur das Schema wechseln und nicht manuell alle Einstellungen nacheinander umstellen.

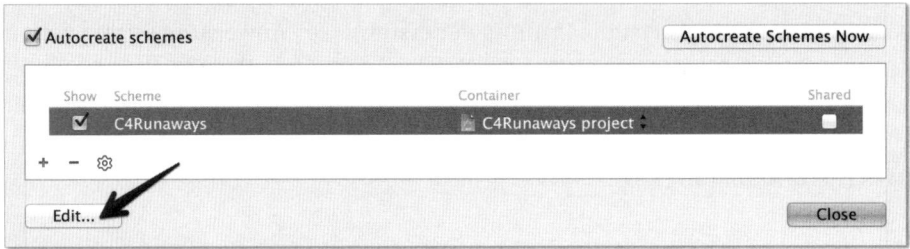

Abbildung 2.18 Übersicht der Schemata.

Nach dem Klick auf MANAGE SCHEMES sehen Sie alle für das aktuelle Projekt definierten Schemata. In der Standardeinstellung gibt es nur ein Schema (siehe Abbildung 2.18). Öffnen Sie dieses Schema durch Drücken des EDIT-Buttons unten links im Fenster. Wählen Sie dann in der Liste links im Fenster die Einstellung RUN C4RUNAWAYS • DEBUG, und setzen Sie anschließend rechts im Fenster die BUILD CONFIGURATION auf RELEASE (siehe Abbildung 2.19).

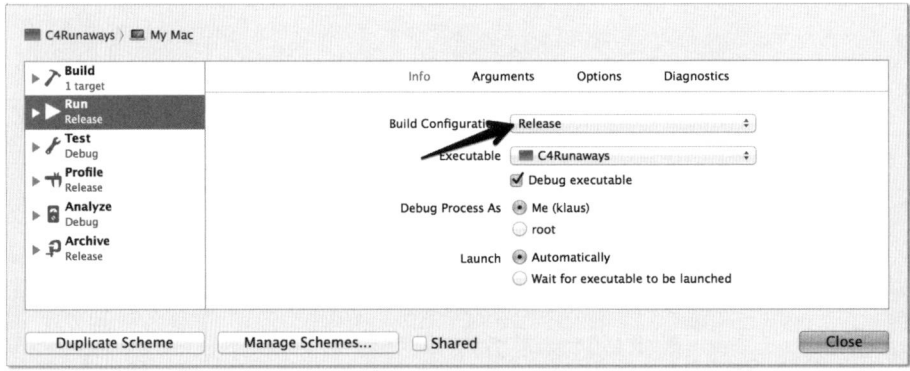

Abbildung 2.19 Das aktuelle Schema in der Übersicht

Xcode verwendet jetzt die Konfiguration *Release*. Dementsprechend müsste das Präprozessor-Makro eine andere Antwort geben als in Listing 2.32. Schließen Sie den Dialog über den OK-Button. Übersetzen und starten Sie das Projekt. Die Konsole zeigt, dass FOOBAR den Wert 42 hat. Also steht die Xcode-Konfiguration auf RELEASE.

```
2013-03-17 08:38:51.642 C4Runaways[287:303] Quadrat von 2: 4
2013-03-17 08:38:51.644 C4Runaways[287:303] Makro: 42
```

Listing 2.33 Die Xcode-Konfiguration steht auf »Release«.

Stellen Sie jetzt, bevor es weitergeht, die Xcode-Konfiguration zurück auf DEBUG.

Was interessiert mich der Präprozessor?

Für den Fall, dass Sie sich jetzt fragen, warum Sie sich mit dem Präprozessor abgeben sollen, hier ein paar Antworten. Zunächst einmal sollten Sie verstehen, was der Präprozessor macht, nämlich mit den Quelltextdateien arbeiten. Da Sie in jeder Quelltextdatei mindestens eine import-Anweisung verwenden, sollten Sie schon wissen, wofür die gut ist.

Das Speichern konstanter Werte als Präprozessor-Makro hat sich als Standard eingebürgert. Konstante Werte, zum Beispiel Konfigurationsdaten, sind im Präprozessor-Makro wesentlich besser aufgeboben als tief im Code versteckt. In den meisten Fällen ist eine externe Konfigurationsdatei aber wesentlich sinnvoller.

Darüber hinaus sollten wir unbedingt wissen, dass man dem Präprozessor **keine** Logikaufgaben geben sollte. Es ist zwar verlockend, und gerade in der C-Programmierung gehörte es lange zum guten Ton, seitenweise Präprozessor-Makros zu definieren. Jede Aufgabe, die Sie aber dem Präprozessor übergeben, nehmen Sie dem Compiler weg. Und der Compiler (siehe folgender Abschnitt) kann für Sie Überprüfungen vornehmen, die der Präprozessor nicht durchführen kann.

Für bedingte Aktionen, die mit der jeweiligen Umgebung zu tun haben, also zum Beispiel Debug oder Release, sind die bedingten Anweisungen des Präprozessors ein unentbehrliches Hilfsmittel. Diese sind der eigentliche Grund, den Präprozessor zu kennen. Zum einen werden Sie, wenn Sie fremden Code sehen oder sich mit anderen Programmierern austauschen, häufig auf solche Konstrukte stoßen, zum anderen können Sie sich damit selbst das Programmiererleben erleichtern. Denn genauso wie der Präprozessor keine Aufgaben übertragen bekommen sollte, die eigentlich dem Compiler gehören, sollte man keine Aufgaben im Programmiercode verankern, die eigentlich der Präprozessor übernehmen sollte.

2.3.2   Compiler und Linker

Das Zusammenbauen der Quelltextdateien durch den Präprozessor ist der erste Schritt auf dem Weg vom Quelltext zur App. Die zusammengesetzten Quelltextdateien werden nach der Rückkehr vom Präprozessor von Xcode an den Compiler übergeben. Der

erzeugt aus dem Quelltext das Format, das der Computer versteht: Maschinensprache –
eine sogenannte Binär- oder Objektdatei. Dabei erzeugt der Compiler für jede Quelltextdatei eine eigene Binärdatei.

Diese Binärdateien fügt im letzten Schritt des Übersetzungsvorgangs der *Linker* zum
fertigen Programm zusammen. Dabei verwendet der Linker nicht nur die aus den eigenen Quelltextdateien erzeugten Objektdateien, sondern bindet auch externe Objektdateien ein. Bei der Einbindung eines Frameworks wie zum Beispiel CoreLocation wird
also auch das CoreLocation-Framework eingebunden (siehe Abbildung 2.20).

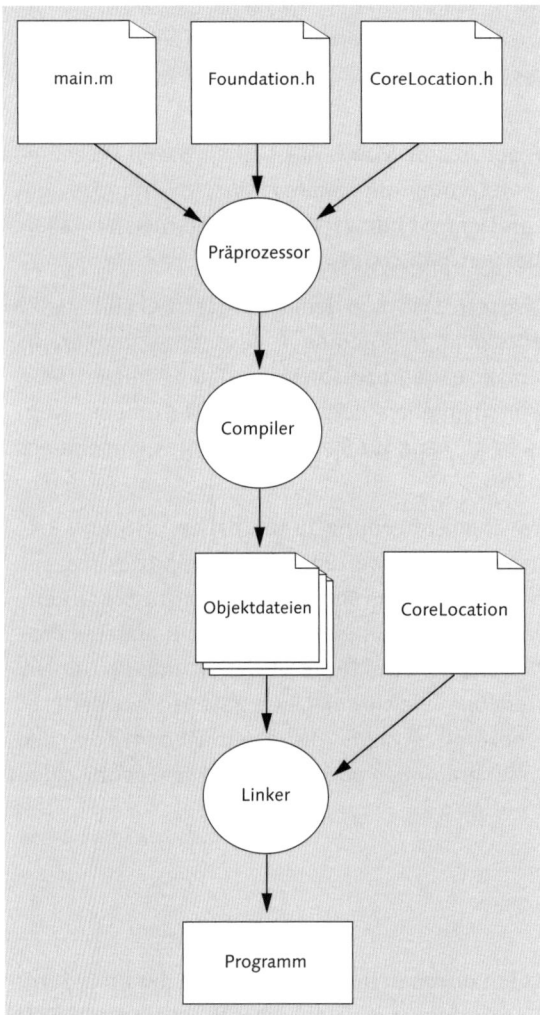

Abbildung 2.20 Der Linker baut das Puzzle zusammen.

Auf dem Mac gibt es zwei verschiedene Arten von externen Frameworks, die der Linker einbinden kann: dynamische und statische. Ein dynamisches Framework zeichnet sich dadurch aus, dass es nicht direkt in das fertige Programm eingebunden, sondern vom Betriebssystem an zentraler Stelle für alle Programme bereitgestellt wird, die es verwenden möchten. Zur Übersetzungszeit werden nur Informationen über das dynamische Framework, nicht aber das Framework selbst eingebunden.

Unter iOS gibt es keine dynamischen Frameworks. Dort ist jedes Framework statisch und wird so eingebunden, wie oben beschrieben. Das heißt, jede App bringt alle von ihr verwendeten Frameworks selbst mit. Der Grund mag wohl Sicherheit sein. Ein dynamisches Framework wird von einem Programm zur Laufzeit geladen. Dafür muss das Betriebssystem eine entsprechende Funktion bereitstellen. Über so eine Funktion könnte ein Angreifer freilich auch schädlichen Code laden. Daher hat Apple entschieden, keine dynamischen Frameworks unter iOS zu erlauben.

Die Apple-Dokumentation enthält eine gut dokumentierte Übersicht[8] über alle Frameworks, die iOS mitbringt. Wenn Sie eine bestimmte Funktionalität suchen, finden Sie in der Liste ausreichend Informationen darüber, in welchem Framework sich diese Funktionalität befindet. Darüber hinaus enthält die Übersicht Referenzen auf die Dokumentation der einzelnen Frameworks – ein guter Ausgangspunkt für die fortgeschrittene Programmierung unter iOS.

2.4   Zusammenfassung

In diesem Kapitel haben Sie die notwendigen Grundlagen der Programmierung kennengelernt, die Sie benötigen, um die Themen der folgenden Kapitel verstehen zu können. Programmieren ist wie Fahrradfahren: Der Anfang ist schwierig, aber wenn man einmal den Bogen raus hat, geht es ganz einfach. Allerdings gilt beim Programmieren ebenso wie beim Fahrradfahren: Übung macht den Meister. Falls Sie mit diesem Buch grundsätzlich in die Programmierung einsteigen, dürfen Sie nach dem Durcharbeiten dieses Kapitels nicht erwarten, ohne Umwege komplexe Apps programmieren zu können. Der Teufel steckt im Detail, und Sie werden über viele selbstgebaute Fehler stolpern, bis Sie am Ziel sind. Aber durch diese Schule mussten alle erfolgreichen Programmierer. Ein gutes Stück des Weges haben Sie gemeistert, wenn der Compiler beim Übersetzen weniger Fehler anzeigt, als das Programm Quelltextzeilen hat. ☺

---

8 *http://tinyurl.com/kpmtpfo*

Kapitel 3

Von der Idee bis in den App Store – die Theorie

»Machen Sie's so!«
Jean-Luc Picard

Ein häufig gemachter Fehler von Programmierern ist es, wild draufloszuprogrammieren, ohne sich Gedanken zu machen, welche Zielgruppe man mit seiner App überhaupt ansprechen möchte und welche Anforderungen diese Zielgruppe hat. Und natürlich, wie man diese Zielgruppe ansprechen kann. Der Blick durch die Brille des Programmierers nutzt da häufig wenig. Nicht umsonst wird Programmierern nachgesagt, dass sie bei einem Auto zunächst den von innen verstellbaren Außenspiegel erfinden würden und anschließend noch, weil es so schön war, den von außen verstellbaren Innenspiegel.

Dieses Kapitel gibt Ihnen daher wertvolle Ratschläge, was eine erfolgreiche App ausmacht, wie Sie einen angemessenen Preis kalkulieren können, welche Marketingmaßnahmen sinnvoll sein können und wie man eine App erfolgreich am Markt platziert. Nun sind gute Ratschläge kein Garant für Erfolg, das Beherzigen einiger grundlegender Regeln kann Ihnen aber durchaus dabei helfen, eine gut auf die betreffende Zielgruppe abgestimmte App zu entwerfen und erfolgreich an den Mann bzw. die Frau zu bringen.

3.1 Zehn Regeln für eine erfolgreiche App

Vielleicht haben Sie ja schon die Superidee und wissen genau, wie Ihre App aufgebaut sein soll. Oder Sie arbeiten ohnehin im Auftrag und müssen sich zumindest um die Vermarktung Ihrer App gar keine großen Gedanken machen. Trotzdem sollten Sie sich mit den Hinweisen in diesem Kapitel ein wenig auseinandersetzen. Denn manchmal sind es mehr oder weniger Kleinigkeiten, die den Unterschied zwischen einer schlechten, einer guten und einer sehr guten App ausmachen.

3.1.1   Halten Sie sich an Apples Vorgaben

Ja, ich weiß, ständig gesagt zu bekommen: »Sei schön brav«, kann ganz schön nerven, vor allem wenn es – wie im Fall von Apple – ein ziemlich umfangreiches Regelwerk gibt, an das man sich halten muss. Das wohl wichtigste Dokument dafür sind die *App Store Review Guidelines*, Apples Richtlinien, nach denen Apps in den Store aufgenommen oder auch abgelehnt werden (siehe Abbildung 3.1).

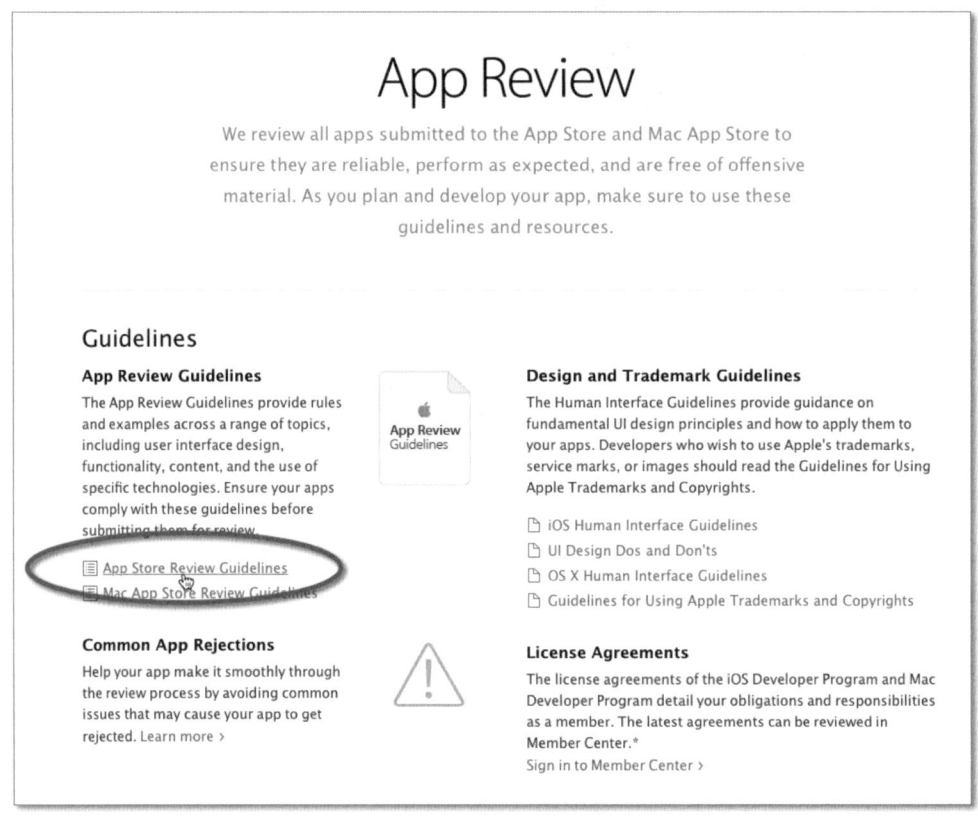

Abbildung 3.1 Für Sie als Entwickler eines der wichtigsten Dokumente von Apple: die Richtlinien, nach denen Apple Ihre App bewertet

Zu den einzelnen Bestimmungen später mehr in diesem Kapitel. Wichtig ist vor allem, dass Sie sich klarmachen, dass Apple als eine Art Großmufti – oder nennen Sie es Imperator, wenn Ihnen das lieber ist – den Daumen heben oder senken kann. Immerhin, mit den App Store Review Guidelines gibt es inzwischen ein Dokument, in dem alle wesentlichen Teile der Zulassungsbedingungen dokumentiert sind. Zu Beginn des App-Store-

Zeitalters hatten Programmierer oft das Problem, dass ihre Apps abgelehnt wurden, Apple aber keine oder eine wenig nachvollziehbare Begründung lieferte. Dann ging es hin und her zwischen Apple und Programmierer – und sorgte auf beiden Seiten für Frust. Das können Sie heute vermeiden, indem Sie die Zulassungsbedingungen einigermaßen verinnerlichen; viele Sachen können Sie sich dann nämlich gleich einzureichen sparen, weil Apple sie per se nicht akzeptiert.

Dazu gehört beispielsweise auch die Nutzung inoffizieller, nicht dokumentierter Systemschnittstellen. Nur offizielle APIs dürfen genutzt werden – auch wenn es eine Menge undokumentierter, aber trotzdem sehr interessanter Schnittstellen gibt, die beispielsweise von Apple selbst genutzt werden. Aber: Apple ist nun mal Herr in diesem Handelshaus – und will es auch auf jeden Fall bleiben. Das ist übrigens etwas, was vor dem App Store unbekannt war: die Zensur von Inhalten durch den Plattformhersteller. Für einen PC oder Mac können Sie programmieren, was Sie wollen. Für das iPhone auch. Sobald Sie aber den Store von Apple für die Verbreitung nutzen möchten, müssen Sie sich an die Vorgaben von Apple halten.

Leider sind diese Vorgaben nur zum Teil mit Sicherheit oder Stabilität begründbar. Die amerikanischen Moralvorstellungen spielen eine ebenso große Rolle bei der Bewertung durch Apple. Auch darin ist Apple Trendsetter: Microsoft und Google handhaben es in ihren App Stores mittlerweile genauso.

3.1.2   Was ist das Alleinstellungsmerkmal meiner App?

Im App Store gibt es mehr als 1.200.000 Programme (Stand: Juni 2014) – Tendenz weiter steigend. Das heißt, Sie müssen auffallen, um in der Masse der anderen Programme nicht unterzugehen. Stellen Sie sich selbst die Frage: Was macht mein Programm so besonders? Warum sollte ein Nutzer ausgerechnet meine App herunterladen wollen? Gründe dafür gibt es viele – zum Beispiel, weil Ihr Programm das einzige ist, das eine bestimmte Funktion erfüllt. Wenn es bereits andere Programme mit ähnlicher Funktion gibt (was ja bei der Menge der verfügbaren Apps kaum zu verhindern ist), dann stellen Sie sich die Frage, was Ihre App von den anderen abhebt.

Ich weiß, wir sind schon fast im Bereich Marketing von Apps, aber mit manchen Programmen müssen Sie sich gar nicht erst im App Store blicken lassen. Das gilt zum Beispiel für Taschenlampen-Apps. Apple hat inzwischen in seine Zulassungsrichtlinien – zu denen wir später noch kommen – ausdrücklich die Passage aufgenommen, dass Taschenlampen-Apps abgelehnt werden können, weil es einfach schon zu viele von ihnen gibt (siehe Abbildung 3.2).

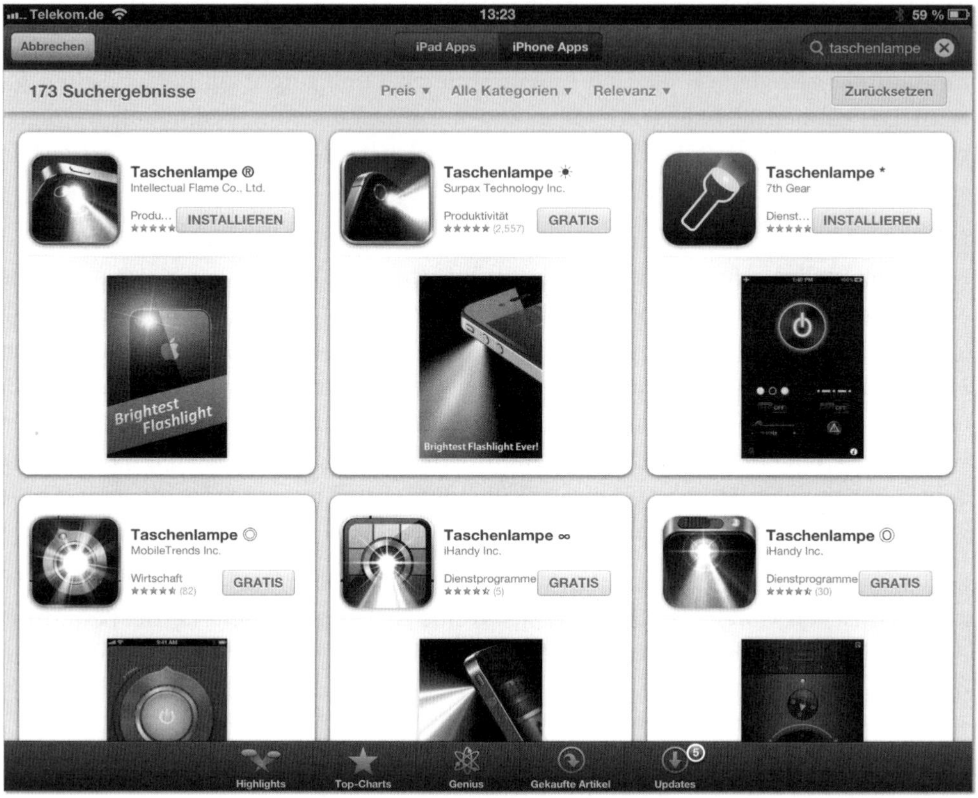

Abbildung 3.2 Taschenlampen-Apps, wohin man blickt – damit lässt sich kein Blumentopf mehr gewinnen, wenn es die App überhaupt in den Store schafft ...

3.1.3   Ist alles sauber programmiert?

Auch das ist weniger ein gut gemeinter Rat als vielmehr eine Notwendigkeit. Apps, die abstürzen, werden von Apple gar nicht erst für den App Store zugelassen. Wobei es hier durchaus einiges an »Spielraum« gibt. Eine App, die offensichtlich und nachvollziehbar gleich beim Start abstürzt, dürfte es im App Store eigentlich gar nicht geben, und doch gibt es immer wieder Berichte von Nutzern, die sich insbesondere nach einem Update beschweren, dass ein Programm nicht mehr wie vorgesehen funktioniert. Möglich, dass die Probleme entstehen, weil die App schon vorher auf dem iPhone installiert war, möglich, dass jeweils andere Dinge dahinterstecken. Tatsache ist aber: Auch Apple schafft es während der Zulassung in den App Store offenbar nicht immer, ein fehlerhaftes Programm zu erkennen (siehe Abbildung 3.3).

3

Abbildung 3.3 Apps wirklich fehlerfrei zu programmieren, ist offenbar nicht so leicht – selbst renommierte Firmen wie Facebook haben gelegentlich damit Probleme.

Das sollte Ihnen zu denken geben bzw. Sie anspornen, eine App möglichst gewissenhaft zu prüfen. Denn nichts kann einem den Ruf so nachhaltig zerstören, als wenn eine größere Zahl von Usern über plötzliche Probleme und Abstürze berichtet. Und seien Sie sicher: Nutzer, die diese Probleme nicht haben, melden sich viel seltener als die Unzufriedenen.

Für Sie als Programmierer bedeutet das vor allem, dass Sie sorgsam ans Werk gehen müssen und die logische Struktur der App beispielsweise vorab auf Papier skizzieren können. Wildes Drauflosprogrammieren bringt nichts. Den fertigen Code sollten Sie ausführlich testen – und zwar nicht ausschließlich auf dem eingebauten Simulator ...

3.1.4   Wie gut lässt sich meine App bedienen?

So, jetzt aber weg von Apple und den Bedingungen, die das Unternehmen stellt. Das sind ja – wie Mathematiker es ausdrücken würden – notwendige, aber keine hinreichenden Bedingungen, um eine gute App zu programmieren; über die von Apple auferlegte Messlatte müssen schließlich alle springen. Und trotzdem gibt es im App Store jede Menge Programme, die nur so lala sind, und viele, die wirklich schlecht sind. Eines der Geheimnisse einer guten App – auch wenn das jetzt wie eine Binsenweisheit klingt – ist die problemlose Bedienung. Dazu gehört vor allem ein, wie es neudeutsch so schön heißt, *User Interface*, das den Erwartungen des Nutzers entspricht. Und die Erwartungen an diese Benutzeroberfläche sind da, und sie sind relativ fest geprägt – unter anderem durch Apple. iPhone-Nutzer sind es zum Beispiel gewohnt, dass sie wichtige Bedienelemente der App am oberen Rand finden – das können Sie beispielsweise an der von Apple mitgelieferten Kontakt-App oder der E-Mail-App sehen.

Ebenfalls ein gerne genutztes und dadurch auch etabliertes Designelement: die Umschaltung zwischen verschiedenen Bereichen einer App mithilfe jeweils markierter Symbole am unteren Rand des Bildschirms. Die im iPhone eingebaute Uhr-App ist ein gutes Beispiel dafür.

Mit anderen Worten: iPhone- und iPad-Nutzern sollten Sie keine mit Optionen vollgepackte Seite präsentieren (so wie es unter Windows gerne mal gemacht wird), sondern Ihre App von Anfang an auf ein kompaktes, übersichtliches Bildschirmdesign hin ausrichten. Wie es richtig gemacht wird, dazu liefert Apple im Entwicklerbereich sogar eine Anleitung – in den *iOS Human Interface Guidelines* können Sie nachlesen, welche Vorstellungen Apple hat, wie die Benutzerschnittstelle von Apps aufgebaut sein sollte (siehe Abbildung 3.4). Halten Sie sich nicht daran, kann es sogar sein, dass Ihr Programm gar nicht erst den Weg in den App Store findet. Apple behält sich vor, überfrachtete und zu kompliziert gestaltete Apps abzulehnen.

Selbst designen oder designen lassen?

Im Moment geht der Trend übrigens weg von den sogenannten *Default UI Elements*, also den von Apple vorbereiteten Bedienelementen, hin zu *Custom UI Elements* – Bedienelementen, deren Look speziell für einzelne Apps designt wurde. Der Vorteil: Die App sieht individueller und dadurch hochwertiger aus, eben nicht wie ein Programm von der Stange. Der Nachteil: Es entstehen natürlich zusätzliche Kosten, und wenn der Designer einen schlechten Tag erwischt hat, sieht die App vielleicht deutlich schlechter aus als das, was mit den Standard-Designelementen möglich gewesen wäre.

Wenn Sie die Apps von Apple (die man quasi als Referenz ansehen kann) genauer betrachten, wird Ihnen auffallen, dass bei diesen Programmen sehr viel Wert auf eine durchdachte, möglichst einfache Bedienung gelegt wurde. Apple verringert die Zahl der technisch möglichen Optionen und der Auswahl auch schon mal, wenn ein »Mehr« an dieser Stelle zu einer schlechteren Bedienung führen würde, nach dem Motto: Manchmal ist weniger mehr. Das führt auf der einen Seite zu durchdachten und durchdesignten Programmen, auf der anderen Seite ist diese Arbeitsweise aber auch ein Grund für die enorme Vielfalt an Apps, die wir derzeit sehen. Je geringer der Funktionsumfang, desto mehr Platz für Alternativ-Apps, die die bewusst ausgelassenen Möglichkeiten aufgreifen.

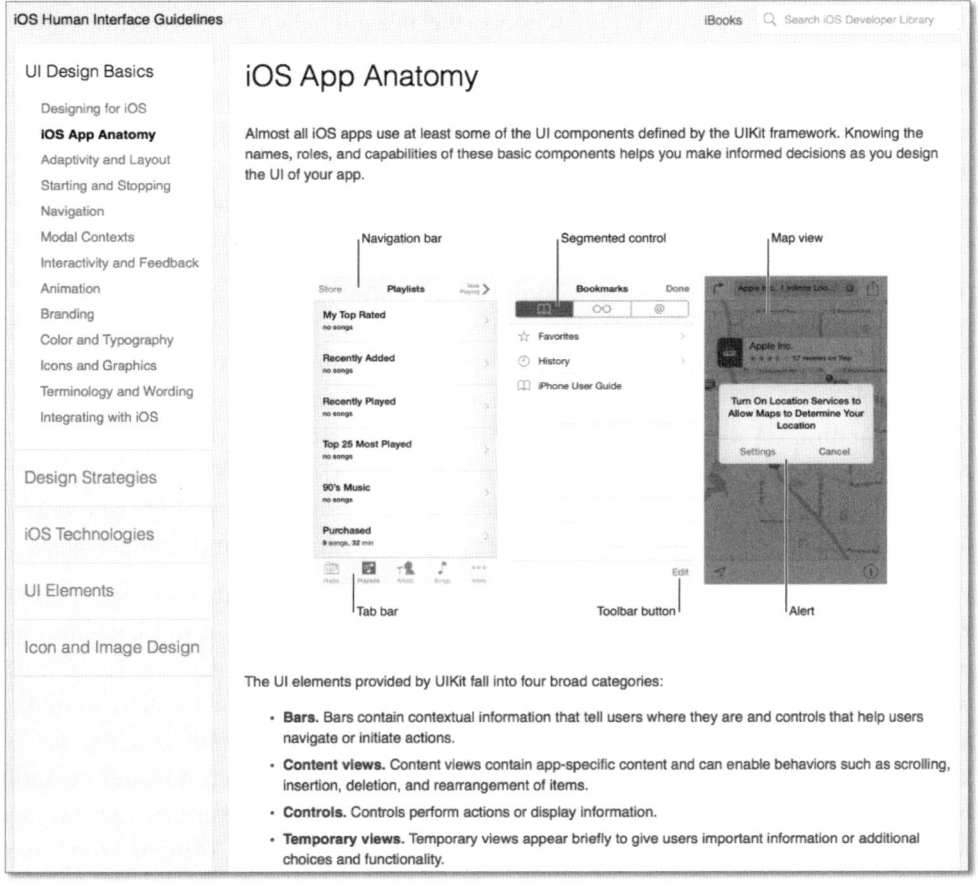

Abbildung 3.4 Apple macht Ihnen Vorschläge, wie die Benutzerschnittstelle aussehen soll — ein schlechter Aufbau kann zudem Grund für die Ablehnung der App sein.

Inzwischen hat sich rund um das Screendesign von Apps eine Art neuer Wirtschaftszweig entwickelt. Designer bieten ihre Dienste an, und es gibt Unternehmen, die fertige Vorlagen für eine breite Palette an Apps anbieten – alles gegen Bezahlung natürlich. Für den Anfang, und wenn Ihre App noch eine überschaubare Größe hat, geht es sicherlich auf eigene Faust. Falls Sie aber doch auf die Fachkompetenz von (selbst ernannten) Experten zurückgreifen möchten, googeln Sie mal nach »iOS Screen Templates« – Sie werden direkt eine Reihe von Seiten und Angeboten finden.

3.1.5   Welcher Preis ist angemessen?

Man kann es nicht anders sagen: Smartphone-Nutzer sind ziemlich geizig. Vielleicht liegt es daran, dass sie für ihr iPhone schon so viel bezahlt haben, vielleicht sind sie aber auch einfach verwöhnt. Falls Sie ein iPhone oder iPad haben, schauen Sie sich im App Store regelmäßig die TOP-CHARTS mit den erfolgreichsten Apps an. Nicht nur, dass es einen eigenen Bereich mit kostenlosen Apps gibt, bei den Kauf-Apps dominieren auch diejenigen mit der geringsten Preisstufe von derzeit 89 Cent. Dass sich in den Top-25 mal eine App zum Preis von 2,69 € oder mehr findet, ist die absolute Ausnahme.

Es gibt Möglichkeiten, wie Sie trotzdem mit Ihrer App gutes Geld verdienen können – mehr dazu später hier in diesem Kapitel in Abschnitt 3.5, »Wie vermarkte ich eine App?« –, festzuhalten bleibt allerdings: Im Massenmarkt ist ein hoher Preis der wohl wichtigste Grund, warum eine App nicht erfolgreich wird. Die meisten Käufer sind offenbar gar nicht bereit, überhaupt Geld auszugeben oder mehr als 89 Cent in die Hand zu nehmen. Aber warum auch? Das Angebot an kostenlosen oder preisgünstigen Apps ist erschlagend groß. Das Argument, in Zeiten der PC-Software habe ein Spiel oder eine Anwendung gerne mal 20, 30 oder auch 100 € gekostet, zieht schlicht und ergreifend nicht mehr. Wie gesagt, Smartphone-Besitzer sind verwöhnt und ziemlich geizig ...

Welchen Preis Sie für Ihre App festlegen, hängt vor allem davon ab, an welches Publikum Sie sich richten. Soll es der Massenmarkt sein, dann funktioniert nur kostenlos bis maximal 89 Cent. Handelt es sich bei Ihrer App um eine Auftragsarbeit oder Spezialsoftware, zum Beispiel für den Geschäftsbereich, dann sieht das ganz anders aus. Nur mal so als Beispiel: Die Software *PDR Quote* kostet knapp 320 € (siehe Abbildung 3.5). Leider kann man ja im App Store nicht sehen, wie oft sich dieses Programm bisher verkauft hat, Tatsache ist aber, dass es sich an ein sehr ausgewähltes Publikum richtet: Mit der App sollen Autowerkstätten Rechnungen und Angebote anfertigen können. Wenn man damit andere Kosten wie einen stationären PC und Spezialsoftware für den PC einspart, kann es für Werkstätten durchaus reizvoll sein, so eine App zu kaufen.

Abbildung 3.5 Ein stolzer Preis für eine App – wenn die App eine Marktlücke füllt und hilft, an anderer Stelle Geld zu sparen, kann sich das Programm durchaus verkaufen.

Das mit der Spezial-App funktioniert allerdings nur so lange, wie die Konkurrenz in diesem Bereich überschaubar ist. Bei Dutzenden von entsprechenden Autowerkstätten-Apps wird sich ein solch hoher Preis kaum noch am Markt durchsetzen lassen.

Darüber hinaus können Sie den Preis für Ihre App übrigens nicht komplett frei wählen. Apple gibt Preisstufen vor, an die Sie sich halten müssen (siehe Tabelle 3.1). Zwischen 0 und 89 Cent gibt es also nichts. Zudem unterliegen die Preise im Euroraum auch den Wechselkursschwankungen zum Dollar – zumindest teilweise. Anfangs kosteten die günstigsten, kostenpflichtigen Apps 79 Cent; im Oktober 2012 hat Apple die Preise in allen Stufen deutlich angehoben – der günstigste Preis sind jetzt 89 Cent. Angekündigt oder begründet wurde die Preiserhöhung seinerzeit nicht; die Entwickler sahen sich vor vollendete Tatsachen gestellt. Am wahrscheinlichsten ist es aber, dass Apple die Preise aufgrund des veränderten Wechselkurses angepasst hat, denn im US-App-Store hat sich seinerzeit nichts verändert.

Stufe	Preis
1	0,89 €
2	1,79 €
3	2,69 €
4	3,59 €
5	4,49 €
6	5,49 €
7	5,99 €
8	6,99 €
9	7,99 €
10	8,99 €
11	9,99 €

Tabelle 3.1 Preisstufen im App Store bis 10 € (Stand: September 2014)

3.1.6   Kann ich für regelmäßige Updates sorgen?

Wenn Sie Gelegenheit dazu haben, dann schauen Sie sich mal in Ruhe im App Store um, und zwar nach schlecht bewerteten Apps. Häufig werden Sie feststellen, dass die Bewertungen dann gefallen sind, wenn Apple eine neue iOS-Version herausgebracht hat, was relativ häufig passiert. Vor allem bei den »großen« Versionsänderungen wie von iOS 7 zu iOS 8 gibt es eine Menge Änderungen im System, in diesem Fall zum Beispiel die Anpassung auf das veränderte Display des iPhone 6 bzw. iPhone 6 plus. Auch die Anpassung auf das Retina-Display war seinerzeit ein solcher tiefer Eingriff. Theoretisch sollen zwar Apps, die sich an alle Konventionen halten, problemlos unter allen iOS-Versionen funktionieren – doch alle Theorie ist bekanntlich grau, und manchmal hakt es an Stellen, mit denen man gar nicht gerechnet hat. Sie sollten sich bei größeren Änderungen, die von Apple kommen, regelmäßig Ihre App auf einem aktuellen Gerät oder mit einem aktuellen Xcode anschauen und testen, ob alles noch so funktioniert wie gedacht.

3.1.7   Läuft meine App auch auf anderen iOS-Geräten?

Noch so ein Punkt, um die Akzeptanz Ihrer App zu erhöhen: Sie sollte auf möglichst vielen verschiedenen iOS-Geräten laufen – auf älteren iPhones genauso wie auf dem iPad oder dem iPad mini. Ideal ist es, wenn Sie das tatsächlich auf den jeweiligen Geräten testen können. Für kleinere Projekte ist der Aufwand dafür allerdings sehr hoch. Eine Alternative ist es, die App im Simulator entsprechend zu testen; dort kann man unter dem Menüpunkt HARDWARE • GERÄT zwischen verschiedenen Geräten umschalten (siehe Abbildung 3.6).

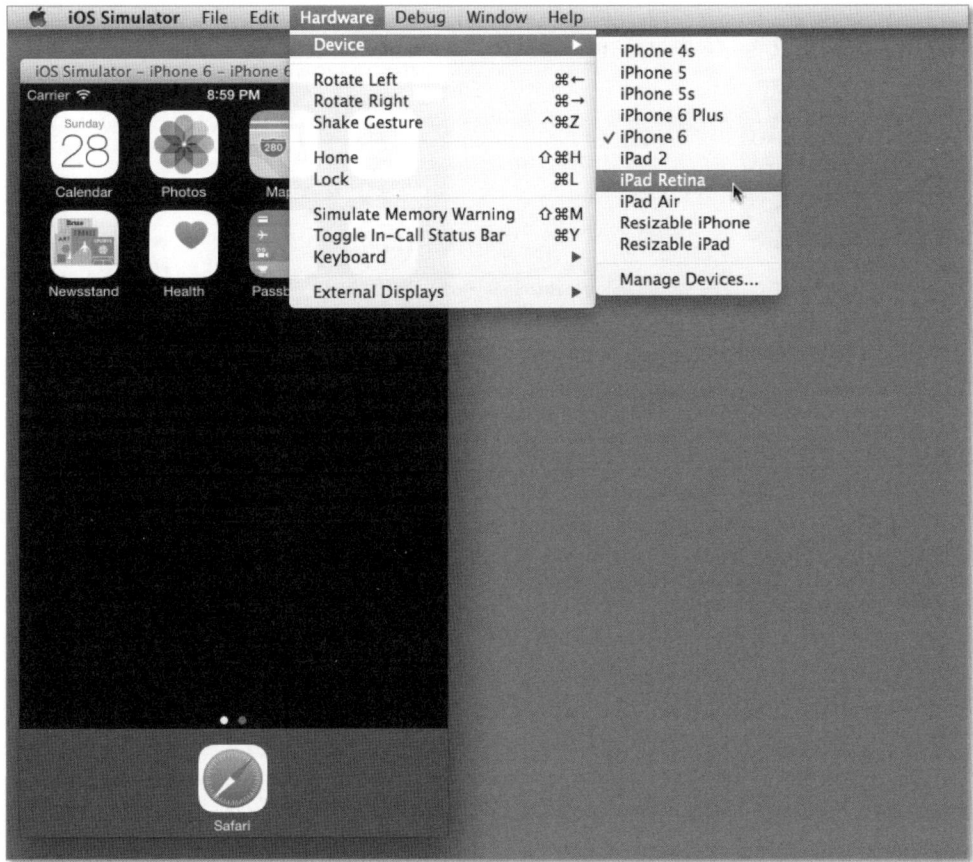

Abbildung 3.6 Der iOS-Simulator kann verschiedene Geräte simulieren – testen Sie Ihr Programm mit möglichst vielen Einstellungen.

3.1.8   Wie ernst nehme ich meine Kunden?

Wer kauft schon gerne die Katze im Sack? Die meisten Kunden im App Store schauen sich genau an, was eine App verspricht, bevor sie bereit sind, dafür Geld auszugeben. Das heißt zum einen, Sie sollten die App beim Einstellen in den App Store gut beschreiben und mit aussagekräftigen Screenshots ausstatten. Darüber hinaus müssen Sie sich aber auch um einen Bereich kümmern, den Sie nur indirekt in der Hand haben: die Bewertungen zu Ihrer App. Es ist wie so oft im Internet: Bewertet wird vor allem dann, wenn es Probleme gibt (siehe Abbildung 3.7). Viele App-Autoren versuchen dem etwas entgegenzusetzen, indem sie in der App von Zeit zu Zeit dazu auffordern, eine (positive) Bewertung im App Store abzugeben. Ob Sie so etwas in Ihr Programm einbauen, ist Geschmackssache, auf jeden Fall sollten Sie das, was im App Store an Bewertungen und Kommentaren hinterlassen wird, ernst nehmen.

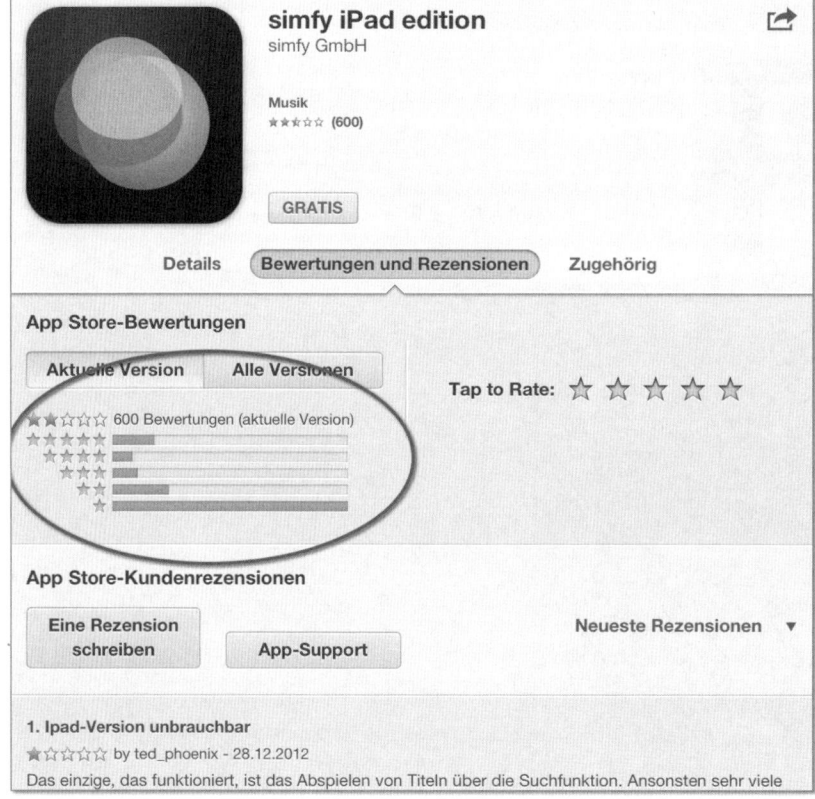

Abbildung 3.7 600 Rezensionen, und viele Nutzer vergeben nur einen Stern? So etwas sollte Ihnen als Programmierer zu denken geben ...

Das heißt vor allem, Sie sollten auf berechtigte Kritik eingehen, möglichst schnell reagieren und Änderungen oder Ergänzungen an der App vornehmen. In der App-Beschreibung können Sie auch auf aktuelle Kritikpunkte reagieren. Wird beispielsweise häufiger angemerkt, dass die App nach einem Update abstürzt (was Autoren häufiger passiert, wenn man den Rezensionen im App Store glauben kann), dann können Sie innerhalb der Beschreibung anmerken, dass Sie bereits an einer Beseitigung der Probleme arbeiten und die Neuerungen möglichst bald bei Apple einreichen werden – oder diese dort vielleicht bereits auf den Weg gebracht haben. Der entscheidende Punkt: Machen Sie potenziellen Kunden klar, dass Sie Rezensionen und anderes Feedback lesen und auch in der Lage sind, auf die Kritik zu reagieren.

3.1.9   Wie gut ist meine App ins Netz eingebunden?

Ein Punkt, der in letzter Zeit immer wichtiger wird: Facebook und Twitter sind seit iOS 6 fest im Betriebssystem verankert – entsprechend leicht ist es auch geworden, diese in die eigene App zu integrieren (siehe Abbildung 3.8). Auf der anderen Seite steigt auch der Anspruch, dass solche Funktionen in Programmen eingebaut sind: Bei Spielen ist es die Integration des *Game Centers*, das ebenfalls in iOS integriert ist; bei Bürosoftware kann es Sinn machen, Funktionen der *iCloud* einzubinden, um Daten nach außen zu geben oder Daten aus der Cloud in die App zu laden.

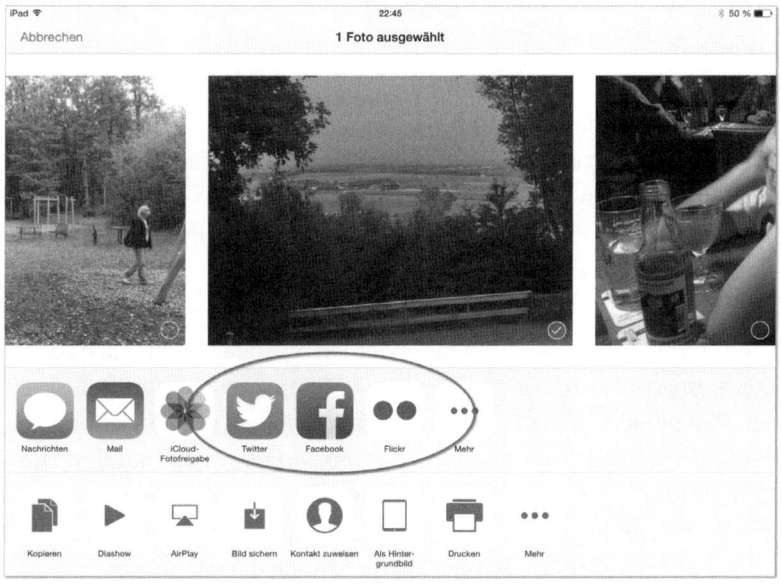

Abbildung 3.8 Twitter, Facebook und Flickr sind in iOS integriert – nutzen Sie diese Einbindung für Ihre eigenen Apps.

3.1.10   Wie viel Zeit und Geld kann ich in Werbung und das Marketing stecken?

Ein wichtiger Punkt, den Sie bei der Gesamtplanung für Ihr Projekt nicht übersehen sollten, insbesondere wenn Sie auf den Massenmarkt zielen: Erst Werbung und Marketing
werden Ihre App bekannt machen. Bei der riesigen Auswahl an Apps kann Ihr Programm – trotz guter Qualität oder eines Alleinstellungsmerkmals – in der Fülle der
Angebote leicht untergehen. Planen Sie ein Budget für die Vermarktung Ihrer App ein;
greifen Sie dabei eventuell auch auf die Fachkompetenz einer Werbe- oder Presseagen-
tur zurück. Einige Möglichkeiten, wie Sie Ihre App vermarkten können, finden Sie weiter
hinten in diesem Kapitel in Abschnitt 3.5, »Wie vermarkte ich eine App?«.

3.2   Das geht gar nicht – einige No-Gos der App-Programmierung

Eigentlich sollte dieser Abschnitt »Zehn No-Gos der App-Programmierung« heißen.
Wäre auch ganz einfach zu schreiben gewesen: All das, was ich Ihnen im vorherigen
Abschnitt an Empfehlungen für eine erfolgreiche App ans Herz gelegt habe, hätte ich an
dieser Stelle noch einmal aufgegriffen, dazu den Zeigefinger erhoben und gesagt:
»Machen Sie das bloß nicht«. Wäre ein bisschen billig gewesen, oder? Darum gibt es an
dieser Stelle keine »zehn No-Gos«, sondern eine Hitliste der Dinge, die Ihre App garan-
tiert ruinieren und zu einem Stück Software machen, das sich außer Ihnen und Ihren
Kumpels keiner freiwillig auf iPhone oder iPad lädt.

▶ **Schlechtes Screendesign**
Die einfachste Methode, um aus einer brauchbaren App-Idee eine unbrauchbare App
zu machen: ein Design der Bedienoberfläche, bei dem sich kein Mensch zurechtfin-
det. Platzieren Sie irgendwo irgendwelche Optionen und Schaltflächen, bauen Sie
Untermenüs ein, die kein Mensch braucht, und vor allem: Halten Sie sich nicht an
das von Apple vorgeschlagene Design von Apps. Vielleicht haben Sie Glück, und Ihre
App wird gar nicht erst von Apple zugelassen.

▶ **Fehlerhaft programmiert**
Muss eine App mehr können, als das Hauptmenü fehlerfrei anzuzeigen? Nicht unbedingt. Wenn Sie auf einen Rekord für vermurkste Apps aus sind, dann ist hier die
beste Gelegenheit: Bauen Sie so viele Fehler wie möglich in Ihre App ein, am besten,
das Programm hängt sich ständig auf und entlässt den Nutzer wieder auf den Startbildschirm (siehe Abbildung 3.9). Aber Achtung: Die App muss immerhin so stabil
programmiert sein, dass sie an der Kontrolle durch Apple vorbeikommt. Es gibt
immer wieder Apps, die das schaffen – wollen Sie nicht auch dazugehören?

Abbildung 3.9 Wann ist eine App wirklich schlecht? Vieles ist Ansichtssache – die Redaktion der Computerzeitschrift Chip hat beispielsweise »Die 33 schlechtesten iPhone-Apps« zusammengestellt.

▶ **Zu hoher Preis**

Apps sind dazu da, um Geld zu verdienen. Warum also nicht beim Preis ordentlich zulangen? 15 oder 25 € sind doch nicht wirklich viel Geld für Menschen, die sich ein Smartphone leisten können. Außerdem steigert ein hoher Preis das Ansehen Ihrer App: Wer so viel Geld verlangt, der muss schon eine außergewöhnlich gute App programmieren können; viel besser als all die Programme mit ähnlicher Funktion, die einfach so verschenkt werden. Nehmen Sie sich »I Am Rich« als Vorbild, und versuchen Sie auch Ihrer App auf diese Weise zu Berühmtheit zu verhelfen. Wenn nach einem halben Jahr immer noch keiner gekauft hat, brauchen Sie das Ihren Kumpels ja nicht unbedingt auf die Nase zu binden.

▶ **Zu viel Werbung**

Apps sind dazu da, um Geld zu verdienen. Ach, das erwähnte ich schon? Okay, wenn es mit dem hohen Verkaufspreis nicht geklappt hat und am Ende außer Spesen nichts übrig geblieben ist, dann versuchen Sie es doch mal mit Werbung. Am besten die App so richtig schön zukleistern, dass der Nutzer gar nicht mehr weiß, ob das nun die App oder eine Werbetafel ist. Gerne genommen sind auch kleine Werbeunterbrechungen in Form von Videofilmen. Warum bloß bietet YouTube bei vielen Werbefilmen die Möglichkeit, diese nach ein paar Sekunden zu überspringen? Was für eine Verschwendung – so werden die nie richtiges Geld verdienen; im Gegensatz zu Ihrer App natürlich. Auch hier gilt: Vielleicht haben Sie Glück, und Ihre App landet gar nicht erst im Store, weil Apple vorher die Reißleine zieht ...

3.3   Apple, der Türsteher – welche Bedingungen muss eine App erfüllen?

Der App Store müsste eigentlich Apple Store heißen, denn der Konzern gibt alle Bedingungen im Softwareladen vor. (Hab ich diesen Gag eigentlich schon einmal in diesem Buch gebracht? Egal, der Sprachwitz stimmt jedenfalls.) Apple schreibt vor, mit welchen Werkzeugen Sie Apps entwickeln dürfen (Mac und Xcode), und das Unternehmen kontrolliert auch Ihr fertiges Produkt, also die App, bevor sie anderen Nutzern angeboten wird. Dieses Vorgehen ist aus Apple-Sicht logisch und sinnvoll, denn so lässt sich die Qualität des Softwareangebots steuern, und unerwünschte Entwicklungen lassen sich verhindern. Die Softwareangebote für Android-Handys oder der Cydia-Store, den man nur mit gejailbreakten Apple-Geräten nutzen kann, müssen den Apple-Managern wie der Vorhof zur Hölle erscheinen: Dort gibt es unkontrollierte Software, deren Qualität vor der Veröffentlichung nicht unbedingt geprüft wurde und die sogar Schadcode enthalten kann. Ein Zeichen, wie gut das Konzept von Apple funktioniert, ist in dieser Beziehung der Vergleich zwischen iOS und Android: Es gibt ungleich mehr an Schadprogrammen für Android als für iOS; einer der wenigen überhaupt für iOS programmierten Würmer namens iZombie konnte sich auch nur auf gejailbreakten (was für ein tolles Neudeutsch ...) Geräten festsetzen. Aus Käufersicht hat Apples geschlossenes System also eine Reihe von Vorteilen, für Sie als Programmierer allerdings mindestens ebenso viele Nachteile – denn Sie müssen sich der Prüfung durch Apple unterziehen. Und die kann ganz schön erbarmungslos sein – wie immer mal wieder aufkommende Kritik zeigt. Vor allem in den Anfangszeiten des App Stores gab es viel Kritik, denn der Konzern war mit der Prüfung der immer schneller eingehenden neuen Programme ganz offensichtlich überfordert. Zudem existierte am Anfang kein so umfangreicher Katalog mit Kriterien, so dass für viele Programmierer gar nicht nachvollziehbar war, warum ihre App abgelehnt wurde.

Inzwischen ist das anders. Maßgeblich für die Prüfung sind die *App Store Review Guidelines*, ein derzeit (September 2014) insgesamt 29 Punkte umfassendes Dokument, das alle wichtigen Regeln und Kriterien der Prüfung auflistet. Sie können es im Entwicklerbereich von Apple aufrufen (siehe Abbildung 3.10).

Abbildung 3.10 Wer liest schon gern das Kleingedruckte? In diesem Fall macht es Sinn – Apple gibt auch viele Tipps, wie gute Apps aufgebaut sein sollten.

Es ist durchaus sinnvoll, das Dokument mal komplett durchzulesen, auch wenn es nicht gerade das ist, was man als beschwingte Nachtlektüre bezeichnen würde. Aber in den Review Guidelines finden Sie viele Hinweise, welche Arten von Apps Apple gar nicht (mehr) annimmt und welche inhaltlichen Kriterien zur Prüfung angelegt werden. Um

Ihnen die Arbeit etwas zu erleichtern, habe ich die wichtigsten Punkte herausgesucht und hier zusammengefasst.

> **Wo bekomme ich die Guidelines?**
>
> Sie können die App Store Review Guidelines als angemeldeter Entwickler direkt bei Apple herunterladen. Sie finden das Dokument unter: *https://developer.apple.com/app-store/review/guidelines*.

3.3.1   Apps, die Sie sich sparen können zu programmieren

Inzwischen tummeln sich im App Store mehr als 1,2 Millionen Programme. Dass nicht jedes davon auf einer originären Idee beruht, versteht sich da von selbst. In manchen Bereichen geht es aber so weit, dass Apple die Notbremse zieht und diese Art von Apps gar nicht erst für den App Store zulassen will. Ein Ausschlusskriterium kann es sein, wenn Sie eine App einreichen, die bereits im App Store zugelassene Apps kopiert. Insbesondere einige davon werden in den Guidelines erwähnt – die Liste wird in Zukunft aber sicherlich noch länger werden, je nachdem, welchen Trend es bei den Apps gerade gibt. Derzeit stehen auf der schwarzen Liste:

- ▶ Sogenannte Furz- und Rülps-Apps (»fart«, »burp«): Eine Zeitlang hatten diese Apps geradezu Hochkonjunktur; aus dieser Zeit sind immer noch Hunderte von Programmen im App Store verfügbar. Die Suche nach »Fart« beispielsweise bringt mehr als 1.000 Ergebnisse. Das ist erstaunlich, denn bei der Erstauflage dieses Buches im September 2013 waren es knapp 900 Pups-Apps. Es sind offensichtlich also noch neue Apps dieser Machart hinzugekommen, auch wenn Apple ganz offiziell darauf überhaupt keinen Wert legt.

- ▶ Taschenlampen-Apps: Auch die Flashlight-Apps werden explizit in den Guidelines erwähnt. Wer einfach nur die Leuchtdiode auf der Rückseite anknipst, hat kaum eine Chance mehr, in den App Store zu kommen. Und selbst ausgefeiltere Kandidaten dürften es schwer haben: Unter dem Stichwort Flashlight tauchen derzeit immerhin rund 1.200 Apps auf.

- ▶ Kamasutra-Apps (siehe Abbildung 3.11): Hm, Apple, das ist ja fast enttäuschend ... Bei gut 280 dieser Liebes-Apps haben sie schon die Notbremse gezogen. Vielleicht liegt es aber am – je nach moralischer Einstellung – anstößigen Inhalt. Denn auch da hat Apple Ausschlusskriterien; aber dazu gleich mehr hier im Kapitel ...

- ▶ Apps, die ähnlich aussehen wie die Programme, die Apple mit dem iPhone oder iPad ausliefert. Eine nachvollziehbare Regel – Apple will so beispielsweise verhindern, dass Nutzer eine Art zweiten App Store oder iTunes Store auf dem Gerät haben.

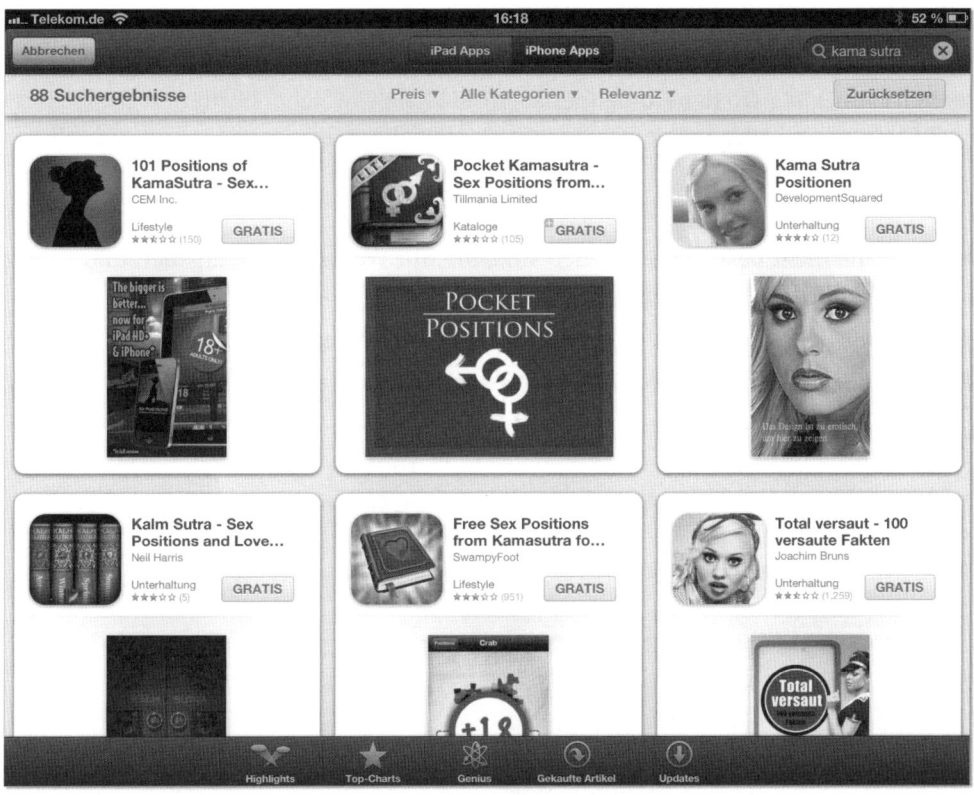

Abbildung 3.11 Keine neuen Liebesstellungen, bitte – bei Apple stehen Kamasutra-Apps inzwischen auf der schwarzen Liste.

»Harte« und »weiche« Ausschlusskriterien

Die Guidelines von Apple sind das, was sie sein sollen: eine Richtschnur, entstanden im Laufe der Zeit, um Missbrauch und Auswüchse im App Store zu verhindern. Nicht immer ist ganz klar, wie streng Apple Kriterien auslegt – es bleibt eine Menge Spielraum. Entscheidend ist die Formulierung der jeweiligen Regel, auf die sich Apple im Zweifelsfall beruft. Es gibt »will be«- und »may be«-Regeln.

Die »will be«-Regeln sind Vorschriften, an die Sie sich unbedingt halten sollten, denn der Verstoß dagegen wird automatisch eine Ablehnung durch Apple nach sich ziehen. (»Apps that crash will be rejected.«)

Bei den »may be«-Regeln gibt es der Formulierung nach mehr Spielraum: »Apps which recommend that users restart their iOS device prior to installation or launch may be rejected.«

3.3.2   Warum Sie sich besondere Mühe geben sollten

Während man die Sache »Eine Idee – da reicht auch eine App« von Apple noch nachvollziehen kann, gibt es in den Guidelines auch eine Reihe »weicher« Kriterien, die ziemlich viel Auslegungsspielraum bieten. Sie sollten sich daher Mühe geben, damit Apple Ihnen nicht vorhalten kann, gegen eine dieser Regeln verstoßen zu haben. Folgende Regeln sind ebenfalls mögliche Ausschlusskriterien für Apple:

▶ Apps, die nicht besonders nützlich sind, die nur Websites wiedergeben und keinen dauerhaften Unterhaltungswert bieten

▶ Apps, die in erster Linie dem Marketing dienen oder nur Anzeigen sind

▶ Apps, die lediglich ein Lied, einen Film oder ein Buch enthalten – dieser Inhalt soll nicht durch den App Store, sondern per iTunes oder den iBookstore vertrieben werden

▶ Apps, die aussehen, als seien sie in ein paar Tagen zusammengeschustert worden, oder mit denen der Programmierer versucht, seine erste praktische Arbeit in den App Store zu stellen, um seine Freunde zu beeindrucken (siehe Abbildung 3.12)

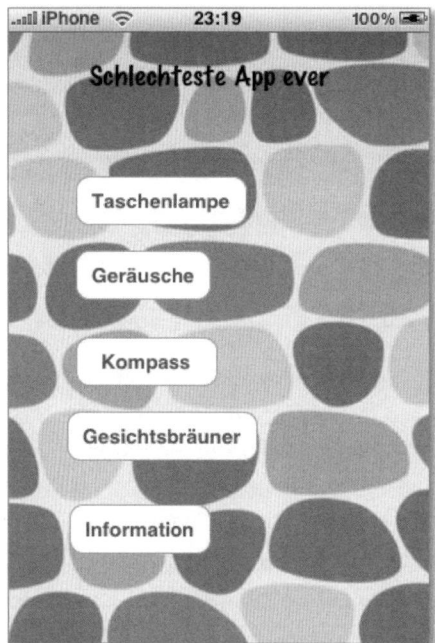

Abbildung 3.12 Von dieser App – die inzwischen nicht mehr verfügbar ist – sagen die Macher, sie sei »unter viel Alkoholeinfluss an einem kalten Winterabend« entstanden. Ob das Programm für Apple Anlass für die neue Regel war?

3.3   Apple, der Türsteher – welche Bedingungen muss eine App erfüllen?

3

Auch die Benutzeroberfläche, das *User Interface*, können Sie nicht komplett frei gestalten. Apple schreibt vor, dass Sie sich an die *iOS Human Interface Guidelines* halten. Das bedeutet zum Beispiel, dass Sie die vom System bereitgestellte Bedienelemente nutzen sollen. Verwenden Sie eigene Entwürfe, kann das ein Ausschlusskriterium für die App sein. Zudem dürfen Sie die Hardwaretasten der Geräte, zum Beispiel für die Lautstärke, nicht mit eigenen Funktionen belegen.

Apple will, dass Ihr Programm eine einfache, gut durchdachte Oberfläche bekommt. Eine zu komplexe Bedienoberfläche kann ebenfalls ein Ausschlusskriterium sein.

Das sind die iOS Human Interface Guidelines

Apple liefert Ihnen eine Menge Anregungen und Informationen, wie die Bedienoberfläche einer App nach Ansicht des Konzerns aufgebaut sein sollte. Zusammengefasst hat man diese in den iOS Human Interface Guidelines, einer Internetseite, die über den Entwicklerbereich von Apple erreichbar ist. Sie können die Guidelines hier einsehen: *https://developer.apple.com/library/ios/documentation/userexperience/conceptual/ mobilehig/*.

3.3.3   Nicht nur auf die App selbst kommt es an

Apple legt auch Wert darauf, dass das Drumherum der App stimmt. Sprich, die Beschreibung und die Metadaten des Programms müssen einwandfrei sein. Hier gibt es einige ganz bemerkenswerte Regeln: So duldet das Unternehmen beispielsweise keine anderen Systeme neben iOS – diese sollten nicht einmal in den Metadaten erwähnt werden. Gemeint sein kann hier eigentlich nur Android (siehe Abbildung 3.13) – kommen Sie also gar nicht erst auf die Idee, in einer App Werbung für das neueste Android-Smartphone von Samsung zu machen; das wären schon mindestens drei Ausschlusskriterien auf einmal ... Apple verlangt unter anderem, dass:

▶ die Metadaten keinen Blanktext enthalten

▶ sich die Beschreibung auf die App bezieht

▶ Kategorie und Genre-Auswahl korrekt sind

▶ Sie die richtigen Keywords für die Beschreibung Ihrer App auswählen

▶ Sie Eigennamen von Apple korrekt schreiben (iPhone und nicht Iphone)

Abbildung 3.13 Du sollst keinen iGod neben mir haben. Den Namen Android mag Apple im App Store offenbar nicht. Die App eines dänischen Android-Magazins soll deshalb nicht zugelassen worden sein, wie mediawatch.dk berichtet.

3.3.4   Hier kennt Apple kein Pardon

Es gibt einige Kriterien in den Guidelines, mit denen Sie sich, wenn Sie sie nicht einhalten, praktisch automatisch ins Aus schießen. Das gilt vor allem dann, wenn Ihr Programm nicht richtig funktioniert – abstürzende Apps werden zurückgewiesen, schreibt Apple kurz und bündig in den Guidelines. Es gibt aber noch weitere Ausschlusskriterien. Nicht zugelassen werden unter anderem:

▶ Apps, die nicht halten, was sie versprechen

▶ Apps, die Daten außerhalb des ihnen zugewiesenen Bereichs lesen oder schreiben

▶ Apps, die nachträglich Programmcode laden

▶ Apps, die Sie als Beta-, Demo-, Trial- oder Testversion anbieten

▶ Apps, die auf andere als die offiziellen Systemschnittstellen (APIs) zugreifen

3.3.5   Wann wird Apple richtig sauer?

Sie können es auch noch etwas weiter treiben und dafür sorgen, dass Apple geradezu sauer auf Sie wird. Das gilt vor allem dann, wenn Sie versuchen, den Konzern und seine Richtlinien zu umgehen, oder wenn Sie Nutzer über den Tisch ziehen wollen und zum Beispiel eine App einreichen, die den Leuten das Geld aus der Tasche ziehen soll. Konkret nennt Apple folgende Fälle:

▶ Wenn Sie versuchen, das System auszutricksen, indem Sie Daten der Nutzer stehlen, die Arbeit anderer Autoren kopieren, die Bewertungen Ihrer App manipulieren oder versuchen, den Zulassungsprozess zu beeinflussen, kann Apple nicht nur Ihre bisherigen Apps aus dem Store werfen, sondern Sie auch vom Developer-Programm ausschließen.

▶ Gleiches gilt, wenn Sie den App Store mit einer Vielzahl ähnlicher Apps überschwemmen; Apple spricht hier von Spamming.

▶ Der Konzern schließt Sie auch dann aus dem Developer-Programm aus, wenn Sie versuchen, über das Game Center mehr Informationen über Nutzer herauszufinden. Insbesondere geht es hier um die Player-IDs.

▶ Ausgeschlossen werden Sie auch dann, wenn Sie Nutzer direkt ausspionieren und beispielsweise versuchen, Passwörter oder private Daten herauszufinden.

3.3.6   Apple und der erhobene Zeigefinger

Der Konzern prüft Ihre App nicht nur nach technischen und formalen Kriterien, sondern legt auch moralische Maßstäbe daran an (siehe Abbildung 3.14). Das ist ein Bereich, der schnell für Ärger sorgen kann, denn die Kriterien, was akzeptabel ist und was nicht, unterscheiden sich von Land zu Land und Weltregion zu Weltregion teilweise sehr deutlich. Die Praxis der letzten Jahre hat gezeigt, dass Apple in erster Linie nordamerikanische Moralvorstellungen als Maßstab anlegt. Das bedeutet: Die Toleranz gegenüber Gewaltdarstellungen ist in der Regel höher als die Toleranz bei Darstellungen von Geschlechtsorganen oder sexuellen Handlungen. Es gab Fälle, in denen ein blanker Busen Ausschlusskriterium für eine App war. Den Hintergrund für diese Kontrolle macht Apple gleich in der Einführung zu den Guidelines deutlich: *»We have lots of kids downloading lots of Apps, and parental controls don't work unless the parents set them* up (many don't). So know that we're keeping an eye out for the kids.« Mit anderen Worten: Auch wenn das iPhone über ziemlich ausgefeilte Jugendschutz-Mechanismen verfügt, Apple geht davon aus, dass diese nicht unbedingt eingeschaltet sind, und schützt Kinder und Jugendliche dadurch, dass sie erst gar keine für Kinder und Jugendliche gefährlichen Apps in den Store lassen.

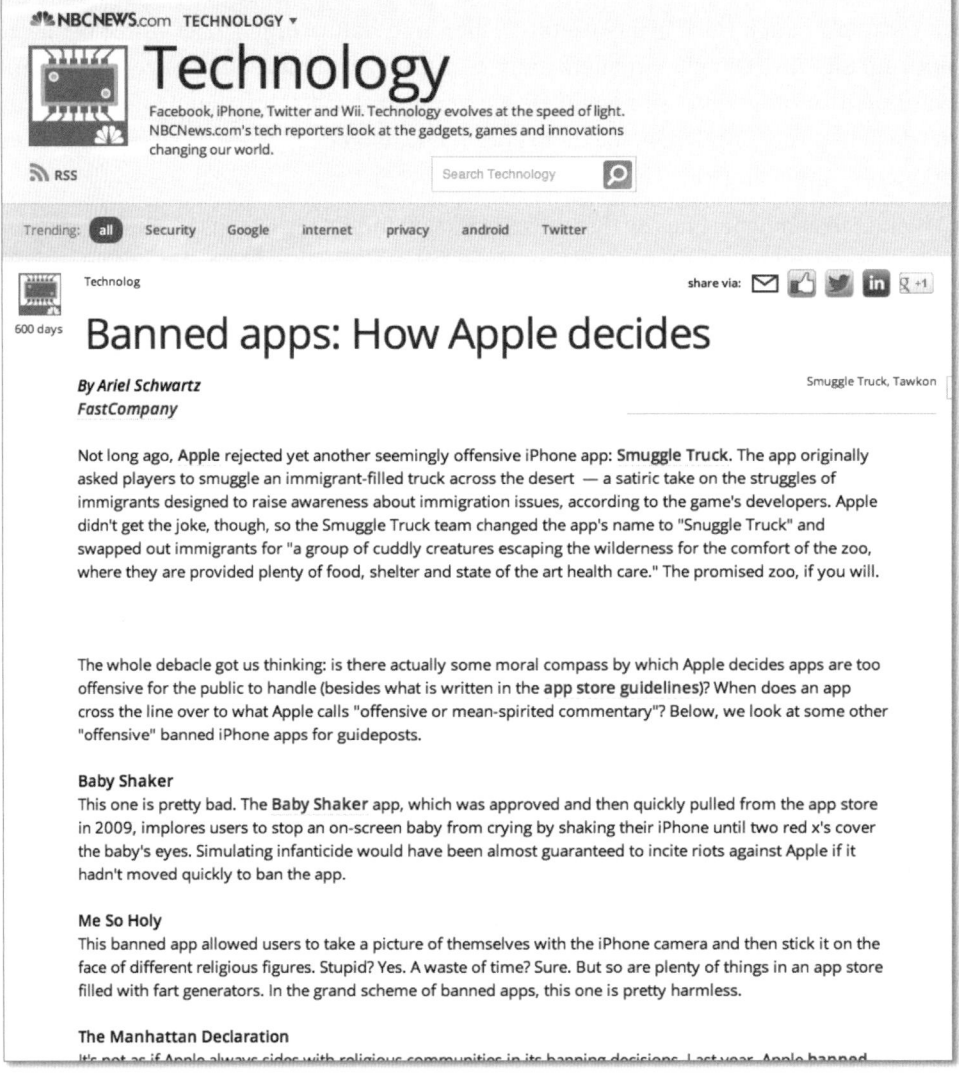

Abbildung 3.14 Warum Apple Apps nicht zulässt oder wieder aus dem Store verbannt, wird im Internet viel diskutiert – hier zum Beispiel vom bekannten Blogger Ariel Schwartz.

Abbildung 3.15 Manchmal rutscht auch was durch: iChatr – vergleichbar mit Chat Roulette – war allerdings nur kurze Zeit im App Store verfügbar.

Was aber genau ist nun kinder- oder jugendgefährdend? Dazu gibt es ebenfalls in der Einführung zu den Guidelines eine sehr schöne Formulierung: »*We will reject Apps for any content or behavior that we believe is over the line. What line, you ask? Well, as a Supreme Court Justice once said, ›I'll know it when I see it‹. And we think that you will also know it when you cross it.*« Keine besonders gute Leitlinie für Sie als Entwickler – erst wenn Sie die Grenze überschritten haben, sagt Apple es Ihnen und verweigert Ihrer App den Zugang zum App Store. Mit dieser Formulierung hat der Konzern zudem natürlich viele Möglichkeiten, Apps zurückzuweisen. Immerhin wird es an einigen Stellen in den Guidelines noch konkreter, so dass Sie diese Punkte als Maßstab nehmen können. Zu

Pornografie und Gewalt in Apps hat Apple sogar jeweils einen eigenen Punkt in die Richtlinien aufgenommen; diese Themen sind dem Konzern offenbar besonders wichtig. Abgewiesen werden können Apps unter anderem aus diesen Gründen:

▶ Die App ermutigt zum exzessiven Konsum von Alkohol oder illegalen Substanzen – damit sind wohl in erster Linie Drogen gemeint.

▶ Oder sie ermutigt Minderjährige, Alkohol zu trinken oder Zigaretten zu rauchen.

▶ Die App zeigt realistische Gewaltszenen wie das Töten von Menschen oder Tieren.

▶ Die App ist nur dazu gedacht, andere Leute aufzuregen oder Ekel zu erzeugen.

▶ Die App enthält pornografisches Material.

▶ Oder die App führt dazu, dass pornografisches Material auf dem Gerät auftaucht – Apple führt als Beispiel »Chat Roulette« an (siehe Abbildung 3.15).

3.3.7   Was tun, wenn meine App abgelehnt wurde?

Das kommt drauf an – nämlich darauf, warum Apple Ihr Programm nicht zulassen will. Wenn der Grundgedanke schon ziemlich daneben war und Sie eine Rülps-, Taschenlampen- oder Kamasutra-App eingereicht haben, dann sollten Sie Ihr komplettes Projekt noch mal überdenken. Ist da wirklich noch was zu retten, oder sind Sie und Apple so weit auseinander, dass für Ihren Programmcode nur noch die Mülltonne bleibt (Sie könnten Ihr Programm ja noch in den Cydia-Store stellen – aber das ist schon wieder Stoff für ein anderes Buch ...)?

Hat Apple einen konkreten Grund genannt, warum das Programm abgelehnt wurde – zum Beispiel weil es schlicht und ergreifend nicht richtig funktioniert –, dann machen Sie sich an die Arbeit, und bessern Sie nach. Apple will – das zieht sich als Grundgedanke durch die kompletten Guidelines –, dass iPhone- und iPad-Nutzer ein hochwertiges, möglichst fehlerfreies Programm bekommen, das ihnen einen echten Mehrwert bietet. Wenn Sie diesen Grundgedanken verinnerlichen, sind Sie auf dem richtigen Weg.

Wenn Sie die Ablehnung durch Apple dagegen so gar nicht nachvollziehen können und der Meinung sind, der Konzern hat komplett die Bodenhaftung verloren und Ihre App muss unbedingt und schnellstmöglich in den App Store, dann können Sie gegen Apples Entscheidung Einspruch einlegen. Apple hat dafür ein *App Review Board* eingerichtet, an das Sie sich wenden können und wo Sie darlegen können, warum Sie die Ablehnung für eine Fehlentscheidung halten (siehe Abbildung 3.16).

Was Apple davon hält, falls Sie sich nicht an diese vom Konzern vorgeschlagene Vorgehensweise halten, steht übrigens auch in den Guidelines: *»If you run to the press and trash us, it never helps.«*

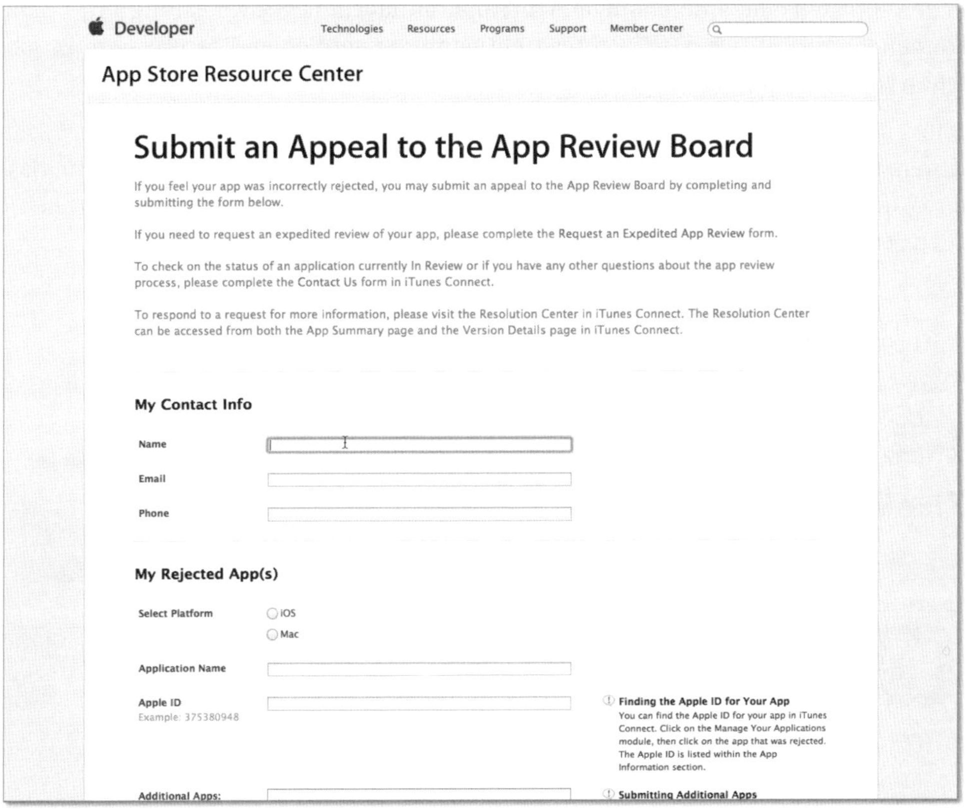

Abbildung 3.16 »Einspruch, Euer Ehren!« – wenn Sie der Meinung sind, Ihre App wurde unberechtigt abgewiesen, können Sie sich per Webformular an das App Review Board wenden.

3.4   Geld verdienen mit Apps

Geld verdienen mit Apps – das ist derzeit wohl für viele Programmierer ein Grund, sich näher mit iOS & Co. zu beschäftigen. Es herrscht so etwas wie Goldgräberstimmung, wobei die erste Euphorie schon wieder abflaut. Angesichts der enormen Menge von Apps, die im Store verfügbar sind, wird es immer schwieriger, einen echten Hit zu landen und wirklich Geld mit der Programmierung von Apps zu verdienen. Mit guten Ideen und einer ausgeklügelten Strategie kann man aber nach wie vor ans Ziel kommen.

3.4.1   Auf in den Massenmarkt!

Der nächstliegende, aber wohl auch schwierigste Weg: Schreiben Sie eine Knaller-App, bieten Sie diese zu einem günstigen Preis an, und sorgen Sie dafür, dass das Programm in den Hitlisten oder Empfehlungen von Apple auftaucht (siehe Abbildung 3.17) – dann können Sie relativ sicher sein, gutes Geld damit zu verdienen. Das Problem: Es gibt schon so viele Apps, und ständig kommen neue hinzu.

Selbst wenn Sie eine gute App haben, müssen Sie heute mehr tun als noch vor einigen Jahren, um das Programm bekannt und erfolgreich zu machen. Und die Gefahr, dass Ihre Idee von anderen kopiert und in eine andere App übernommen wird, ist heute auch deutlich größer als früher.

Abbildung 3.17 Der Bereich »Highlights« im App Store wird von Apple redaktionell betreut. Wer es hierhin schafft, hat gute Chancen auf einen Verkaufserfolg.

Ich will Sie gar nicht entmutigen, denn noch immer gibt es Apps, die nicht von großen Entwicklungsstudios stammen und es aufgrund einer pfiffigen und neuen Idee schnell bis an die Spitze der Charts schaffen. Sie sollten allerdings dafür sorgen, eine wirklich ausgefeilte App in den App Store zu stellen. iPhone- und iPad-Nutzer sind verwöhnt; eine App, die nervt, weil sie abstürzt oder Versprechungen nicht einhält, ist schnell gelöscht. Zudem sollten Sie einiges an Zeit und Budget für das Marketing Ihrer App einplanen – so verringern Sie die Gefahr, dass Ihr Programm in der Masse der Angebote erst gar nicht wahrgenommen wird.

3.4.2 Erst anfixen, dann kassieren

Der wohl erfolgreichste Trend der vergangenen Jahre: Das eigentliche Spiel wird kostenlos verkauft; wer es dann aber innerhalb des Spiels zu etwas bringen will, muss investieren, zum Beispiel indem er Diamanten, Knuffelpunkte oder was auch immer kauft – natürlich bei Ihnen und gegen echtes Geld. Wie erfolgreich diese Methode ist, zeigt ein Blick in die TOP-CHARTS des App Stores. Dort gibt es neben den beiden Kategorien GEKAUFT und GRATIS noch eine dritte mit der Bezeichnung UMSATZSTÄRKSTE. Dort tauchen erstaunlich viele Apps auf, die gratis zu haben sind. Grund dafür sind eben jene In-App-Käufe, mit denen den Nutzern Zusatzleistungen verkauft werden. Wenn man sieht, welche Preise dort teilweise verlangt werden, macht das schon neidisch.

Für eine »Truhe Diamanten« – also nichts anderes als einen Haufen Bits und Bytes – werden da teilweise fast 90 € verlangt (siehe Abbildung 3.18). Ist die Motivation der Spieler hoch und der Umsatz entsprechend auch, kann man auf diese Weise auch größere Projekte finanzieren.

Abbildung 3.18 Auch so kann man Geld verdienen: Die App selbst ist kostenlos; wer im Spiel weiterkommen will, muss aber echtes Geld in die Hand nehmen.

3.4.3   Spezialsoftware für Unternehmen & Co.

Eine Nische, aber eine durchaus lukrative: Inzwischen wollen selbst viele Mittelständler auf dem Smartphone vertreten sein. Sei es, dass sie ihre Mitarbeiter mit einer Spezialsoftware ausstatten wollen (zum Beispiel einer Anbindung an die hauseigenen Systeme), sei es, dass sie per App neue Produkte oder Dienstleistungen vorstellen wollen. Mit entsprechender Kreativität und dem Know-how, wie man eine App programmiert und in den App Store bringt, werden Sie sicherlich den ein oder anderen Auftrag an Land ziehen können – das Potenzial in diesem Bereich dürfte in den kommenden Jahren noch längst nicht ausgereizt sein; der Aufbruch der Smartphones in den Massenmarkt hat schließlich gerade erst angefangen.

Der Nachteil: Zumindest am Anfang ist Klinkenputzen angesagt, denn nicht jeder Unternehmer wird verstehen, was Sie da anbieten und was es für ihn und seine Firma für Vorteile bringen kann, auf dem iPhone vertreten zu sein. Zudem müssen Sie bei der Konzeption der App bedenken, dass reine Marketing- oder Werbe-Apps nicht für den App Store zugelassen werden – etwas mehr an Substanz müssen Sie also schon bieten.

Apples Programm Volume Purchasing

Für Unternehmen und öffentliche Einrichtungen hat Apple ein spezielles Vertriebsprogramm aufgelegt, das Programm *Volume Purchasing*. Sie können damit Volumenlizenzen herausgeben und auch Rabatte bei Abnahme größerer Mengen gewähren. Die Apps sind zudem nicht über den normalen App Store verfügbar, sondern können nur via *iTunes Connect* von ausgewählten Kunden heruntergeladen werden.

3.4.4   Geld verdienen mit Werbung

Eine Methode, die auch sehr gerne angewandt wird: Blenden Sie Werbung in Ihre Apps ein. Das klingt auf den ersten Blick kompliziert, muss es aber nicht sein. Sie müssen sich weder um Aufträge noch um die entsprechenden Werbebanner kümmern – wenn Sie sich stattdessen einem Werbenetzwerk anschließen. Das ist quasi eine Werbeagentur, die die Position zwischen Ihnen als Anbieter von Werbeplatz und den Werbetreibenden einnimmt. Gute Werbenetzwerke unterstützen Sie als Programmierer in allen wichtigen Bereichen und stellen Ihnen Werkzeuge zur Verfügung, mit denen Sie die Werbebanner problemlos in Ihre Apps einbauen können. Sie sollten nur darauf achten, auf welches Werbenetzwerk Sie sich einlassen, welche Unternehmen dort Werbeplatz buchen. Ansonsten kann es passieren, dass Sie in Ihren Apps Werbung für Produkte oder Dienstleistungen machen, mit denen Sie eigentlich nichts zu tun haben wollen.

Und noch etwas sollten Sie bedenken: Finanzieren Sie die App per Werbung, sollten Sie diese in jedem Fall kostenlos abgeben – eine kostenpflichtige App, die zusätzlich Werbung einblendet, bringt Ihnen ansonsten schnell ziemlich viele Negativbewertungen ein.

Das Geschäft mit der Werbung – die Großen geben den Ton an

Googles Hauptgeschäft ist es, seine Suchmaschine zu vermarkten und dort entsprechend Werbung zu präsentieren. Kein Wunder, dass sich der Konzern inzwischen auch auf die Smartphone-Welt eingestellt hat und beim Geschäft mit Anzeigen innerhalb von Apps kräftig mitmischt. 2009 hat Google das Unternehmen *admob* gekauft und dafür stattliche 750 Millionen US-Dollar bezahlt (siehe Abbildung 3.19).

Auch Apple hatte seinerzeit Interesse an der Übernahme, wurde aber von Google überboten. Inzwischen hat Apple sein eigenes Werbenetzwerk namens *iAd* gegründet; seit Anfang 2011 ist es auch in Deutschland verfügbar. Mehr Informationen zu den beiden Netzwerken finden Sie unter *admob.com* und *advertising.apple.com*.

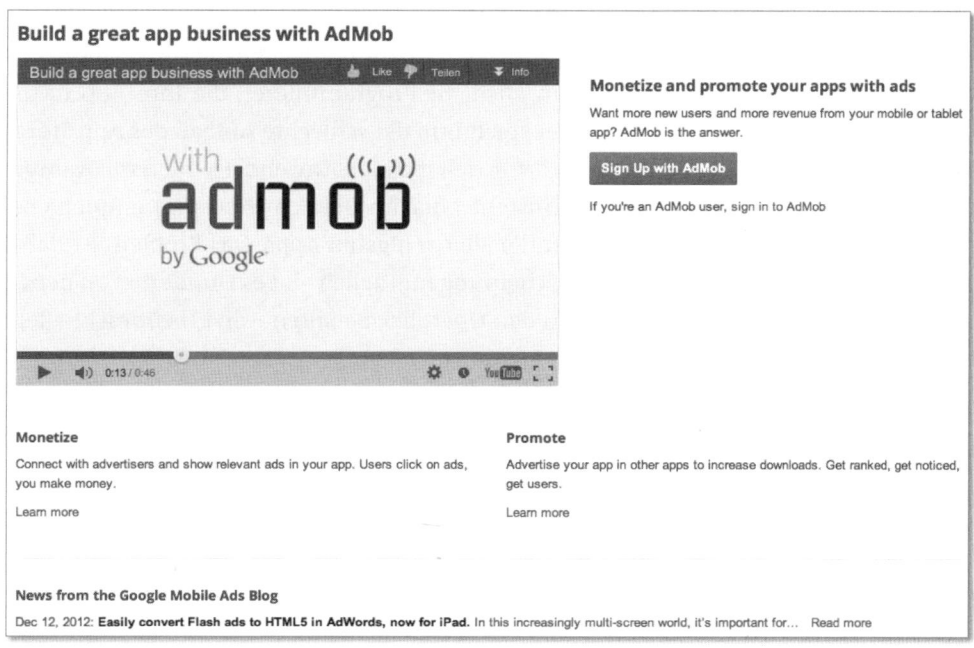

Abbildung 3.19 Das Werbenetzwerk admob gehört inzwischen zu Google.

3.4.5   Und sonst?

Der Vollständigkeit halber sei hier erwähnt, dass es noch andere, dreckige Methoden gibt, mit Apps Geld zu verdienen: zum Beispiel indem Sie schnuckelige Kindersoftware programmieren und diese mit eigenen Werbebannern zupflastern. Und wenn eines der Kleinen auf eines dieser Banner tippt und eine von Ihnen präparierte Internetseite aufruft, tun Sie einfach so, als wäre damit ein kostenpflichtiges Abo für Kochrezepte, Malvorlagen oder weiß der Henker was abgeschlossen worden.

Preis: mindestens 200 € für zwei Jahre. Hat es alles schon gegeben; der technische Einfallsreichtum mancher Programmierer ist eben praktisch grenzenlos. Wenn Sie so etwas vorhaben: Besorgen Sie sich eine Büroadresse in Nigeria, ein Nummernkonto in der Schweiz (gibt's die überhaupt noch?), und sehen Sie ansonsten zu, wie Sie alleine klarkommen ...

3.5   Wie vermarkte ich eine App?

»Der App Store ist sehr schlecht aufgebaut«, findet Carsten Scheibe. Der Mann sollte es wissen; er lebt allerdings auch davon. Als Geschäftsführer des Pressebüros Typemania macht er Pressearbeit, unter anderem auch für Programmierer, die ihre App in die Öffentlichkeit bringen wollen. Und hier spielt ihm der schlechte Aufbau des App Stores sozusagen in die Hände: »Eine App wird von den meisten Anwendern nur dann wahrgenommen, wenn sie in den Charts drinsteht oder im Bereich ›Neu und empfehlenswert‹.« Das, so Scheibe, seien aber nur die allerwenigsten Apps. Das Problem ist dabei vor allem die schiere Masse der Neuerscheinungen: Täglich gibt es Hunderte von neuen Anwendungen; kaum jemand kann da den Überblick behalten – erst recht nicht allein durch Studium des App Stores (siehe Abbildung 3.20).

Für Sie als Programmierer heißt das: Eine gute App zu schreiben und sich dann entspannt zurückzulehnen und auf den Erfolg zu warten, ist ziemlich naiv. Das können Sie machen, wenn Sie nicht auf Kunden aus dem App Store angewiesen sind, zum Beispiel weil Sie die App im Auftrag eines Unternehmens geschrieben haben und von diesem honoriert werden.

Wollen Sie dagegen in den Massenmarkt und soll die App von möglichst vielen Nutzern heruntergeladen werden, dann müssen Sie dafür sorgen, dass diese Nutzer Ihre App überhaupt erst einmal wahrnehmen. Dafür gibt es mehrere Möglichkeiten.

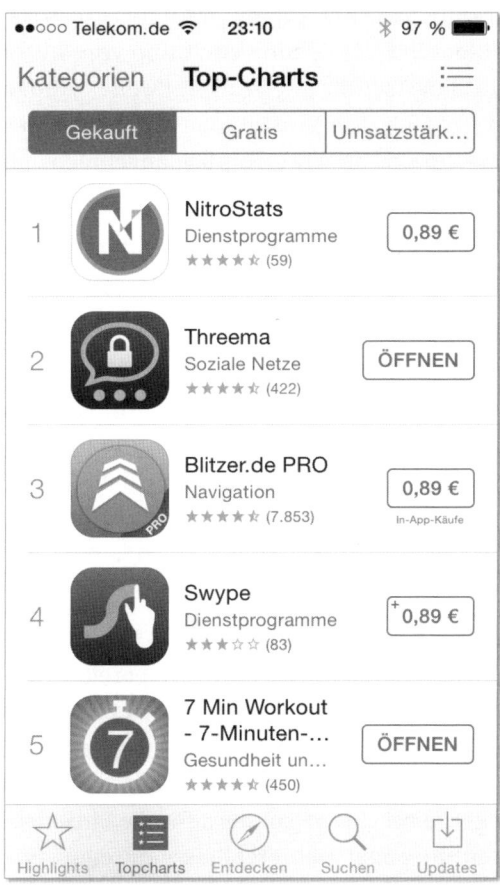

Abbildung 3.20 Die Top-Charts auf dem iPhone – gerade einmal fünf Apps sind (hier auf einem iPhone 5) auf den ersten Blick wahrnehmbar, ein Bruchteil der verfügbaren Apps.

3.5.1   In die Öffentlichkeit mit Blogs & Co.

Alleine in Deutschland gibt es rund 300 Blogs, die sich mit Apple und neuen Apps beschäftigen, so Carsten Scheibe. Die meisten davon würden auch nur von Apple-Freaks gelesen. Eine Veröffentlichung bei einem der Blogs ist also noch keine Garantie, tatsächlich entsprechend wahrgenommen zu werden – es kann allerdings ein Schritt dahin sein. Zum einen gibt es einige herausgehobene Blogs, die viele Leser und damit entsprechenden Einfluss haben. Zum anderen stellen viele Blogs die Apps nicht unkommentiert vor, sondern veröffentlichen eine Kritik, die Lesern (und damit potenziellen Käufern) eine Entscheidungshilfe gibt.

Carsten Scheibe sieht allerdings eine Entwicklung zunehmend mit Besorgnis: Nach seiner Beobachtung lassen sich immer mehr Blogs die Vorstellung einer App vom Autor bezahlen; vor allem bei US-amerikanischen Blogs sei dies der Fall. Teilweise würden hohe Summen für den »Review« einer App gezahlt. Die Vorstellung würde anschließend als redaktioneller Inhalt veröffentlicht – und nicht, wie eigentlich angebracht, als Werbung oder gesponserter Inhalt.

Wie Sie selbst vorgehen, ob Sie auch bereit wären, für solche Art Werbung zu zahlen, müssen Sie selbst entscheiden. Es hängt zum einen natürlich von Ihrem Budget, zum anderen aber auch von Ihrem Zielpublikum ab. Bestimmte Zielgruppen werden Sie über Blogs eher erreichen als über andere Medien.

Was die Formulierung und das Versenden einer Pressemitteilung zu Ihrer App angeht, sollten Sie zudem überlegen, Profis damit zu beauftragen. Wichtig ist zum einen die richtige Ansprache; ein »Hey, Alter, ich hab da echt 'ne geile App; kannste die mal vorstellen?« wird in den meisten Redaktionen eher ein müdes Lächeln als einen Artikel hervorrufen. Zudem benötigen Sie die entsprechenden Adressen und Kontakte, und diese zusammenzutragen, ist recht mühsam.

Wenn Sie sich entscheiden, eine Pressemitteilung zu Ihrer App schreiben und verbreiten zu lassen, dann halten Sie zudem Ausschau nach Agenturen, die damit bereits Erfahrung haben. Der Markt ist ungeheuer dynamisch; eine Agentur, die sich noch nie mit der Materie befasst hat, wird es sehr schwer haben, auf Anhieb für eine entsprechende Verbreitung zu sorgen. Zudem der Tipp, keinen Betreuungsvertrag mit der Agentur abzuschließen (was diese in der Regel sehr gerne möchten), sondern für die Einzelleistung – das heißt, das Schreiben und Verbreiten einer oder mehrerer Pressemitteilungen – zu bezahlen. Normale und langfristig angelegte Pressearbeit dürfte zumindest am Anfang der falsche Weg für Sie sein, denn im Geschäft mit den Apps wird eher im Wochen- als im Halbjahresrhythmus gearbeitet. Eine App, die nach zwei oder drei Monaten kaum Käufer gefunden hat und bei der auch nicht absehbar ist, dass es eine Entwicklung zu mehr Nutzern gibt, dürfte ihren Zenit überschritten haben – dann ist es Zeit für eine neue Idee und eine neue App.

3.5.2   Die Sache mit den Promocodes

Auch Apple hat ein Interesse daran, dass Sie der Welt verkünden können, was für eine neue, tolle App Sie programmiert haben – immerhin ist der Konzern ja am Umsatz jeder App beteiligt. Wenn Ihr Programm in den App Store aufgenommen wird – ebenso bei Updates der bisherigen App –, bekommen Sie als Programmierer 50 sogenannte *Promotional Codes* zur Verfügung gestellt. Mit diesen Codes lässt sich Ihre App kostenlos aus dem iTunes Store herunterladen. Gedacht sind die Promocodes, damit Sie Freunde oder eben Blogautoren via Apple mit Ihrer App versorgen können. Diese können das Programm dann selbst auf Ihrem iPhone oder iPad in Augenschein nehmen.

Abbildung 3.21 Auch so kann man für Downloads sorgen: Manche Programmierer stellen ihre Promocodes kostenlos im Internet zur Verfügung.

Offenbar gibt es sogar Autoren, die Blogs oder anderen Internetmedien eine ganze Reihe von Promocodes zur Verfügung stellen – googeln Sie mal nach »App« und »Promocodes«, und freuen Sie sich über ganz viele Apps, die Sie kostenlos herunterladen konnten (siehe Abbildung 3.21). Und danach fragen Sie sich bestimmt des Öfteren, wie der Autor auf die Idee kommt, dass überhaupt jemand bereit ist, für seine App zu zahlen ...

3.5.3   Anlocken via Twitter und Facebook

Eine einzige Strategie wird nicht reichen, um eine App bekannt zu machen, davon ist Carsten Scheibe überzeugt. Inzwischen, so der Geschäftsführer des Pressebüros Typemania, muss man mehrgleisig fahren. Dazu gehören auch Twitter und Facebook, die Sie regelmäßig nutzen sollten, um auf Ihre App aufmerksam zu machen. Viele bereits vorhandene Follower sind da natürlich von Vorteil – vorausgesetzt, es sind keine gekauften …

3.5.4   Anlocken mit Preissenkungen und Lite-Versionen

Keiner kauft gerne die Katze im Sack – viele Programmierer locken daher mit kostenlosen Lite-Versionen ihrer Programme, die beispielsweise nur ein oder zwei Level eines Spiels enthalten oder in ihrer Funktion eingeschränkt sind. Wer das Programm nützlich findet und mehr will, kann dann die Komplettversion gegen Bezahlung haben. Das ist teilweise auch als In-App-Kauf machbar, quasi als Upgrade, das alle Funktionen der App freischaltet. Viele Autoren entscheiden sich aber, zwei getrennte Apps herauszugeben, so dass Käufer die Vollversion direkt im App Store herunterladen müssen.

Abbildung 3.22 Auch große Studios greifen in die Trickkiste und bieten zeitweise günstigere Preise.

Sehr wirkungsvoll soll es auch sein, kostenpflichtige Apps kurzzeitig zu einem niedrigeren Preis oder komplett kostenlos anzubieten (siehe Abbildung 3.22). Es gibt eine ganze

Reihe von Apps, die die Preise anderer Apps im Auge behalten und bei Preisänderungen sofort Alarm schlagen. Sie haben mit so einer Rabattaktion die Chance, den Nutzern dieser Apps aufzufallen. Bei entsprechender Nachfrage kann Sie das sogar bis in die Charts im App Store tragen. Wichtig ist, dass Sie in der Beschreibung Ihrer App auf die Promoaktion hinweisen und auch klar angeben, wann diese endet – Käufer könnten sich ansonsten abgezockt fühlen und glauben, Sie würden die Preise rein willkürlich ändern.

3.6   Zusammenfassung

In diesem Kapitel haben Sie verschiedene Aspekte kennengelernt, die Sie auf dem Weg zu einer App im App Store beachten sollten. Neben der reinen Programmierung gibt es nämlich eine Menge Dinge zu beachten, die einem im Eifer des Gefechts, beim Umsetzen einer spontanen Idee, nicht in den Sinn gekommen sind. Und wie bei allen anderen Arten von Projekten gilt auch und insbesondere bei der Softwareentwicklung: Alles, was man am Anfang nicht ausreichend bedacht hat, fällt einem hinterher mit ziemlich hoher Wahrscheinlichkeit auf die Füße. Und das muss ja nicht sein. Oder?

Kapitel 4
Nachts ist jede Theorie grau

»Also selbst mir, dem Dude, raucht da die Fontanelle!«
Jeffrey Lebowski

Nach dem Einstieg im ersten und den notwendigen Vorüberlegungen im zweiten Kapitel geht es in diesem Kapitel ans Eingemachte. Sie erhalten zunächst eine Übersicht über das Betriebssystem iOS und seine Versionen sowie über die verschiedenen iPhone- und iPad-Modelle. Derart gewappnet geht es zum Ende des Kapitels mit der »richtigen« Programmierung los; Sie lernen die Programmiersprache Objective-C näher kennen, machen einen Crashkurs in objektorientierter Programmierung und lernen, wie Sie mit Klassen und Objekten arbeiten.

4.1 Das Fundament

Ein iPhone ist ein Computer im Schrumpfformat. Das ist eine Binsenweisheit, und die müssen wir Ihnen bestimmt nicht näher erläutern. Obwohl – so selbstverständlich, wie es auf den ersten Blick erscheint, ist es vielleicht doch nicht. Denn wenn man etwas genauer hinschaut, waren Handys eigentlich immer Computer im Schrumpfformat. Mal abgesehen von den allerersten Modellen, die ja praktisch noch aus einzelnen Bauteilen in Handarbeit zusammengelötet wurden, waren Mobiltelefone immer mikroprozessorgesteuerte Geräte, die dementsprechend auch ein Programm – mithin auch Betriebssystem genannt – brauchten (siehe Abbildung 4.1). Was also hat sich großartig geändert von den »dummen« Handys alter Bauart zu den heutigen »smarten« Telefonen?

Wenn man ein Unterscheidungsmerkmal ausmachen kann, dann sind es vor allem der modulare Aufbau der Geräte und die Position, die das Handymodul einnimmt. Das Smartphone ist nicht mehr vorrangig Telefon, sondern ein Minicomputer, mit dem man zusätzlich auch telefonieren und SMS verschicken kann. In der Regel – so auch beim iPhone – ist das Telefonmodul vom Rest des Geräts abgetrennt und hat eine eigene Firmware. Bei Apple wird das Telefonmodul als *Baseband* bezeichnet, das dem restlichen System gewissermaßen zuarbeitet und von dort gesteuert wird.

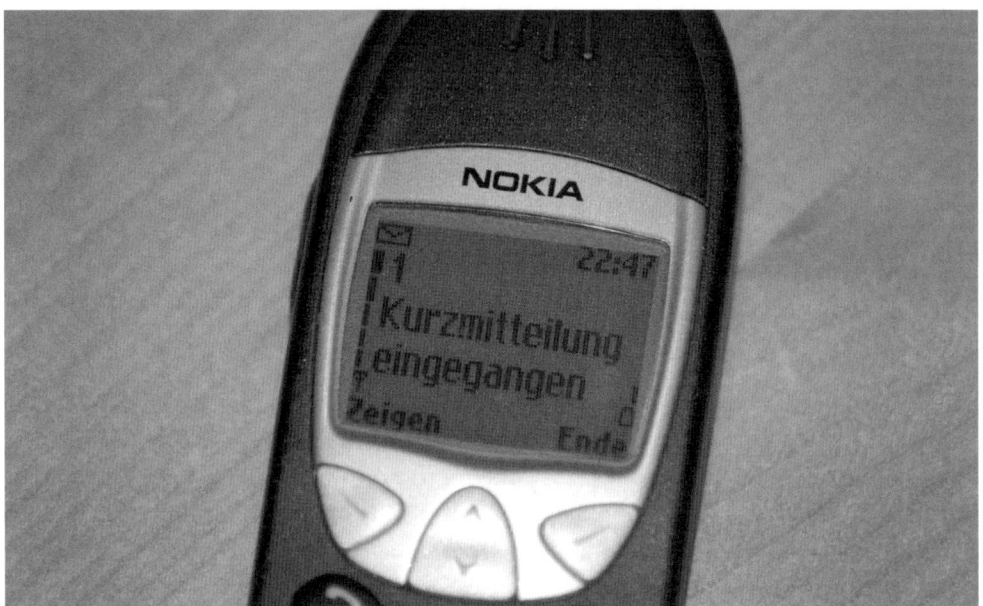

Abbildung 4.1 Das waren noch Zeiten – aber natürlich hatten auch die »Nokia-Knochen« schon ein Betriebssystem ...

Im allgemeinen Sprachgebrauch ist ein Smartphone für die meisten Menschen heute ein Touchscreen-Handy, das mittels Apps erweitert werden kann. Apple war nicht das erste Unternehmen, das ein solches Gerät auf den Markt gebracht hat. Als erstes Smartphone der Welt gilt ein Gerät, das seinerzeit kein wirklicher Erfolg war; das 1994 erschienene »Simon« von IBM (siehe Abbildung 4.2).

Die älteren Leser werden sich aber auch noch an die Pocket-PCs erinnern, die auf Windows CE von Microsoft basierten und die schon viele Eigenschaften moderner Smartphones hatten. Diese wurden nach und nach mit Telefonfunktionen ausgerüstet und hatten schon fast alle Eigenschaften moderner Smartphones. Es waren allerdings einige Kleinigkeiten, die den Unterschied und damit auch den Erfolg der beiden Konzepte ausmachten. Microsoft hat seine Vision vom Smartphone bzw. eben Pocket-PC sehr nah an das traditionelle Windows-Konzept angelehnt. Eine Fingerbedienung war mit damaligen Geräten nicht vorgesehen: Zum einen reagierten die Displays der Pocket-PCs nicht auf Berührung, sondern auf Druck, zum anderen konnten sie in der Regel nur jeweils eine Berührung gleichzeitig erfassen – Multitouch war nicht vorgesehen. Auch die Bedienoberfläche war recht kleinteilig, so dass man zu einem Stift greifen musste, der in der Regel irgendwo mehr oder weniger unauffällig im Gehäuse der Geräte versteckt war.

Abbildung 4.2 Gilt als erstes »Smartphone« der Welt –
das IBM Simon kam 1994 auf den Markt (Foto: Wikipedia).

Was den Geräten zudem fehlte, das war die leichte Erweiterbarkeit mittels neuer Software. Zwar konnte man auch für Pocket-PCs bereits Programme kaufen – Microsoft hat aber seinerzeit offenbar das Potenzial nicht erkannt und das Geschäft anderen überlassen. So gab es im Internet eine ganze Reihe von Anbietern, die Software für Pocket-PCs zum Download anboten. Allerdings war die Bedienung dieser frühen »App Stores« recht uneinheitlich und teilweise recht kompliziert. Hatte man es geschafft, ein Programm zu kaufen und zu bezahlen (wofür man sich meist beim Anbieter mit allerlei Daten erst einmal registrieren musste), dann musste dieses Programm in der Regel via PC-Synchronisation auf den Pocket-PC übertragen werden. Vom Komfort eines App Stores, bei dem man Programme direkt per Internet kaufen, auf das Gerät laden und benutzen kann, war diese Methode Lichtjahre entfernt.

Apple hat damit ein System geschaffen, das ein ganz neues Geschäftsmodell umfasst und das dem Konzern noch für etliche Jahre als Gelddruckmaschine dienen kann. Erstaunlich ist das deshalb, weil Microsoft recht nah am Smartphone-Konzept dran war und praktisch alle Komponenten in der Hand hatte. Auch Apple hat es nicht anders gemacht und gerade beim Betriebssystem viele der Dinge genutzt, die bereits im Unternehmen vorhanden und erprobt waren – iOS, das Betriebssystem von iPhone und iPad, ist schließlich nicht vom Himmel gefallen …

4.1.1   Die Ursprünge von iOS

Bei der Vorstellung des Original-iPhones im Januar 2007 sprach Apple-Chef Steve Jobs davon, man habe OS X, das Betriebssystem des Macs, in das Handy eingebaut (siehe Abbildung 4.3). Das stimmt – allerdings nur zum Teil. iOS – oder, wie es bis Mitte 2010 hieß, iPhone OS – ist eine abgespeckte und umgebaute Version von OS X. Was ja auch nicht verwundert, da das iPhone keinen Intel-, sondern einen ARM-Prozessor hat und das System daher auf die andere Prozessortechnik umgestellt werden musste. Hinzu kommen die Besonderheiten des iPhones: Die Bedienung ausschließlich per Finger, die besondere Bedeutung der Energiesparfunktionen für ein Mobilgerät, der begrenzte Arbeits- und Massenspeicher.

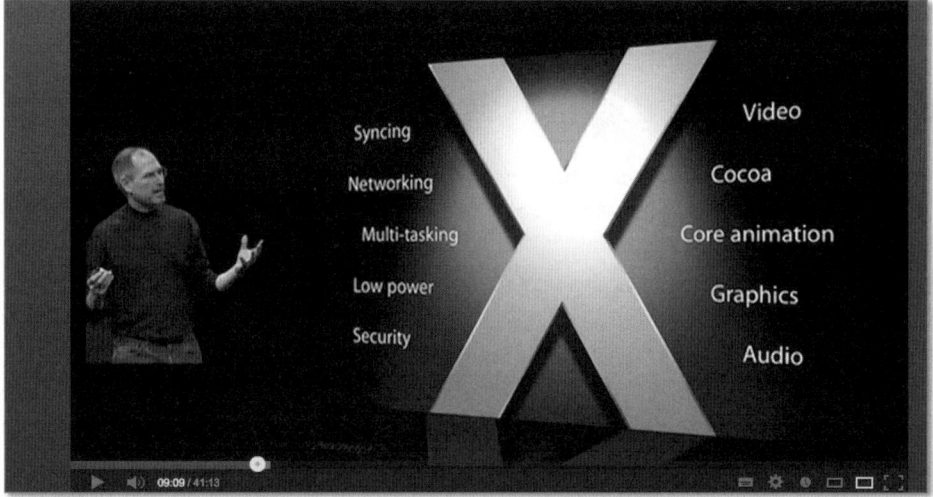

Abbildung 4.3 »iPhone runs OS X« – Steve Jobs präsentierte das erste iPhone als direkten Abkömmling der Macintosh-Computer und deren Betriebssystem (Screenshot: YouTube).

iOS steht in der Tradition von Mac OS X, weist aber so viele Eigenheiten auf, dass Programme für Mac und iPhone unterschiedlich konzipiert und programmiert werden. Sie können allerdings für beide das gleiche Werkzeug nutzen: Mit Xcode lassen sich sowohl iOS-Apps als auch OS-X-Programme schreiben.

Die Wurzeln von OS X und iOS lassen sich bis zum ersten Unix, dem Ur-Unix V1 von AT&T, zurückverfolgen. Dieses Ur-Unix wurde 1971 unter anderem von Dennis Ritchie und Ken Thompson entwickelt und bildet die Basis aller Unix-basierten Betriebssysteme.

Unix V1 hat sich im Laufe der Zeit in unüberschaubar viele Derivate aufgeteilt. Eine wichtige Entwicklungslinie von Unix ist das BSD-Unix der Universität von Berkeley in Kalifornien. BSD, bitte nicht mit LSD aus dem gleichen Hause zu verwechseln, steht für *Berkeley Software Distribution*. Die erste Version von BSD ist im Jahr 1978 erschienen. 1985 wurde der Mach-Mikrokernel von BSD abgespalten. Dabei handelt es sich um einen der ersten Mikrokernel. Das ist ein Betriebssystemkern mit einem bewusst klein und übersichtlich gehaltenen Funktionsumfang. Zusätzliche Funktionalitäten werden über Treiber oder Module eingebunden.

Der Mach-Mikrokernel fristete ein akademisches Schattendasein, bis ein gewisser Steve Jobs, vormals Chef und Mitinhaber der Firma Apple, 1986 mit seiner Firma NeXT das Betriebssystem NeXTStep auf den Markt brachte. NeXTStep war nicht nur ein weiteres Betriebssystem, das einen Unix-Kern hatte, es war seiner Zeit weit voraus, da es komfortable Entwicklungswerkzeuge und gut strukturierte und leistungsfähige objektorientierte Frameworks mitbrachte.

Die von NeXT für die Programmierung unter NeXTStep verwendete Programmiersprache war Objective-C, eine objektorientierte Erweiterung von C. Objektorientierte Programmierung und objektorientierte Programmiersprachen waren zwar bereits seit Ende der 1960er Jahre bekannt. Allerdings konnte Objective-C wesentlich besser die elegante Schlankheit und Effizienz von C mit objektorientierten Konzepten verbinden als sein bekannterer Vetter C++.

NeXT wurde 1996 von Apple gekauft, und durch diese Transaktion gelangte Steve Jobs wieder an die Spitze von Apple. In der Folge wurde NeXTStep zur Basis des neuen Apple-Betriebssystems Mac OS X. Zunächst entwickelte die Firma Sun 1996 aus NeXTStep OpenStep, und aus OpenStep 4.2 und NeXTStep 3.3 entwickelte Apple 1997 die erste Version von Mac OS X. Sie hieß damals noch *Rhapsody;* Apple hat sie 1999 zu *Mac OS X Server 1.0* weiterentwickelt und veröffentlicht.

Der Unterbau von Mac OS X ist seit Beginn das Betriebssystem Darwin, das Apple 1999 in der Version 0.1 unter der *Apple Public Source Licence* (APSL) als Opensource freigegeben hat. Gemeinsam mit Mac OS X wird Darwin von Apple weiterentwickelt und zur freien Verfügung veröffentlicht. Im Gegensatz zu Darwin ist Mac OS X nicht quelloffen.

Das, was Mac OS X zum Benutzer hin ausmacht, beispielsweise die Aqua-Oberfläche, ist nicht Bestandteil von Darwin und damit auch keine Opensource-Software.

2006 hat Apple erstmals einen neuen Entwicklungszweig von Mac OS X abgespalten. Dieser Zweig ist das Betriebssystem Apple TV 1.0 und läuft auf den Apple-TV-Boxen.[1] 2007 eröffnete Apple eine weitere Entwicklungslinie von Mac OS X, das iPhone OS. Dieses stammt also direkt von Mac OS X ab, weist daher alle nennenswerten Eigenschaften von Mac OS X auf und ist speziell auf die Gegebenheiten des iPhones angepasst.

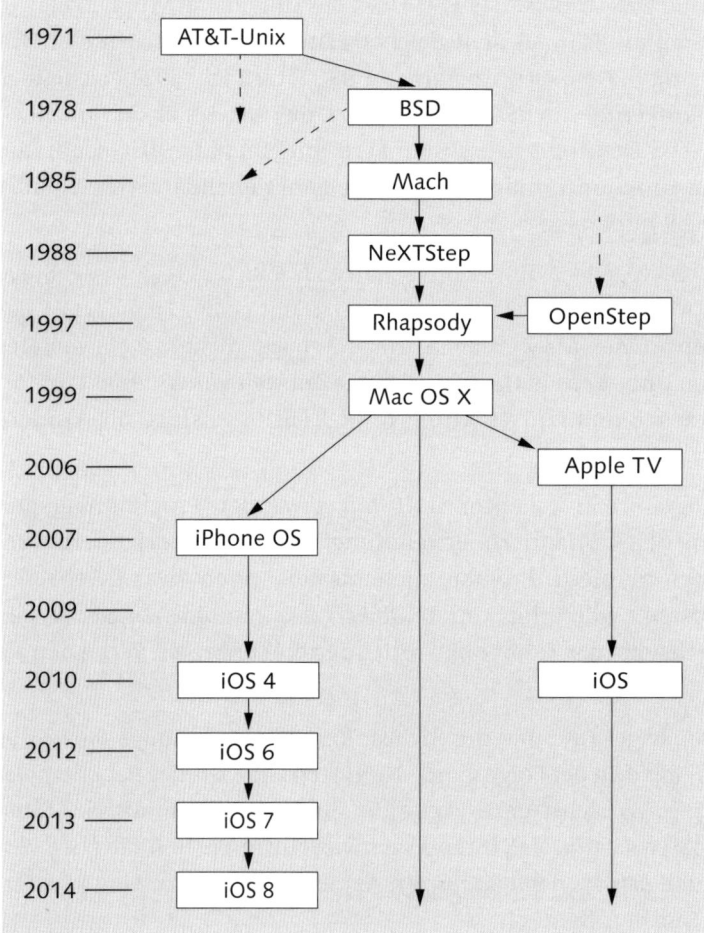

Abbildung 4.4 Die Entwicklung von iOS

---

1 In der 2010 vorgestellten zweiten Version der Apple-TV-Box hat
   Apple das Apple TV durch iOS ersetzt.

Mit dem Versionssprung von 3.2 auf 4.0 hat Apple den Namen des iPhone OS geändert – ab 4.0 trägt es den Namen iOS. Damit hat Apple den Namen des Betriebssystems für die Verwendung auf weiteren Geräten (iPad und Apple TV) angepasst. Den Markennamen kaufte Apple der Firma Cisco ab, deren Netzwerkkomponenten ebenfalls ein Betriebssystem namens IOS (Internetworking Operating System) verwenden. Da es sich dabei aber nur um eine Umbenennung des bereits vorhandenen iPhone OS gehandelt hat, stellt das iOS keine neue Entwicklungslinie dar.

Neben den Frameworks sind aber auch die wichtigsten Entwicklerwerkzeuge selbst Weiterentwicklungen der bereits unter NeXTStep vorhandenen Werkzeuge. Der mittlerweile mit Xcode verschmolzene *Interface Builder* war bereits unter NeXTStep verfügbar. Die Entwicklungsumgebung *Project Builder* entwickelte Apple im Laufe der Zeit zu *Xcode* weiter, was das zentrale Werkzeug zur Programmierung für Mac OS X und iOS ist. Das Cocoa-Framework, die zentrale Schnittstelle für Programmierer, wurde für das iOS den speziellen Anforderungen an die iPhone-Programmierung angepasst und heißt dort *Cocoa Touch*.

Abbildung 4.4 zeigt eine grafische Übersicht der Entwicklung von Unix aus dem Ur-Unix von AT&T bis hin zum iOS.

4.1.2 Meilensteine der Entwicklung – von iOS 1.0 bis iOS 8.0

»Mensch, iOS, wat haste dir verändert!« Es hat sich eine Menge getan in der Zeit zwischen dem ersten iPhone und dem aktuellen iPhone 6. Nicht nur für Anwender haben die jeweils neuesten Versionen des Betriebssystems eine Menge Neuerungen mit sich gebracht; auch Programmierer mussten sich umstellen und sich auf viele neue Dinge einlassen. Interessant vor allem, dass es in der ersten Version von iOS noch gar keinen App Store, mithin auch keine Apps von Fremdherstellern gab. Erst nach und nach hat Apple das System zu dem ausgebaut, was es jetzt ist. Und ein Ende ist noch nicht wirklich in Sicht. Hier die wichtigsten Meilensteine auf dem Weg zum heutigen iOS:

iOS 1

Die erste Version des Betriebssystems für das iPhone (damals gab es ja auch keine anderen Geräte) kam im Juni 2007 zusammen mit dem Original-iPhone auf den Markt.

iOS 2

Jetzt wurde es interessant für Programmierer: Mit iOS 2.0, das im Juli 2008 zusammen mit dem iPhone 3G eingeführt wurde, feierte auch der App Store seine Premiere. Ab jetzt war es möglich, eigene Apps zu programmieren und via Apple jedem iPhone-Nutzer zugänglich zu machen.

iOS 3

Erschien im Juni 2009 und brachte viele Neuerungen und Verbesserungen mit sich. Unter anderem werden seitdem auch MMS unterstützt; dass das iPhone bis dahin nur mit SMS umgehen konnte, war immer wieder kritisiert worden.

Zudem ist nun auch systemweites Kopieren und Einfügen von Inhalten wie Texten oder Bildern möglich. Links vom ersten Homescreen wartete jetzt eine Suchseite auf die Nutzer. Darüber ist eine systemweite Suche zum Beispiel nach Inhalten in E-Mails oder Namen im Adressbuch möglich.

Für den App Store führte Apple eine weitere wichtige Veränderung ein: Es ist seit dieser Version möglich, innerhalb von Apps Inhalte kostenpflichtig nachzuladen; die In-App-Käufe werden heute häufig genutzt.

Was viele Musikfreunde bisher vermisst hatten, lieferte Apple ebenfalls nach: Durch das Bluetooth-Profil *A2DP* wurde es nun möglich, Audiodateien in Stereo drahtlos an ein Bluetooth-Headset zu übertragen.

iOS 3.2

Eine der Zwischenversionen, die ja hier bewusst nicht aufgelistet sind, in diesem Fall aber doch, denn dies war eine sehr wichtige Zwischenversion: iOS 3.2 war die erste iOS-Version für das iPad. Und zwar nur für das iPad – für iPhone und iPod touch war diese Version nicht verfügbar. Erst seit iOS 4.0 folgen iPhone und iPad wieder einer gemeinsamen Versionsgeschichte.

iOS 4

Das System erschien im Juni 2010 und führte erstmals richtiges Multitasking auf dem iPhone ein. Bisher konnten nur die Apple-eigenen Apps dies nutzen; ab dem System 4.0 können auch Apps von Drittherstellern auf Multitasking-Funktionen zurückgreifen.

Apple führte zudem das *Game Center* ein (siehe Abbildung 4.5) und startete sein Werbenetzwerk *iAd* – dessen Nutzung vor iOS 4.0 nicht möglich ist.

Ebenfalls neu eingeführt wurden die Videotelefonie *FaceTime* und in späteren Überarbeitungen (iOS 4.2) das drahtlose Drucken (*AirPrint*) und die drahtlose Übertragung von Audio- und Videoinhalten an andere Geräte (*AirPlay*).

Abbildung 4.5 Mit iOS 4 führte Apple unter anderem das Game Center ein.

iOS 5

Diese Version erschien im Oktober 2011. Vor allem im Internetbereich rüstete Apple auf: *Twitter* ist seitdem systemweit integriert, das E-Mail-Programm unterstützt nun auch Formatierungen, das S/MIME-Format *iMessage* kann Nachrichten zwischen iOS-Geräten per Internet statt als SMS übertragen, und erstmals wurden Funktionen der Apple-eigenen *iCloud* in das Betriebssystem integriert.

Für Nutzer interessant ist zudem die *Mitteilungszentrale*, über die sich steuern lässt, welche Nachrichten einzelne Apps dem Nutzer schicken dürfen, sowie die *Erinnerungsfunktion*, die auch zeit- und ortsbasiert arbeiten kann.

Eine weitere wichtige Änderung: Erstmals sind iOS-Geräte zur Inbetriebnahme und für Aktualisierungen des Betriebssystems nicht mehr auf den Anschluss an einen Computer angewiesen. Zuvor musste ein iPhone bei der Erstinbetriebnahme an einen PC oder Mac angeschlossen und via iTunes aktiviert werden.

iOS 6

Das von Dezember 2012 bis September 2013 aktuelle System integrierte Internetfunktionen wie die *iCloud* noch stärker in das System. Neben Twitter ist ab diesem System auch Facebook systemweit verfügbar. Hinzu kommen eine Reihe von Detailverbesserungen (Apple spricht von mehr als 200) wie die Möglichkeit, Videotelefonate via FaceTime auch über Mobilfunkverbindungen (zuvor nur per WLAN) zu führen.

Vielen Nutzern wird bei dieser iOS-Version eher unangenehm in Erinnerung bleiben, dass Apple Anwendungen von Google durch eigene Apps ersetzt bzw. sie komplett aus dem Betriebssystem gestrichen hat. Die Anbindung an YouTube ist standardmäßig nicht mehr installiert (kann aber aus dem App Store nachgeladen werden). Statt Google Maps enthält das Betriebssystem *Apple Maps* (siehe Abbildung 4.6).

Die Anwendung wurde zu Beginn stark kritisiert, da die Kartendarstellung viele Fehler enthielt und auch die Navigationsfunktionen zu wünschen übrig ließen. Die bisher fest installierte App von Google war über den App Store zunächst nicht verfügbar; sie kann erst seit Mitte Dezember 2012 wieder von dort installiert werden.

Abbildung 4.6 Für seine eigene Maps-Anwendung musste sich Apple viel Hohn und Spott gefallen lassen – teilweise zu Recht ...

iOS 7

Ein Jahr lang, von September 2013 bis September 2014 war iOS 7 das aktuelle System. Apple hat in dieser Version vor allem an der Optik des iPhone-Betriebssystems gearbeitet. Symbole und Benutzerführung tragen deutlich die Handschrift von Jonathan Ive, der zuvor bereits den größten Teil der Apple-Hardware designt hat. In Teilen bedeutet das neue Design eine Abkehr von jahrelangen Traditionen; Ive hat aber zugleich eine neue Linie in das System gebracht und vieles einheitlicher gestaltet.

So gab es bisher bei vielen Programmen und Symbolen eine Anlehnung an Elemente aus der realen Welt. Ein Beispiel: Das Game Center wirkte ein bisschen, als handelte es sich bei der Oberfläche dieses Programms um einen Billardtisch: grüner Hintergrund auf der »Spielfläche«; holzfarbene Leisten unten und oben. Andere Apps – beispielsweise die Einstellungen – hatten solche Anleihen nicht; dort war der Look deutlich technischer. Ive hat die Gestaltung jetzt vereinheitlicht und Anleihen an real existierende Gegenstände entfernt. Das System wirkt insgesamt luftiger und an anderes aktuelles Design angelehnt.

iOS 8

Seit September 2014 ist diese Version des Betriebssystems verfügbar. Apple spricht vom »größten iOS-Release aller Zeiten«. Und in der Tat hat sich eine Menge geändert. Zum einen für die Nutzer – es gibt jetzt beispielsweise die »Familienfreigabe«, die es möglich macht, auch Apps oder iBooks gemeinsam zu nutzen. Zudem rückt Apple die Geräte mit diesem Update immer näher aneinander – die Welten von iOS und OS X auf den »großen« Rechnern werden immer stärker miteinander verschmelzen. iOS 8 macht hier den Vorreiter und setzt Funktionen um, mit denen man iOS-Geräte stärker miteinander verknüpfen kann. Ein Beispiel dafür ist die WLAN-Telefonie. Wenn es der Telefonanbieter zulässt, kann man Gespräche auch auf dem iPad annehmen oder – quasi per Fernsteuerung – das iPad einsetzen, um via iPhone zu telefonieren.

Aber nicht nur für Anwender gibt es neue Funktionen, auch Sie als Programmierer bekommen einiges geboten. Apple spricht von 4.000 neuen Programmierschnittstellen, die zur Verfügung stehen. Dabei gibt es Bereiche, die komplett neu geschaffen wurden, wie die Gesundheits-App, die als Datensammelstelle für andere Apps dient, und es gibt Funktionen, die zwar schon seit längerem in iOS vorhanden waren, die Apple aber erst jetzt für Entwickler außerhalb des eigenen Hauses freigegeben hat. Ein Beispiel dafür ist der Zugriff auf die Tastatureingabe. Hier war Apple bisher recht eigen und hat andere Eingabemethoden als die eigene außen vor gelassen. Das hat sich mit iOS 8 geändert; jetzt sind auch Eingabemethoden wie »Swype« möglich, das Android-Nutzer schon seit einigen Jahren kennen.

Mit iOS 8 hatte Apple aber zumindest anfangs einige Probleme. Die Originalversion 8.0 funktionierte nicht korrekt; so konnte die Gesundheits-App beispielsweise keine Daten annehmen. Die Korrektur mit iOS 8.0.1 ließ nur wenige Tage auf sich warten; dieses Update allerdings konnte seinerseits iPhone-6- und -6-plus-Geräte lahmlegen. Kurze Zeit später wurde daraufhin Version 8.0.2 nachgereicht.

4.1.3   Vom Ur-iPhone bis in die Gegenwart

Apple hat bisher acht Generationen des iPhones auf den Markt gebracht; angefangen beim Ur-iPhone im Jahr 2007 bis zum iPhone 6 bzw. iPhone 6+, die 2014 erschienen sind. Folgende Geräte sind erschienen:

Ur-iPhone

Wurde Anfang 2007 vorgestellt und war Ende 2007 dann auch in Deutschland verfügbar. Die ersten Geräte wurden mit 4 oder 8 Gigabyte Speicher angeboten; bereits drei Monate nach dem Verkaufsstart nahm Apple die 4-Gigabyte-Version vom Markt.

Abbildung 4.7 Das Ur-iPhone von 2007 –
heute wirkt seine Form schon fast antiquiert (Foto: Wikipedia).

Das Original-iPhone kann maximal mit iOS 3.1.3 ausgestattet werden, hat also auch Zugang zum App Store. Andere Techniken, wie Multitasking, das Game Center oder iAd, die ab iOS 4.0 eingeführt wurden, kann das Gerät nicht. Das Ur-iPhone begründete das iPhone-Design mit den abgerundeten Ecken, wie es von Apple bis einschließlich zum iPhone 3GS genutzt wurde (siehe Abbildung 4.7).

iPhone 3G

Vorgestellt im Juni 2008, war es das erste iPhone, das auch UMTS-Verbindungen und eine Positionsbestimmung per GPS ermöglichte – beides war im Ur-iPhone noch nicht eingebaut. Das Gerät wurde in Varianten mit 8 oder 16 Gigabyte Speicher angeboten. Die höchste iOS-Version, die auf dem iPhone 3G installiert werden kann, ist 4.2.1.

iPhone 3GS

Überarbeitung des iPhone 3G, wurde im Juni 2009 vorgestellt. Das »S« in der Modell-bezeichnung steht laut Apple für »Speed«, da das iPhone gegenüber seinem Vorgänger in vielen Bereichen an Geschwindigkeit zugelegt hat. Nicht nur der Hauptprozessor ist schneller geworden, auch sind mit dem 3GS UMTS-Verbindungen mit maximal 7,2 Mbit/s im Download möglich – zuvor lag die Maximalgeschwindigkeit bei 3,6 Mbit/s. Das iPhone 3GS kann mit dem derzeit aktuellen iOS 6.1.6 ausgestattet werden.

iPhone 4

Wurde im Juni 2010 vorgestellt und hat gegenüber den Vorgängergeräten ein deutlich verändertes Design (siehe Abbildung 4.8).

Abbildung 4.8 Mit dem iPhone 4 änderte Apple erstmals die Gehäuseform grundlegend (Foto: Wikipedia).

171

Daneben war für Anwender die größte sichtbare Änderung die Verwendung eines neuen, hochauflösenden Displays, von Apple als Retina-Display bezeichnet. Gegenüber dem Vorgängermodell wurde die Zahl der Pixel vervierfacht. Für Programmierer hat diese Umstellung erhebliche Auswirkungen: Grafiken und Icons müssen für die neue Auflösung angepasst und entsprechend hochauflösend gestaltet werden. Grafiken, die für die alte Display-Auflösung konzipiert wurden, wirken auf dem Retina-Display pixelig und unscharf.

iPhone 4S

Vorgestellt im Oktober 2011. Gegenüber dem iPhone 4 gibt es äußerlich nur wenig Unterschiede; auch das hochauflösende Retina-Display wurde weiterhin eingebaut. Apple erhöhte die Geschwindigkeit des Smartphones durch einen neuen Hauptprozessor. Anders als beim 3GS soll der Buchstabe »S« hier aber nicht für »Speed« stehen, sondern für »Siri«. Die Sprachassistentin von Apple wurde mit dem iPhone 4S erstmals der Öffentlichkeit vorgestellt. Als erstes iPhone ist es in einer Variante mit 64 Gigabyte Speicher erhältlich; beim iPhone 4 liegt der maximal verfügbare Speicherausbau bei 32 Gigabyte.

iPhone 5

Vorgestellt im September 2012. Das iPhone 5 hat neue Abmessungen – Apple änderte die Abmessungen des Displays und machte es länglicher, so dass es nun im Wesentlichen dem 16:9-Format entspricht. Ebenfalls geändert wurde der Docking-Anschluss: Der bisher verwendete breite Anschluss wird aufgegeben; der neue Dockanschluss mit Namen »Lightning« hat den Vorteil, dass der Stecker keine Orientierung mehr hat und von einer beliebigen Seite eingesteckt werden kann. Das iPhone 5 ist das erste Apple-Smartphone mit der neuen Mobilfunktechnik LTE. Das Gerät ist zudem dünner und knapp 30 Gramm leichter als das iPhone 4S. Die verfügbaren Speicherausbaustufen behielt Apple bei – das iPhone 5 ist mit 16, 32 oder 64 Gigabyte Speicher lieferbar.

iPhone 5S und iPhone 5C

Vorgestellt wurden die beiden Geräte im September 2013. Erstmals hat Apple damit zwei neue iPhone-Modelle gleichzeitig herausgebracht. Das iPhone 5C ist ein (aus Programmierersicht) wenig spektakuläres Modell: Es enthält im Wesentlichen die Technik des bisherigen iPhone 5, wird statt in ein Metallgehäuse aber in eine Kunststoffhülle gepackt, die in fünf verschiedenen Varianten zu bekommen ist.

Schon interessanter ist da das neue Spitzenmodell, das iPhone 5S. Erstmals hat Apple einen 64-Bit-Prozessor in sein Smartphone eingesetzt. Mittelfristig bietet das ganz neue Möglichkeiten – allerdings müssen entsprechende Apps, die die Möglichkeiten des neuen »A7«-Prozessors ausschöpfen, extra dafür entwickelt werden. Für viele Schlagzeilen gesorgt hat auch der eingebaute Fingerabdrucksensor. Mit seiner Hilfe lässt sich das iPhone per Fingerabdruck entsperren; auch für den Einkauf im iTunes Store soll das Passwort durch den Fingerabdruck ersetzt werden. Als Programmierer haben Sie damit (zunächst) allerdings wenig zu tun: Nur Apple selbst hat Zugriff auf die Dienste des Sensors; die Daten eines Fingerabdrucks sollen laut Apple außerdem nur im A7-Prozessor gespeichert werden und diesen auch nicht verlassen. Offenbar spielte – nach der Enthüllung der NSA-Affäre durch Edward Snowden – die Angst vieler Menschen vor noch mehr Bespitzelung eine Rolle bei der Entscheidung Apples.

Abbildung 4.9 Mit dem farbigen iPhone 5C setzt Apple vor allem auf Lifestyle. Für Programmierer ein unspektakuläres Gerät.

iPhone 6 und iPhone 6 plus

Im September 2014 hat Apple erneut eine komplette Überarbeitung seines Mobiltelefons vorgestellt. So wie ein Jahr zuvor wurden auch dieses Mal gleich zwei Geräte vorgestellt, allerdings unterscheiden sich die beiden 6er-Modelle deutlich voneinander und von ihren Vorgängern. Zum zweiten Mal nach dem iPhone 5 hat Apple die Größe des Displays deutlich erhöht. Beim iPhone 6 liegt sie jetzt bei 4,7 Zoll und einer Auflösung von 1.334 mal 750 Pixeln. Das iPhone 6 plus ist mit einem 5,5-Zoll-Display noch deutlich größer, hier beträgt die Auflösung 1.920 mal 1.080 Pixel; das entspricht der Full-HD-Auflösung. Das Gehäuse beider Geräte ist wieder deutlich runder und erinnert stärker an das iPhone der ersten Generation.

Auch das Innenleben hat Apple weiterentwickelt; zentraler Prozessor ist der als »Apple A8« bezeichnete Chip, ein 64-Bit-Prozessor mit zwei Kernen, der auf der Technologie des ARMv8 basieren soll.

Bei der Speicherausstattung hat Apple die bisher verwendeten Speicherausbaustufen von 16, 32 und 64 Gigabyte verändert; das iPhone 6 gibt es jetzt mit (inzwischen recht mager erscheinenden) 16 Gigabyte, in der mittleren Ausbaustufe mit 64 Gigabyte und als Spitzenmodell mit 128 Gigabyte.

Abbildung 4.10 Mit dem iPhone 6 ist das Display des Smartphones deutlich gewachsen – das 6 plus hat mit 5,5 Zoll schon »Phablet«-Maße.

4.1.4   Die iPad-Familie

Es ist schon erstaunlich, wie schnell und konsequent Apple seine iPad-Baureihe ausgeweitet hat. Inzwischen gibt es fünf verschiedene Geräte – und das, obwohl das iPad erst 2010 auf den Markt kam. Gut, so erstaunlich ist es vielleicht auch wieder nicht – wenn man sich ansieht, was Apple mit dem Gerät ausgelöst hat: eine Art Computer-Revolution. Nachdem man den Handymarkt aufgerollt hatte, änderte das iPad den klassischen PC-Markt: Notebooks und – wie sie seinerzeit schwer in Mode waren – Netbooks waren plötzlich deutlich weniger gefragt; das iPad begründete die Klasse der Tablet-Computer neu und entfachte einen regelrechten Boom. Für viele durchaus erstaunlich, denn Microsoft hatte zuvor jahrelang versucht, die Tablet-PCs zu etablieren. Mit Windows 9x und einer Stiftbedienung waren die Geräte aber allenfalls Hilfsmittel für Meinungsforscher und andere Randgruppen gewesen – wer mehr machen wollte, als Formulare per Stift auf dem Bildschirm anzutippen, griff vor dem Erscheinen des iPads lieber zum klassischen PC.

Das Ur-iPad

Vorgestellt im Januar 2010, hatte das erste iPad bereits alle wichtigen Merkmale heutiger iPads: eine Bildschirmgröße von 9,7 Zoll (zum iPad mini kommen wir später), eine Akkulaufzeit von bis zu zehn Stunden und natürlich viele geerbte Eigenschaften des iPhones wie Multitouch-Bedienung und eine Reihe von Sensoren wie den Beschleunigungssensor oder den Umgebungslichtsensor (siehe Abbildung 4.11).

Abbildung 4.11 Stolz wie Steve – im Januar 2010 präsentierte Steve Jobs die Urversion des iPads (Foto: Wikipedia).

Viele hielten es schlicht für eine große Version des iPhones ohne Telefonfunktionen. Das ist aus Programmierersicht gar nicht so ganz falsch, denn die Apps für iPhone und iPad unterscheiden sich vor allem in der Auflösung. Alle Apps für das iPhone sind (mit Ausnahme der Programme, die Telefon- oder SMS-Funktionen nutzen) prinzipiell auch auf dem iPad lauffähig.

Das iPad der zweiten Generation

Vorgestellt im März 2011, war es vor allem dünner und leichter als das Ur-iPad. Erstmals wurde das iPad mit Kameras ausgerüstet (deren Fehlen war beim Ur-iPad vielfach bemängelt worden), und auch ein Mikrofon wurde nun eingebaut, so dass das iPad der zweiten Generation beispielsweise auch die Videotelefonie FaceTime nutzen kann.

Die dritte Generation

Im März 2012 stellte Apple die dritte Generation des iPads vor; vermarktet wurde es als »Das neue iPad«. Das Gerät wurde gegenüber dem iPad der zweiten Generation wieder etwas dicker, vor allem weil es einen leistungsfähigeren Akku erhielt. Der war auch dringend nötig, denn erstmals baute Apple ein hochauflösendes Retina-Display in das iPad ein. Statt einer Auflösung von 1.024 mal 768 Bildpunkten wie in den ersten beiden Generationen hat »Das neue iPad« eine Auflösung von 2.048 mal 1.536 Pixeln – also die vierfache Menge an Bildpunkten. Auch Haupt- und Grafikprozessor sind deutlich leistungsfähiger als in den ersten Geräten.

iPad der vierten Generation

Bereits ein gutes halbes Jahr nach dem iPad der dritten Generation stellte Apple das iPad der vierten Generation vor. Die Veränderungen sind allerdings relativ gering und liegen vor allem im Inneren des Geräts: Das iPad bekam einen neuen Prozessor und eine bessere Frontkamera. Zudem hat es den neuen Lightning-Anschluss, der auch seit dem iPhone 5 verwendet wird. Im Februar 2013 hat Apple zudem eine weitere Variante seines aktuellen Flaggschiffs auf den Markt gebracht. Das iPad mit Retina-Display gibt es jetzt auch in einer Variante mit 128 Gigabyte.

iPad Air (fünfte Generation)

Im Oktober 2013 vorgestellt, hat Apple bei diesem Gerät vor allem daran gearbeitet, es leichter und dünner zu machen. Deshalb auch der Name – in Anlehnung an das MacBook Air, das als Ultrabook ebenfalls sehr leicht und dünn daherkommt. Auch der

Hauptprozessor wurde weiterentwickelt, es handelt sich jetzt um einen Apple A7, eine Dual-Core-CPU auf 64-Bit-Basis. Bei der Speicherausstattung gibt es gleich vier Stufen: 16, 32, 64 und 128 Gigabyte.

iPad Air 2 (sechste Generation)

Mit dem im Oktober 2014 vorgestellten Gerät bleibt Apple sich treu – im wesentlichen entspricht das iPad Air 2 dem Vorgängermodell, allerdings wurde bei der Leistung und in einigen Details aufgerüstet. Das iPad ist mit einer Dicke von 6,1 Millimetern noch dünner geworden (vorher waren es 7,5 mm), im Innern werkelt jetzt ein weiter in der Leistung gesteigerter Chip namens »Apple A8X« und die nach hinten gerichtete Hauptkamera bietet eine Auflösung von jetzt acht statt bisher 5 Megapixeln. Von außen ist das iPad Air 2 vor allem durch zwei Details von seinem Vorgänger unterscheidbar: Es ist jetzt auch der vom iPhone bekannte TouchID-Sensor eingebaut; das Gerät lässt sich also auch per Fingerabdruck entsperren. Zudem ist der bisher an der Seite eingebaute Kippschalter weggefallen. Mit diesem Schalter konnte man entweder das Drehen des Bildschirminhalts verhindern (praktisch, wenn man im Liegen lesen will) oder das iPad stumm schalten. Beides lässt sich beim iPad Air 2 nicht mehr per Hardware-Schalter, sondern nur noch über das Kontrollzentrum erledigen.

iPad mini

Im Oktober 2012 – zusammen mit dem iPad der vierten Generation – stellte Apple ein kleineres iPad, das iPad mini vor. Es hat ein 7,9-Zoll-Display mit einer Auflösung von 1.024 mal 768 Bildpunkten – das entspricht exakt der Auflösung der iPads der ersten und zweiten Generation. Der Hauptprozessor ist etwas leistungsschwächer als die CPU im iPad der vierten Generation; das Gerät ist mit maximal 312 Gramm (gegenüber maximal 662 Gramm beim iPad 4) aber auch deutlich leichter. Der Akku soll auch bei diesem Gerät bis zu zehn Stunden durchhalten.

iPad mini (zweite Generation)

Zusammen mit dem iPad Air wurde die zweite Generation des iPad mini ebenfalls im Oktober 2013 vorgestellt. Wichtigster Unterschied zum iPad mini der ersten Generation ist das wesentlich verbesserte Display. Mit einer Auflösung von 2.048 mal 1.536 Pixeln entspricht es jetzt dem Apple-»Retina«-Standard und kommt auf eine Pixeldichte von 326 Bildpunkten pro Inch. Das entspricht exakt dem Doppelten des Original-iPad-mini. Auch der Hauptprozessor ist gegenüber dem Erstgerät deutlich schneller; statt eines Apple A5 wird jetzt ein A7 eingebaut.

iPad mini (dritte Generation)

Beim iPad Mini hat sich im Vergleich zur zweiten Generation wenig getan: Es ist mit dem Apple A7 nach wie vor der gleiche Prozessor eingebaut, auch die Auflösung des Displays und der Kamera sind gleich geblieben. Neu ist nur, dass auch das iPad Mini in der dritten Generation einen TouchID-Sensor besitzt und nicht nur in Spacegrau und Silber lieferbar ist, sondern zusätzlich auch in der Farbe Gold. Geändert hat sich auch die verfügbare Speicherausstattung – die Variante mit 32 Gigabyte ist weggefallen, es gibt das iPad Mini der dritten Generation mit 16, 64 oder 128 Gigabyte Hauptspeicher.

4.1.5   Auf welcher Hardware läuft iOS eigentlich?

Neben dem iPhone in all seinen Ausführungen läuft iOS auch noch auf anderen Geräten. Am bekanntesten ist sicherlich das iPad, das inzwischen auch in mehreren Generationen und Variationen am Markt ist und den aktuellen Boom der Tablet-PCs ausgelöst hat. Neben dem »Standard«-iPad mit einem knapp 10 Zoll großen Bildschirm hat Apple inzwischen auch das iPad mini herausgebracht, das als wichtigstes Unterscheidungsmerkmal ein knapp 8 Zoll großes Display hat.

Ebenfalls mit iOS ausgestattet ist der iPod touch, der dadurch auch in der Lage ist, die meisten Apps auszuführen. Im Wesentlichen ist der iPod touch ein iPhone ohne Telefonfunktionen.

Auch auf der Set-Top-Box von Apple, dem *Apple TV*, läuft ab der zweiten Generation als Betriebssystem iOS, allerdings in einer angepassten Version, so dass das Apple TV nicht mit eigenen Apps versorgt werden kann.

4.2   Aufbau von iOS

Wie bereits erwähnt, ist iOS ein Bruder von OS X, dem Betriebssystem, das auf dem Mac läuft. Obwohl es, primär aus Sicherheitsgründen, um einige Funktionen beschnitten worden ist, die auf dem Mac vorhanden sind, ist es jedoch weitestgehend identisch mit OS X. Der Kern des Betriebssystems, von Fachleuten als *Kernel* bezeichnet, beim Auto würde man vom Motor sprechen, ist bei iOS und OS X gleich. Auch die darüberliegenden Schichten sind weitestgehend identisch (siehe Abbildung 4.12). Der größte und gleichzeitig nächstliegende Unterschied besteht darin, dass iOS auf eine ganz andere Art mit dem Benutzer kommuniziert als OS X.

4

Letzteres ist ein klassisches Desktop-System, mit dem Sie per Tastatur und Maus kommunizieren. Und auch wenn Sie per Bluetooth eine Tastatur an iPhone oder iPad anschließen können, erfolgt die Bedienung primär über das berührungsempfindliche Display in Form von Fingertippen und Gesten (zum Beispiel Wischen oder die Verwendung mehrerer Finger gleichzeitig). Daraus ergibt sich ein vollkommen neuer Anspruch an die zu bedienende Software. Der einfachste Weg wäre gewesen, die vom Desktop bekannte Bedienung auf das iPhone zu übertragen und dort statt der Maus einen Finger zu benutzen. Doch Apple wäre nicht Apple, wenn das so passiert wäre. Dieses Vorgehen hat Microsoft bereits mehrfach erfolglos mit den diversen Mobilvarianten von Windows versucht – es hat sich nie bewährt.

Apple hat mit der neuen Art der Bedienung auch eine neue Art von Benutzer-Interface erfunden, eine Art, die sich optimal an die Bedienung mit den Fingern anpasst. Dementsprechend sieht der »Schreibtisch« des iPhones, das *Springboard*, auch ganz anders aus als der Schreibtisch beim Mac. Dieser Unterschied schlägt sich auch in der Programmierung nieder. Im Grundsatz ist die Programmierung fast identisch mit der Programmierung für OS X. Lediglich die Gestaltung der Benutzeroberfläche ist auf beiden Systemen unterschiedlich, ansonsten unterscheiden sich beide Systeme weitestgehend nur in den tiefer liegenden Details.

iOS bietet dem Programmierer sogenannte *Frameworks*. Das sind Werkzeugkästen, aus denen sich der Programmierer bedienen kann, um eine App zu erstellen. In der Zeit, als Computer ausschließlich von langhaarigen Nerds[2] bedient wurden, musste sich ein Programmierer nahezu alle Funktionen, die er in einem Programm verwenden wollte, selber bauen. Selbst für einfache grafische Oberflächen gab es keine Vorlagen, und man musste jedes Fenster und jeden Button aufwändig »zu Fuß« programmieren, wenn man diese Elemente in einem eigenen Programm verwenden wollte.

Mittlerweile sind die Computer bunt, und dank gut strukturierter und dokumentierter Frameworks kann man sich als Programmierer auf das Wesentliche konzentrieren, nämlich die Funktionen, die eine App erfüllen soll. Das Zeichnen von Fenstern, Listen, Buttons und allem, was eine App sonst noch so besitzt, übernimmt iOS bzw. das betreffende Framework. Man nimmt sich aus den Frameworks einfach die Teile, die man benötigt, und setzt sie in Xcode zusammen; genauso wie Sie es in der ersten Beispiel-App in Kapitel 1, »Ein kleiner Schritt …«, getan haben.

---

2 *https://de.wikipedia.org/wiki/Nerd*

Cocoa Touch
UIKit, Foundation Framework,
Address Book UI Framework

Media
Core Audio, Core Animation, Quartz, PDF,
Video, OpenGL ES, OpenAL

Core Services
CFNetwork, Security Framework,
Core Foundation, Address Book, Ports & Sockets

Core OS
Mach 3.0, POSIX-Threads, BSD-Sockets,
Dateisystem, I/O, Bonjour, DNS, IPC

Abbildung 4.12 Die Schichten von iOS

4.2.1   Core OS

Auf der untersten Schicht, dem *Core OS*, residieren der *Mach-Kernel* und grundlegende Funktionen wie *POSIX-Threads*, *BSD-Sockets*, Interprozesskommunikation, Dateisystemzugriffe, die Standardbibliothek von iOS, Treiber etc. Diese Schicht beherbergt auch die Netzwerkdienste *Bonjour* und *DNS*, was deren integralen Charakter innerhalb von OS X bzw. iOS zeigt. Sie sind keine gekapselten Abbildungen von BSD-Sockets, sondern direkt in das Betriebssystem integriert.

Die höher liegenden Schichten kapseln die Funktionalitäten, indem ein Programmierer, der beispielsweise Threads oder Sockets in seinem Programm verwenden möchte, nicht mit POSIX-Threads und BSD-Sockets direkt arbeiten muss. Stattdessen kann er Abstraktionen dieser Funktionalitäten in den höheren Ebenen verwenden. Die höheren Schichten bieten komfortable Abstraktionen aller benötigten Funktionen und kümmern sich um Dinge wie beispielsweise das Speicher- und Ressourcenmanagement. Das erleichtert einem Programmierer das Leben, denn in der Regel hat dieser weder Zeit noch Geld, um sich neben dem Umsetzen der Anforderungen der eigentlichen Applikation auch noch mit Grundsätzlichem wie der Speicherverwaltung des Betriebssystems zu beschäftigen.

4.2.2   Core Services

In der Schicht über dem Core OS befinden sich die *Core Services*. Diese bestehen aus den Frameworks *Core Foundation*, *CFNetwork*, *Core Location*, *Security Framework*, der direkten Unterstützung von XML, dem *Address Book Framework* und der in iOS integrierten

Datenbank *SQLite*. Die Core Services sind Grundlage aller Dienste und Anwendungen, die auf dem iPhone laufen.

Core Foundation bietet den darüberliegenden Schichten grundlegende Operationen und Funktionen wie Zeichenkettenverwaltung, Bundles, Datum und Uhrzeit, Threads, Ports und Sockets. Core Foundation ist ein in C implementiertes Framework, auf das man als Programmierer für das iOS selten direkt zugreift. Primäres Framework für die Programmierung unter iOS ist Cocoa Touch, das in Objective-C implementierte Schnittstellen zu den Funktionen der unteren Schichten des Betriebssystems bietet. CFNetwork ist ein ebenfalls in C implementiertes Framework, das die Netzwerkfunktionen (BSD-Sockets) des Core OS kapselt.

Core Location bietet die Schnittstellen zur Positionsbestimmung von iPhone und iPad. Das iPhone hat zwar seit dem 3G-Modell ein GPS-Modul eingebaut, die Positionsbestimmung erfolgt in der Regel aber nicht per GPS, da das GPS-Modul zum einen (auf Mobilgeräten) teuren Strom verbraucht und zum anderen in überdachten oder dicht bebauten Gebieten nicht oder nur sehr ungenau funktioniert. Daher bedient sich iOS für die Positionsbestimmung neben GPS auch noch aGPS und WPS. Bei aGPS wird die aktuelle Position aus der Triangulierung der erreichbaren Mobilfunkmasten ermittelt und erst dann per GPS, WPS bestimmt die Position durch einen Abgleich der erreichbaren WLAN-Netzwerke mit einer entsprechenden Datenbank.

Das Security Framework bietet Möglichkeiten zum Umgang mit Zertifikaten, Schlüsseln und Zufallszahlen. Es stellt einen Ersatz für die unter Unix weit verbreitete OpenSSL-Bibliothek dar, die unter iOS nicht vorhanden ist. Neben dem XML-Handling ist das Address Book Framework ein weiterer wichtiger Bestandteil von Core Services. Das iPhone ist in erster Linie ein Telefon, und dementsprechend wichtig ist der Umgang mit Kontakten und Adressdaten, die das Address Book Framework kapselt. Außerdem enthält Cocoa Touch dafür in Objective-C implementierte Schnittstellen, die den Zugriff auf die Adressdaten noch vereinfachen.

4.2.3   Media

Die dritte Schicht von iOS, der *Media*-Layer, beinhaltet alle Multimediafunktionen, die iPhone und iPad bieten. Dies sind für die Grafik *Quartz* zur 2D-Darstellung, *OpenGL ES* für 2D- und 3D-Darstellungen sowie *Core Animation* zum Rendern von Bewegungen und Animationen. Für die Verarbeitung von Audiodaten stellt der Media-Layer *Core Audio* zur Verfügung. Darüber hinaus unterstützt iOS den plattformübergreifenden Standard *OpenAL*, was das plattformübergreifende Programmieren von Audiofunktionen erheblich vereinfacht. Das *Media Player Framework* dient der Wiedergabe von Audio- und Videodaten. Es enthält eine Implementierung des Videocodecs H.264/

MPEG-4. Dieser Codec ist seit Mac OS X 10.4 der Kompressionsstandard für Videodaten durch QuickTime, und beispielsweise verwendet ihn iChat für Videokonferenzen.

4.2.4 Cocoa Touch

Die vierte iOS-Schicht ist *Cocoa Touch*. Es ist die Grundlage aller Programme mit grafischer Benutzeroberfläche unter iOS und der mobile Bruder von Cocoa, der obersten Schicht von Mac OS X. Wie Cocoa bietet auch Cocoa Touch umfangreiche Möglichkeiten zur Programmierung grafischer und eventgesteuerter Programme. Dazu bringt es Klassen für die Erstellung grafischer Benutzeroberflächen und die Fähigkeit zum Event Handling mit. Der größte Unterschied zum Bruder auf dem Mac ist die vollkommen andere Benutzerschnittstelle von iPhone und iPad. Während auf einem Mac der Benutzer in der Regel über Tastatur und Maus mit den Programmen kommuniziert, geschieht das auf dem iPhone über das Multitouch-Display und die Bewegungssensoren. Auf dem Display führt der Benutzer mit einem oder mehreren Fingern *Gesten* aus, die das iOS an das jeweils aktive Programm weiterreicht. Außerdem können die Programme die Bewegungen des Geräts (zum Beispiel Kippen, Schütteln) als Eingaben des Nutzers interpretieren. Cocoa Touch ist speziell an diese Benutzerschnittstelle angepasst und bietet dem Programmierer genau darauf abgestimmte Eingabeelemente und Events.

Cocoa Touch besteht seinerseits aus sechs einzelnen Frameworks. Das wichtigste für die Programmierung eigener Applikationen ist das *UIKit*. Es stellt die grundlegenden Klassen für das Erstellen von grafischen, eventgesteuerten Benutzeroberflächen zur Verfügung. Dazu bringt es eine große Anzahl fertiger Elemente mit, die ein Programmierer für eine App nur noch zu einer eigenen Benutzeroberfläche zusammenbauen und mit Applikationslogik versehen muss. Textfelder, Buttons, Tabellen, Copy & Paste, grafische Elemente etc. sind alles Bestandteile des UIKits, auf die ein Programmierer direkt zurückgreifen kann. Das Event Handling findet ebenfalls über das UIKit statt. Es bietet darüber hinaus einen gekapselten Zugriff auf die Hardware des iPhones, also auf Systeminformationen, Kamera und die Beschleunigungs- und Neigungssensoren. Falls Sie bereits unter Mac OS X mit Cocoa gearbeitet haben, kennen Sie das *AppKit*, das das Pendant zum UIKit ist.

Mit iOS 3.0 hat Apple mit dem *Game Kit* den sogenannten Peer-to-Peer-Modus eingeführt, über den Verbindungen zwischen iOS-Geräten und damit zum Beispiel Netzwerkspiele zwischen iOS-Geräten möglich sind. Game Kit ist ebenfalls ein Bestandteil von Cocoa Touch.

Den Zugriff auf die Kartenfunktionen von iOS ermöglicht seit iPhone OS 3.0 das *Map Kit*. Damit können Sie Landkarten mit Positionsbestimmung in eigene Programme einbauen. Das *Message UI Framework* erlaubt die Anzeige eines E-Mail-Formulars, so dass man aus eigenen Programmen heraus E-Mails erstellen und versenden kann. Die Foto-applikation des iPhones oder Safari verwenden dieses Formular, wenn Sie ein Foto bzw. eine URL direkt aus diesen Programmen heraus versenden.

Cocoa Touch ähnelt in vielen Bereichen Cocoa, das wiederum von NeXTStep abstammt. Cocoa Touch ist wie Cocoa durchgängig objektorientiert, und die Mutter aller Klassen von Cocoa Touch ist *NSObject*.

4.3   Objective-C und objektorientierte Programmierung

Sie haben einen wichtigen Begriff bereits im ersten Kapitel kennengelernt, und auch in der Beschreibung von iOS in den vorhergehenden Abschnitten ist er immer wieder aufgetaucht: objektorientiert. Cocoa Touch ist ein objektorientiertes Framework, und Objective-C, die Sprache, in der Sie für das iPhone programmieren, ist auch objekt-orientiert. Sie werden bei der Programmierung für iOS also um die sogenannte objektorientierte Programmierung nicht herumkommen. Grund genug, einen klei-nen Auffrischungs- bzw. Einsteigerkurs in objektorientierter Programmierung (OOP) einzuschieben. Anmerkung für Puristen: Wir bekommen auf den paar Seiten hier keine komplette Einführung in die objektorientierte Programmierung hin – aber es wird reichen, um in die App-Programmierung einzusteigen.

Das wichtigste Merkmal von objektorientierter Programmierung ist der Umstand, dass Daten und auf diesen Daten zulässige Operationen zu Einheiten zusammengefasst wer-den. Sie kennen aus der prozeduralen Programmierung in C (siehe Abschnitt 2.2, »Pro-grammieren in C«), Pascal oder ähnlichen Sprachen wahrscheinlich noch Variablen, Funktionen und globale Variablen. Wenn Sie bereits Programmiererfahrung in einer prozeduralen Sprache haben, werden Sie das Problem kennen, das dadurch entsteht, wenn man einer Funktion Daten übergibt, mit denen diese Funktion nichts anfangen kann, oder dadurch, dass jemand oder etwas auf Daten zugreift, auf die er oder es nicht zugreifen sollte.

Weitere Probleme haben Sie, wenn Sie fertig ausprogrammierte Funktionen in einem anderen Programm wiederverwenden möchten. Ohne aufwändige Anpassungen kom-men Sie dann nicht weiter. Und wenn Sie die Funktionen angepasst haben, ist eine Verwendung der angepassten und eventuell erweiterten Funktionen im Ursprungspro-gramm nicht mehr möglich, ohne dass Sie auch dort wieder Anpassungsarbeiten durch-führen.

Diese Probleme haben Sie bei der objektorientierten Programmierung nicht. Objective-C, die Sprache für iOS, ist eine klassenbasierte, objektorientierte Programmiersprache. Die Grundlage der Programmierung in Objective-C bilden also Klassen. Klassen sind Baupläne, aus denen sich Objekte erzeugen lassen. Denken Sie zum Beispiel an den Bauplan für ein Instrument, für eine Geige. Die Klasse ist der Bauplan, die fertige Geige ist das Objekt.

Genauso ist es in Objective-C; anstatt dass Sie auf herkömmlichem, prozeduralem Weg eine Funktion schreiben, in der Sie Holz, Saiten, Stahl und Plastik zusammen mit Fingerbewegungen kombinieren, so dass am Ende eine Geige dabei herauskommt, definieren Sie eine Klasse Geige, aus der Sie zur Laufzeit des Programms ein entsprechendes Geige-Objekt erzeugen. Wenn Sie zwei Geigen im Programm benötigen, erstellen Sie aus der Klasse einfach zwei Geigenobjekte.

Die Eigenschaften der Geige legen Sie in der Definition der Klasse über sogenannte Instanzvariablen und Propertys fest. Das sind Speicherstellen, die Daten über das Objekt aufnehmen können. Sie können darüber also alle wichtigen Eigenschaften des betreffenden Objekts abbilden. In Pseudocode sieht eine Klasse Geige wie folgt aus:

```
Klasse Geige
Eigenschaft Alter = Zahl
Eigenschaft Preis = Zahl
Eigenschaft Hersteller = Zeichenkette
```

Die Klasse beschreibt aber nicht nur die Eigenschaften (den Zustand) des Objekts (der Geige), sondern auch die Möglichkeiten, die dieses Objekt bietet. Letzteres erfolgt durch Methoden. Eine Methode ist ein Vorgang, den man mit einem Objekt ausführen kann. Bei einer Geige wäre ein typischer Vorgang zum Beispiel »spiele Ton«. Um diese Methode ergänzt sieht die Klasse Geige im Pseudocode nun folgendermaßen aus:

```
Klasse Geige
Eigenschaft Alter = Zahl
Eigenschaft Preis = Zahl
Eigenschaft Hersteller = Zeichenkette
Methode spieleTon
```

Da Sie aber nicht auf Papier in Pseudocode programmieren möchten, verbinden wir die Pflicht mit der Kür und reichern die Einführung in die objektorientierte Programmierung durch eine praktische Übung in Xcode an.

Erstellen Sie dazu ein neues Projekt in Xcode, und wählen Sie als Template dieses Mal
OS X • APPLICATION • COMMAND LINE TOOL (siehe Abbildung 4.13).

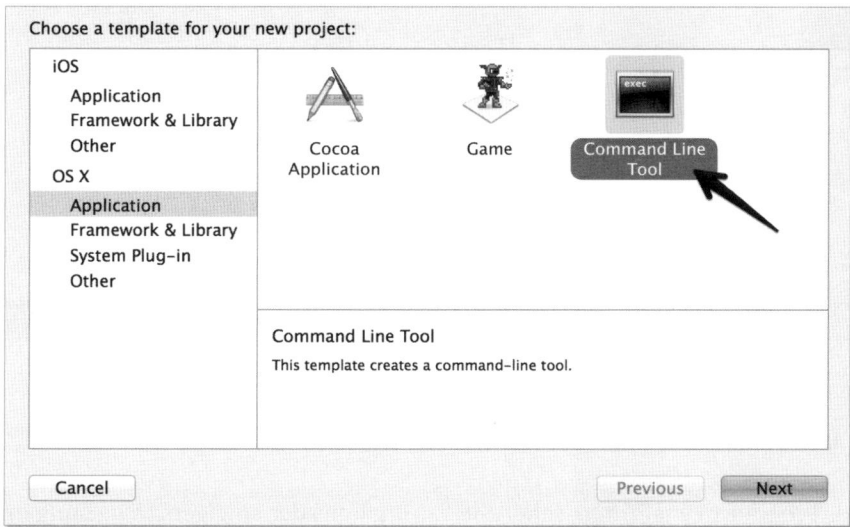

Abbildung 4.13 Ein neues Projekt

Dieses Template erstellt, wie in Kapitel 2 bereits verwendet, eine Konsolenanwendung
für den Mac. Da es in diesem Kapitel aber um die graue Theorie geht und Sie nicht von
den grafischen Spielereien der iOS-Programmierung abgelenkt werden sollen, ist diese
Art von Programm für die folgenden Beispiele ideal geeignet.

Wählen Sie im zweiten Dialog erneut die Sprache Objective-C aus.

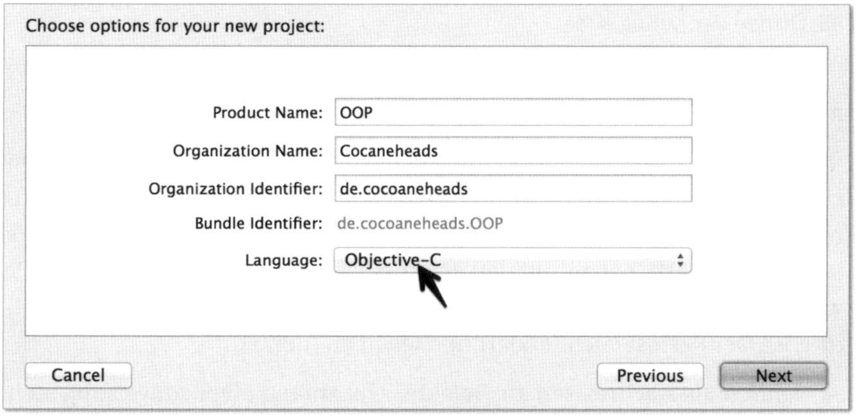

Abbildung 4.14 Objective-C ist auch hier wieder Sprache der Wahl.

Geben Sie dem Programm einen beliebigen Namen, und öffnen Sie anschließend in Xcode die Datei *main.m* (siehe Abbildung 4.15).

```
1   //
2   //   main.m
3   //   OOP
4   //
5   //   Created by Klaus Rodewig on 05.10.14.
6   //   Copyright (c) 2014 Cocaneheads. All rights reserved.
7   //
8
9   #import <Foundation/Foundation.h>
10
11  int main(int argc, const char * argv[]) {
12      @autoreleasepool {
13          // insert code here...
14          NSLog(@"Hello, World!");
15      }
16      return 0;
17  }
18
```

Abbildung 4.15 Die Datei »main.m«

Wenn Sie das Programm ausführen, sehen Sie das Ergebnis der einzigen Anweisung im Programm, nämlich in Zeile 15 von *main.m* (Ausgabe einer Zeichenkette in der Konsole):

```
2014-10-05 23:13:31.435 OOP[12196:303] Hello, World!
```

Falls Sie nichts sehen, schalten Sie in Xcode bitte die *Debug Area* ein – über den entsprechenden Button rechts oben in der Xcode-Werkzeugleiste (siehe auch Kapitel 2).

Abbildung 4.16 Öffnen der Debug-Area.

4.3.1   Syntax

Objective-C ist eine objektorientierte Erweiterung der Programmiersprache C, sowohl in Funktion als auch in Syntax. Falls Sie C beherrschen, können Sie bei der App-Programmierung all Ihre C-Kenntnisse weiterverwenden. Objective-C sieht, wie Sie im ersten Kapitel ja bereits gemerkt haben, auf den ersten Blick gewöhnungsbedürftig aus. Es verwendet viele eckige Klammern. Das ist aber auch schon das Einzige, was gewöhnungsbedürftig ist. Der Rest ist leicht erklärt und leicht zu merken.

In Objective-C senden Sie Nachrichten an Objekte. Am Anfang einer Anweisung steht immer der Empfänger, gefolgt von der Nachricht (der Methode):

```
[aalSchabrack holMichBier];
```

aalSchabrack ist das Objekt, holMichBier die Nachricht. Soll die Nachricht einen Parameter besitzen, wird dieser durch einen Doppelpunkt angehängt:

```
[aalSchabrack holMichBier:kalt];
```

Hier bekommt das Objekt aalSchabrack die Nachricht holMichBier mit dem Parameter kalt gesendet. Möchten Sie mehrere Parameter an eine Nachricht anhängen, schreiben Sie diese Parameter einfach, durch Leerzeichen getrennt, hintereinander:

```
[aalSchabrack holMichBier:kalt art:kölsch menge:viel];
```

> **Semikolon nicht vergessen**
>
> In Objective-C müssen Sie jede Anweisung mit einem Semikolon abschließen, sonst wird Xcode meckern.

4.3.2   Klassen und Objekte

So spartanisch dieses Programm ist, so geeignet ist es jedoch, um alle für die iOS-Programmierung wichtigen Aspekte zu beschreiben. Als Erstes werden Sie dem Programm eine Klasse hinzufügen, einen Bauplan für Objekte. Wählen Sie dazu im Xcode-Menü den Punkt FILE • NEW • FILE ..., und wählen Sie anschließend OS X • SOURCE • OBJECTIVE-C CLASS aus (siehe Abbildung 4.17).

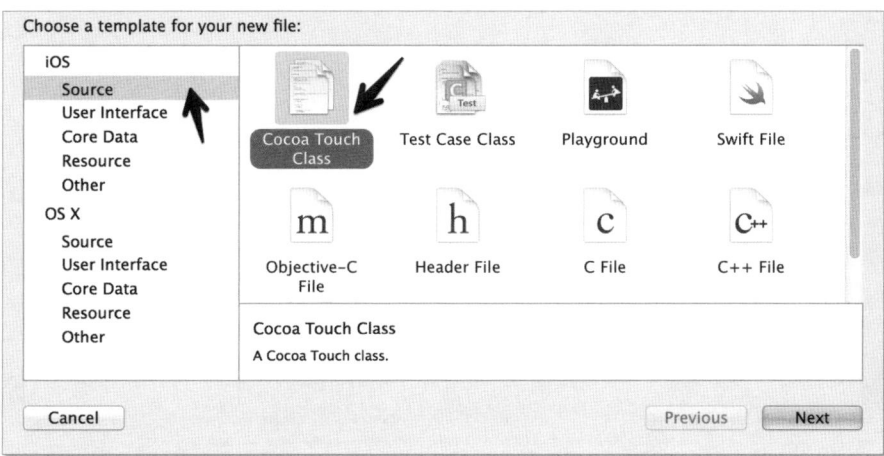

Abbildung 4.17 Eine neue Klasse

Der Klasse geben Sie im folgenden Dialogfenster den Namen Geige und definieren sie als Subklasse von NSObject (siehe Abbildung 4.18). Achten Sie darauf, dass die Sprache Objective-C eingestellt ist.

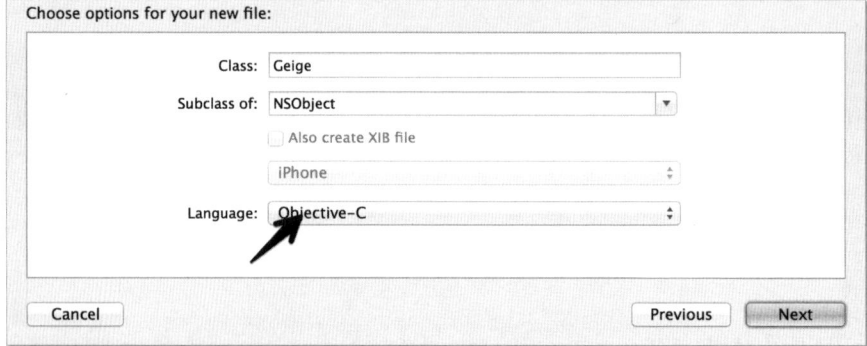

Abbildung 4.18 »Geige« ist eine Subklasse von »NSObject«.

Im abschließenden Dialog geben Sie an, dass Xcode die neue Datei im Projektverzeichnis ablegen soll (siehe Abbildung 4.19).

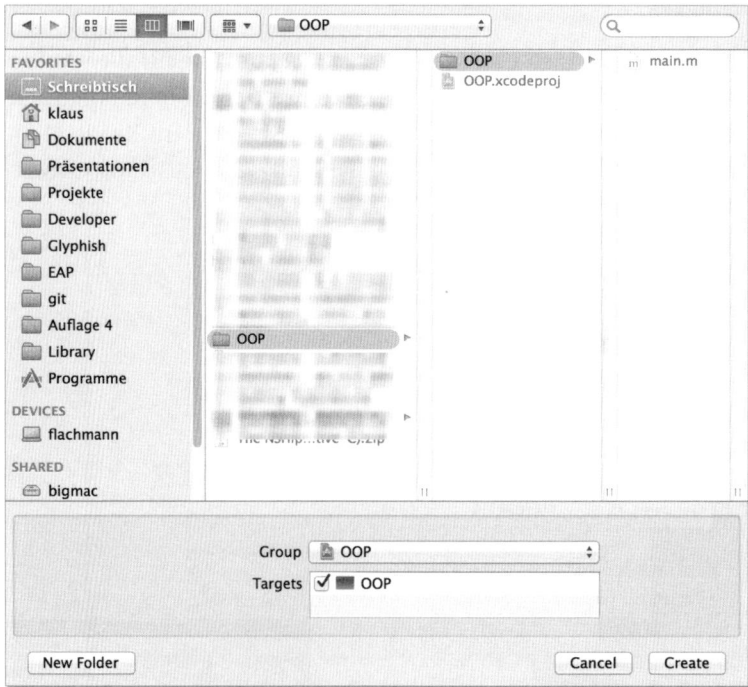

Abbildung 4.19 Die neue Klasse kommt ins Projektverzeichnis.

Wenn Sie sich nun den Navigationsbereich von Xcode ansehen, finden Sie **zwei** neue Dateien: *Geige.h* und *Geige.m* (siehe Abbildung 4.20).

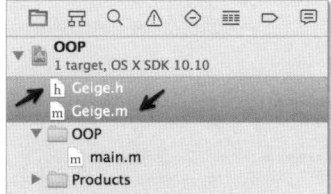

Abbildung 4.20 Eine Klasse – zwei Dateien

Konventionen für Klassen

Damit haben Sie jetzt zwei wichtige Konventionen für den Umgang mit Klassen in Objective-C kennengelernt:

▸ Der Name einer Klasse wird großgeschrieben.

▸ Eine Klasse besteht aus zwei Dateien.

Beides ist Konvention, und daran sollten Sie nicht rütteln. Die Datei mit der Endung *.h* ist die sogenannte Headerdatei. Diese Datei beschreibt, wie man als Programmierer mit dieser Klasse arbeiten kann, also welche Instanzvariablen und Propertys diese Klasse hat und welche Methoden. Die Headerdatei beschreibt hingegen nicht, wie genau die Methoden aussehen, **was** die Klasse also macht. Diese Information steckt in der Datei mit der Endung *.m*, der sogenannten Implementierungsdatei.

Sie haben nun also eine Klasse, und wenn Sie in beide Dateien sehen, sehen Sie wenig. Die Headerdatei enthält drei Zeilen (die Zeilen mit den doppelten Schrägstrichen am Anfang sind Kommentarzeilen und für die Programmfunktion unwichtig):

```
#import <Cocoa/Cocoa.h>
@interface Geige : NSObject
@end
```

Listing 4.1 Die Headerdatei der Klasse »Geige«

Die Implementierungsdatei ist ebenso spartanisch:

```
#import "Geige.h"
@implementation Geige
@end
```

Listing 4.2 Die Implementierungsdatei der Klasse »Geige«

Die Klasse erhält nun drei Propertys, also Eigenschaften, und eine Methode, um den oben gezeigten Pseudocode abzubilden. Zur import-Anweisung kommen wir später. Erweitern Sie die Klasse wie folgt:

```
#import <Cocoa/Cocoa.h>
@interface Geige : NSObject
@property (copy) NSString *hersteller;
@property NSNumber *alter;
@property NSNumber *preis;
-(void)spieleTon;
@end
```

Listing 4.3 Die erweiterte Headerdatei der Klasse »Geige«

Die Propertys sind durch das entsprechende Schlüsselwort @property gekennzeichnet, und eine Methode sieht aus wie die Deklaration einer Funktion. Jetzt fehlt noch die Definition der Methode, also die Angabe, was bei spieleTon überhaupt passieren soll. Diese Definition schreiben Sie in die Implementierungsdatei:

```
#import "Geige.h"
@implementation Geige
-(void)spieleTon{
    NSLog(@"A");
}
@end
```

Listing 4.4 Die Implementierung der Methode »spieleTon« in der Implementierungsdatei der Klasse »Geige«

> **Deklaration, Definition, Import, Header und Implementierung**
> Die Headerdatei enthält die Deklaration von Methoden, also die Angabe, **dass** eine Methode vorhanden ist. Die Implementierungsdatei enthält die Definition der Methode, also die Angabe, **was** die Methode macht.

Wenn Sie das Programm nun starten, sehen Sie ... nicht mehr als vorher. Das liegt daran, dass Sie die neue Klasse nirgendwo benutzt haben. Das ändern Sie nun, indem Sie in der Datei *main.m* die folgende import-Anweisung einfügen (direkt nach der ersten import-Anweisung):

```
#import "Geige.h"
```

Damit »kennt« das Programm jetzt die Klasse Geige. Nun ist der nächste Schritt, aus der Klasse ein Objekt zu erzeugen. Die geschieht, auch in der Datei *main.m*, mit der folgenden Anweisung:

```
Geige *fiedel = [[Geige alloc] init];
```

Listing 4.5 Eine neue Geige wird erschaffen …

Platzieren Sie diese Zeile unmittelbar unter der NSLog-Anweisung:

```
[...]
NSLog(@"Hello, World!");
Geige *fiedel = [[Geige alloc] init];
[...]
```

Damit haben Sie jetzt aus der Klasse Geige das Objekt fiedel erzeugt. Herzlichen Glückwunsch! Die Klasse, und somit das Objekt, verfügt über die Methode spieleTon. Rufen Sie diese Methode auf, indem Sie als nächste Anweisung den folgenden Aufruf platzieren:

```
[fiedel spieleTon];
```

Wenn Sie jetzt das Programm übersetzen und ausführen, zeigt die Konsole die folgende Ausgabe:

```
2013-01-03 22:16:45.842 OOP[33799:303] Hello, World!
2013-01-03 22:16:45.845 OOP[33799:303] A
```

Listing 4.6 Konsolenausgabe des Programms

Über import machen Sie Programmteile, Klassen, miteinander bekannt, und wenn Sie ein Objekt erzeugen wollen, müssen Sie es zunächst über den Aufruf von alloc erzeugen, über init einrichten (mehr dazu später) und können es dann benutzen. Und all das verpacken Sie hübsch in eckigen Klammern, und fertig ist die App. ☺

Ganz so einfach ist es nicht, aber der vorstehende Code zeigt die Syntax von Objective-C sehr deutlich. Um ein neues Objekt der Klasse Geige zu erzeugen …

```
Geige *fiedel
```

… schicken Sie der Klasse selbst die Nachricht alloc:

```
[Geige alloc]
```

191

alloc sagt der Klasse, dass sie Speicherbereich für das neue Objekt bereitstellen soll, und weist die Adresse dieses Speicherbereichs dem Namen des Objekts zu. Sie erkennen dies an dem Sternchen vor dem Namen. Dieses Sternchen besagt, dass fiedel eigentlich nur ein Verweis auf Speicher ist. Wenn Sie Schmerzen mögen, können Sie sich an dieser Stelle näher mit C, Zeigern und Zeigerarithmetik knechten (siehe Abschnitt 2.2.7); für die App-Programmierung reicht es aber **vollkommen**, wenn Sie sich merken, dass ein Sternchen ein Verweis ist.

Damit das Programm mit dem neuen Objekt etwas anfangen kann, müssen Sie direkt im Anschluss an alloc ein init an das neue Objekt schicken. Sie können beide Anweisungen auch getrennt schreiben:

```
Geige *fiedel = [Geige alloc];
[fiedel init];
```

Klassen- und Instanzmethoden

Das alloc geht an die Klasse. alloc ist eine sogenannte *Klassenmethode*. Das nachfolgende init geht an das neue Objekt, also an eine Instanz. Daher spricht man von einer *Instanzmethode*. Im Quelltext erkennen Sie Klassenmethoden an einem vorangestellten Pluszeichen und Instanzmethoden an einem vorangestellten Minuszeichen (so wie bei der Methode spieleTon).

Die Methode spieleTon ist natürlich weltfremd. Eine Geige kann mehr als einen Ton spielen. Sie möchten daher beim Aufruf der Methode auch angeben können, welchen Ton die Geige spielen soll.

Erweitern Sie die Deklaration der Methode spieleTon in der Datei *Geige.h* daher so, dass sie einen Parameter Ton vom Typ NSString übernimmt:

```
-(void)spieleTon:(NSString*)Ton;
```

Die Definition in der Datei *Geige.m* erweitern Sie wie folgt:

```
-(void)spieleTon:(NSString*)Ton{
    NSLog(@"%@", Ton);
}
```

Listing 4.7 Die erweiterte Methode »spieleTon«

Sie sehen: Ein Methodenparameter wird einfach mit einem Doppelpunkt an den Methodennamen angehängt, sowohl in der Definition als auch später beim Aufruf im Programm.

Der verwendete Typ NSString ist eine Klasse für Zeichenketten (Strings), und um ein Objekt vom Typ NSString in eine NSLog-Ausgabe zu schreiben, verwenden Sie den Platzhalter %@. NSLog ist die Anweisung, mit der Sie Ausgaben in die Konsole umleiten können, für die Entwicklung also extrem hilfreich.

Wenn Sie jetzt noch in der Datei *main.m* den Aufruf der Methode spieleTon anpassen, spielt die Geige jeden Ton, den Sie ihr geben. Sie können auch verschiedene Töne hintereinander spielen lassen:

```
[...]
[fiedel spieleTon:@"C"];
[fiedel spieleTon:@"E"];
[...]
```

Listing 4.8 Liebe Geige, spiele zwei Töne hintereinander.

Wenn Sie das Programm nun wieder ausführen, zeigt die Konsole das folgende Ergebnis:

```
2013-01-03 22:45:49.572 OOP[37018:303] Hello, World!
2013-01-03 22:45:49.575 OOP[37018:303] C
2013-01-03 22:45:49.575 OOP[37018:303] E
```

Listing 4.9 Es klappt! André Rieu wäre stolz auf Sie.

Sie können jetzt Klassen und Objekte erzeugen und Methoden aufrufen. Jetzt fehlt noch die Arbeit mit den Eigenschaften der Objekte. Bei der Verwendung der Propertys erzeugt Xcode automatisch Methoden, mit denen die Werte für diese Propertys gesetzt und gelesen werden können. Dahinter verbirgt sich ein weiterer Vorteil objektorientierter Programmierung, die Datenkapselung. Die Verbindung von Daten und Methoden in der objektorientierten Programmierung hat ja den Sinn, dass man als Programmierer keine ungültigen Operationen auf Daten ausführt bzw. Daten an Funktionen übergibt, die mit diesen Daten nichts anfangen können.

Um diesem Fehler vorzubeugen, sind die Daten mit den darauf zulässigen Operationen in Objekten gekapselt. Die Kapselung ist aber nur dann sinnvoll umgesetzt, wenn man die Daten von außen nicht beliebig manipulieren kann, sondern dem Objekt selbst überlässt, wie die Daten geschrieben und gelesen werden. Dazu erzeugt Xcode bei der

Verwendung von Propertys sogenannte Accessor-Methoden. Für jede Property gibt es eine Methode mit demselben Namen, über den man den Wert der Property auslesen kann. Die Methode zum Setzen eines Wertes entspricht dem Namen der Property mit vorangestelltem set. Im Falle der Geige also:

[fiedel alter] → gibt das Alter der Geige zurück

[fiedel setAlter:23] → setzt das Alter der Geige auf 23

Probieren Sie es aus, und fügen Sie in der *main.m* hinter den Aufrufen der Methode spieleTon die folgenden Anweisungen ein:

```
[fiedel setAlter:[NSNumber numberWithInt:23]];
[fiedel setHersteller:@"Foobar"];
[fiedel setPreis:[NSNumber numberWithFloat:42.50]];
```

Listing 4.10 Aufrufe der Accessoren von »fiedel«

Achten Sie auf die Namen der Accessor-Methoden. Die Methoden zum Setzen von Werten nennt man *Setter*. Das Objekt fiedel erhält über diese Anweisungen also Werte für seine Propertys.

NSNumber ist eine Klasse zum Speichern von Zahlenwerten. Über die verschiedenen Methoden kann man verschiedene Arten von Zahlen speichern.

Nach dem Setzen der Werte können Sie über die Methoden zum Auslesen von Propertys, die sogenannten *Getter*, die entsprechenden Werte vom Objekt erfahren. Der Name der Getter entspricht den Namen der Propertys:

```
NSLog(@"Alter: %@, Hersteller: %@, Preis: %@", ↩
[fiedel alter], [fiedel hersteller], [fiedel preis]);
```

Das Ergebnis in der Konsole sieht gut aus:

```
2013-01-03 23:00:13.946 OOP[38580:303] Hello, World!
2013-01-03 23:00:13.949 OOP[38580:303] C
2013-01-03 23:00:13.949 OOP[38580:303] E
2013-01-03 23:00:13.950 OOP[38580:303] Alter: 23, ↩
 Hersteller: Foobar, Preis: 42.5
```

Das nachträgliche Setzen von Werten ist schön und gut, in der Regel möchte man aber bereits beim Erzeugen eines Objekts Propertys setzen. Dazu gibt es in anderen Programmiersprachen die sogenannten Konstruktoren. In Objective-C übernimmt diese Arbeit die init-Methode. Jedes Objekt verfügt über eine init-Methode. In der Datei *Geige.m* können Sie diese Methode aber nicht sehen, da ... hier würden wir vorgreifen. Erstellen Sie daher eine eigene init-Methode, indem Sie in der CODE SNIPPET LIBRARY von Xcode im Suchfeld »init« eingeben und eine OBJECTIVE-C INIT METHOD in die Datei *Geige.m* ziehen (unter die @implementation-Anweisung, siehe Abbildung 4.21 und Abbildung 4.22).

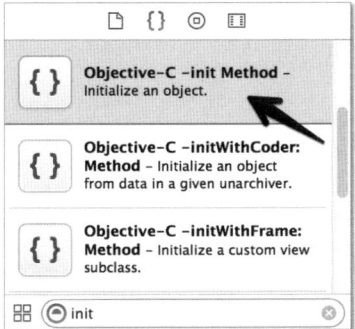

Abbildung 4.21 Die Schablone für eine »init«-Methode

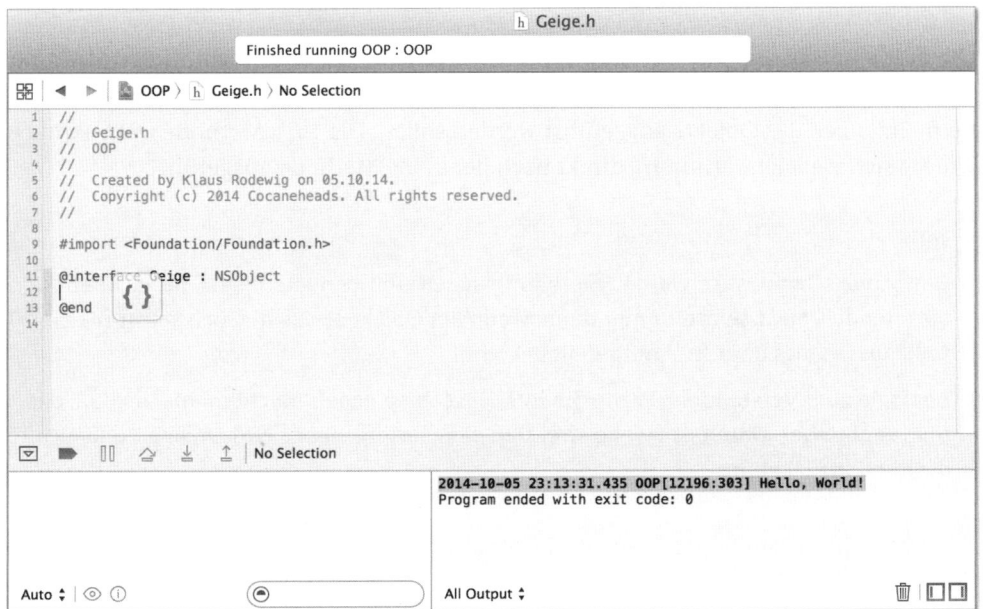

Abbildung 4.22 Einfach in den Code ziehen

Falls Sie die CODE SNIPPET LIBRARY nicht auf Anhieb finden: Öffnen Sie die UTILITIES von Xcode durch Klick auf den entsprechenden Button oben rechts in der Werkzeugleiste von Xcode (siehe Abbildung 4.23).

Abbildung 4.23 Die Utilities aktivieren Sie über diesen Button.

Das von Xcode erzeugte Gerüst der init-Methode sieht wie folgt aus:

```
- (id)init
{
    self = [super init];
    if (self) {
        <#initializations#>
    }
    return self;
}
```

Listing 4.11 Die »init«-Methode

Die super-Anweisung werden Sie in Kürze verstehen. Wichtig ist an dieser Stelle der Platzhalter in den eckigen Klammern. Hier können Sie Anweisungen platzieren, die beim Erzeugen des Objekts ausgeführt werden sollen. Die init-Methode wird nämlich, wie Sie sich vielleicht erinnern, direkt nach der alloc-Methode ausgeführt.

> **self**
>
> Das Schlüsselwort self werden Sie häufig sehen und benutzen. self bezeichnet das aufrufende Objekt selbst. Immer dann, wenn ein Objekt etwas mit sich selbst machen soll, muss es dies über self mitgeteilt bekommen.
>
> Analogie zum Verständnis: Wenn Sie Ihre Nase ansprechen möchten, machen Sie das mit [self.nase]. Damit ist zweifelsfrei klar, dass Sie Ihre eigene Nase meinen und nicht die Ihres Sitznachbarn.

Platzieren Sie an Stelle des besagten Platzhalters Setter-Aufrufe auf die Propertys des Objekts, und setzen Sie beliebige Werte:

```
- (id)init
{
    self = [super init];
```

```
    if (self) {
        self.hersteller = @"Geigen Kalle";
        self.preis = [NSNumber numberWithFloat:3.50];
        self.alter = [NSNumber numberWithInt:0];
    }
    return self;
}
```

Listing 4.12 Die »init«-Methode mit Settern für die Propertys

Jetzt nehmen Sie in der Datei *main.m* noch die Zeile, die die Werte aller Propertys von Geige in die Konsole ausgibt, kopieren diese Zeile und fügen die Kopie direkt hinter der Erzeugung des Objekts Geige ein:

```
[...]
Geige *fiedel = [[Geige alloc] init];
NSLog(@"Alter: %@, Hersteller: %@, Preis: %@", ⤸
[fiedel alter], [fiedel hersteller], [fiedel preis]);
[...]
```

Listing 4.13 Abfrage der Propertys von »Geige« direkt nach der Initialisierung

Wenn Sie die App nun ausführen, gibt die Konsole Folgendes aus:

```
2013-01-04 22:01:58.426 OOP[51962:303] Hello, World!
2013-01-04 22:01:58.429 OOP[51962:303] Alter: 0, ⤸
Hersteller: Geigen Kalle, Preis: 3.5
2013-01-04 22:01:58.429 OOP[51962:303] C
2013-01-04 22:01:58.430 OOP[51962:303] E
2013-01-04 22:01:58.430 OOP[51962:303] Alter: 23, ⤸
 Hersteller: Foobar, Preis: 42.5
```

Sie sehen, die erste Ausgabe zeigt die in der init-Methode gesetzten Werte, die zweite die Werte, die Sie nachträglich von *main.m* aus über die Setter des Objekts gesetzt haben.

Zwischenstand

Sie können nun Klassen definieren, daraus Objekte erzeugen, Methoden dieser Objekte aufrufen und Propertys setzen sowie auslesen. Darüber hinaus können Sie über die init-Methode bei der Initialisierung der Objekte automatisch Werte in Propertys schreiben oder andere Aktionen ausführen.

4.3.3   Vererbung

Sie haben sich vielleicht gefragt, ob die Verwendung von Klassen das einzige Geheimnis objektorientierter Programmierung ist und wieso Sie die init-Methode des Objekts Geige aufrufen konnten, bevor Sie überhaupt eine implementiert hatten. Nun, die Antwort liegt darin, dass ein wesentliches Merkmal objektorientierter Programmierung die Fähigkeit zur Vererbung ist. Eine Klasse kann Eigenschaften, also Methoden und Propertys, an andere Klassen vererben. Diese Klassen besitzen dann automatisch diese Eigenschaften, auch wenn sie gar nicht mehr in den Header- und Implementierungsdateien auftauchen. Die *vererbende* Klasse ist die sogenannte Superklasse. Die *erbende* Klasse ist die Subklasse. Klingt verwirrend? Es geht noch weiter!

Eine Klasse, die Eigenschaften von einer anderen Klasse geerbt hat, kann zusätzlich zu den ererbten Eigenschaften natürlich eigene Eigenschaften besitzen und darüber hinaus die von der vererbenden Klasse geerbten Eigenschaften überschreiben.

Um es praktisch zu machen: Sie haben beim Anlegen der Klasse Geige Xcode mitgeteilt, dass Geige eine Subklasse von NSObject sein soll. Diese Tatsache spiegelt sich in der Headerdatei *Geige.h* wider, nämlich in der @interface-Zeile:

```
@interface Geige : NSObject
```

Diese Zeile besagt, dass Geige eine Subklasse von NSObject ist (siehe Abbildung 4.24).

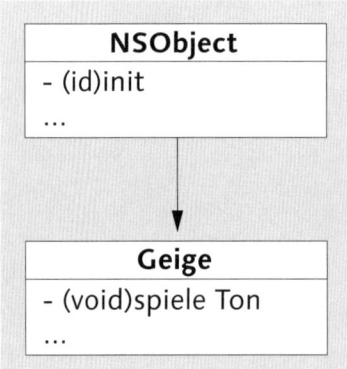

Abbildung 4.24   »Geige« ist eine Subklasse von »NSObject«.

NSObject ist die Mutter aller Klassen in Cocoa Touch und besitzt unter anderem die Methode init. Dadurch, dass Geige eine Subklasse von NSObject ist, besitzt sie automatisch die geerbte init-Methode. Das ist der Grund dafür, dass Sie diese Methode beim Erzeugen des Objekts Geige aufrufen konnten, ohne dass Sie diese Methode in der Klasse Geige implementiert haben:

```
Geige *fiedel = [[Geige alloc] init];
```

Sie ahnen nun den Sinn der Vererbung? Gleiche Eigenschaften lassen sich auf diese Weise ganz komfortabel zentral definieren und an Subklassen vererben. Anstatt dass jede Klasse alle Funktionalitäten selbst implementieren muss, kann sie Funktionalitäten von einer Superklasse erben, die selbst wiederum von einer Superklasse erben kann usw. Und wenn dann mal eine Subklasse eine ererbte Eigenschaft in abgewandelter Form braucht, überschreibt sie diese einfach, so wie mit der selbst geschriebenen init-Methode von Geige geschehen (siehe Abbildung 4.25). Alle anderen ererbten Eigenschaften bleiben davon unberührt.

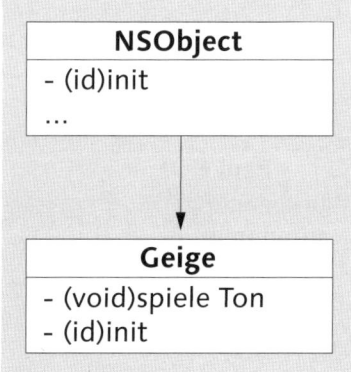

Abbildung 4.25 Die überschriebene »init«-Methode

Stellen Sie sich jetzt vor, dass Sie nicht nur eine Verwaltungssoftware für einen Geigenbauer schreiben, sondern für ein Musikhaus. Dabei können Sie sich die Vorteile der Vererbung unmittelbar zu Nutze machen.

Lagern Sie dazu alle Gemeinsamkeiten von Musikinstrumenten in eine gemeinsame Superklasse aus, und vererben Sie diese Eigenschaften an speziellere Subklassen. So haben alle Instrumente ein Alter, einen Hersteller und einen Preis. Und alle Instrumente können einen Ton produzieren. Die drei entsprechenden Propertys und die Methode spieleTon können Sie daher in der Superklasse implementieren und an die Subklassen vererben. Darüber hinaus gibt es instrumentenspezifische Eigenschaften, die Sie auf Subklassen von Instrument verteilen. Die Subklasse Pauke überschreibt darüber hinaus noch die Methode spieleTon.

Sie sehen in Abbildung 4.26, dass Sie die gemeinsamen Eigenschaften nur in der Klasse Instrument implementieren müssen. Alle anderen Klassen übernehmen diese Eigenschaften. Der Vorteil der Vererbung ist also offensichtlich.

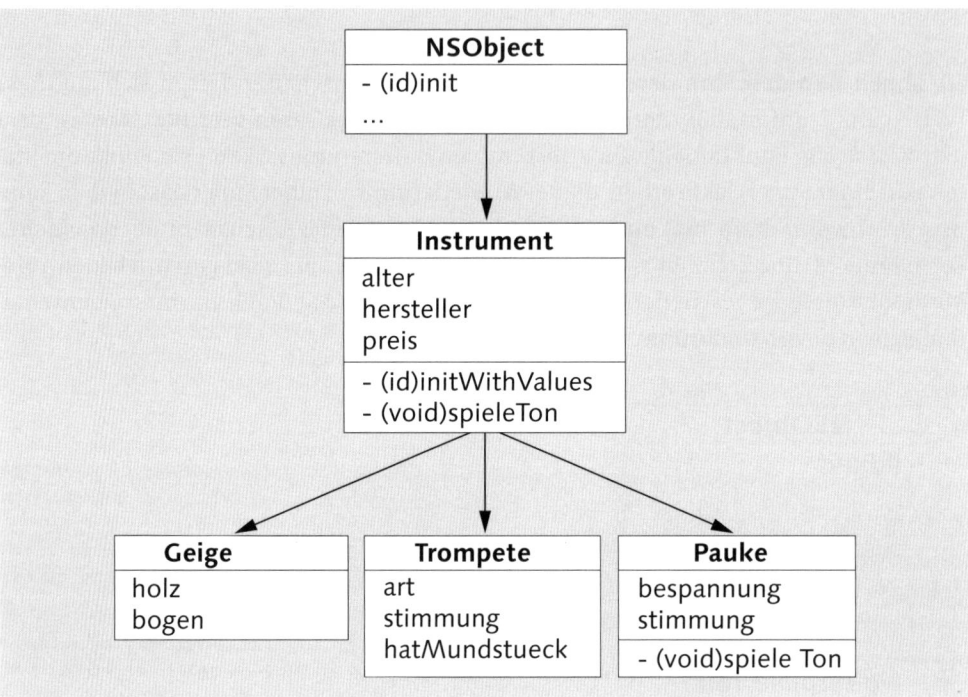

Abbildung 4.26 Vererbungshierarchie für die Instrumentenverwaltung

Um die in Abbildung 4.26 gezeigte Hierarchie in das Beispielprojekt zu integrieren, fügen Sie dem Projekt zunächst eine neue Klasse hinzu (FILE • NEW • FILE) und wählen als Template, wie beim Hinzufügen der Klasse Geige, SOURCE • OBJECTIVE-C CLASS. Geben Sie der Klasse den Namen Instrument, und definieren Sie sie als Subklasse von NSObject (siehe Abbildung 4.27).

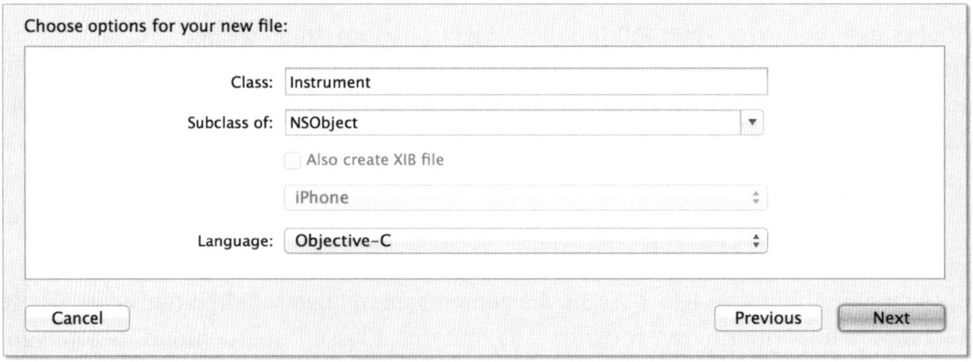

Abbildung 4.27 Die Klasse »Instrument«

Jetzt verschieben Sie die drei Propertys und die Methode `spieleTon` aus der Klasse `Geige` in die Klasse `Instrument`, denn diese Eigenschaften sollen ja allen auf `Instrument` basierenden Klassen zugänglich sein. Kopieren Sie die folgenden Zeilen aus der Datei *Geige.h* in die Datei *Instrument.h*, und löschen Sie die Zeilen anschließend in der Datei *Geige.h*. Alternativ können Sie auch die Tastenkombinationen [cmd]+[X] für Ausschneiden (*Geige.h*) und [cmd]+[V] für Einfügen (*Instrument.h*) verwenden.

```
@property (copy) NSString *hersteller;
@property NSNumber *alter;
@property NSNumber *preis;
-(void)spieleTon:(NSString*)Ton;
```

Listing 4.14 Herr zu Guttenberg lässt grüßen – bitte einmal von »Geige« nach »Instrument« kopieren.

Dasselbe Spiel wiederholen Sie mit der Implementierung der Methode `spieleTon` und verschieben sie von *Geige.m* nach *Instrument.m*:

```
-(void)spieleTon:(NSString*)Ton{
    NSLog(@"%@", Ton);
}
```

Listing 4.15 Die Methode »spieleTon« wandert auch in die Klasse »Instrument«.

Jetzt müssen Sie noch die Superklasse von `Geige` ändern. Bisher ist in der Headerdatei (*Geige.h*) als Superklasse noch `NSObject` angegeben. Ändern Sie `NSObject` in `Instrument`, und fügen Sie über der Zeile mit der `@interface`-Anweisung noch die import-Anweisung ...

```
#import "Instrument.h"
```

... ein, damit die Klasse `Geige` ihre Superklasse kennt. Die komplette Headerdatei von `Geige` sieht dann wie folgt aus:

```
#import <Foundation/Foundation.h>
#import "Instrument.h"
@interface Geige : Instrument
@end
```

Listing 4.16 Die neue Headerdatei der Klasse »Geige«

Wenn Sie das Programm nun übersetzen und starten, passiert magischer Voodoo: Obwohl die Klasse `Geige` all ihrer Propertys und der Methode `spieleTon` beraubt ist, funktioniert das Programm trotzdem noch wie vor der Änderung! Die Vererbung macht's möglich.

Jetzt spendieren Sie der Klasse `Geige` noch die zwei in Abbildung 4.26 gezeigten Propertys:

```
@property (copy) NSString *holz;
@property (copy) NSString *bogen;
```

Listing 4.17 Zwei neue Propertys für die Klasse »Geige«

Anschließend fügen Sie dem Projekt noch die Klassen `Trompete` und `Pauke` hinzu. Als Superklasse geben Sie jeweils `Instrument` an (siehe Abbildung 4.28 und Abbildung 4.29).

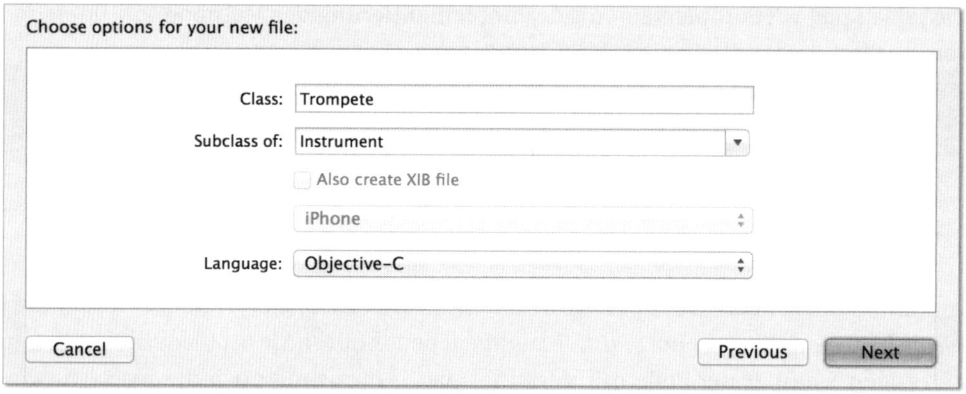

Abbildung 4.28 Eine neue Trompete …

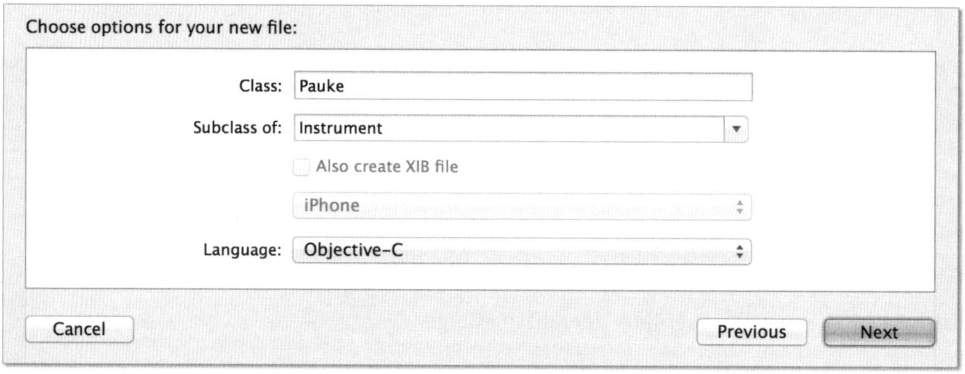

Abbildung 4.29 … und eine neue Pauke – jetzt ist das Orchester komplett.

Fügen Sie gemäß Abbildung 4.26 noch die entsprechenden Propertys zu den beiden neuen Klassen hinzu, also für die Klasse Trompete ...

```
@property (copy) NSString *art;
@property (copy) NSString *stimmung;
@property BOOL hatMundStueck;
```

... und für die Klasse Pauke:

```
@property (copy) NSString *bespannung;
@property (copy) NSString *stimmung;
```

Die Klasse Pauke erhält anschließend noch eine eigene Methode spieleTon:

```
-(void)spieleTon:(NSString*)Ton{
    NSLog(@"%s: Pauke: %@",__PRETTY_FUNCTION__, Ton);
}
```

Listing 4.18 Die Methode »spieleTon« der Klasse »Pauke«

Der Bezeichner __PRETTY_FUNCTION__ in der NSLog-Ausgabe gibt Klasse und Methode aus, in denen die NSLog-Ausgabe erfolgt ist. Um die spieleTon-Methoden der verschiedenen Klassen besser auseinanderhalten zu können, ändern Sie die Methode spieleTon der Klasse Instrument auch noch so ab, dass sie __PRETTY_FUNCTION__ verwendet:

```
-(void)spieleTon:(NSString*)Ton{
    NSLog(@"%s: Ton: %@",__PRETTY_FUNCTION__, Ton);
}
```

Listing 4.19 Die Methode »spieleTon« der Klasse »Instrument« verwendet jetzt auch »__PRETTY_FUNCTION__«.

Öffnen Sie jetzt die Datei *main.m*, und fügen Sie import-Anweisungen für die neuen Klassen hinzu:

```
#import "Instrument.h"
#import "Pauke.h"
#import "Trompete.h"
```

Listing 4.20 Neue »import«-Anweisungen in der Datei »main.m«

Löschen Sie jetzt alle Anweisungen innerhalb der geschweiften Klammern der @autoreleasepool-Anweisung, erzeugen Sie an dieser Stelle von jeder der vier Klassen ein Objekt, und rufen Sie auf diesem Objekt die Methode spieleTon auf:

```
@autoreleasepool{
        Geige *fiedel = [[Geige alloc] init];
        Instrument *instrument = [[Instrument alloc] init];
        Pauke *pauke = [[Pauke alloc] init];
        Trompete *troete = [[Trompete alloc] init];

        [fiedel spieleTon:@"Geig!"];
        [instrument spieleTon:@"?"];
        [pauke spieleTon:@"Umpf!"];
        [troete spieleTon:@"Trööt"];
}
```

Listing 4.21 Der neue Code in der Datei »main.m«

Übersetzen Sie das Programm, und führen Sie es aus. Die Konsole zeigt dann:

```
[...] -[Instrument spieleTon:]: Ton: Geig!
[...] -[Instrument spieleTon:]: Ton: ?
[...] -[Pauke spieleTon:]: Ton: Umpf!
[...] -[Instrument spieleTon:]: Ton: Trööt
```

Fällt Ihnen etwas auf? Geige, Instrument und Trompete verwenden die Methode spieleTon der Klasse Instrument. Dabei steht im Code bei den spieleTon-Aufrufen von Geige und Trompete doch gar nichts davon, dass die Methode spieleTon der Klasse Instrument verwendet werden soll?! Sie haben soeben eine sehr mächtige Fähigkeit von Objective-C kennengelernt, das *dynamische Binden*. Sie können Methodenaufrufe an ein Objekt schicken, ohne wissen zu müssen, ob das Objekt die Methode überhaupt implementiert oder wie es die Methode implementiert.

4.3.4 Initialisierung für Fortgeschrittene

Die im vorherigen Abschnitt beschriebene init-Methode ist zwar ganz nett, aber noch nicht das Gelbe vom Ei: Sie können damit nur feste Werte setzen. Das reicht für einen dynamischen Programmverlauf aber nicht aus. Schöner, und vor allen Dingen effizienter, wäre es, wenn Sie bei der Initialisierung schon Werte für die Propertys übergeben könnten.

Die Lösung ist einfach: Schreiben Sie eine entsprechende Initialisierungsmethode, setzen Sie darin über Aufrufparameter die gewünschten Property-Werte, und rufen Sie aus dieser Methode die eigentliche init-Methode auf.

Öffnen Sie die Headerdatei der Klasse Trompete (*Trompete.h*), und fügen Sie unter den Propertys die folgende Methodendeklaration ein:

```
-(id)initWithValues:(NSString *)derHersteller
              preis:(NSNumber *)derPreis
              alter:(NSNumber *)dasAlter
                art:(NSString *)dieArt
           stimmung:(NSString *)dieStimmung
       hatMundStueck:(BOOL)boolHatMundStueck;
```

Listing 4.22 Initialisierungsmethode mit Parametern

Der Name der Methode beginnt mit init, was der gängigen Konvention entspricht. Der Name ist darüber hinaus sprechend, so dass man als Programmierer sofort weiß, was diese Methode macht. Hinter dem Methodennamen kommen dann alle Parameter, die die Methode übernimmt. Die Implementierung in der Datei *Trompete.m* ist die folgende:

```
-(id)initWithValues:(NSString *)derHersteller
              preis:(NSNumber *)derPreis
              alter:(NSNumber *)dasAlter
                art:(NSString *)dieArt
           stimmung:(NSString *)dieStimmung
       hatMundStueck:(BOOL)boolHatMundStueck{
    NSLog(@"%s",__PRETTY_FUNCTION__);
    self = [self init];
    if(self != nil){
        self.hersteller = derHersteller;
        self.preis = derPreis;
        self.alter = dasAlter;
        self.art = dieArt;
        self.stimmung = dieStimmung;
        self.hatMundStueck = boolHatMundStueck;
    }
    return self;
}
```

Listing 4.23 Die Implementierung der neuen Initialisierungsmethode

Die erste Anweisung in einer eigenen Initialisierungsmethode muss immer der Aufruf von init der eigenen Klasse sein ([self init]). Damit wird die eigentliche, von NSObject ererbte und gegebenenfalls überschriebene init-Methode aufgerufen und liefert einen Verweis auf das Objekt zurück. War die Initialisierung erfolgreich, was die Prüfung des Rückgabewertes auf nil prüft, weist die neue Initialisierungsmethode allen gewünschten Propertys die entsprechenden, vom Aufrufer übergebenen Werte zu. Am Ende gibt sie einen Verweis auf self zurück, was das eigene Objekt ist.

Um das Funktionieren der neuen Initialisierungsmethode zu prüfen, implementieren Sie in der Klasse Trompete noch eine weitere Methode:

```
-(void)printDataToConsole;
```

Platzieren Sie diese Deklaration in der Headerdatei von Trompete unter der Deklaration der neuen Initialisierungsmethode.

Die Implementierung der Methode in der Datei *Trompete.m* ist dann diese hier:

```
-(void)printDataToConsole{
    NSLog(@"%s",__PRETTY_FUNCTION__);
    NSLog(@"Hersteller: %@", self.hersteller);
    NSLog(@"Preis: %@ €", self.preis);
    NSLog(@"Alter: %@", self.alter);
    NSLog(@"Art: %@", self.art);
    NSLog(@"Stimmung: %@", self.stimmung);
    if(self.hatMundStueck)
        NSLog(@"Mundstück: ja");
    else
        NSLog(@"Mundstück: nein");
}
```

Listing 4.24 Ausgabe aller Property-Werte

Der Inhalt der Methode sollte selbsterklärend sein: Er gibt die Werte aller Propertys in der Konsole aus.

Nun müssen Sie noch die Initialisierung des Trompetenobjekts in der Datei *main.m* an die neue Initialisierungsmethode anpassen. Ändern Sie den bisherigen Aufruf (...alloc] init]...) in den folgenden Aufruf um:

```
Trompete *troete = [[Trompete alloc] ⤵
initWithValues:@"Blackburn" preis:[NSNumber ⤵
numberWithFloat:999.99] alter:[NSNumber ⤵
numberWithInt:23] art:@"Bachtrompete" ⤵
stimmung:@"Es" hatMundStueck:YES];
```

Listing 4.25 Der neue Befehl zum Initialisieren der »Trompete«

Unter den Aufruf der Methode spieleTon des Trompetenobjekts setzen Sie dann noch den Aufruf der neuen Methode printDataToConsole:

```
[troete printDataToConsole];
```

Wenn Sie das Programm nun übersetzen und ausführen, sehen Sie in der Konsole den Aufruf der Methode initWithValues:

```
[...] -[Trompete ⤵
initWithValues:preis:alter:art:stimmung:hatMundStueck:]
```

Und auch der Aufruf von printDataToConsole ist zu sehen, inklusive aller bei der Initialisierung gesetzten Werte:

```
[...] -[Trompete printDataToConsole]
[...] Hersteller: Blackburn
[...] Preis: 999.99 €
[...] Alter: 23
[...] Art: Bachtrompete
[...] Stimmung: Es
[...] Mundstück: ja
```

Listing 4.26 Ausgabe der Methode »printDataToConsole«

4.3.5   Speicherverwaltung

Das Gute an der Programmierung für iPhone und iPad ist: Sie müssen sich seit iOS 5 keine Gedanken mehr um die Speicherverwaltung machen. Mit iOS 5 hat Apple das *Automatic Reference Counting* (*ARC*) eingeführt, das dafür sorgt, dass Xcode sich bei der Übersetzung um die korrekte Verwaltung des Speichers kümmert. Und aus diesem Grund ist der Absatz über Speicherverwaltung hier schon wieder zu Ende. ☺

Noch ein Wort zur Speicherverwaltung

Ganz so einfach ist es leider in Wahrheit nicht. Es gibt Fälle, in denen Sie verstanden haben müssen, wie die Speicherverwaltung innerhalb einer App funktioniert. Das ist insbesondere dann der Fall, wenn Sie mit Frameworks unterhalb von Cocoa Touch arbeiten, die nicht von ARC profitieren. Nun kommt dieser Fall am Anfang kaum vor, so dass es an dieser Stelle vollkommen ausreicht, sich auf ARC zu verlassen. Sobald es in diesem Buch notwendig ist, Regeln zur Speicherverwaltung zu kennen, weisen wir darauf hin und erklären die notwendigen Hintergründe.

4.4   Zusammenfassung

In diesem Kapitel haben Sie eine Menge über die Geschichte von iOS gelernt, über die Hardware des iPhones und über den Aufbau von iOS aus der Sicht des Programmierers.

Sie haben die ersten theoretischen und praktischen Schritte in der objektorientierten Programmierung mit Objective-C getan und kennen nun die wichtigsten Grundlagen, um mit der Programmierung eigener Apps zu beginnen. Mit dem Ende dieses Kapitels verlassen Sie also die Welt der Theorie und Konsolenprogramme und steigen in die echte App-Programmierung ein. Schnallen Sie sich gut an! ☺

Kapitel 5
An der Oberfläche

»Schlauberger sind verdammt unbeliebt!«
Jack Slater

In diesem Kapitel lernen Sie die wichtigsten Elemente für die Gestaltung einer Benutzeroberfläche (GUI) kennen. Dazu zählen verschiedene Ansichtselemente zur Gruppierung und natürlich verschiedene Arten, Daten in einer App anzuzeigen. Das alles haben wir in einer Beispiel-App verpackt, die Sie bis ins einschließlich siebte Kapitel kontinuierlich um Funktionen erweitern werden.

5.1 Erstellen von Benutzeroberflächen

Bei der Programmierung für einen Desktop-Rechner oder beim Design von Webseiten hat man als Programmierer viel Platz für den eigenen Gestaltungswillen zur Verfügung. Der Bildschirm eines Desktop-Rechners ist groß genug, um eine Vielzahl von Funktionen und Elementen auf einer einzelnen Bildschirmseite unterzubringen.

Das sieht bei einem Smartphone ganz anders aus. Die begrenzte Größe des Displays erfordert Umdenken beim Design von Benutzeroberflächen. In den Anfangszeiten des Apple App Stores gab es noch unzählige Apps, bei denen die Programmierer ihre althergebrachten Designideen einfach vom Desktop auf das iPhone transferiert hatten. Das Ergebnis waren hässliche, kompliziert zu bedienende Apps, bei denen keine rechte Freude aufkommen wollte.

Mittlerweile hat sich die Situation aber stark gewandelt, und Apple hat mit seinen *Human Interface Design Guidelines*[1] eine Dokumentation für angehende iOS-Programmierer zusammengestellt, in der alle wichtigen Aspekte für das Design ansprechender Benutzeroberflächen gut erklärt sind.

Die elementarste Neuerung beim Erstellen der Benutzeroberfläche einer App ist der Umstand, dass eine App in der Regel aus vielen verschiedenen Ansichten, sogenannten

---

[1] *https://developer.apple.com/library/ios/documentation/userexperience/conceptual/mobilehig*

Views, besteht. Jeder View erfüllt eine eigene Aufgabe. Denken Sie zum Beispiel an das E-Mail-Programm auf dem iPhone. Wenn Sie das Programm starten, sehen Sie eine Liste aller eingegangenen E-Mails (siehe Abbildung 5.1). Öffnen Sie eine E-Mail, wird die Liste der E-Mails durch diese eine E-Mail überlagert (siehe Abbildung 5.2).

Abbildung 5.1 Übersicht der E-Mails in Apples E-Mail-App

Abbildung 5.2 Eine neue Ansicht: geöffnete E-Mail

Antworten Sie auf die geöffnete E-Mail, so erscheint wieder eine neue Ansicht, nämlich die der geöffneten E-Mail (siehe Abbildung 5.3).

Abbildung 5.3 Für die Antwort eine weitere Ansicht

5.1.1 App-Design mit Storyboards

Um das Erstellen solcher zusammenhängender Benutzeroberflächen zu erleichtern, hat Apple mit iOS 5 das *Storyboard* eingeführt. Der Begriff Storyboard kommt ursprünglich aus dem Filmgeschäft und bedeutet *Skizzenbuch*. In einem Skizzenbuch gestaltet der Drehbuchautor durch das Aneinanderreihen von Skizzen die Geschichte eines Films, ähnlich der Gestaltung eines Comics. Apples Storyboard funktioniert ähnlich. Anstatt die einzelnen Ansichten einer Benutzeroberfläche unabhängig voneinander zu gestalten und erst im Code zusammenzuführen, so wie es bei der App-Programmierung vor iOS 5 der Fall war, erlaubt das Storyboard das intuitive und übersichtliche Verknüpfen von Ansichten im Interface Builder. Sie können im Storyboard einfach neue Ansichten erzeugen, diese an beliebige Stellen schieben, ganz so wie es Ihnen beim Design der Benutzeroberfläche in den Sinn kommt (siehe Abbildung 5.4).

GUI-Design anno dunnemals

Es gab und gibt auch noch die Möglichkeit, ein GUI statt mit dem Storyboard über Einzelansichten zusammenzufügen, die sogenannten XIB-Dateien. Zum einen ist dies aber wenig intuitiv, zum anderen gibt es dafür, außer in speziellen Situationen, keinen Grund. Wer es ganz ohne grafische Hilfe mag, kann sich ein GUI auch komplett aus dem Code heraus erzeugen. Aber das ist nichts, was man als Einsteiger machen sollte, denn der Frustrationsgrad kann dabei sehr schnell sehr hoch werden. Wir verwenden in diesem Buch ausschließlich Storyboards.

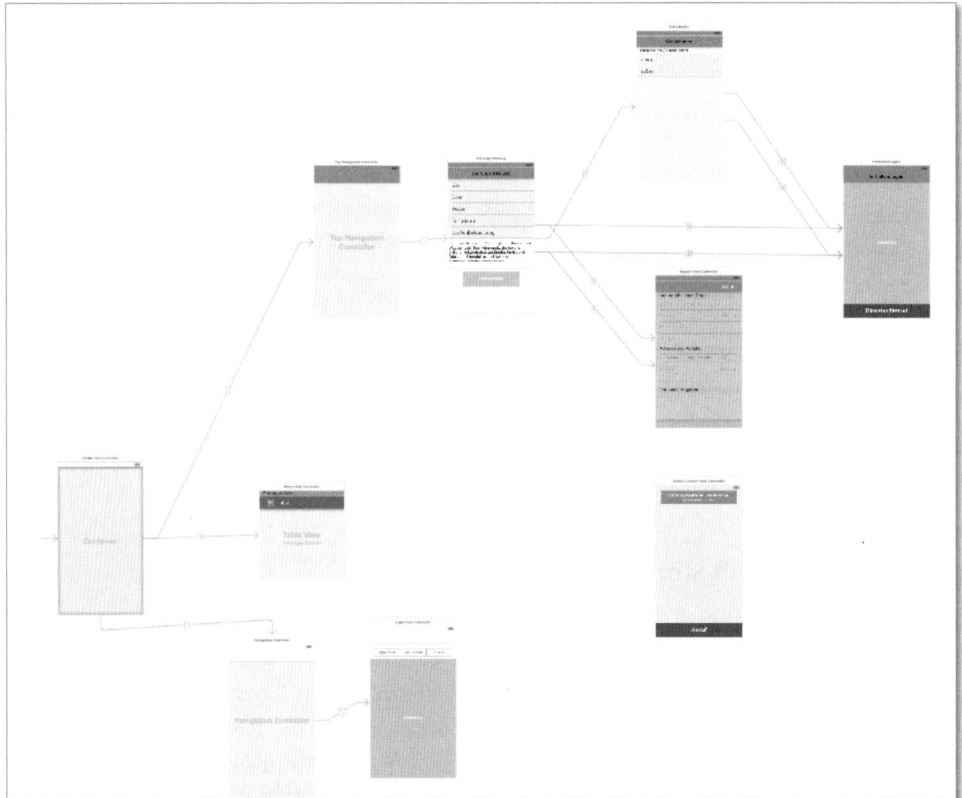

Abbildung 5.4 Ein Storyboard im Interface Builder

5.1.2   Der Tabbar-Controller

Sobald das GUI einer App mehr als einen View besitzt, empfiehlt sich die Verwendung des Tabbar-Controllers. Ein Beispiel für die Verwendung des Tabbar-Controllers ist die

App-Store-App vom iPhone. Sie sehen am unteren Bildrand verschiedene Schaltflächen, über die Sie auf verschiedene Unteransichten wechseln können (siehe Abbildung 5.5).

Abbildung 5.5 Der Tabbar-Controller in der App-Store-App von Apple

Der Tabbar-Controller ist geradezu prädestiniert für das Storyboard, denn darin kann man bequem die entsprechenden Verbindungen ziehen und editieren.

Erstellen Sie jetzt ein neues Xcode-Projekt. Der im Buch gewählte Name entspricht dem Namen einer »echten« App, die Sie auch im App Store finden können: Diesen Namen müssen Sie nicht übernehmen, er ist für das Verständnis der Beispiele nicht relevant, allerdings erleichtert es die Nachvollziehbarkeit natürlich erheblich, wenn Ihr Code dem im Buch entspricht.

Als Xcode-Template für die App wählen Sie iOS • APPLICATION • SINGLE VIEW APPLICA-TION (siehe Abbildung 5.6). Ist Ihnen eigentlich schon aufgefallen, dass es in Xcode *Application* und nicht *App* heißt? Die Wege von Apple sind eben unergründlich ...

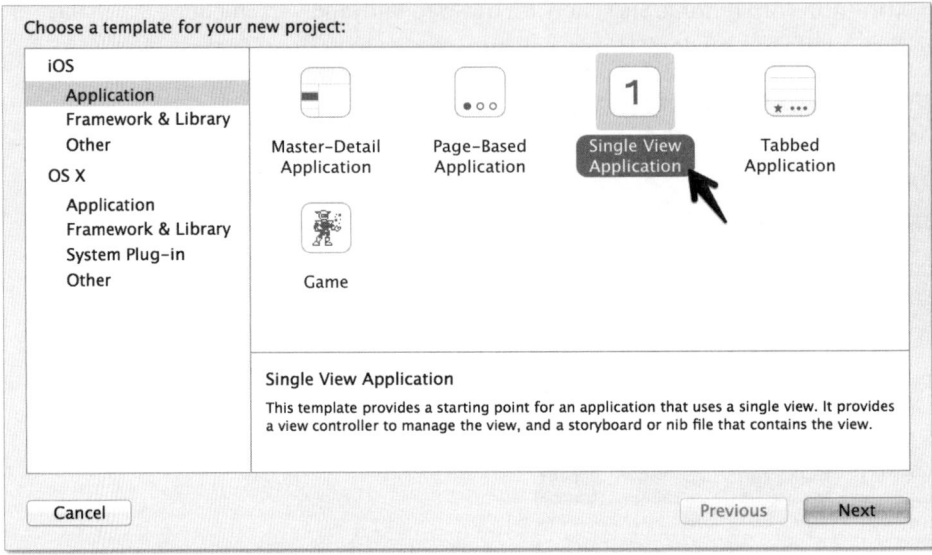

Abbildung 5.6 Eine neue Single-View-App

Im nächsten Schritt des Projekt-Assistenten geben Sie der App einen beliebigen Namen oder übernehmen den von uns gewählten. Wählen Sie als Sprache aber in jedem Fall Objective-C aus.

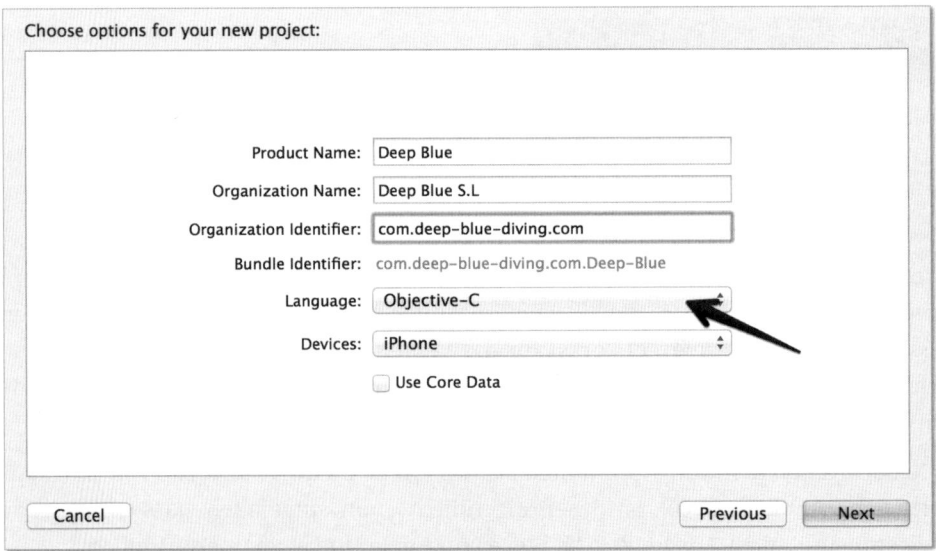

Abbildung 5.7 Objective-C ist mal wieder angesagt.

Jetzt können Sie mit dem Design des GUIs beginnen. Öffnen Sie das Storyboard, und ziehen Sie aus der Objektbibliothek unten rechts im Xcode-Fenster einen Tabbar-Controller auf die Storyboard-Oberfläche (siehe Abbildung 5.8).

Abbildung 5.8 Ein Tabbar-Controller

Bevor Sie diesen ins Storyboard ziehen, markieren Sie zunächst den quadratischen View
im Storyboard und deaktivieren USE SIZE CLASSES, genauso wie in Kapitel 1.

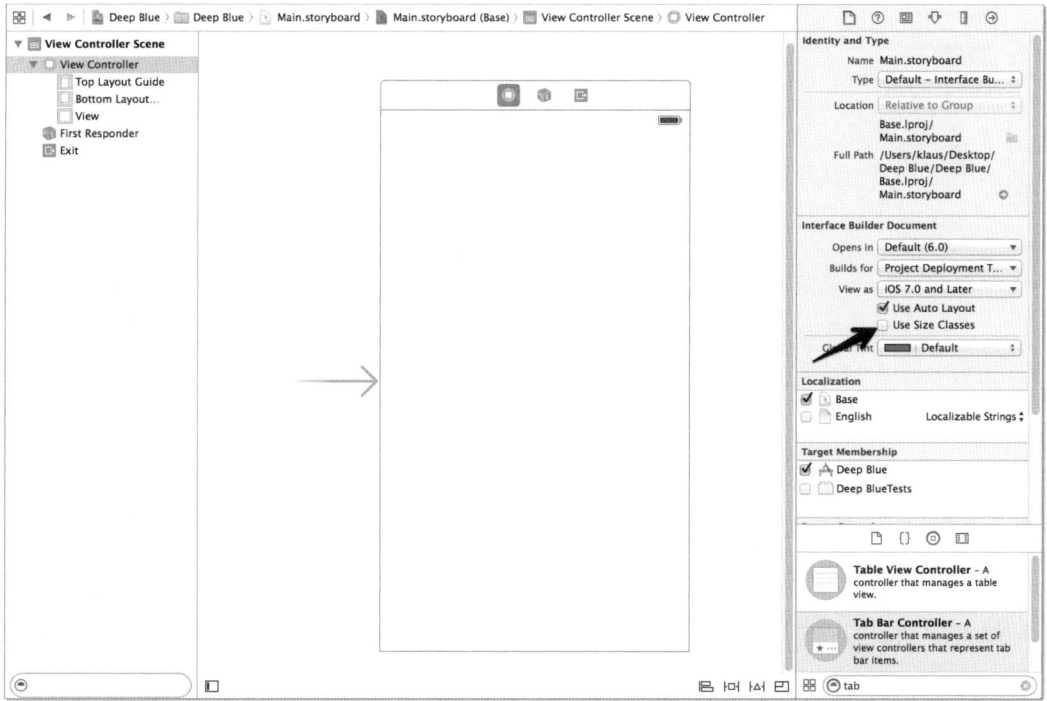

Abbildung 5.9 Deaktivieren der Size Classes

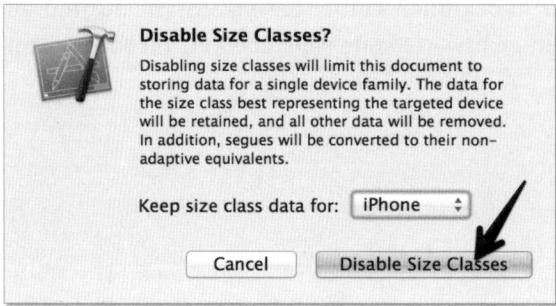

Abbildung 5.10 Die neue Size Class ist fürs iPhone.

Nun löschen Sie den von Xcode automatisch ins Storyboard gesetzten View-Controller und ziehen den Tabbar-Controller in das Storyboard.

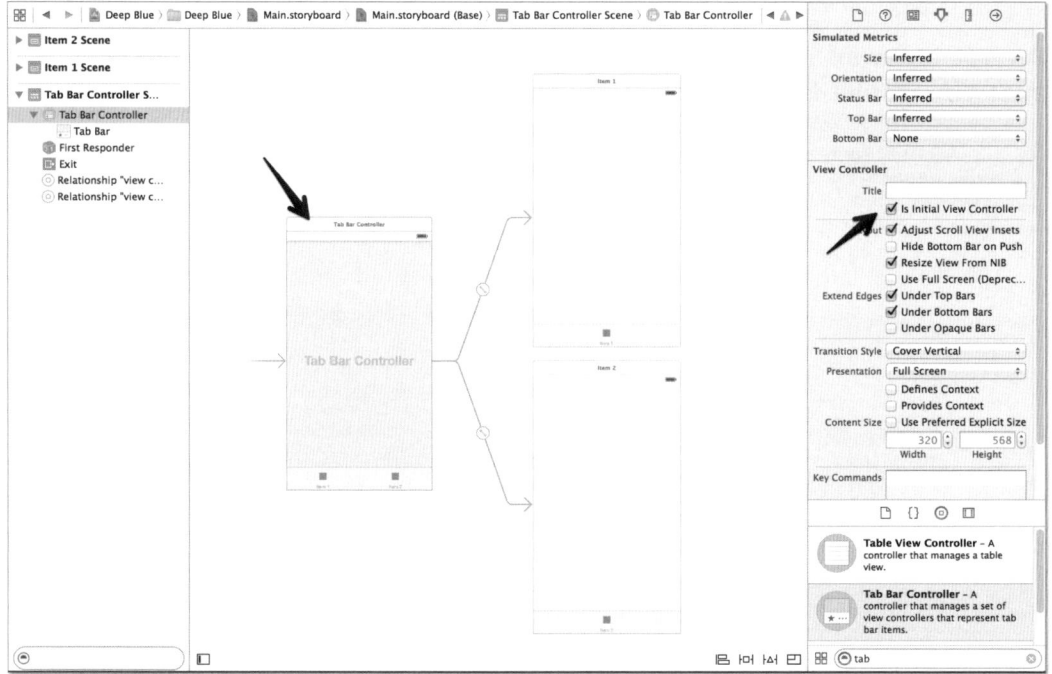

Abbildung 5.11 Der Tabbar-Controller im Storyboard

Das Storyboard muss nun aussehen wie in Abbildung 5.11. Markieren Sie den Tabbar-Controller mit der Maus, und legen Sie dann rechts im ATTRIBUTES INSPECTOR im Utilities-Bereich fest, dass er der INITIAL VIEW CONTROLLER ist (Abbildung 5.11).

Views, Controller, View-Controller

Sie haben jetzt von Views gelesen, von Controllern, von Tab-Controllern und von View-Controllern. Das klingt verwirrender, als es ist. All das gehört in ein Konzept mit der Bezeichnung *Model View Controller* (MVC). Die iOS-Programmierung ist auf MVC aufgebaut. Was sich dahinter verbirgt, erfahren Sie in Kapitel 8, »Arbeit auf dem Gerät«.

Ein View dient dazu, etwas anzuzeigen. Er ist das, womit der Benutzer interagiert. Ein View ist auch das, was Sie im Storyboard sehen. Es gibt die simple Ausführung, es gibt aber auch spezialisierte Ausführungen, wie zum Beispiel eine Tabbar. Der View und alle weiteren Elemente für die Anzeige und Interaktion gehören zur View-Schicht des MVCs. Die Datenhaltung einer App und die Berechnung sowie alle weiteren spezifischen Funktionen befinden sich in der Model-Schicht. Der Vermittler zwischen View und Model ist die Controller-Schicht. Und damit erklärt sich auch der Begriff des View-Controllers (Tabbar-Controllers etc.). Diese Objekte verbinden die entsprechenden View-Elemente mit dem Model. Im Storyboard werden Sie daher keine alleinstehenden Views finden, sondern nur Views in Verbindung mit Controllern, also View-Controller.

Wenn Sie die App nun übersetzen und starten, sehen Sie im Simulator einen Tabbar-Controller mit zwei *Items* (siehe Abbildung 5.12).

Abbildung 5.12 Der Tabbar-Controller in Aktion

Im nächsten Schritt ändern Sie die Beschriftung der einzelnen Tabs des Tabbar-Controllers. Der Tabbar-Controller, den Sie dem Storyboard hinzugefügt haben, besteht aus dem eigentlichen Tabbar-Controller und zwei View-Controllern. Das Ändern der Beschriftung im Tabbar-Controller nehmen Sie nicht direkt im selbigen vor, sondern in den jeweiligen View-Controllern.

Wählen Sie im Storyboard den ersten View-Controller mit der Maus aus, und klicken Sie doppelt auf den Titel ITEM 1 unten im Navigationsfeld, so dass er editierbar wird (siehe Abbildung 5.13).

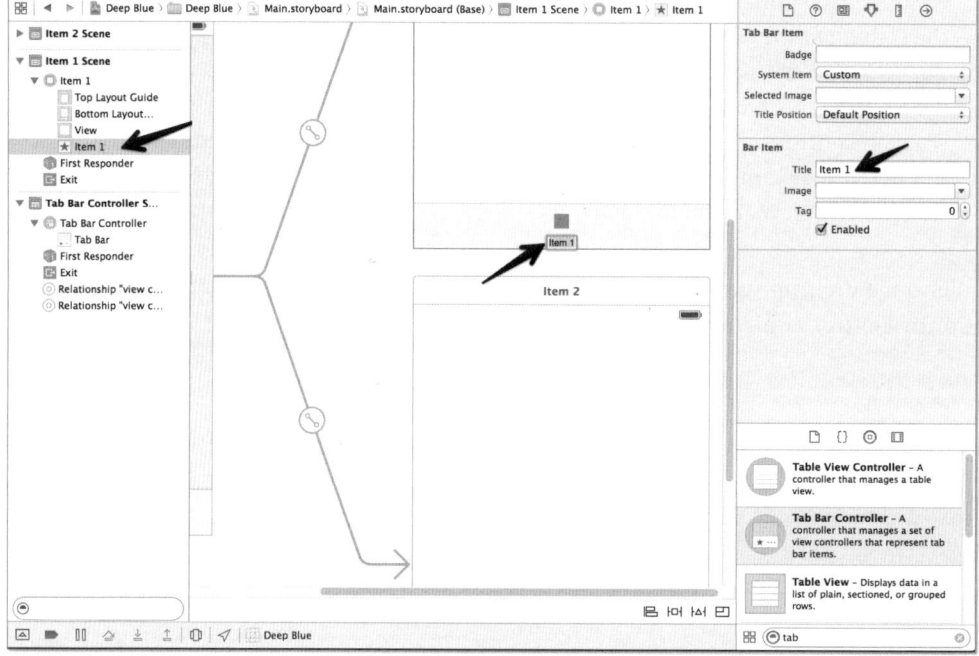

Abbildung 5.13 Der Titel des ersten View-Controllers

Anschließend können Sie in den Utilities, rechts im Xcode-Fenster, die Beschriftung dieses View-Controllers ändern (siehe Abbildung 5.14).

Geben Sie dem View-Controller den Titel »Kontakt«, indem Sie den Titel entweder direkt im Storyboard (siehe Abbildung 5.13) oder in den Utilities im Feld TITLE eintragen (siehe Abbildung 5.14). Anschließend muss die Tabbar im Tabbar-Controller wie in Abbildung 5.15 aussehen.

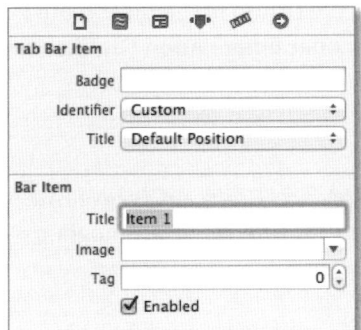

Abbildung 5.14 Die Beschriftung des View-Controllers in den Utilities

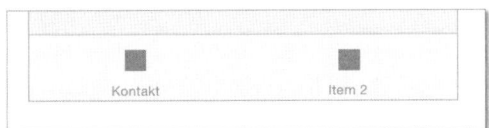

Abbildung 5.15 Das Item mit dem neuen Titel

Ändern Sie anschließend den Titel des zweiten View-Controllers nach demselben Vorgehen in »Einstellungen« (siehe Abbildung 5.16).

Abbildung 5.16 Und noch ein neuer Name

Die weißen Quadrate über den Titeln sind Platzhalter für Icons. Wie man weiß, guckt das Auge auch mit, und deswegen fügen Sie den Titeln der View-Controller nun noch Icons hinzu. Eine iPhone-App ohne ansprechendes GUI wird beim User gnadenlos durchfallen, daher kommen Sie um die Verwendung von schönen Grafiken und Icons nicht herum.

Adieu la tristesse – Verschönern mit Grafiken

Die in diesem Buch für die Beispiel-App verwendeten Icons stammen von der Website *http://www.glyphish.com*. Sie können dort ein kostenloses Archiv mit Icons herunterladen und verwenden, solange Sie auf den Ursprung dieser Icons hinweisen. Für den Preis von 25 $ erhalten Sie ein Archiv von 400 Icons, die Sie ohne Einschränkungen verwenden können. Wie Sie auf der Website von Glyphish sehen können, verwenden auch zahlreiche große Unternehmen wie Google, Facebook und Twitter diese Icons. Damit hat sich Glyphish zu einer Art Standard für Icons entwickelt; ein Grund mehr, diese Icons zu verwenden, wenn man nicht zufällig selber Grafiker ist oder einen guten Grafiker zur Hand hat, der schöne Icons bauen kann.

Grafiken zur App

Um Ihnen die Arbeit zu erleichtern, befinden sich im Verzeichnis *Grafik* auf der Website zum Buch alle Grafiken der Beispiel-App, so dass Sie die Grafiken beim Nachprogrammieren der Beispiel-App ohne Umwege zur Verfügung haben.

Xcode verwendet zur Verwaltung von Icons und Grafiken sogenannte Assets. Das sind Container, in denen Grafiken abgelegt werden. Öffnen Sie in Xcode die Datei *Images.xcassets,* und ziehen Sie dort aus dem Finder alle Grafiken aus dem Projektverzeichnis (siehe vorheriger grauer Kasten).

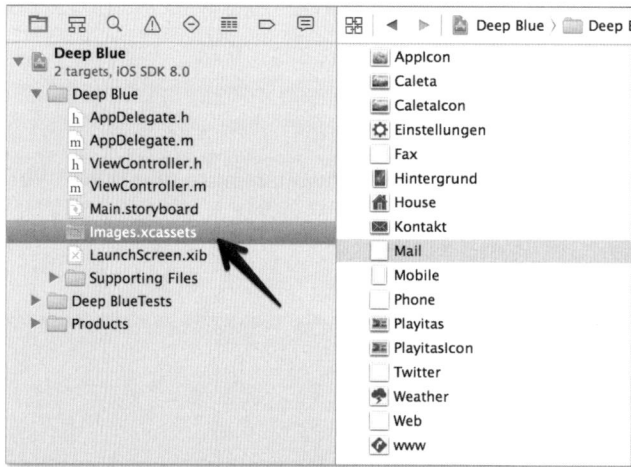

Abbildung 5.17 Die Icons und Grafiken des Projekts

Die Assets zum Projekt enthalten auch das App-Icon, also das Icon, das auf dem iPhone für die App angezeigt wird. Wenn Sie in den Projekteinstellungen nachschauen, werden Sie sehen, dass Xcode das App-Icon automatisch erkannt und der App zugewiesen hat.

Übersetzen und starten Sie die App. Anschließend beenden Sie sie wieder. Wie durch Zauberhand ist auf dem Simulator nun die App mit einem hübschen Icon zu sehen. Jetzt können Sie die Icons im Storyboard den jeweiligen View-Controllern zuweisen. Öffnen Sie dazu das Storyboard, und wählen Sie, wie beim Umbenennen der View-Controller, das Icon in der Tabbar des Kontakt-View-Controllers aus. Im Utilities-Bereich von Xcode können Sie dann im Dropdown-Feld IMAGE das passende Icon auswählen (*Kontakt.tif,* siehe Abbildung 5.20).

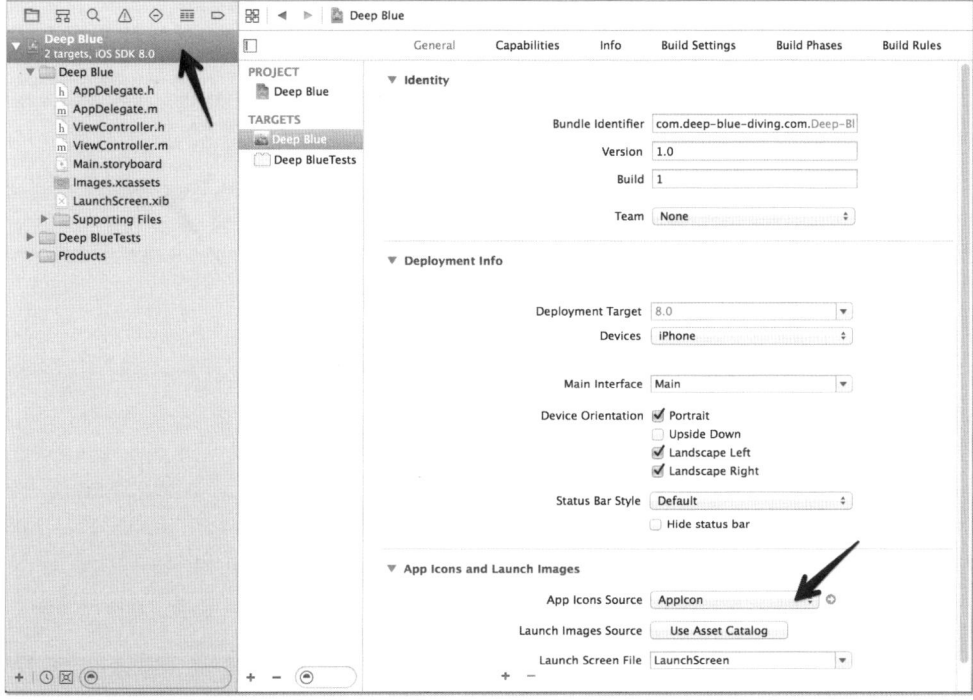

Abbildung 5.18 Festlegen des App-Icons

Abbildung 5.19 Die App hat ein Icon!

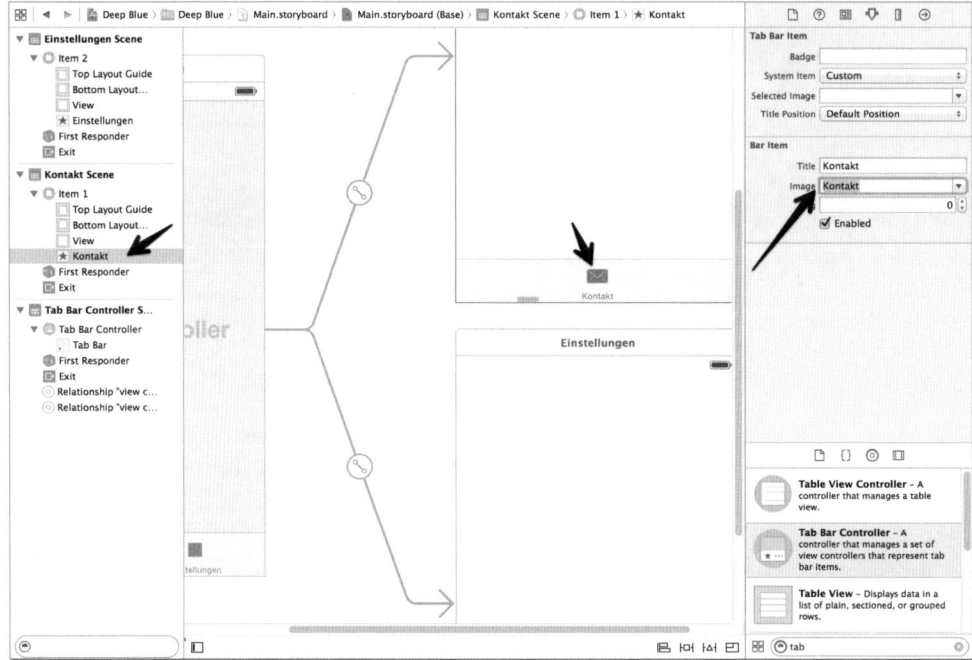

Abbildung 5.20 Zuweisen eines Icons zum Tabbar-Item

Wiederholen Sie den Vorgang für den View-Controller EINSTELLUNGEN, so dass die Tabbar anschließend wie folgt aussieht:

Abbildung 5.21 Die fertige Tabbar

Übersetzen Sie die App nun, und starten Sie sie auf dem iPhone-Simulator. Sie sehen
sowohl die neue Beschriftung in der Tabbar als auch die entsprechenden Icons.

Anzeigen von Grafiken mit dem Imageview

Titel und Icon passen nun, aber der Inhalt der beiden View-Controller erinnert doch
immer noch stark an die ostfriesische Nationalflagge. Daher ist es naheliegend, im
nächsten Schritt an das Design der Kontaktseite zu gehen. In den Assets finden Sie eine
Grafik mit dem Namen *Hintergrund.tif*.

Öffnen Sie anschließend das Storyboard, und suchen Sie in der OBJECT LIBRARY nach einem IMAGE VIEW (siehe Abbildung 5.22). Ein Imageview ist ein Platzhalter, mit dem Sie Grafiken anzeigen können.

Abbildung 5.22 Ein Imageview

Ziehen Sie den Imageview auf die weiße Fläche des View-Controllers der Kontaktseite und platzieren Sie ihn dort passgenau, so dass er die ganze Seite ausfüllt (siehe Abbildung 5.23).

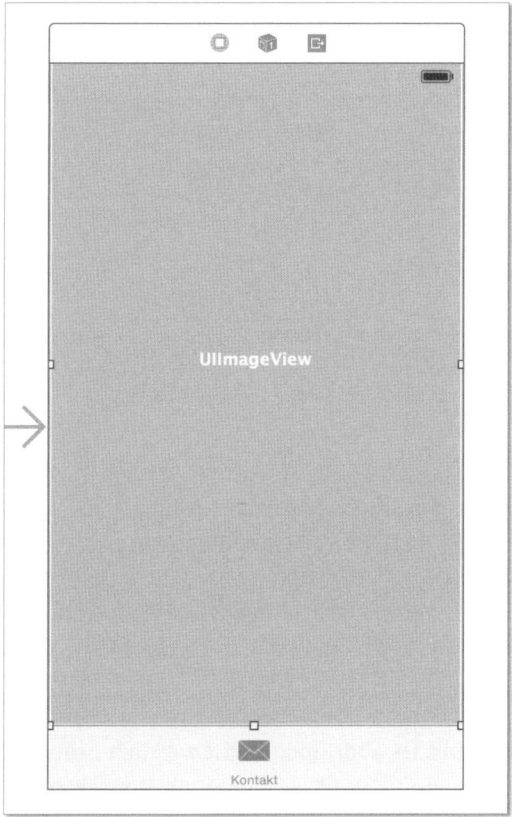

Abbildung 5.23 Der Imageview kommt auf den View-Controller der Kontaktseite.

Wenn Sie den Imageview auf dem View-Controller oder in der Übersicht über dem
Storyboard nun mit der Maus auswählen, können Sie im Attributes inspector das
Bild festlegen, das der Imageview anzeigen soll (siehe Abbildung 5.24).

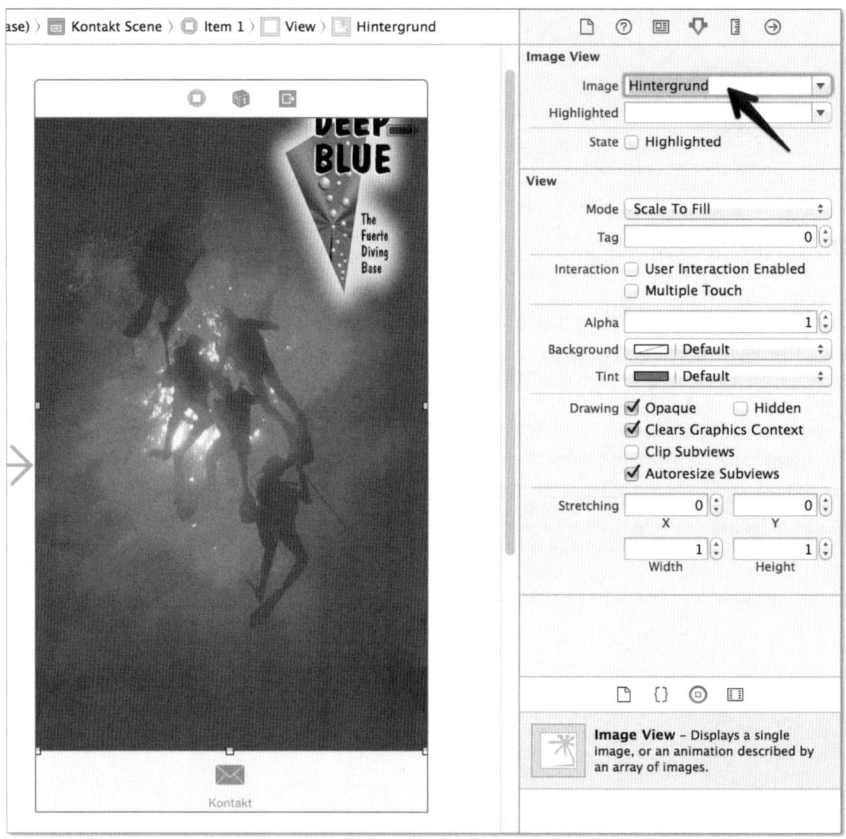

Abbildung 5.24 Ein Bild für den Imageview

Mit dem Auswählen des Bildes ändert sich auch die Ansicht im Storyboard, und das
Design der Kontaktseite ändert sich von der ostfriesischen Nationalflagge in ein anspre-
chenderes.

5.2   Design mit dem View-Controller

Die Kontaktseite sieht zwar jetzt schön bunt aus, ist aber noch nicht wirklich hilfreich.
Sie könnten zwar eine Hintergrundgrafik verwenden, die alle relevanten Kontaktinformationen enthält, aber das wäre eine wenig interaktive Lösung.

Viel benutzerfreundlicher ist es, die Kontaktinformationen so zu hinterlegen, dass der Benutzer ohne Aufwand die entsprechenden Funktionen nutzen kann. Das Tippen auf die Telefonnummer soll automatisch einen Anruf initiieren, das Tippen auf die E-Mail-Adresse soll ein E-Mail-Formular öffnen, und über die Adresse soll man automatisch zur Karten-App geleitet werden, die die Route vom aktuellen Standort zur Adresse auf der Kontaktseite darstellt.

Der View-Controller, den Xcode gemeinsam mit dem Tabbar-Controller im Storyboard platziert hat, existiert zurzeit nur als GUI-Element. Sie können im Storyboard am Design des Controllers arbeiten, es ist aber in diesem Ausbaustand des Projekts nicht möglich, Code im View-Controller zu platzieren. Das zentrale Paradigma bei der iOS-Programmierung ist *Model View Controller*. Darüber erfahren Sie in Abschnitt 8.4.1, »MVC«, mehr. Der bisher sichtbare Teil des View-Controllers im Storyboard gehört zwar schon zur Controller-Schicht, wie ja schon der Name sagt, es gibt aber noch keine Stelle, an der Sie diesem Controller Code und somit Funktionalität hinzufügen können.

Um dies zu ändern, erzeugen Sie eine neue Controller-Klasse. Wählen Sie dazu die Menüpunkte FILE • NEW • FILE …, und wählen Sie iOS • SOURCE • OBJECTIVE-C CLASS aus. Geben Sie der Klasse den Namen »DBKontaktViewController«, und definieren Sie diese als Subklasse von `UIViewController` (siehe Abbildung 5.26).

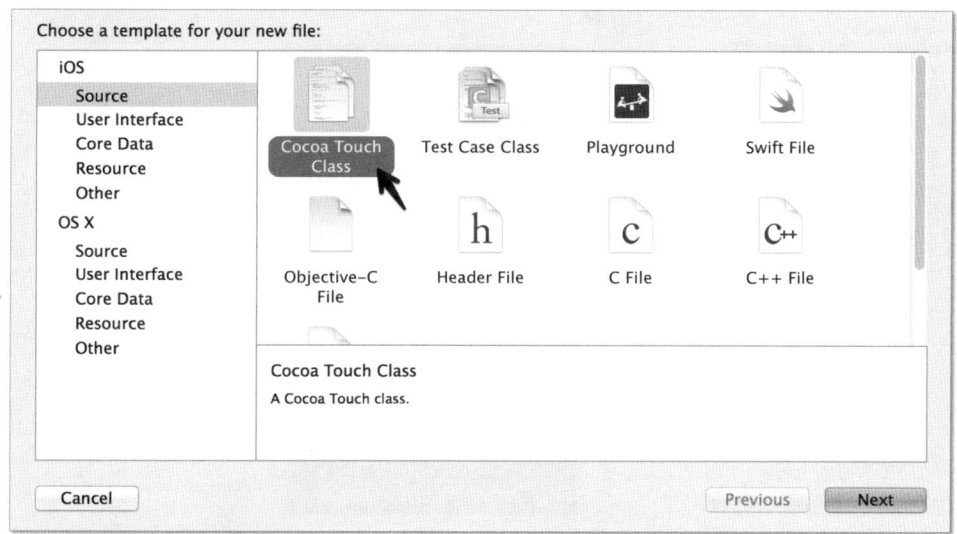

Abbildung 5.25 Eine neue Subklasse von »UIViewController«

Achten Sie auch hier darauf, dass die Sprache auf Objective-C steht.

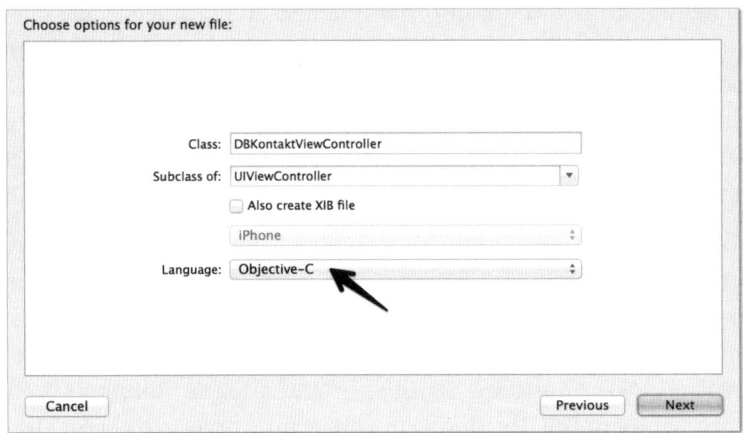

Abbildung 5.26 Kein babylonisches Sprachengewirr, bitte!

Im Storyboard markieren Sie den View-Controller der Kontaktseite und weisen dem View-Controller über den IDENTITY INSPECTOR von Xcode die neue Klasse DBKontakt-ViewController zu (siehe Abbildung 5.27).

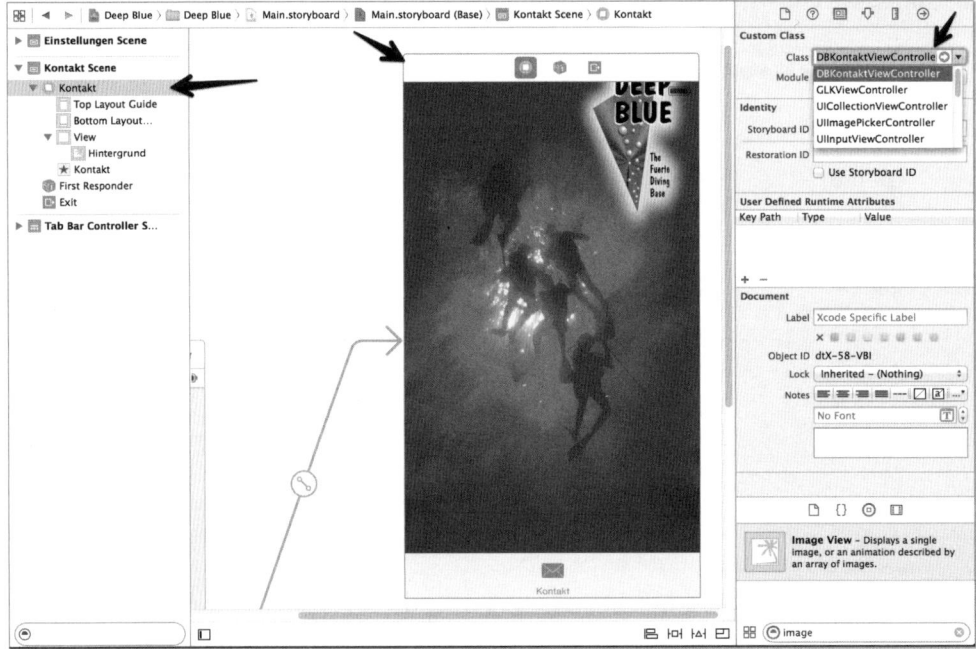

Abbildung 5.27 Auswählen des View-Controllers der Kontaktseite

5.3   Der erste Kontakt – E-Mail, Telefon, Webseiten

Jetzt haben Sie alle Einzelteile beisammen, und Sie können damit beginnen, die Kontaktseite der App mit Funktionalität zu füllen. Wählen Sie aus der Object library von Xcode einen Button aus, und ziehen Sie diesen im Storyboard auf die Kontaktseite. Diesen Vorgang wiederholen Sie, so dass sich am Ende drei Buttons auf der Kontaktseite befinden.

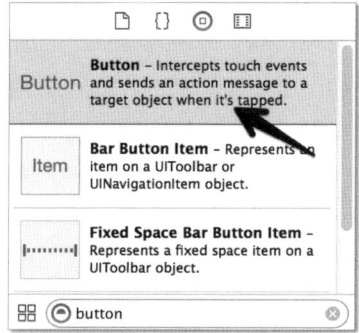

Abbildung 5.28 Yip yip ... Battens!

Platzieren Sie die Buttons nebeneinander auf der Kontaktseite. Anschließend öffnen Sie den Size inspector und setzen die Größe jedes der drei Buttons auf 28 × 28.

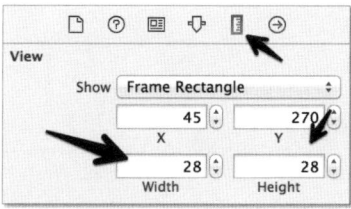

Abbildung 5.29 Die Buttons sollen 28 × 28 groß sein.

Anschließend weisen Sie jedem Button eine Grafik zu. Dies erledigen Sie im Attributes inspector im Dropdown-Feld Image. Ein Button steht für Telefon, der andere für Web und der dritte für Mail. Löschen Sie jeweils den Button-Titel (»Button«), und wählen Sie die entsprechenden Grafiken aus.

Abbildung 5.30 Ein Telefon-Button

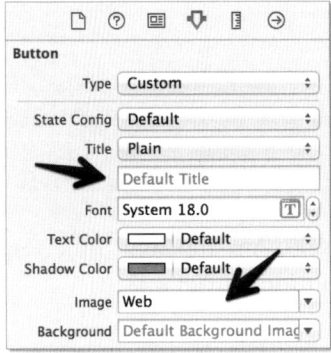

Abbildung 5.31 Ein Web-Button

Abbildung 5.32 Nein, nicht Benjamin, sondern Mail-Button. Hua. ☺

Übersetzen und starten Sie die App auf dem Simulator für das iPhone 6. Das Ergebnis ist ... furchtbar.

Abbildung 5.33 Örghx!

Sie erinnern sich an den Exkurs ins Autolayout in Kapitel 1? Das steht hier auch wieder an. Zunächst markieren Sie den Imageview im Storyboard und weisen ihm über die Pin-Funktion im Interface Builder seine Position auf dem GUI zu. Klicken Sie dazu unten in der Fußzeile auf den PIN-Button.

Abbildung 5.34 Der Pin-Button für das Autolayout

Legen Sie im Popup-Fenster die Position des Imageview über die vier roten Linien fest. Klicken Sie dazu einmal auf jede der vier Linien, so dass alle Linien durchgängig und nicht mehr gestrichelt sind. Die Werte müssen so aussehen wie in der folgenden Abbildung. Erzeugen Sie anschließend die vier Constraints über den Button ADD 4 CON-STRAINTS.

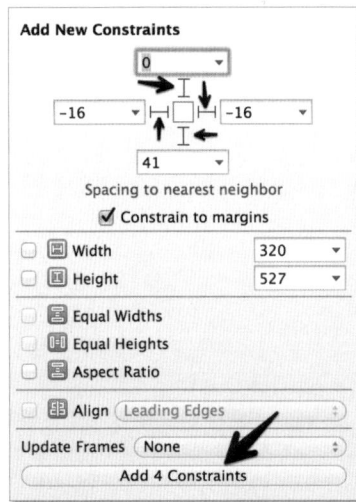

Abbildung 5.35 Vier Constraints für den Imageview

Anschließend schieben Sie den mittleren Button exakt in die Mitte des Kontakt-View-Controllers. Die Hilfslinien helfen Ihnen dabei. Daher der Name. ☺ Sobald der Button an der richtigen Stelle ist, wählen Sie links neben dem PIN-Button den ALIGN-Button. Legen Sie dort fest, dass der Button HORIZONTAL CENTER IN CONTAINER und VERTICAL CENTER IN CONTAINER sein soll (beide Male mit dem Wert 0). Mit anderen Worten: Der Button soll genau in der Mitte sein. Erzeugen Sie die beiden Constraints über den Button ADD 2 CONSTRAINTS.

Wenn Sie die App nun starten, sind die beiden äußeren Buttons zwar noch in der Weltgeschichte unterwegs, der mittlere Button befindet sich aber schon an der richtigen Stelle.

Markieren Sie bei gedrückter ⌈cmd⌉-Taste nun die beiden äußeren Buttons, und erzeugen Sie im Align-Fenster für beide Buttons gleichzeitig den Constraint VERTICAL CENTER IN CONTAINER (0). Die Buttons sollen sich also auch in der vertikalen Mitte befinden. Erzeugen Sie die Constraints über ADD 2 CONSTRAINTS.

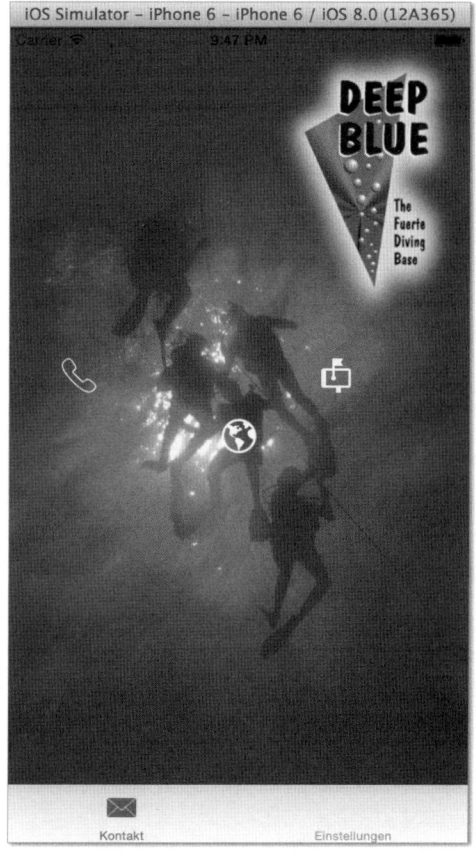

Abbildung 5.36 Ein Treffer ... wenigstens etwas

Abbildung 5.37 Ab in die Mitte!

Jetzt müssen Sie noch die vertikale Position der beiden äußeren Buttons festlegen. Das machen Sie am besten, indem Sie einen konstanten Abstand zum mittleren Button definieren.

Halten Sie dafür die ⌃ctrl⌃-Taste gedrückt, und ziehen Sie eine Verbindung vom linken äußeren Button zum Button in der Mitte. Es öffnet sich ein Popup-Fenster, in dem Sie den obersten Punkt HORIZONTAL SPACING auswählen.

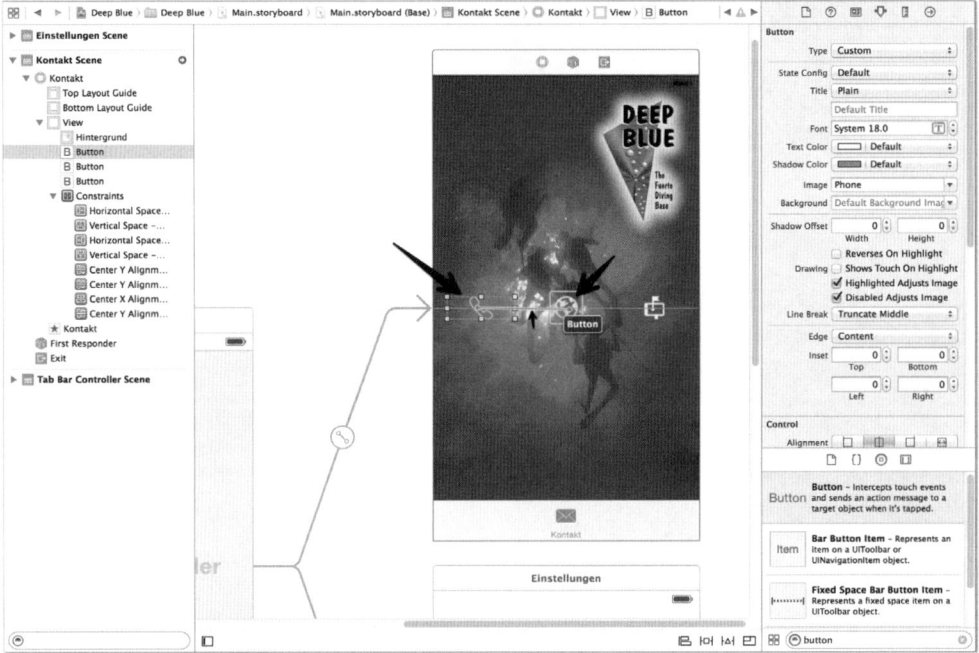

Abbildung 5.38 Eine Verbindung zwischen zwei Buttons

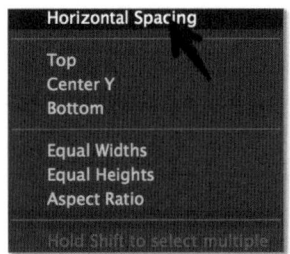

Abbildung 5.39 Der horizontale Abstand

Wiederholen Sie das Prozedere für den Abstand zwischen dem rechten und dem mittleren Button.

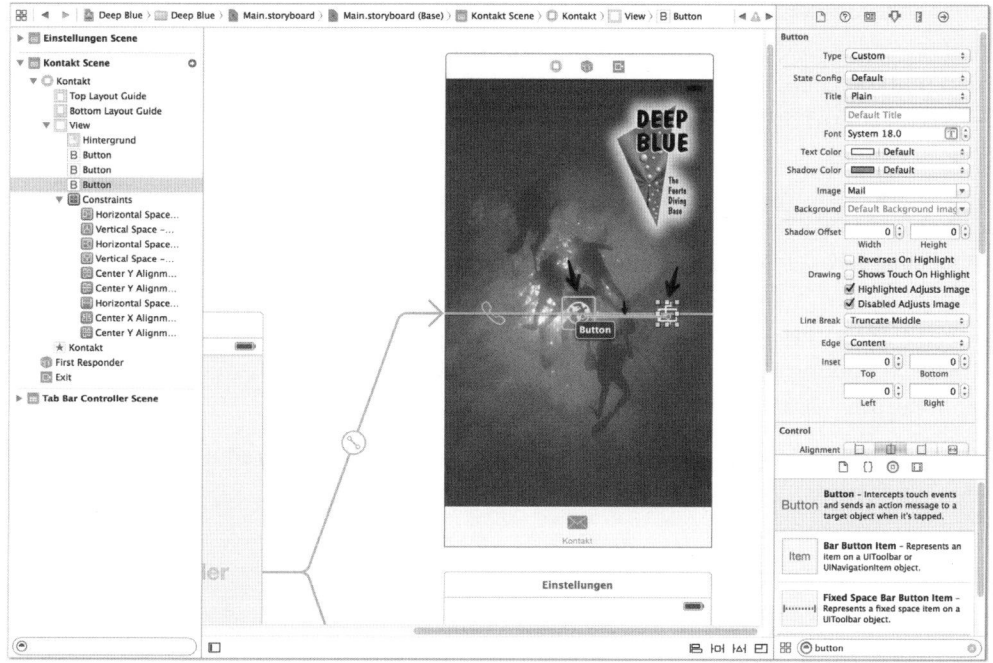

Abbildung 5.40 Rechts und Mitte gehen auch auf Abstand.

Das war's! Übersetzen und starten Sie die App; alle Buttons sind an der richtigen Stelle.

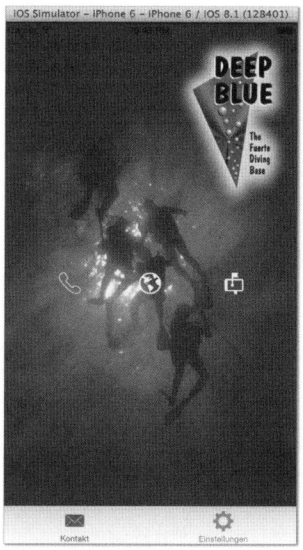

Abbildung 5.41 So kann sich die App schon fast sehen lassen.

Um jetzt von den einzelnen Buttons auf die gewünschte Funktionalität zu kommen, wählen Sie im Storyboard den View-Controller der Kontaktseite aus und öffnen über den entsprechenden Button oben rechts in der Werkzeugleiste von Xcode den ASSISTANT EDITOR (siehe Abbildung 5.42).

Abbildung 5.42 Der Assistant Editor

Im ASSISTANT EDITOR öffnet Xcode automatisch die Datei *DBKontaktViewController.h* (siehe Abbildung 5.43). Ziehen Sie nun bei gedrückter ⌨ctrl-Taste eine Verbindung vom Button mit der Telefonnummer unter die Zeile @interface ...

In dem sich öffnenden Dialogfeld wählen Sie als Typ der Verbindung (CONNECTION) den Wert ACTION und geben der Action den Namen »callCaleta«.

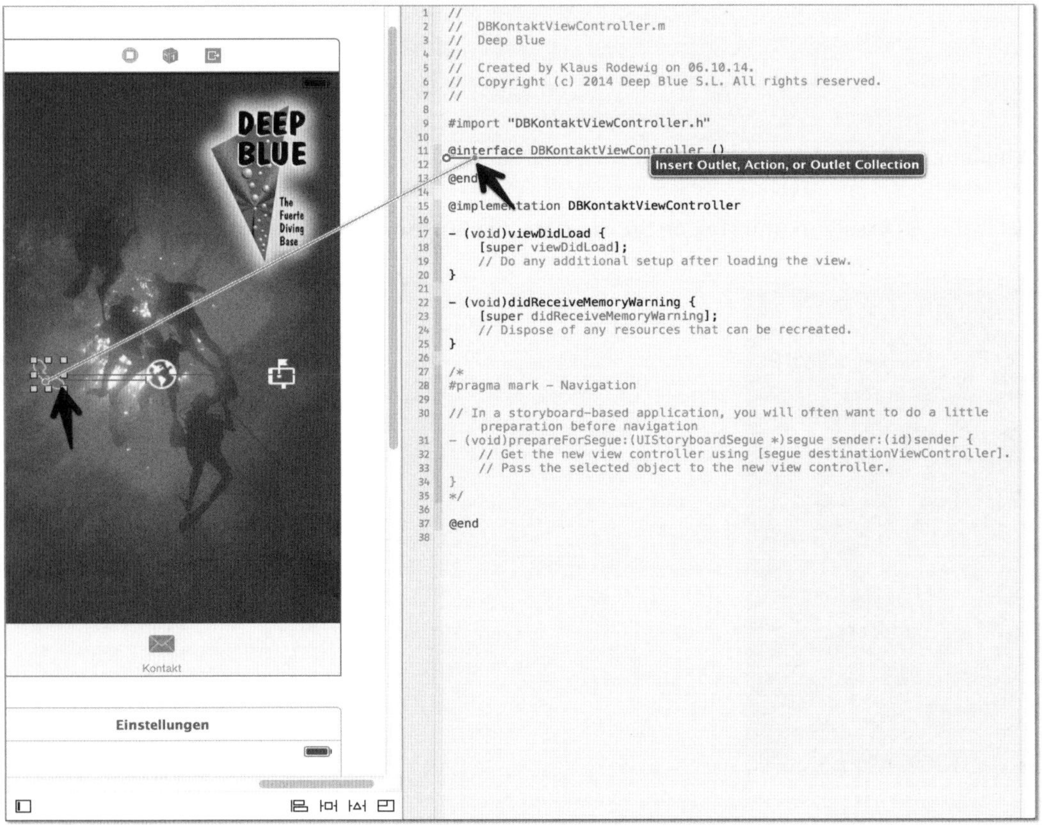

Abbildung 5.43 Ziehen einer Verbindung

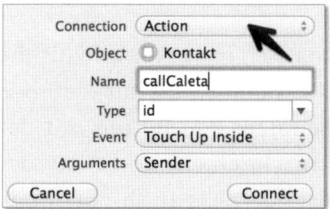

Abbildung 5.44 Achten Sie darauf, eine Action und kein Outlet zu erzeugen.

Diesen Vorgang wiederholen Sie für die restlichen drei Buttons und weisen der mit dem Mobilfunknummer-Button verknüpften Action den Namen »callMobile«, der mit dem E-Mail-Button verknüpften Action den Namen »composeEMail« und der mit dem WWW-Button verknüpften Action den Namen »openURL« zu.

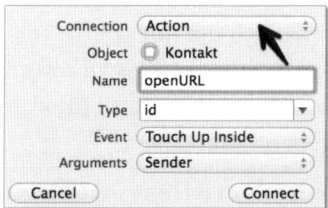

Abbildung 5.45 Eine Action für den Aufruf der Webseite

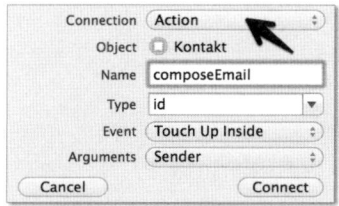

Abbildung 5.46 Und eine zum Verfassen einer E-Mail

Die Datei *DBKontaktViewController.h* muss anschließend den folgenden Inhalt haben:

```
#import <UIKit/UIKit.h>
@interface DBKontaktViewController : UIViewController
- (IBAction)callCaleta:(id)sender;
- (IBAction)composeEmail:(id)sender;
- (IBAction)openURL:(id)sender;
@end
```

Listing 5.1 Die Datei »DBKontaktViewController.h«

Telefonanruf aufbauen

In der Datei *DBKontaktViewController.m* hat Xcode automatisch leere Rümpfe für die vier neuen Methoden erzeugt. Öffnen Sie diese Datei, und scrollen Sie bis zur Methode callCaleta. Diese Methode wird aufgerufen, wenn der Benutzer den Button mit der Telefonnummer drückt. Damit die App dann automatisch einen Anruf zu der gewünschten Telefonnummer aufbaut, fügen Sie die folgende Zeile in die Methode callCaleta ein:

```
[[UIApplication sharedApplication] openURL:[NSURL ↵
URLWithString:@"tel:0034928163712"]];
```

Listing 5.2 Anweisung zum Aufbau eines Anrufs

Diese Methode weist die App an, eine URL vom Typ tel zu öffnen. Mit diesem URL-Schema ist in iOS das Telefon verknüpft, so dass iOS automatisch die integrierte Telefon-App startet und die als Parameter übergebene Nummer wählt. Um dies zu testen, müssen Sie die App auf einem echten iPhone verwenden, im iPhone-Simulator funktioniert das nicht (siehe dazu Abschnitt 8.1, »Test auf dem eigenen Gerät«).

Starten Sie die App auf Ihrem iPhone, und betätigen Sie auf der Kontaktseite den Button mit der Telefonnummer. Wie Sie in Abbildung 5.47 sehen, wird der Anruf getätigt.

Abbildung 5.47 Telefonieren nach Haus!

Implementieren Sie die Anweisung aus der Methode `callCaleta` auch in der Methode `callMobile`, und ändern Sie die Rufnummer entsprechend der Angabe auf dem Button.

Öffnen einer Webseite

Nach demselben Muster erfolgt das Öffnen der Website durch den WWW-Button. Fügen Sie in die Methode `openWebsite` die folgende Anweisung ein:

```
[[UIApplication sharedApplication] openURL:[NSURL ↩
URLWithString:@"http://www.deep-blue-diving.com/"]];
```

Listing 5.3 Aufruf einer Webseite

Diesen Aufruf können Sie im Simulator testen. Durch Drücken auf den WWW-Button öffnet sich der Safari-Browser des iPhones und lädt die angegebene URL.

Versenden von E-Mails

Um eine E-Mail zu versenden, ist ein wenig mehr Aufwand notwendig. Eine App besitzt unter iOS keinen Zugriff auf die E-Mail-Datenbank des Systems. Die einzige E-Mail-Funktionalität besteht darin, ein Formular zu öffnen, über das der Benutzer eine E-Mail versenden kann.

Diese Funktionalität ist im *MessageUI-Framework* gekapselt; Sie müssen das Framework also dem Projekt hinzufügen, damit Sie das E-Mail-Formular verwenden können. Öffnen Sie dazu die Projekteinstellungen, indem Sie in der Navigationsansicht von Xcode den Projektnamen auswählen. In der Mitte des Xcode-Fensters scrollen Sie im Tab Summary nach unten, bis Sie zum Abschnitt Linked Frameworks and Libraries kommen. Dort fügen Sie über den +-Button das MessageUI.framework hinzu.

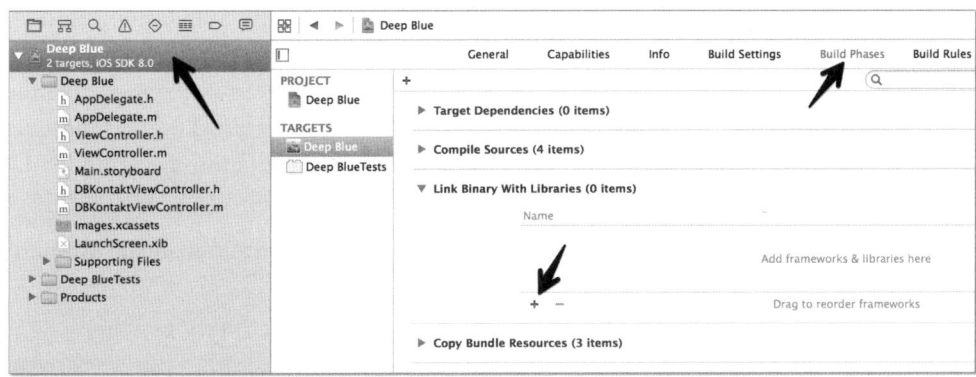

Abbildung 5.48 Die Einstellungen zu den Bibliotheken und Frameworks

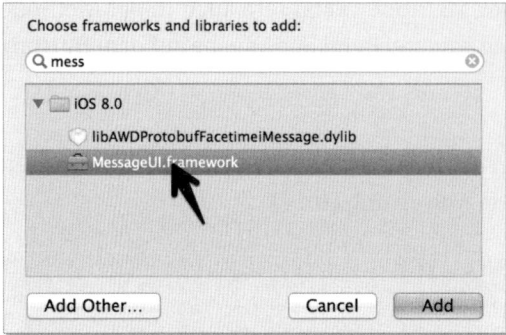

Abbildung 5.49 Hinzufügen des MessageUI-Frameworks zum Projekt

Öffnen Sie danach die Datei *DBKontaktViewController.h*, und fügen Sie eine `import`-
Anweisung für das MessageUI-Framework hinzu:

```
#import <MessageUI/MessageUI.h>
```

Die `@interface`-Anweisung in derselben Datei erweitern Sie um die Angabe des `MFMail-`
`ComposeViewControllerDelegate`-**Protokolls**:

```
@interface DBKontaktViewController : UIViewController ⤶
<MFMailComposeViewControllerDelegate>
```

Listing 5.4 Die Klasse implementiert das MFMailComposeViewControllerDelegate-Protokoll.

Hinter dem Zauberwort *Delegate* verbirgt sich eine pfiffige Idee, nämlich Aufgaben
an andere zu delegieren. In diesem Fall verwendet die App *Delegation*, um dem im
MessageUI-Framework implementierten `MFMailComposeViewController`, also dem von
Apple programmierten Formular zum Versenden von E-Mails, mitzuteilen, dass es
wichtige Ereignisse bitte an den `DBKontaktViewController` der Beispiel-App delegiert. Sie
ersparen sich damit, dass Sie eine Subklasse von `MFMailComposeViewController` ableiten
und damit arbeiten müssen. In anderen Programmiersprachen wäre dies das Mittel der
Wahl, Objective-C ist dank Delegation aber wesentlich eleganter, und die Komplexität
des Quelltextes bleibt überschaubar.

Öffnen Sie die Datei *DBKontaktViewController.m*, und implementieren Sie die Methode
`composeMail`, wie nachfolgend gezeigt:

```
- (IBAction)composeEmail:(id)sender {
    if ([MFMailComposeViewController canSendMail])
    {
```

```
        MFMailComposeViewController *theMailInterface = [[ ↩
MFMailComposeViewController alloc] init];
        theMailInterface.mailComposeDelegate = self;
        [theMailInterface setToRecipients:[ ↩
NSArray arrayWithObject:@"IHRE MAILADRESSE"]];
        [theMailInterface setSubject:@"Gesendet über Deep Blue App"];
        [theMailInterface setMessageBody:@"Bitte Nachricht eingeben!" ↩
isHTML:NO];
        [self presentViewController:theMailInterface animated:YES ↩
completion:nil];
    } else {
        UIAlertView *alert = [[UIAlertView alloc]
            initWithTitle:@"Problem!" message:@"Kein E-Mail-Konto ↩
eingerichtet!"
            delegate:nil
            cancelButtonTitle:@"OK"
            otherButtonTitles:nil];
        [alert show];
    }
}
```

Listing 5.5 Die Methode »composeMail«

Der Aufruf ist wie gewohnt. Zuerst erzeugen Sie ein Objekt der Klasse MFMailComposeView-Controller über die Aufrufe alloc und init. Diesem Objekt teilen Sie in der nächsten Zeile mit, dass der DBKontaktViewController sein Delegate ist. Die folgenden drei Zeilen belegen die Felder des E-Mail-Formulars mit den entsprechenden Werten vor, und dann wird das Formular aufgerufen.

Ist der Aufruf nicht möglich, zum Beispiel, weil kein E-Mail-Konto eingerichtet ist, wird ein UIAlertView eingeblendet und der Vorgang abgebrochen. Einen UIAlertView werden Sie sicher schon einmal gesehen haben; es ist das Standard-Meldungsfenster unter iOS.

Ersetzen Sie bitte vor dem Übersetzen des Projekts noch die Zeichenkette "IHRE MAIL-ADRESSE" durch die E-Mail-Adresse, an die Sie die Test-E-Mails versenden wollen. Und benutzen Sie bitte nicht unsere Adresse. ☺

Nun fehlt noch die Methode, die aufgerufen wird, wenn der Benutzer die E-Mail versendet oder das E-Mail-Formular schließt. Diese Methode ist im MFMailComposeView-ControllerDelegate-Protokoll deklariert. Da Sie in der @interface-Anweisung in der Headerdatei *DBKontaktViewController.h* angegeben haben, dass der DBKontaktView-Controller das Protokoll MFMailComposeViewControllerDelegate implementiert, sind Sie

auch für die Implementierung der betreffenden Methode zuständig. Wie Sie der Dokumentation des Protokolls entnehmen können, ist die Methode die folgende:

```
- (void)mailComposeController:(MFMailComposeViewController*)
controller didFinishWithResult:(MFMailComposeResult)result error:(NSError*)error
{
     [self dismissViewControllerAnimated:YES ↩
completion:nil];
}
```

Listing 5.6 Diese Methode wird beim Schließen des E-Mail-Formulars aufgerufen.

Fügen Sie diese Methode der Datei *DBKontaktViewController.m* hinzu. Nun sind Sie fertig und können die App starten. Wenn Sie auf Ihrem iPhone ein E-Mail-Konto eingerichtet haben, werden Sie eine E-Mail an die eingetragene Adresse senden können.

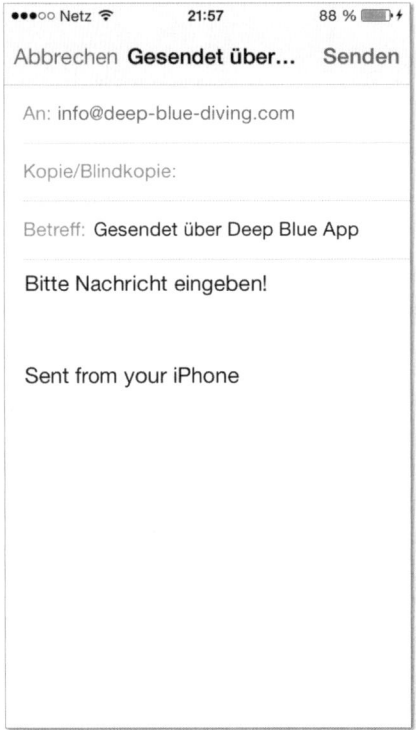

Abbildung 5.50 Das E-Mail-Formular

5.4 Zusammenfassung

In diesem Kapitel haben Sie gelernt, wie Sie die Benutzeroberfläche einer App mit Story-boards erstellen und Ansichten in Tabs gruppieren können. Da Funktionalität alleine nicht reicht, haben Sie Ihre Beispiel-App mit Grafiken verschönert. Und da das iPhone ein kommunikatives Gerät ist, das über die verschiedensten Verbindungen zur Außenwelt verfügt, haben Sie zum Ende des Kapitels gelernt, wie man einen Telefonanruf initiiert, wie sich eine Webseite aufrufen und wie eine E-Mail versenden lässt. Damit steht die Beispiel-App jetzt auf einem soliden Fundament, so dass Sie sich im nächsten Kapitel daranmachen können, die App mit verschiedenen weiteren Funktionalitäten auszustatten.

5

Kapitel 6
Daten, Karten und das Netz

»Was nicht passt, wird passend gemacht!«
Horst

In diesem Kapitel lernen Sie, wie Sie in einer App gespeicherte Daten anzeigen können. Dies ist neben der Darstellung von Grafiken oder Inhalten aus dem Netz eine ganz essenzielle Funktionalität, denn der Benutzer möchte von einer App ja entweder unterhalten oder informiert werden. Und in beiden Fällen geht es um die Anzeige von Daten.

Darüber hinaus zeigt dieses Kapitel die Arbeit mit dem MapKit, also dem Framework, mit dem sich Landkarten darstellen und Informationen darauf einblenden lassen.

Den Abschluss macht die Integration von Twitter in die Beispiel-App, so dass der Benutzer aus der App heraus einen Tweet an seine Follower versenden kann. Wer kann darauf heutzutage noch verzichten?

6.1 Der Tableview-Controller

Die wohl meistgenutzte Ansicht für diese Aufgabenstellung ist unter iOS der *Tableview*. Ein Tableview stellt, wie der Name schon sagt, Daten in einer Tabelle dar. Man kann von jeder Zeile einer Tabelle in eine Unteransicht verzweigen und auf diese Weise komplexe Datenstrukturen übersichtlich darstellen. Ein Beispiel für einen Tableview finden Sie in der Einstellungen-App des iPhones.

Repräsentiert wird ein Tableview von der Klasse `UITableView`. Diese Klasse werden Sie nun verwenden, um die Beispiel-App aus dem vorigen Kapitel mit Daten anzureichern. Öffnen Sie dazu das Beispielprojekt aus dem letzten Kapitel, und fügen Sie im Storyboard einen Table View Controller hinzu.

Abbildung 6.1 Die »Einstellungen« sind in einem Tableview organisiert.

Abbildung 6.2 Ein »Table View Controller« für die Beispiel-App

Ziehen Sie anschließend bei gedrückter ⌈ctrl⌋-Taste eine Verbindung vom Tabbar-Controller auf den neuen Tableview-Controller. Falls Sie nicht beide Controller im Interface Builder angezeigt bekommen, weil sie im Storyboard zu weit voneinander entfernt sind, können Sie die Verbindung auch aus dem DOCUMENT OUTLINE ziehen. Wählen Sie dort den Tabbar-Controller aus, und ziehen Sie bei gedrückter ⌈ctrl⌋-Taste die Verbindung zum neuen Tableview-Controller (Abbildung 6.3).

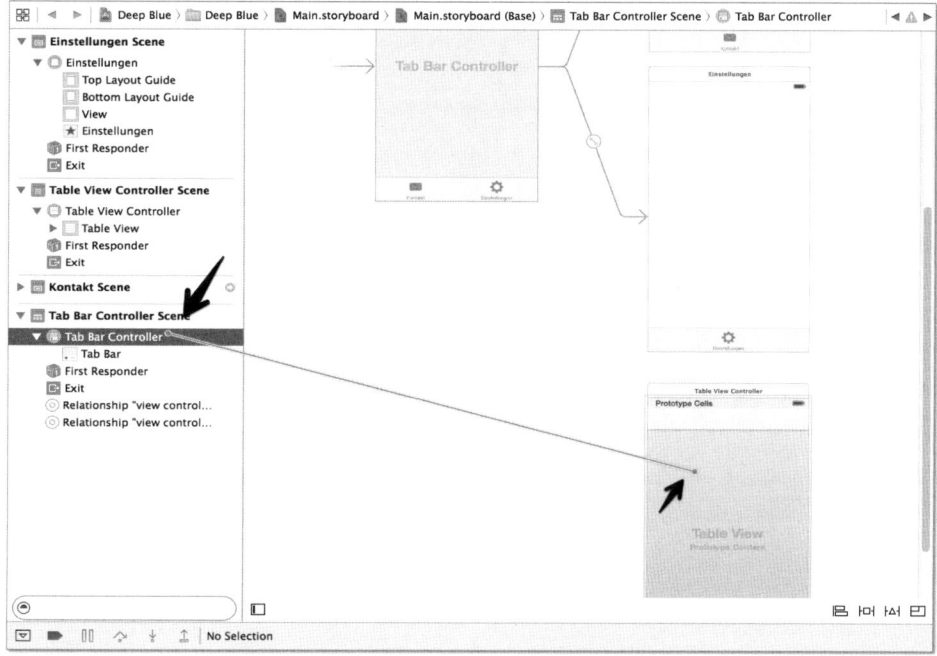

Abbildung 6.3 Eine Verbindung aus dem Document Outline

Falls der DOCUMENT OUTLINE bei Ihnen nicht angezeigt wird, öffnen Sie ihn durch Klick auf den dafür vorgesehenen Button im Storyboard (Abbildung 6.4).

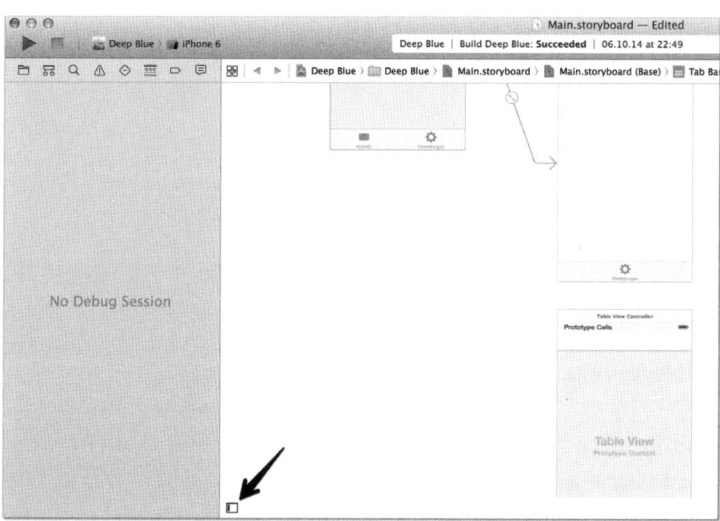

Abbildung 6.4 Der Button für den Document Outline

Geben Sie als Typ der neuen Verbindung VIEW CONTROLLERS an.

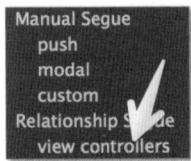

Abbildung 6.5 Verbindung vom Typ »view controllers«

Damit erzeugen Sie automatisch ein neues Tab im Tabbar-Controller. Wenn Sie die App nun übersetzen und ausführen, sehen Sie den Button für das neue Tab im Tabbar-Controller und können dieses auch direkt auswählen und den Tableview-Controller anzeigen lassen.

Abbildung 6.6 Der neue Tableview-Controller

Weisen Sie dem neuen Tab-Item im ATTRIBUTES INSPECTOR den Namen »Tauchcenter« sowie das Icon *House.tif* zu (siehe Abbildung 6.7), das Sie im Grafikverzeichnis auf der Website zum Buch finden. Gehen Sie dabei vor, wie bereits im letzten Kapitel beschrieben. Anschließend sieht die Tabbar der App wie in Abbildung 6.8 aus.

Abbildung 6.7 Name und Icon für das neue Item

Abbildung 6.8 Die Tabbar mit drei Tab-Buttons

Um die Reihenfolge der Tabs in der Tabbar zu ändern, nehmen Sie im Storyboard einfach ein Element mit der Maus und ziehen es an die gewünschte Stelle.

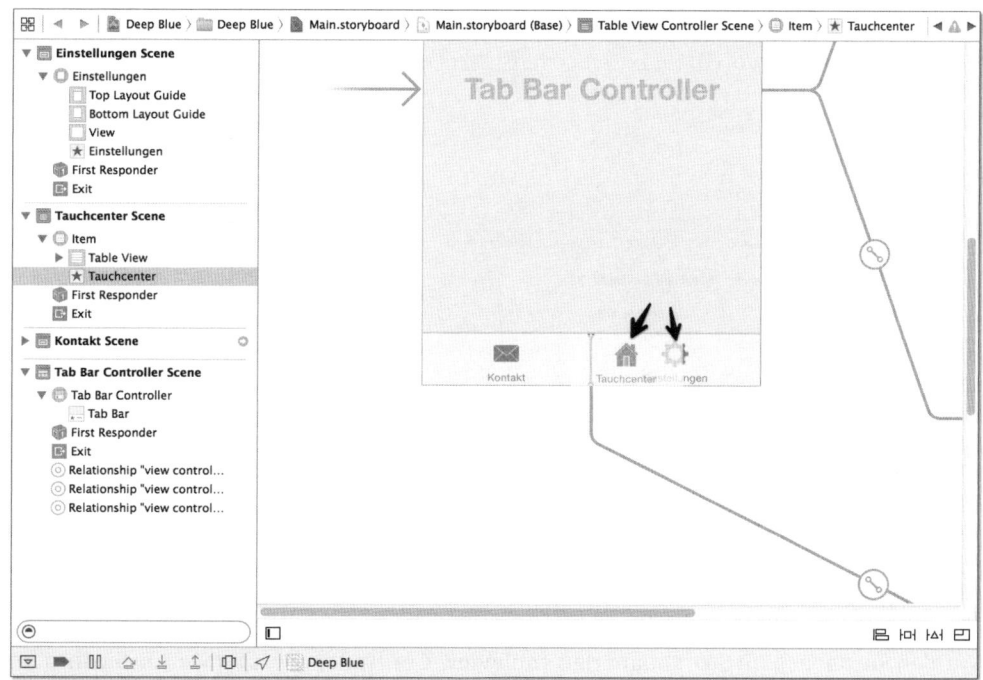

Abbildung 6.9 Ändern der Reihenfolge

Nun benötigen Sie noch eine Klasse vom Typ UITableViewController im Xcode-Projekt, die Sie mit dem Tableview-Controller im Storyboard verknüpfen können. Öffnen Sie über die Menüpunkte FILE • NEW • FILE ... den entsprechenden Dialog, und wählen Sie in der Kategorie IOS • SOURCE die Schablone OBJECTIVE-C CLASS aus.

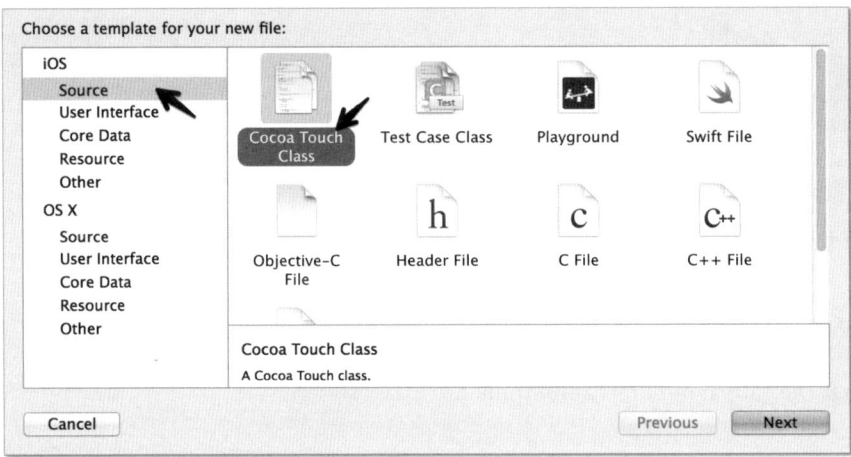

Abbildung 6.10 Eine neue Klasse

Geben Sie der Klasse den Namen »DBDiveCenterTableViewController«, und definieren Sie sie als Subklasse von UITableViewController. Die Sprache ist auch hier Objective-C.

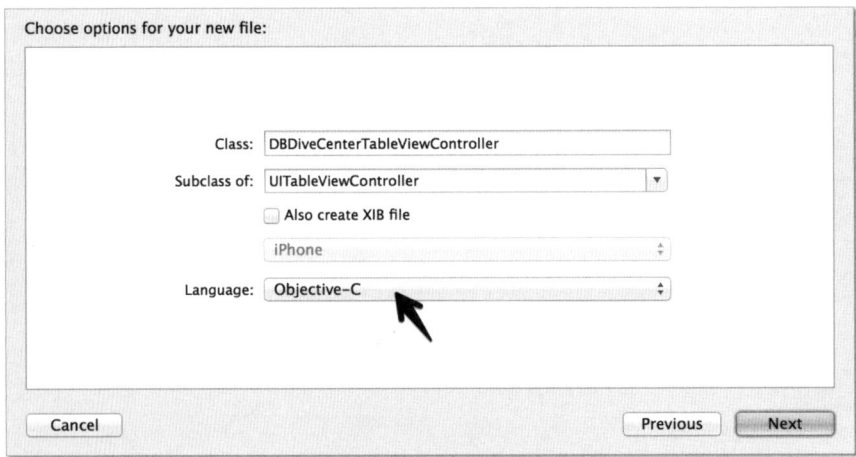

Abbildung 6.11 Eine Subklasse von »UITableViewController«

Wählen Sie danach im Storyboard den Tableview-Controller aus, und weisen Sie ihm im IDENTITY INSPECTOR die neue Klasse DBDiveCenterTableViewController zu.

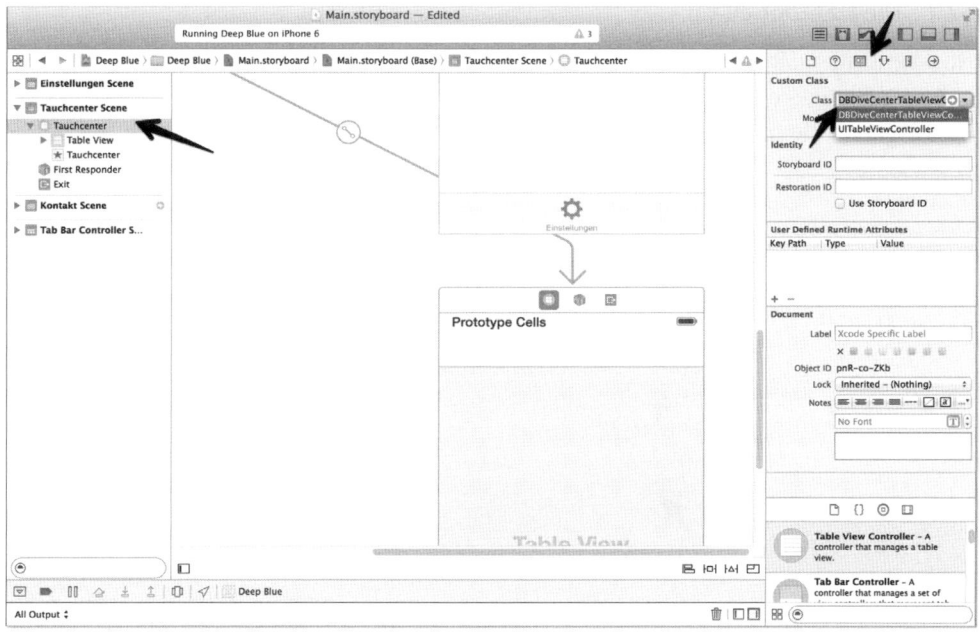

Abbildung 6.12 Zuweisen der neuen Klasse an den Tableview-Controller

Wählen Sie zum Schluss noch die weiß hinterlegte Zelle (TABLE VIEW CELL) im Tableview-Controller aus, und weisen Sie ihr im ATTRIBUTES INSPECTOR den IDENTIFIER Cell zu.

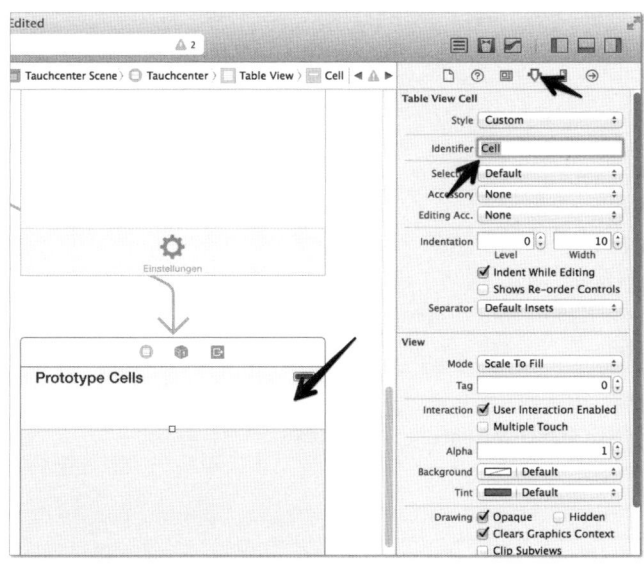

Abbildung 6.13 Weisen Sie der Zelle den Identifier »Cell« zu.

6.1.1   Die Datenquelle

Nun benötigen Sie noch eine Klasse für die Objekte, deren Inhalt der Tableview anzeigen soll. Fügen Sie über FILE • NEW • FILE ... dem Projekt eine neue OBJECTIVE-C CLASS hinzu, geben Sie ihr den Namen »DBDiveCenter«, und definieren Sie sie als Subklasse von NSObject.

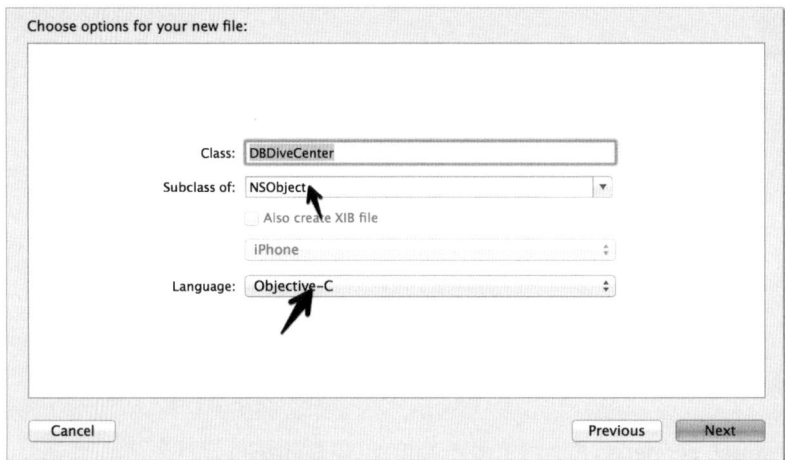

Abbildung 6.14 Noch'n Gedicht

Erweitern Sie die Headerdatei der neuen Klasse um eine import-Anweisung für das UIKit, drei Attribute und die Deklaration einer eigenen init-Methode:

```
#import <Foundation/Foundation.h>
#import <UIKit/UIKit.h>

@interface DBDiveCenter : NSObject
@property (copy) NSString *name;
@property (retain) UIImage *icon;
@property (retain) UIImage *image;
-(id)initWithData:(NSString*)theName icon:(UIImage*) ⤵
theIcon image:(UIImage*)theImage;
@end
```

Listing 6.1 Die Headerdatei der Klasse »DBDiveCenter«

Die Implementierung der init-Methode in der Datei *DBDiveCenter.m* ist die folgende:

```
-(id)initWithData:(NSString*)theName icon:(UIImage*) ↩
theIcon image:(UIImage*)theImage
{
    self = [super init];
     if (self) {
      _name = theName;
      _icon = theIcon;
      _image = theImage;
    }
    return self;
}
```

Listing 6.2 Die Implementierung der Methode »initWithData«

Fügen Sie in der Datei *DBDiveCenterTableViewController.m* die folgende import-Anweisung hinzu, um die neue Klasse aus dem Controller heraus ansprechen zu können:

```
#import "DBDiveCenter.h"
```

In derselben Datei (*DBDiveCenterTableViewController.m*) fügen Sie anschließend noch eine Property hinzu:

```
@property (copy) NSArray *diveCenters;
```

Diese Property kommt an den Anfang der Implementierung:

```
#import "DBDiveCenterTableViewController.h"
#import "DBDiveCenter.h"

@interface DBDiveCenterTableViewController ()
@property (copy) NSArray *diveCenters;
@end

@implementation DBDiveCenterTableViewController

- (void)viewDidLoad {
    [super viewDidLoad];
[…]
```

Listing 6.3 Die Property in der Implementierungsdatei

Der Tableview auf dem GUI der App fragt seinen Tableview-Controller nach der Anzahl der darzustellenden Zeilen und nach dem anzuzeigenden Inhalt. Um die Antwort auf beide Fragen zu vereinfachen, speichert die App die anzuzeigenden Informationen in der neuen Property. Es ist nur ein Methodenaufruf nötig, um die Anzahl der Elemente eines Arrays zu erhalten (Anzahl der anzuzeigenden Zeilen), und genauso einfach ist es, auf die in einem Array gespeicherten Objekte zuzugreifen (die anzuzeigenden Daten).

In der Methode `viewDidLoad` des `DBDiveCenterTableViewController` erzeugen Sie nun drei Objekte vom Typ `DBDiveCenter`, weisen diesen Objekten über die Methode `initWithData` Daten zu und speichern die Objekte in der Property `diveCenters` des Controllers:

```
DBDiveCenter *caleta = [[DBDiveCenter alloc] ↩
initWithData:@"Caleta de Fuste" icon:[UIImage ↩
imageNamed:@"CaletaIcon.tif"] image:[UIImage ↩
imageNamed:@"Caleta.tif"]];
DBDiveCenter *playitas = [[DBDiveCenter alloc] ↩
initWithData:@"Las Playitas" icon:[UIImage ↩
imageNamed:@"PlayitasIcon.tif"] image:[UIImage ↩
imageNamed:@"Playitas.tif"]];
self.diveCenters = [NSArray arrayWithObjects: ↩
caleta, playitas, nil];
```

Listing 6.4 Zwei neue Objekte und ein Array

Die betreffenden Grafikdateien fügen Sie aus dem Grafikverzeichnis der Website zum Buch in Ihr Projekt ein.

Damit der Tableview weiß, wie viele Zeilen er anzeigen soll, geben Sie über die Methode `numberOfRowsInSection` die Anzahl der Objekte im `NSArray` `diveCenters` zurück:

```
return [self.diveCenters count];
```

In unserer App gibt es eine Sektion im Tableview, weswegen Sie in der Methode `number-OfSectionsInTableView` den Wert 1 zurückgeben:

```
- (NSInteger)numberOfSectionsInTableView:(UITableView *)tableView
{
    // Return the number of sections.
    return 1;
}
```

Listing 6.5 Die Methode »numberOfSectionsInTableView«

Um dem Tableview die anzuzeigenden Daten zu übergeben, fügen Sie in der Methode cellForRowAtIndexPath hinter dem von Xcode erzeugten Kommentar //Configure the cell... die folgenden drei Zeilen ein:

```
DBDiveCenter *theCenter = [self.diveCenters ⤶
objectAtIndex:indexPath.row];
cell.textLabel.text = theCenter.name;
cell.imageView.image = theCenter.icon;
```

Listing 6.6 Anzeigen von Daten im Tableview

In der ersten Zeile erzeugen Sie ein neues Objekt vom Typ DBDiveCenter und weisen diesem Objekt das Objekt im Array diveCenters zu, dessen Position im Array der Nummer der zu füllenden Zeile im Tableview entspricht. Anschließend greifen Sie auf die Propertys des neuen Objekts zu und übergeben die Inhalte an die aktuelle Zeile des Tableviews. Übersetzen und starten Sie die App!

Voilà, die Inhalte der beiden Objekte finden sich im Tableview wieder!

Abbildung 6.15 Herrlich – Bilder und Namen!

Moment mal! Die Anzeige des Tableviews liegt ja unter der Statuszeile, also der Zeile mit Batteriestand, Uhrzeit und Netzanzeige. Mit iOS 7 hat Apple die Vollbildansicht für View-Controller eingeführt, denn auf einem kleinen Display wie beim iPhone möchte man den gesamten Platz ausnutzen können. Damit die Statuszeile verschwindet, fügen Sie in der Datei *DBDiveCenterTableViewController.m* die folgende Methode ein:

```
-(BOOL)prefersStatusBarHidden{
    return YES;
}
```

Listing 6.7 Ausblenden der Statuszeile

Abbildung 6.16 So sieht's besser aus.

Falls Ihnen das jetzt zu schnell ging, merken Sie sich einfach für das nächste Projekt: Ein Tableview benötigt von seinem Controller die Angabe über die Anzahl der anzuzeigenden Zeilen sowie die Inhalte dieser Zeilen. Dazu müssen Sie lediglich die beiden besagten Methoden mit Inhalt füllen und angeben, wie viele Sektionen Sie benötigen. Einfacher geht's nimmer!

6.1.2   Detailansichten

Die von den Zeilen des Tableviews dargestellten Informationen sind natürlich etwas dürftig. In einer Zeile lässt sich ja nicht besonders viel darstellen. Daher bietet der Tableview die Möglichkeit, von einer Zeile auf eine Detailansicht zu wechseln. Über den Mechanismus des *Navigation-Controllers* kann der Benutzer dabei komfortabel von der Detailansicht zurück zur Übersicht im Tableview wechseln.

Öffnen Sie das Storyboard, und wählen Sie die weiß hinterlegte Zeile im Tableview aus. Im ATTRIBUTES INSPECTOR geben Sie dem Dropdown-Feld ACCESSORY den Wert DISCLOSURE INDICATOR; es erscheint ein kleiner, rechtsgerichteter Pfeil in der Tableview-Zeile.

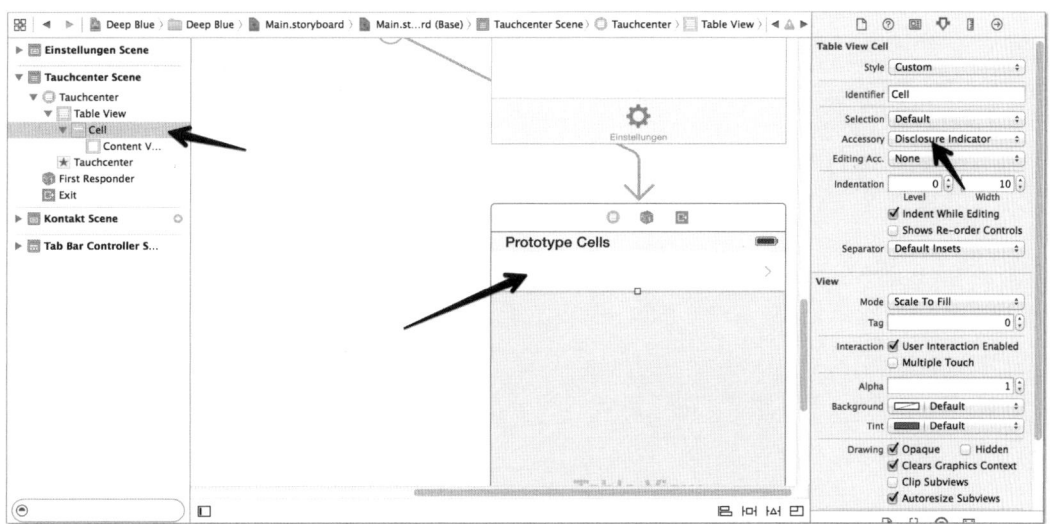

Abbildung 6.17 Der Pfeil zur Detailansicht

Um jetzt eine Detailansicht mit dem DISCLOSURE INDICATOR zu verbinden, fügen Sie dem Storyboard zunächst einen neuen View-Controller hinzu und ziehen bei gedrückter [ctrl]-Taste eine Verbindung von der weiß hinterlegten Zeile des Tableviews zum neuen View-Controller.

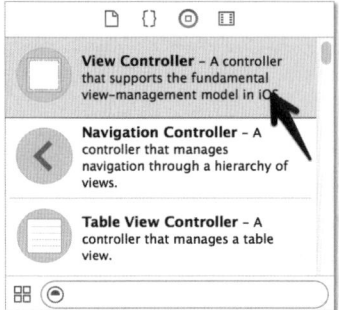

Abbildung 6.18 Ein neuer View-Controller.

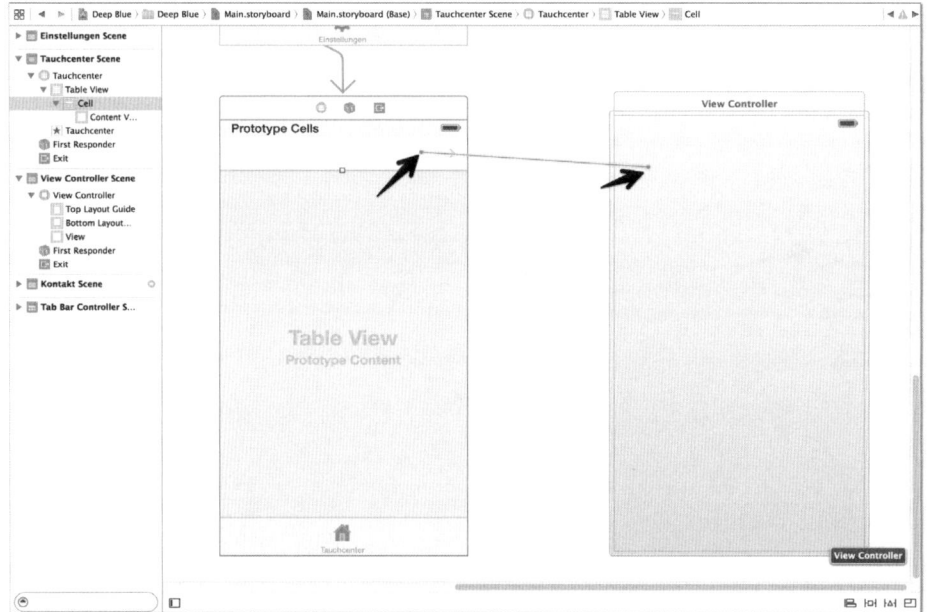

Abbildung 6.19 Eine Verbindung vom View-Controller

Im sich öffnenden Dialog geben Sie als Verbindungstyp PUSH an.

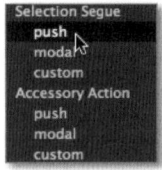

Abbildung 6.20 Eine Verbindung vom Typ »push«

Anschließend wählen Sie im Storyboard den Tableview-Controller aus (DIVE CENTER TABLE VIEW CONTROLLER) und betten ihn über die Menüpunkte EDITOR • EMBED IN • NAVIGATION CONTROLLER in einen Navigation-Controller ein. Das Aussehen im Storyboard verändert sich, und Xcode platziert an der Stelle des Tableview-Controllers einen neuen Navigation-Controller und bettet in diesen den Tableview- sowie den neuen View-Controller für die Detailansicht ein.

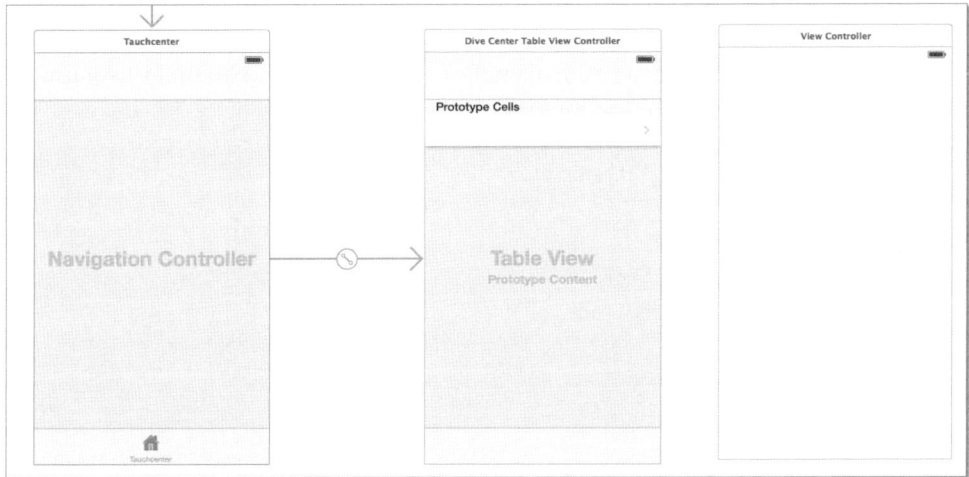

Abbildung 6.21 Die neue Verknüpfung der Controller

Datenübergabe an Detailansichten

Wenn Sie die App nun übersetzen und ausführen, können Sie durch Tippen auf eine Tabellenzeile eine weiße Seite öffnen – das ist der gerade angelegte neue View-Controller – und durch Betätigen des BACK-Buttons zurück zur Tabelle gelangen. Was nun noch fehlt, sind die Informationen der jeweiligen Tabellenzeile. Damit die Informationen etwas reichhaltiger werden als zum gegenwärtigen Ausbaustand der App, fügen Sie der Klasse DBDiveCenter in der Datei *DBDiveCenter.h* noch zwei weitere Propertys hinzu:

```
@property (retain) NSNumber *latitude;
@property (retain) NSNumber *longitude;
```

Listing 6.8 Zwei neue Propertys für »DBDiveCenter«

Danach erweitern Sie im nächsten Schritt in der Headerdatei noch die Deklaration der Methode initWithData:

```
-(id)initWithData:(NSString*)theName ↩
icon:(UIImage*)theIcon ↩
image:(UIImage*)theImage ↩
latitude:(NSNumber*)theLatitude ↩
longitude:(NSNumber *)theLongitude;
```

Listing 6.9 Die erweiterte Methode »initWithData«

In der Implementierungsdatei von `DBDiveCenter` (*DBDiveCenter.m*) ändern Sie die
Methode `initWithData` und erweitern sie neben der geänderten Parameterliste um die
Zuweisungen an die zwei neuen Propertys:

```
-(id)initWithData:(NSString*)theName ↩
icon:(UIImage*)theIcon ↩
image:(UIImage*)theImage ↩
latitude:(NSNumber*)theLatitude ↩
longitude:(NSNumber *)theLongitude
{
    self = [super init];
    if (self) {
        self.name = theName;
        self.icon = theIcon;
        self.image = theImage;
        self.latitude = theLatitude;
        self.longitude = theLongitude;
    }
    return self;
}
```

Listing 6.10 Die komplette Methode »initWithData«

Im View-Controller (`DBDiveCenterTableViewController`) ändern Sie anschließend noch
die Aufrufe zur Erzeugung der `DBDiveCenter`-Objekte:

```
[...]
DBDiveCenter *caleta = [[DBDiveCenter alloc] ↩
initWithData:@"Caleta de Fuste" ↩
icon:[UIImage imageNamed:@"CaletaIcon.tif"] ↩
image:[UIImage imageNamed:@"Caleta.tif"] ↩
latitude:[NSNumber numberWithDouble:28.392958] ↩
longitude:[NSNumber numberWithDouble:-13.855450]];
```

```
DBDiveCenter *playitas = [[DBDiveCenter alloc] ⤶
initWithData:@"Las Playitas" ⤶
icon:[UIImage imageNamed:@"PlayitasIcon.tif"] ⤶
image:[UIImage imageNamed:@"Playitas.tif"] ⤶
latitude:[NSNumber numberWithDouble:28.227517] ⤶
longitude:[NSNumber numberWithDouble:-13.990925]];
DBDiveCenter *marymas = [[DBDiveCenter alloc] ⤶
initWithData:@"Mar Y Mas" ⤶
icon:[UIImage imageNamed:@"MarYMasIcon.tif"] ⤶
image:[UIImage imageNamed:@"MarYMas.tif"] ⤶
latitude:[NSNumber numberWithDouble:28.734583] longitude:[ ⤶
NSNumber numberWithDouble:-13.869023]];
[...]
```

Listing 6.11 Jetzt mit Geo-Koordinaten

Die drei Objekte sind nun um Geo-Koordinaten ergänzt. Das heißt, dass jedes Objekt nun die Angabe von Breiten- und Längengrad besitzt. Damit lässt sich eine Position in der Kartenanwendung von iOS ermitteln; wie genau das geht, erfahren Sie in wenigen Seiten. Zunächst werden Sie noch die Detailansicht für den Tableview implementieren.

Fügen Sie dazu dem Projekt eine neue Klasse hinzu, wie gehabt über die Menüpunkte FILE • NEW • FILE ... und dort über iOS • COCOA TOUCH • OBJECTIVE-C CLASS. Die neue Klasse bekommt den Namen »DBDiveCenterDetailViewController« und ist eine Subklasse von UIViewController.

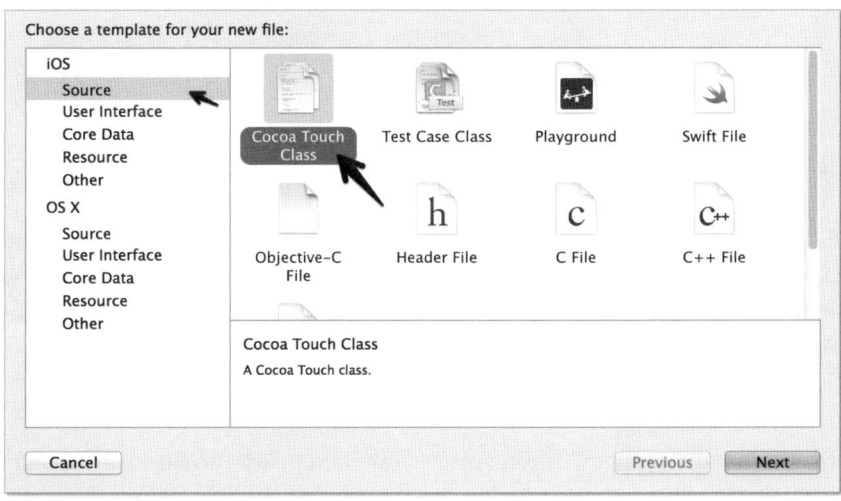

Abbildung 6.22 Eine neue Klasse

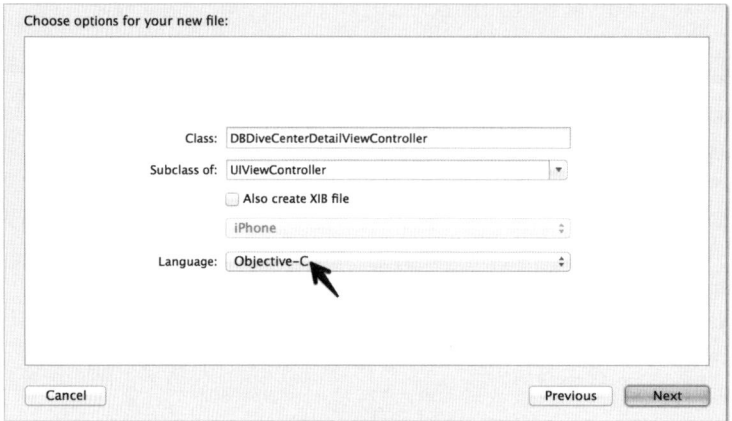

Abbildung 6.23 Auch hier: Objective-C wählen!

Weisen Sie diese Klasse im Storyboard dem View-Controller für die Detailansicht zu. Markieren Sie dazu den View-Controller, und wählen Sie im IDENTITY INSPECTOR im Dropdown-Feld CLASS die neue Klasse DBDiveCenterDetailViewController aus.

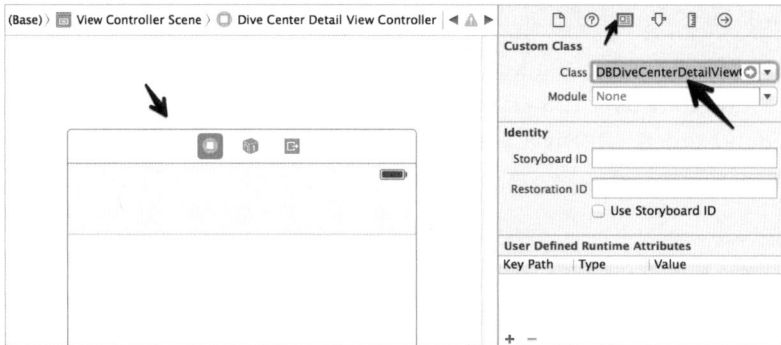

Abbildung 6.24 Zuweisen der Klasse an den View-Controller

Jetzt müssen Sie aus dem Tableview die Daten der jeweiligen Zeile an die Detailansicht übergeben. Der Tableview zeigt Objekte vom Typ DBDiveCenter an. Sobald der Benutzer auf eine Tabellenzeile drückt, öffnet sich die Detailansicht, und alle Informationen aus dem betreffenden Objekt vom Typ DBDiveCenter erscheinen.

Segues

Die einfachste Art, die notwendigen Daten von der Tabellenansicht an die Detailansicht zu übergeben, ist die Verwendung von *Segues* im Storyboard. Segues, oder zu Deutsch *Übergänge*, sind die Verbindungen, die Sie bereits gezogen haben, um die einzelnen Elemente im Storyboard miteinander zu verknüpfen. Markieren Sie den Übergang zwischen dem Tableview-Controller und dem Detailview-Controller mit der Maus, und öffnen Sie rechts im Xcode-Fenster den ATTRIBUTES INSPECTOR.

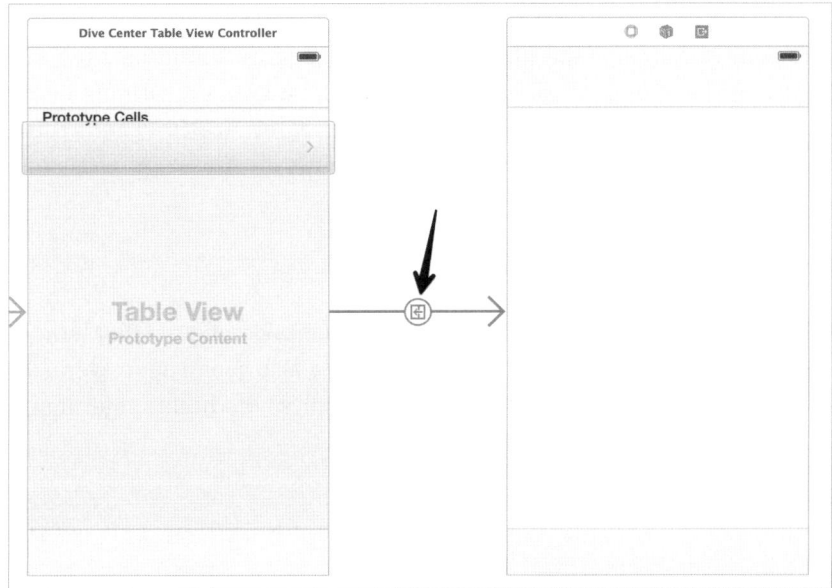

Abbildung 6.25 Markieren Sie den Übergang zwischen dem Tableview und dem Detailview.

Geben Sie dem Übergang im Feld IDENTIFIER den Namen »DetailView«.

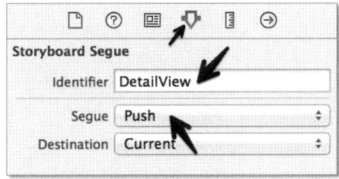

Abbildung 6.26 Der Übergang bekommt den Namen »DetailView«.

Sie können den Übergang jetzt im Code über seinen Namen DetailView ansprechen und im Übergang Daten vom Sender zum Empfänger übertragen. Der Sender ist der Tableview, der Empfänger der Detailview.

Öffnen Sie nun die Headerdatei des Empfängers, *DBDiveCenterDetailViewController.h*, und fügen Sie dort eine import-Anweisung für die Klasse DBDiveCenter hinzu:

```
#import "DBDiveCenter.h"
```

Zwischen den @interface- und @end-Anweisungen fügen Sie eine Property vom Typ DBDiveCenter hinzu:

```
@property (retain) DBDiveCenter *theCenter;
```

Der Empfänger »kennt« nun also die Klasse DBDiveCenter. Beste Voraussetzung, um ihm jetzt beim Aufruf ein Objekt diesen Typs übergeben zu können. Öffnen Sie die Implementierungsdatei des DBDiveCenterTableViewController (*DBDiveCenterTable-ViewController.m*), und fügen Sie eine import-Anweisung für die Klasse DBDiveCenter-DetailViewController ein:

```
#import "DBDiveCenterDetailViewController.h"
```

In dieselbe Datei fügen Sie vor die @end-Anweisung die nachfolgend gezeigte Methode prepareForSegue ein. Beim Aufruf des Übergangs DetailView, also genau dann, wenn der Benutzer auf eine Tabellenzeile im Tableview drückt, wird diese Methode aufgerufen.

```
- (void)prepareForSegue:(UIStoryboardSegue *)inSegue ↩
sender:(id)inSender
{
        if([inSegue.identifier isEqualToString: ↩
        @"DetailView"]) {
        DBDiveCenterDetailViewController ↩
*detailViewController = inSegue.destinationViewController;

        NSIndexPath *selectedRowIndexPath = ↩
        [self.tableView indexPathForSelectedRow];
        detailViewController.theCenter = ↩
        [self.diveCenters ↩
objectAtIndex:selectedRowIndexPath.row];
    }
}
```

Listing 6.12 Ein Übergang mit Methode

Die Methode prüft zunächst den Namen des Segues, von dem sie aufgerufen wurde. Dazu dient die if-Abfrage am Anfang der Methode. Sie ahnen es vielleicht: Über die Verwendung dieser Abfrage können Sie beliebig viele Übergänge ansprechen – für den Fall, dass von einem Objekt im Storyboard mehrere Übergänge abzweigen.

Im nächsten Schritt, und dafür wurde die import-Anweisung für die Empfänger-Klasse DBDiveCenterDetailViewController benötigt, wird ein Objekt genau diesen Typs erzeugt und als Ziel-Controller für den Übergang festgelegt (`inSegue.destinationViewController`). Die folgende Zeile gibt die Tabellenzeile zurück, die der Benutzer gedrückt hat. Die Nummerierung fängt bei 0 für die erste Zeile an (nicht 1!).

Zum Schluss wird dem vorher erzeugten Zielobjekt des Übergangs genau das Objekt vom Typ `DBDiveCenter` übergeben, dessen Position im Array `diveCenters` der Nummer der gedrückten Tabellenzeile entspricht. Ein Array nummeriert ebenfalls von 0 an, so dass das erste Objekt (mit dem Index 0) in der ersten Tabellenzeile angezeigt wird (Zeile 0).

Auf diese Weise übergibt der Tableview das zur gedrückten Zeile gehörige Objekt an den Detailview. Jetzt kann es also an die Gestaltung des Detailviews gehen. Öffnen Sie diesen im Storyboard. In der OBJECT LIBRARY suchen Sie nach einem Label und ziehen vier Label auf den Detailview.

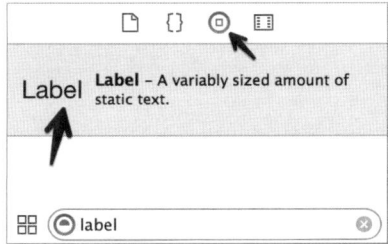

Abbildung 6.27 Ein Label – und davon vier

Im Anschluss daran suchen Sie nach einem Imageview und ziehen diesen ebenfalls auf den Detailview.

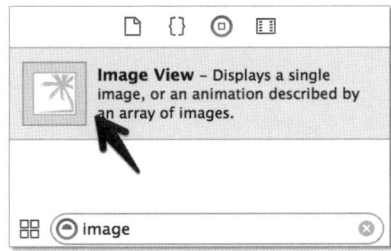

Abbildung 6.28 Ein Imageview ist ein Platzhalter für Bilder.

Die vier Label und den Imageview drapieren Sie, wie in der übernächsten Abbildung gezeigt, auf dem Detailview und benennen das Label oben links durch einen Doppelklick in »Divecenter« um. Dem Label darunter geben Sie den Namen »Position«. Die beiden Label für die Werte füllen Sie mit einer Ellipse ($\boxed{\text{Alt}}$+$\boxed{.}$) und ziehen die Breite bis zur rechten Hilfslinie.

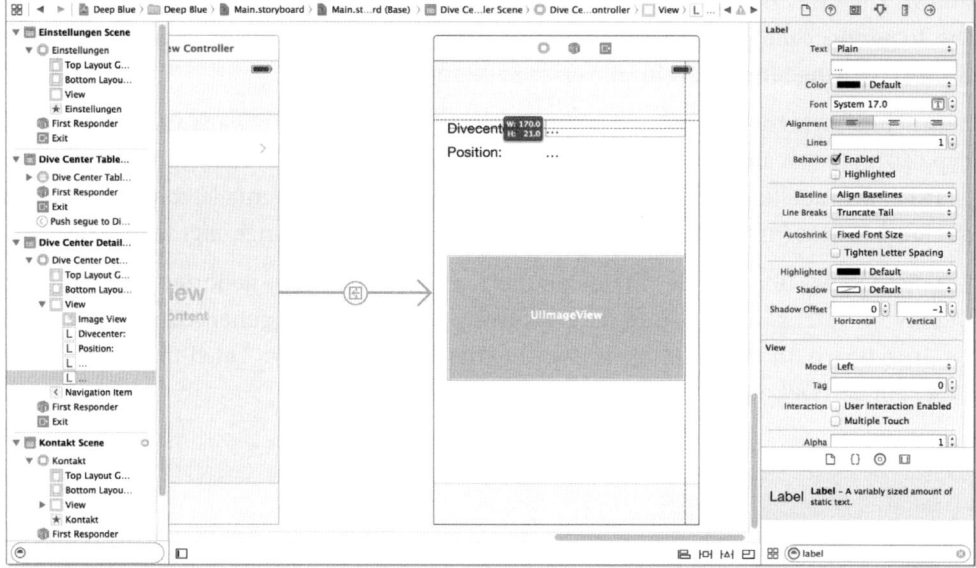

Abbildung 6.29 Ziehen Sie die Label für die Werte bis zur rechten Hilfslinie.

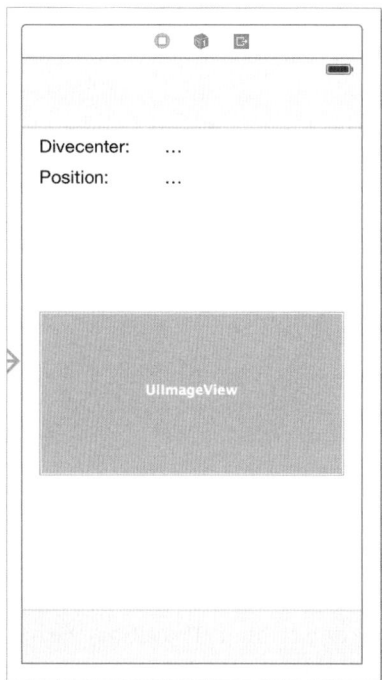

Abbildung 6.30 Der fertige Detailview

Öffnen Sie den ASSISTANT EDITOR, so dass Sie den Detailview im Storyboard und die Datei *DBDiveCenterDetailViewController.h* gleichzeitig geöffnet haben. Ziehen Sie nun bei gedrückter ⌃ctrl⌄-Taste eine Verbindung vom Label rechts neben DIVECENTER in die Headerdatei, und definieren Sie ein Outlet mit dem Namen »divecenterName«.

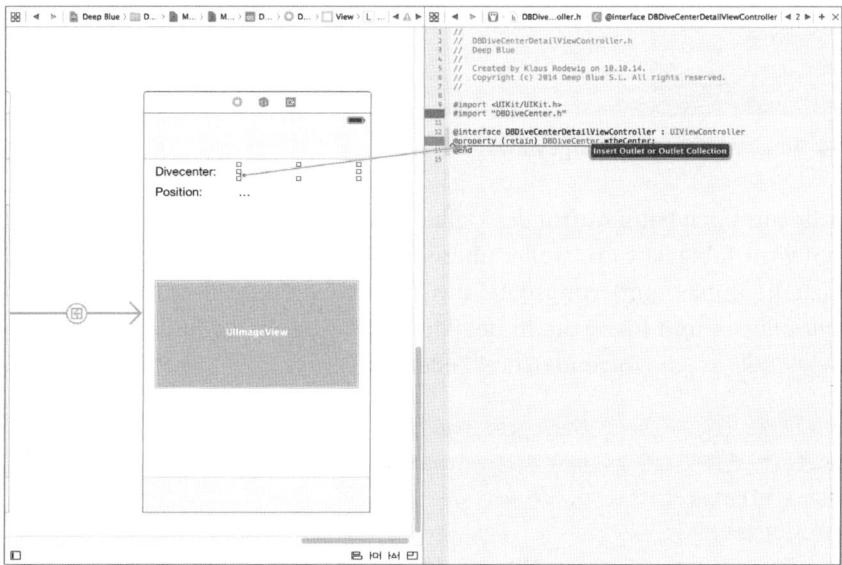

Abbildung 6.31 Ziehen Sie eine Verbindung ...

Abbildung 6.32 ... und erstellen Sie ein neues Outlet.

Dasselbe wiederholen Sie beim Label darunter und geben dem Outlet den Namen »position«.

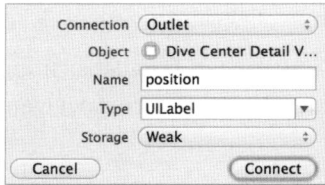

Abbildung 6.33 Ein weiteres Outlet, dieses Mal für die Position der Tauchschule

Zuletzt ziehen Sie noch ein Outlet vom Imageview in die Headerdatei und geben diesem Outlet den Namen »divecenterImage«.

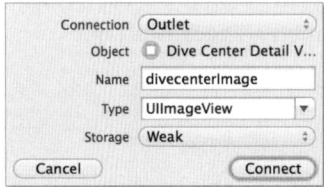

Abbildung 6.34 Vergessen Sie den Imageview nicht.

Jetzt müssen Sie nur noch beim Aufruf des Detailview-Controllers die entsprechenden Daten aus dem vom Tableview-Controller übergebenen Objekt an die Outlets senden. Öffnen Sie dazu die Implementierungsdatei des Detailview-Controllers *DBDiveCenter-DetailViewController.m*, und fügen Sie in der Methode `viewDidLoad` hinter der Anweisung `[super viewDidLoad]` die folgenden drei Zeilen ein:

```
self.divecenterName.text = self.theCenter.name;
self.position.text = [NSString stringWithFormat: ↩
@"%@:%@", self.theCenter.latitude, ↩
self.theCenter.longitude];
self.divecenterImage.image = self.theCenter.image;
```

Listing 6.13 Zuweisen der Objektdaten an die Outlets

Was passiert dort? Die erste Anweisung weist der Eigenschaft `text` des Outlets `divecenterName` den Namen des Objekts zu, das der Detailview-Controller vom Table-view-Controller übergeben bekommen hat, also den Namen der Tauchschule. Damit zeigen Sie den Namen auf dem GUI an.

Die zweite Zeile nimmt die beiden Positionsangaben, also den Längen- und den Breiten-grad, baut daraus einen neuen String, der beide Angaben mit einem Doppelpunkt ver-bindet, und weist diesen String der Eigenschaft `text` des Outlets `position` zu.

Die dritte Zeile ist analog zur ersten Zeile, nur dass statt eines Strings an ein Label ein Bild an einen Imageview übergeben wird. Übersetzen und starten Sie die App, und wäh-len Sie nacheinander die einzelnen Zeilen des Tableview-Controllers aus.

Sie können jetzt Tabellen mit Daten füllen und aus diesen Tabellen auf Detailansichten wechseln. Damit haben Sie die wohl wichtigste Technik zum strukturierten Anzeigen von Daten in einer App gelernt.

Abbildung 6.35 Caleta de Fuste

Abbildung 6.36 Las Playitas

Aufgabe

Sie werden bemerkt haben, dass auf einigen Geräten im Simulator die Darstellung wieder nicht korrekt ist. Das liegt an den fehlenden Autolayout-Einstellungen. Versuchen Sie doch mal Ihr Glück, und statten Sie den Detailview so mit Autolayout-Einstellungen (*Constraints*) aus, dass die Anzeige auf allen Gerätetypen korrekt aussieht.

6.2   Karten verwenden mit dem MapKit

Die Geo-Koordinaten der einzelnen Tauchschulen sehen in der Darstellung zwar nach Pfadfinder-Abenteuer aus, sind aber natürlich nur ein Gimmick. Viel sinnvoller als das Anzeigen der Geo-Koordinaten ist das Anzeigen der betreffenden Position in der Karten-App von iOS oder viel besser noch: auf einer Karte in der eigenen App. Mit dem *Mapview* bietet iOS die Möglichkeit, Karten in eigene Apps einzubetten und mit diesen Karten zu arbeiten.

Öffnen Sie das Storyboard, und fügen Sie aus der OBJECT LIBRARY von Xcode einen MAP VIEW in den Detailview-Controller ein. Für eine sinnvolle Anordnung verkleinern Sie mit der Maus einfach den Imageview.

Abbildung 6.37 Der Mapview

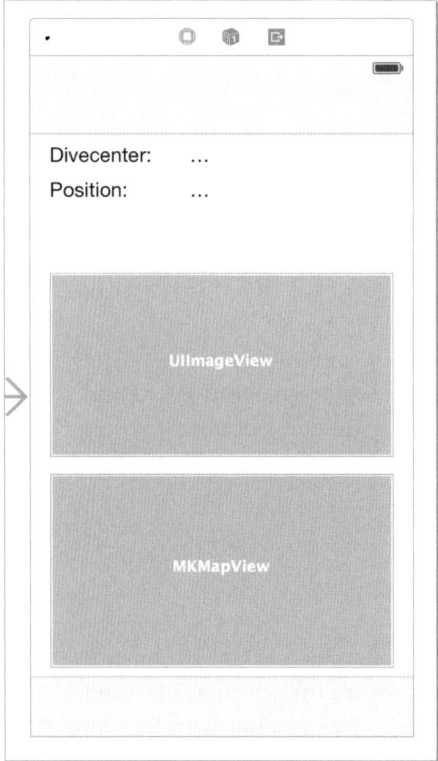

Abbildung 6.38 Platzieren Sie den Mapview auf der Detailansicht.

6.2.1   Einbinden des Frameworks

Die Verwendung des Mapviews in einer eigenen App erfordert das Einbinden des *Map-Kit*-Frameworks. Markieren Sie in der Navigationsansicht von Xcode das Projekt, und wählen Sie rechts neben der Dateiliste unter TARGETS DEEP BLUE aus. Im Tab GENERAL scrollen Sie nach unten bis zum Abschnitt LINKED FRAMEWORKS AND LIBRARIES. Fügen Sie dort über den +-Button das MAPKIT.FRAMEWORK hinzu.

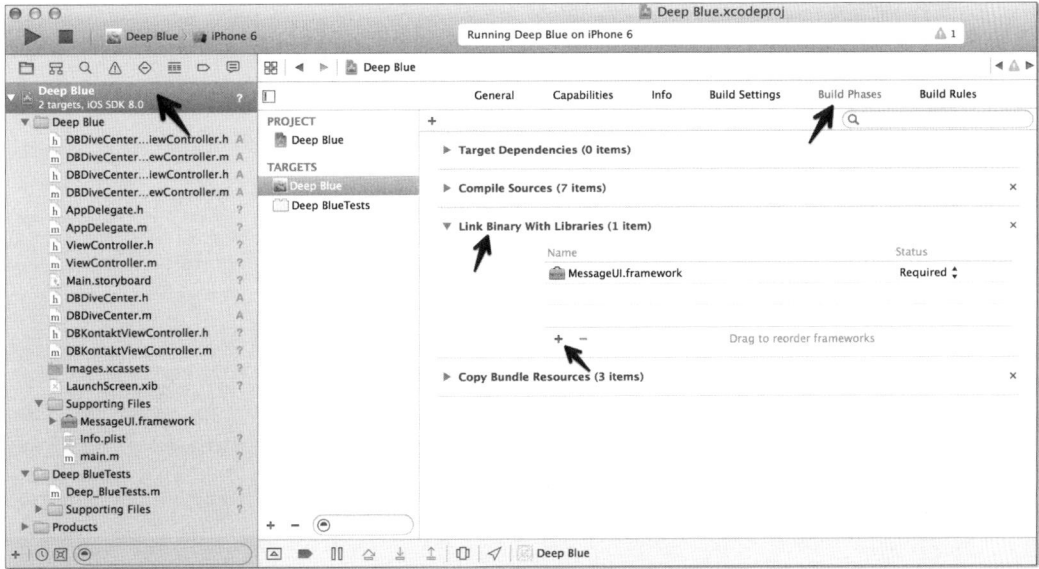

Abbildung 6.39 Die Einstellungen für die eingebundenen Frameworks

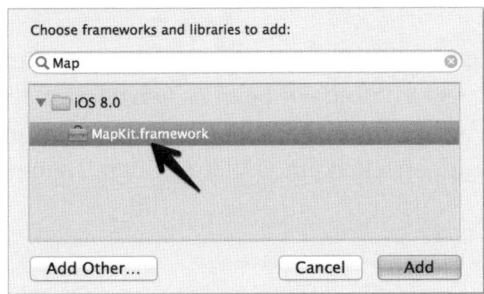

Abbildung 6.40 Fügen Sie dem Projekt das MapKit-Framework hinzu.

Wenn Sie die App jetzt übersetzen und starten, sehen Sie … eine Karte in der Detailansicht.

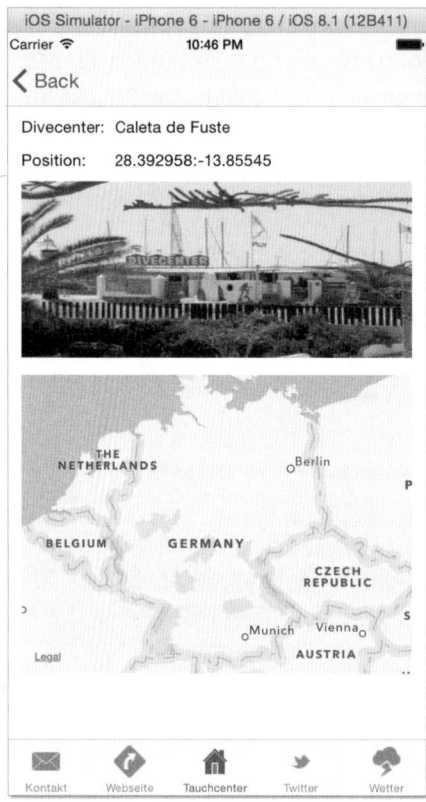

Abbildung 6.41 Fast schon ein Reiseführer

6.2.2 Die Karte, bitte

Was jetzt noch fehlt, ist der richtige Kartenausschnitt. Öffnen Sie den Detailview erneut im Storyboard, und aktivieren Sie den ASSISTANT EDITOR. Wie beim Ziehen der Outlets vorhin ziehen Sie nun bei gedrückter ⌜ctrl⌟-Taste eine Verbindung vom Mapview in die Headerdatei *DBDiveCenterDetailView.h* und erstellen ein Outlet mit dem Namen »theMapView«.

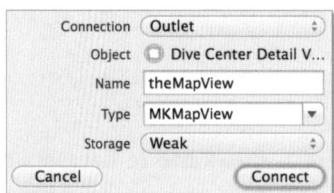

Abbildung 6.42 Das Outlet für den Mapview

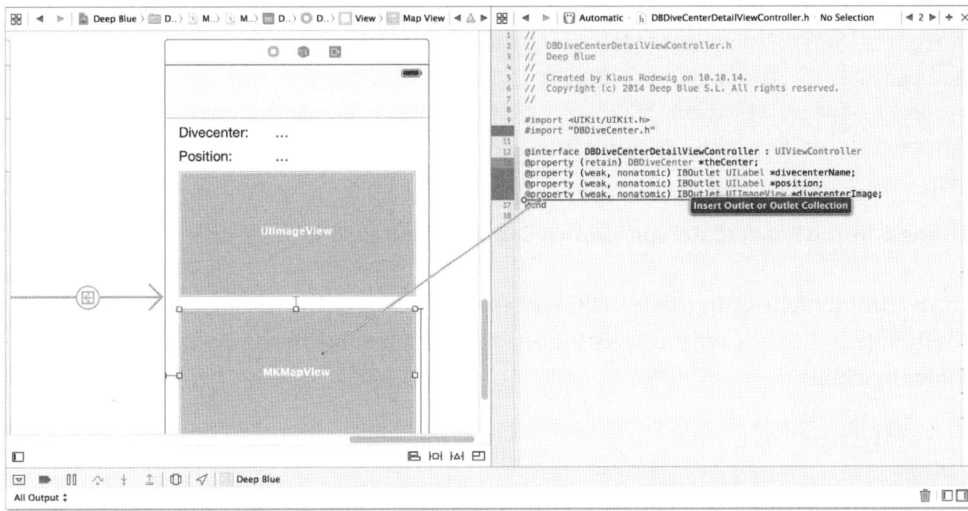

Abbildung 6.43 Eine Verbindung für's Leben

Anschließend erweitern Sie die Deklaration der Klasse `DBDiveCenterDetailView-Controller` in der Headerdatei *DBDiveCenterDetailViewController.h* um das Protokoll `MKMapViewDelegate`:

```
@interface DBDiveCenterDetailViewController : ↩
UIViewController <MKMapViewDelegate>
```

Listing 6.14 Das Protokoll »MKMapViewDelegate«

Damit teilen Sie der App mit, dass Objekte dieser Klasse das besagte Protokoll implementieren. Zum Schluss fügen Sie im Kopf der Headerdatei noch eine `import`-Anweisung für das MapKit-Framework ein:

```
#import <MapKit/MapKit.h>
```

Listing 6.15 Die »import«-Anweisung für das MapKit-Framework

Die vollständige Headerdatei muss nun wie folgt aussehen:

```
#import <UIKit/UIKit.h>
#import "DBDiveCenter.h"
#import <MapKit/MapKit.h>
@interface DBDiveCenterDetailViewController :
 UIViewController <MKMapViewDelegate>
```

271

```
@property (weak, nonatomic) IBOutlet MKMapView *theMapView;
@property (weak, nonatomic) IBOutlet UILabel *divecenterName;
@property (weak, nonatomic) IBOutlet UILabel *position;
@property (weak, nonatomic) IBOutlet UIImageView *divecenterImage;
@property (retain) DBDiveCenter *theCenter;
@end
```

Listing 6.16 Die Headerdatei von »DBDiveCenterDetailViewController«

In der Implementierungsdatei *DBDiveCenterDetailViewController.m* fügen Sie in der Methode `viewDidLoad` eine Anweisung ein, mit der Sie das Objekt zum Delegate des Mapviews machen:

```
- (void)viewDidLoad
{
    [super viewDidLoad];
    self_theMapView.delegate = self;
[...]
```

Listing 6.17 Das Objekt wird zum Delegate des Mapviews.

Zu guter Letzt kommt die eigentliche Arbeit mit der Karte. Fügen Sie dazu eine ganz neue Methode in die Implementierungsdatei ein:

```
- (void)viewWillAppear:(BOOL)animated {
    [super viewWillAppear:animated];
    CLLocationCoordinate2D theRegion;
    theRegion.latitude = ↩
    [self.theCenter.latitude doubleValue];
    theRegion.longitude= ↩
    [self.theCenter.longitude doubleValue];
    MKCoordinateRegion viewRegion = ↩
    MKCoordinateRegionMakeWithDistance(theRegion, 500, 500);
    MKPointAnnotation *point = ↩
    [[MKPointAnnotation alloc] init];
    point.coordinate = theRegion;
    point.title = self.theCenter.name;
    [self.theMapView setRegion:viewRegion animated:YES];
    [self.theMapView addAnnotation:point];
}
```

Listing 6.18 Die Methode »viewWillAppear« von »DBDiveCenterDetailViewController«

Diese Methode wird aufgerufen, bevor ein View aufgerufen wird. Die erste Anweisung innerhalb dieser Methode muss der Aufruf dieser Methode in der Superklasse sein. Sie kennen dieses Vorgehen ja bereits von der init-Methode.

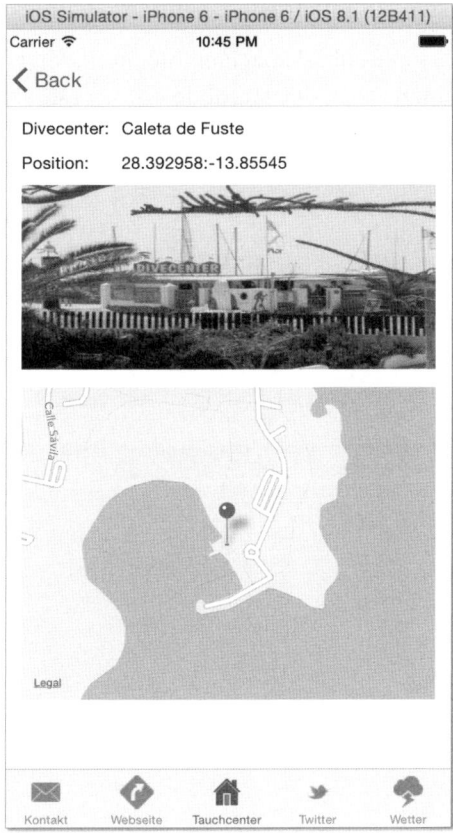

Abbildung 6.44 Ein Schatz?

Die zweite Anweisung erzeugt eine Variable vom Typ CLLocationCoordinate2D. Dieser Datentyp übernimmt zwei Koordinaten und dient der Darstellung von Längen- und Breitengrad. Die nächsten beiden Anweisungen weisen die Einzelkoordinaten, die im vom Tableview übergebenen Objekt der Klasse DBDiveCenter gespeichert sind, an die Variable.

Das Objekt theRegion vom Typ MKCoordinateRegion definiert die Größe der anzuzeigenden Region in der Karte des Mapviews. Das danach definierte Objekt point der Klasse MKPointAnnotation dient dazu, eine Nadel im Kartenausschnitt zu platzieren. Die Nadel benötigt ebenfalls Koordinaten und verwendet daher einfach die bereits weiter oben definierten Koordinaten der jeweiligen Tauchschule. Eine Nadel kann einen Titel besitzen; hier ist der Titel zweckmäßigerweise der Name der Tauchschule.

Die vorletzte Anweisung lädt den vorher definierten Kartenausschnitt, und die letzte Anweisung setzt die Nadel an die Stelle, an der sich die Tauchschule befindet. Heureka!

Wenn Sie die Karte nicht als Karte, sondern als Satellitenbild anzeigen möchten, setzen Sie einfach den MapType des Mapviews. Dafür fügen Sie in der Methode viewWillAppear die folgende Zeile vor der letzten Anweisung ein:

```
[…]
    self.theMapView.mapType = MKMapTypeSatellite;
    [self.theMapView addAnnotation:point];
}
```

Das Ergebnis zeigt die folgende Abbildung:

Abbildung 6.45 Zwei Fotos

6.3   Twitter

Was wäre eine moderne Smartphone-App ohne die Möglichkeit, die Welt teilhaben zu lassen? Seit Apple eine Schnittstelle zu Twitter in iOS integriert hat, ist es extrem einfach, Twitter-Meldungen aus der eigenen App abzusetzen. Und genau weil es so einfach ist, sollten Sie Ihren Nutzern auch die Möglichkeit dazu geben. Das Bedürfnis, sich mitzuteilen, ist ungebrochen, und daher schadet es ja nicht, mit der Zeit zu gehen.

Unter iOS gibt es grundsätzlich zwei Arten, um mit Twitter zu kommunizieren. Die offensichtliche Möglichkeit ist die Verwendung der Twitter-App. Damit haben Sie alle Möglichkeiten, die Twitter Ihnen über diese App zur Verfügung stellt. Allerdings haben Sie davon als Programmierer eigener Apps nichts, denn Sie haben naturgemäß keinen Zugriff auf die Twitter-App.

6.3.1   Die Twitter-Anbindung von iOS

Mit der Version 6 von iOS hat Apple aber eine eigene Twitter-API eingeführt, die Sie in Ihrer App verwenden können. Darüber hinaus bietet iOS 6 an verschiedenen Stellen die Möglichkeit, Inhalte über Twitter zu teilen. Voraussetzung dafür ist, dass der Benutzer in den EINSTELLUNGEN im Unterpunkt TWITTER seine Zugangsdaten für Twitter hinterlegt.

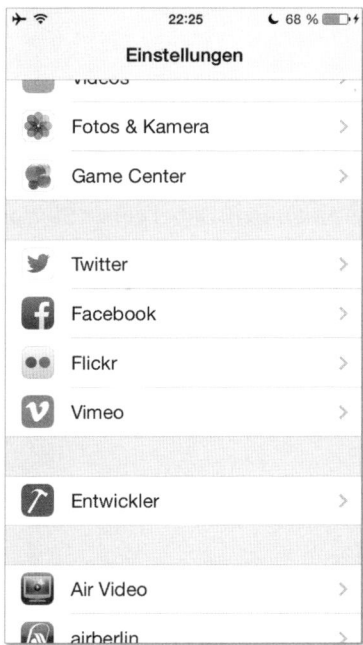

Abbildung 6.46 Twitter in der App »Einstellungen« von iOS

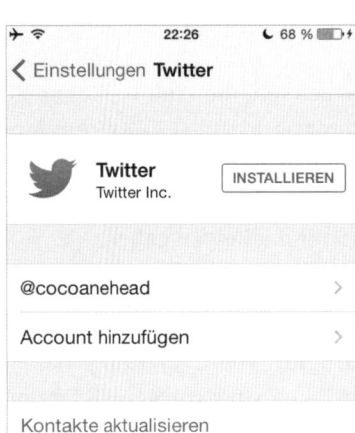

Abbildung 6.47 Die Kontoeinstellungen für Twitter

6.3.2   Das Social-Framework

Hat ein Benutzer diese Zugangsdaten hinterlegt, kann eine App mit diesen Daten auf den Twitter-Dienst zugreifen. Diese Möglichkeit werden wir nun nutzen, um die Beispiel-App um die entsprechende Funktionalität zu erweitern. Öffnen Sie das Xcode-Projekt, und fügen Sie im ersten Schritt das SOCIAL.FRAMEWORK hinzu. Dabei gehen Sie vor wie beim Hinzufügen des MapKit-Frameworks.

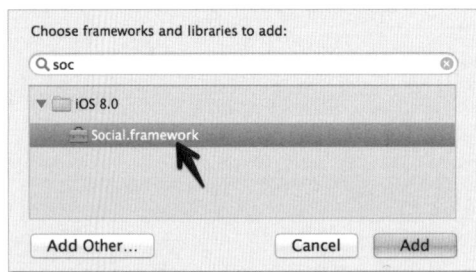

Abbildung 6.48 Das Social-Framework

Fügen Sie jetzt dem Storyboard einen neuen View-Controller hinzu, und ziehen Sie bei gedrückter ⟨ctrl⟩-Taste eine Verbindung vom Tabbar-Controller zu diesem neuen View-Controller.

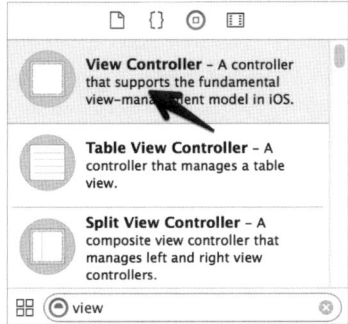

Abbildung 6.49 Ein neuer View-Controller

Als Verbindungstyp geben Sie RELATIONSHIP SEGUE • VIEW CONTROLLERS an.

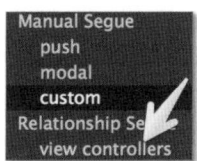

Abbildung 6.50 Eine Segue vom Typ »view controllers«

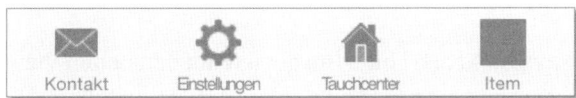

Abbildung 6.51 Ein neues Item für den Tabbar-Controller

Durch diese Verbindung haben Sie ein neues Item in der Tabbar erzeugt. Geben Sie dem neuen View-Controller im ATTRIBUTES INSPECTOR den Namen »Twitter«, und weisen Sie ihm das Icon *Twitter.tif* zu, das Sie ebenfalls im Grafikarchiv auf der Website zum Buch finden.

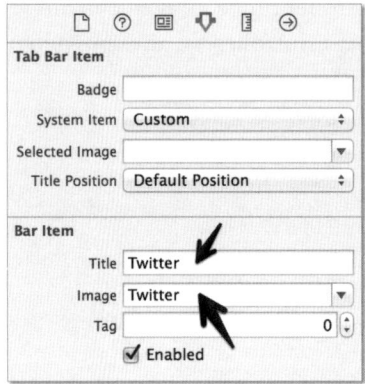

Abbildung 6.52 Twitter als Titel und Bild

Falls Sie die passenden Einstellungen nicht finden, achten Sie darauf, nicht den View selbst, sondern das TAB BAR ITEM im View auszuwählen.

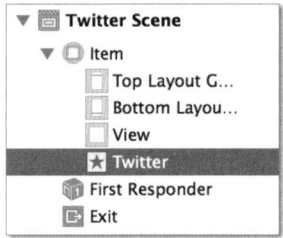

Abbildung 6.53 Dieses Item ist gemeint.

Ziehen Sie nun aus der OBJECT LIBRARY von Xcode einen Imageview auf den neuen View-Controller im Storyboard. Der Imageview muss die weiße Fläche komplett ausfüllen.

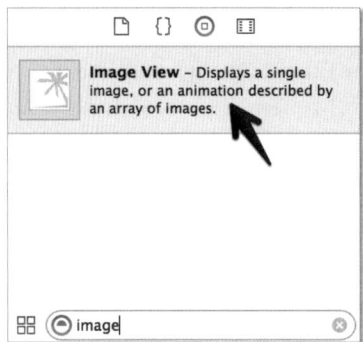

Abbildung 6.54 Ein neuer Imageview

Markieren Sie den Imageview im Storyboard mit der Maus, und weisen Sie ihm im
ATTRIBUTES INSPECTOR das Bild *Hintergrund.tif* aus dem Grafikarchiv auf der Website
zum Buch zu.

Abbildung 6.55 Der Imageview muss unten bündig auf der Tabbar aufsetzen.

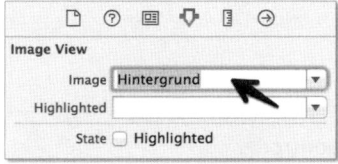

Abbildung 6.56 Ein Bild sagt mehr als … kein Bild.

Jetzt, Sie kennen das Spiel bereits, benötigen Sie noch eine Klasse vom Typ `UIView-`
`Controller`, in der Sie den Code für die Twitter-Funktion implementieren können. Fügen
Sie also eine Klasse über die Menüpunkte FILE • NEW • FILE … und iOS • COCOA TOUCH •

OBJECTIVE-C CLASS hinzu, definieren Sie diese als Subklasse von UIViewController, und geben Sie ihr den Namen »DBTwitterViewController«.

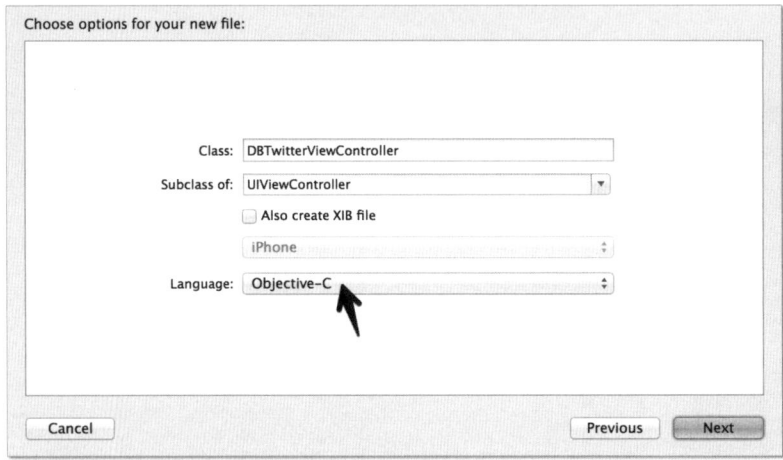

Abbildung 6.57 Wie immer: bitte Objective-C auswählen.

Die neue Klasse weisen Sie nach dem Hinzufügen zum Projekt im IDENTITY INSPECTOR dem DBTwitterViewController zu.

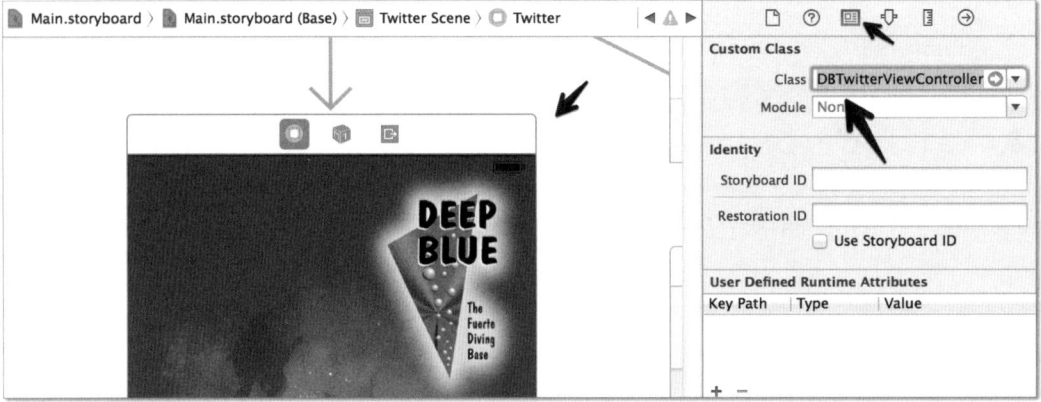

Abbildung 6.58 Die neue Klasse gehört zum »DBTwitterViewController«.

In der Headerdatei der Klasse DBTwitterViewController fügen Sie eine Methode vom Typ IBAction ein:

```
#import <UIKit/UIKit.h>

@interface DBTwitterViewController : UIViewController
-(IBAction)sendTweet:(id)sender;
@end
```

Listing 6.19 Eine »IBAction«-Methode im »DBTwitterViewController«

Die Implementierung der Methode platzieren Sie im nächsten Schritt in der Datei *DBTwitterViewController.m*:

```
-(IBAction)sendTweet:(id)sender{
    [sender resignFirstResponder];
}
```

Listing 6.20 Die Implementierung der Methode »sendTweet«

Nun lernen Sie eine weitere Möglichkeit kennen, GUI-Elemente mit Code zu verbinden. Platzieren Sie dazu ein TEXT FIELD auf dem Imageview des DBTwitterDetailView:

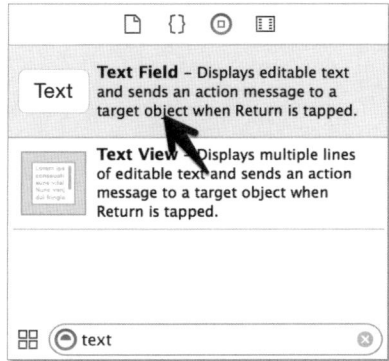

Abbildung 6.59 Ein Textfeld für die Texteingabe

Das Textfeld versehen Sie anschließend mit Constraints für das Autolayout. Wählen Sie das Textfeld mit der Maus aus, und öffnen Sie den ALIGN-Dialog unten in der Fußzeile des Interface Builders.

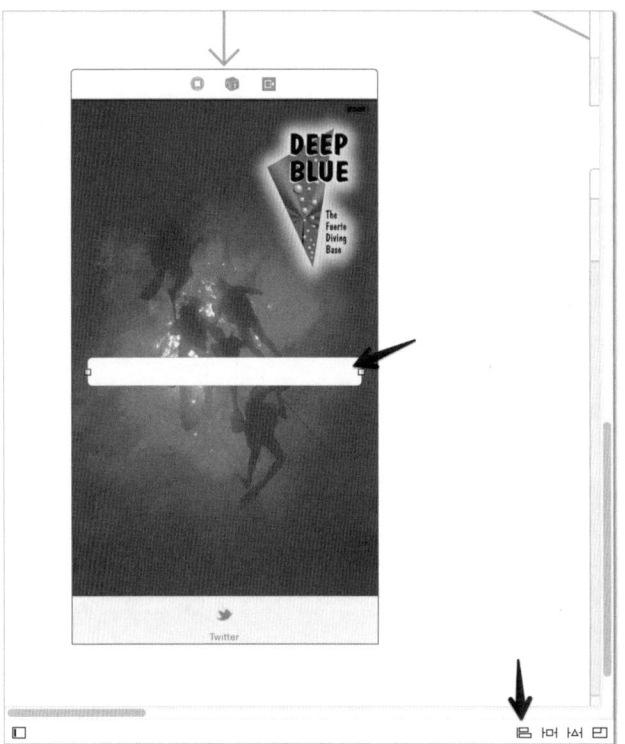

Abbildung 6.60 Öffnen Sie die Align-Einstellungen.

Fügen Sie einen Constraint für Vertical Center in Container hinzu, und bestätigen Sie mit Add 1 Constraint.

Abbildung 6.61 Ein Constraint für die vertikale Ausrichtung

Anschließend wählen Sie bei markiertem Textfeld den Pin-Button.

Abbildung 6.62 Markieren Sie das Textfeld, und wählen Sie »Pin«.

Fügen Sie zwei Constraints für die Breite und eins für die Höhe hinzu.

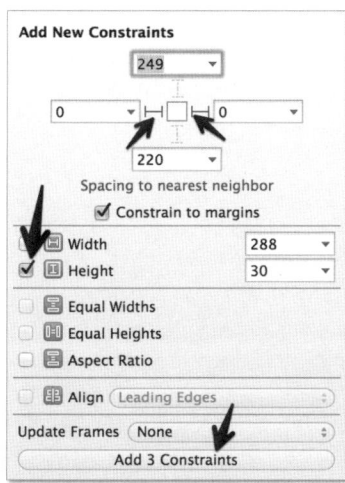

Abbildung 6.63 Drei weitere Constraints

Wenn Sie die App jetzt ausführen und das Twitter-Tab auswählen, stimmen die Abmessungen des Textfeldes, die des Hintergrundbildes aber nicht.

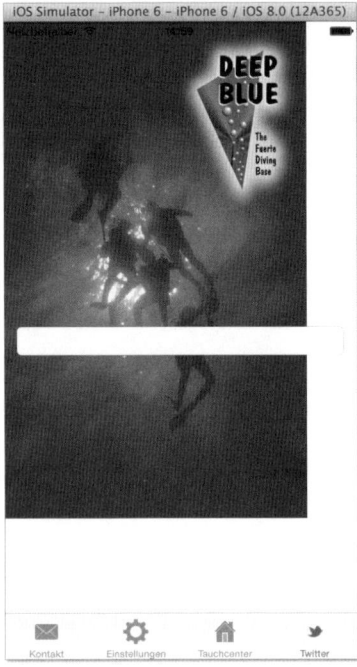

Abbildung 6.64 Halb fertig ist auch schön. Ein bisschen. ☺

Auch hier hilft wieder Autolayout. Wählen Sie den Imageview des Hintergrundbildes, und verpassen Sie diesem über die Pin-Funktion vier Constraints für die Abmessungen.

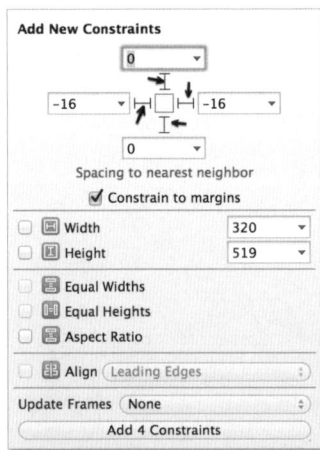

Abbildung 6.65 Die Abmessungen für den Imageview

Anschließend stimmt auch der Hintergrund.

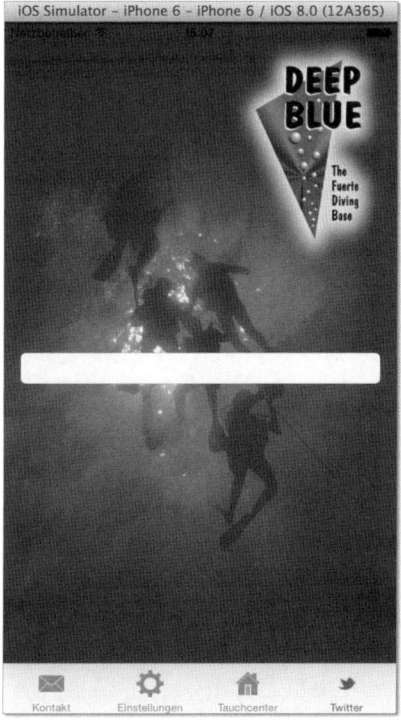

Abbildung 6.66 So sieht's schön aus.

Zurück zum Interface Builder: Markieren Sie erneut das Textfeld, und öffnen Sie den ATTRIBUTES INSPECTOR. Dort können Sie im Feld PLACEHOLDER (»Platzhalter«) einen Text eintragen, der so lange im Textfeld angezeigt wird, bis der Benutzer selbst etwas eingibt. Geben Sie am besten einen eingängigen Text an.

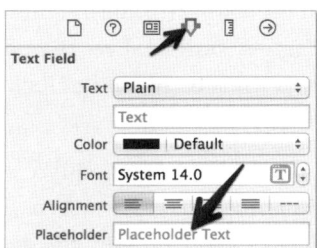

Abbildung 6.67 Der Platzhaltertext

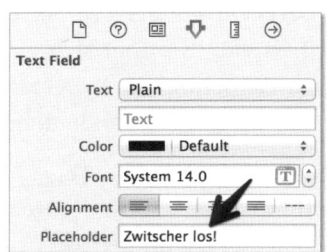

Abbildung 6.68 Dazu muss man nichts weiter sagen.

Der Platzhaltertext wird in der App heller dargestellt als der »richtige« Text.

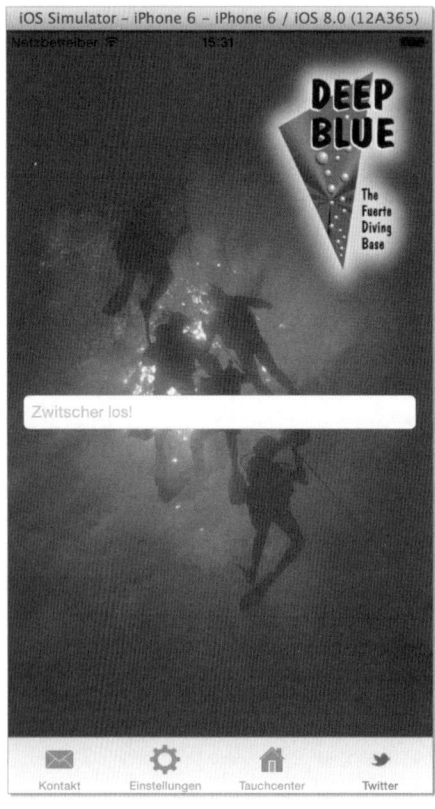

Abbildung 6.69 Das ist der Platzhaltertext ...

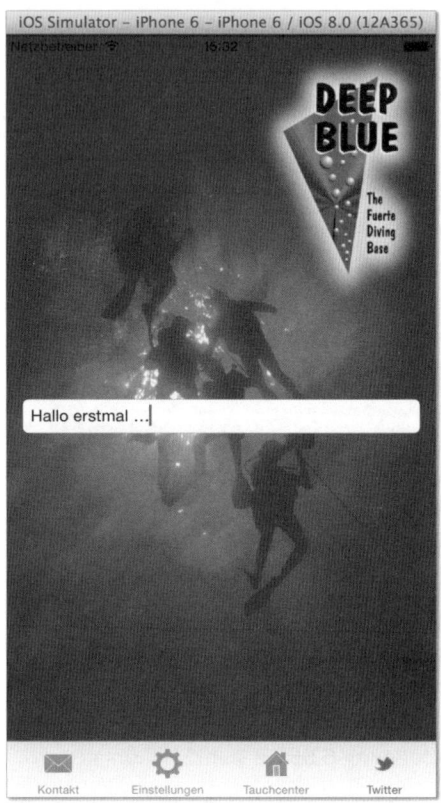

Abbildung 6.70 ... und das ist der richtige Text.

Öffnen Sie anschließend den ASSISTANT EDITOR, so dass links das Storyboard zu sehen ist und rechts die Datei *DBTwitterViewController.h*. Klicken Sie dann mit der rechten Maustaste auf das Textfeld. Es öffnet sich eine Liste mit Segues, Outlets, Events und Actions. Klicken Sie im Abschnitt SENT EVENTS in den kleinen Kreis rechts in der Zeile DID END ON EXIT. Daraufhin erscheint in dem Kreis ein kleines Pluszeichen.

Ziehen Sie eine Verbindung (ohne `ctrl`-Taste!) von dem Pluszeichen auf die Deklaration der Methode `sendTweet` in der Headerdatei der Klasse `DBTwitterDetailView-Controller`. Sobald sich das Popup-Fenster CONNECTION ACTION öffnet, lassen Sie die Maustaste los. Xcode hat jetzt eine Verbindung von dem gewählten Event zu der Methode erzeugt.

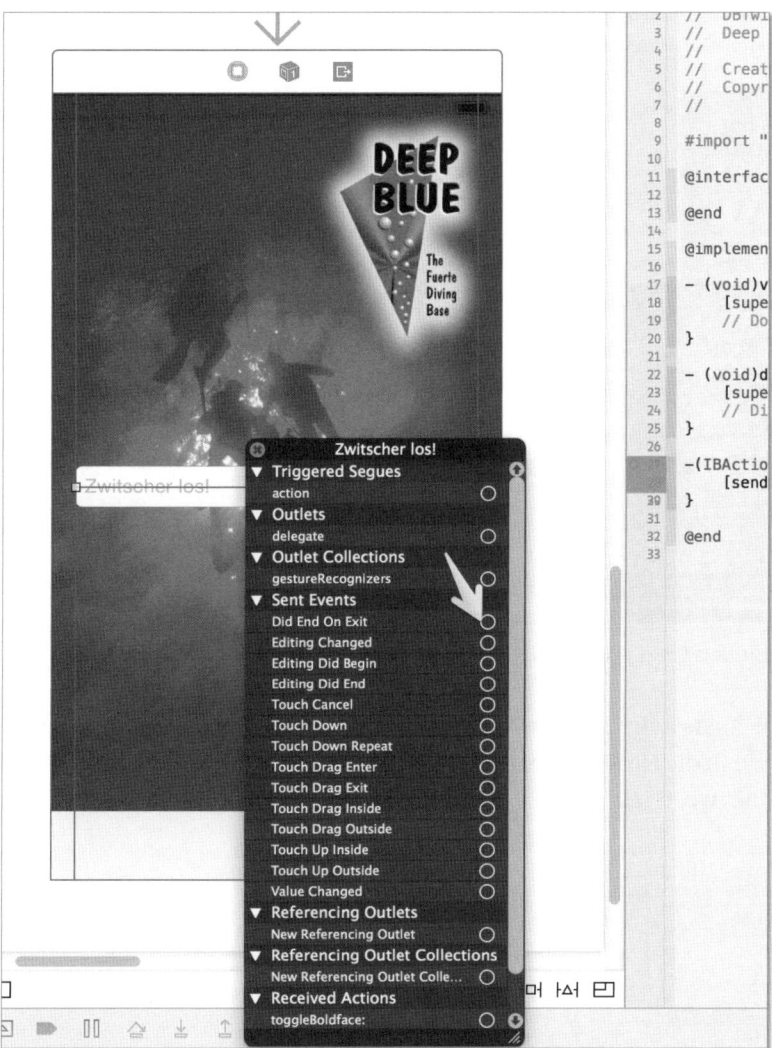

Abbildung 6.71 Mit der rechten Taste auf das Textfeld klicken

Die Verbindung, die Sie gerade gezogen haben, ruft die Methode sendTweet genau dann auf, wenn der Benutzer die Texteingabe im Textfeld über die ⏎-Taste auf der Bildschirmtastatur beendet. Die Bildschirmtastatur erscheint automatisch, sobald der Benutzer das Textfeld auswählt.

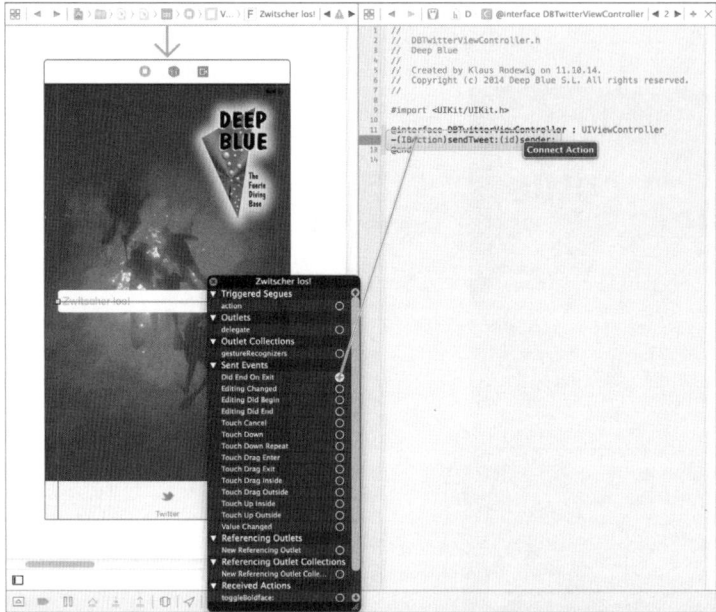

Abbildung 6.72 Verbinden Sie das Event mit der Methode.

Jetzt ziehen Sie im Assistant editor bei gedrückter ⌈ctrl⌉-Taste eine Verbindung vom Twitter-Textfeld in die Headerdatei *DBTwitterDetailView.h* und erstellen ein Outlet mit dem Namen »theTweetField«.

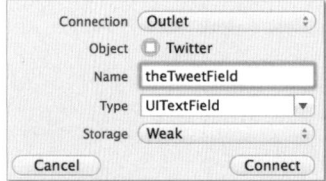

Abbildung 6.73 Ein Outlet für das Textfeld

In der Implementierungsdatei *DBTwitterViewController.m* importieren Sie die Header-datei vom Social-Framework:

```
#import <Social/Social.h>
```

Und jetzt kommt wieder magischer Apple-Voodoo – das Versenden eines Tweets ist erschreckend einfach. Dafür bietet Apple einen eigenen Dialog an, den Sie in der Methode sendTweet wie folgt implementieren:

```
-(IBAction)sendTweet:(id)sender{
    [sender resignFirstResponder];
    if ([SLComposeViewController ⤶
isAvailableForServiceType:SLServiceTypeTwitter])
    {
        SLComposeViewController *theTweet = ⤶
[SLComposeViewController composeViewControllerForServiceType: ⤶
SLServiceTypeTwitter];
        [theTweet setInitialText:_theTweetField.text];
        [self presentViewController:theTweet ⤶
animated:YES completion:nil];
    }
}
```

Listing 6.21 Die Methode »sendTweet«

Die if-Abfrage prüft, ob der Versand von Twitter-Nachrichten (SLServiceType-Twitter) auf dem Endgerät überhaupt möglich ist. Ist dies der Fall, wird eine neue Instanz des SLComposeViewController erzeugt (theTweet). Das Objekt theTweet bekommt dann den Inhalt des Textfeldes zugewiesen, und zuletzt wird der Twitter-Controller angezeigt.

Abbildung 6.74 Twitter-Text in der App

Starten Sie die App jetzt. Damit sie wie gewünscht funktioniert, müssen Sie im iPhone-Simulator noch Ihre Twitter-Zugangsdaten hinterlegen.

Abbildung 6.75 Und dann im Twitter-Stil vor dem Absenden

Nach dem Start wählen Sie das TWITTER-Tab aus, geben einen Text ins Textfeld ein und beenden die Eingabe über die ⏎-Taste der Tastatur. Die App zeigt dann den Twitter-Controller an, in dem Sie den vom Textfeld übernommenen Text noch einmal überprüfen und anpassen können. Über den SEND-Button können Sie den Text dann auf Twitter veröffentlichen.

Das Social-Framework von iOS kann natürlich nicht nur mit Twitter kommunizieren. Wie die entsprechenden Einstellungen von iOS vermuten lassen, ist auch die Kommunikation mit dem sozialen Netzwerk Facebook möglich. Dazu müssen Sie beim Aufruf der vorstehenden Methode lediglich den Typ von SLServiceTypeTwitter in SLService-TypeFacebook ändern.

6.4   Zusammenfassung

Nach dem Design der Benutzeroberfläche im vorherigen Kapitel haben Sie in diesem Kapitel Ihre App mit der Fähigkeit ausgestattet, gespeicherte Daten anzuzeigen. Sie können die darzustellenden Daten gruppieren und von Übersichten zu Detailansichten wechseln.

Mit dem Umgang mit dem MapKit zur Anzeige von Daten sind Sie jetzt auch vertraut und wissen, wie Sie Frameworks zu Ihrem Projekt hinzufügen können. Und um Ihre App an die weite Welt anzuschließen, haben Sie über das Social-Framework Twitter integriert. Und wenn es Sie jetzt juckt, probieren Sie doch direkt mal aus, wie Sie neben Twitter auch noch Facebook einbinden können. Die dazu notwendigen Zutaten kennen Sie jetzt.

6

Kapitel 7
Die Außenwelt

»Bin ich da schon drin, oder was?«
Boris Becker

Das iPhone zeichnet sich dadurch aus, dass es in der Regel intensiven Kontakt mit dem Internet hält. E-Mails, Webseiten, iCloud, Game Center, Wetter, Aktienkurse ... alleine schon die meisten von Apple mitgelieferten Apps erhalten ihre Informationen aus dem Netz. Daher ist es natürlich naheliegend, beim Einstieg in die iPhone-Programmierung die Kommunikation mit dem Internet zu betrachten.

Dieses Kapitel zeigt Ihnen, wie Sie Webseiten direkt innerhalb Ihrer App anzeigen können. Das ist für den Benutzer ein besseres Nutzungserlebnis als der Wechsel zum Safari-Browser. Neben der Anzeige von Webseiten lernen Sie, wie Sie einen Webservice anzapfen können, um Daten in Ihre App zu importieren. Damit beherrschen Sie anschließend die wichtigste Form der maschinellen Kommunikation im Internet.

7.1 Anzeigen von Webseiten

Um Webseiten anzuzeigen, können Sie den iPhone-eigenen Browser Safari über Ihre App aufrufen. Toll ist anders, denn das Anzeigen von Webseiten im Safari-Browser führt dazu, dass Ihre App in den Hintergrund rutscht.

Abbildung 7.1 Der »Webview« stellt Webseiten innerhalb einer App dar.

Es gibt aber noch eine andere Möglichkeit, Webseiten anzuzeigen – und zwar direkt innerhalb Ihrer eigenen App. Dazu stellt Xcode den *Web View* zur Verfügung.

7.1.1   Der Webview

Öffnen Sie das Storyboard der Beispiel-App, und ziehen Sie einen WEB VIEW (siehe Abbildung 7.1) auf den noch verbliebenen freien View-Controller – den, der mit dem Tab EINSTELLUNGEN verbunden ist (siehe Abbildung 7.2).

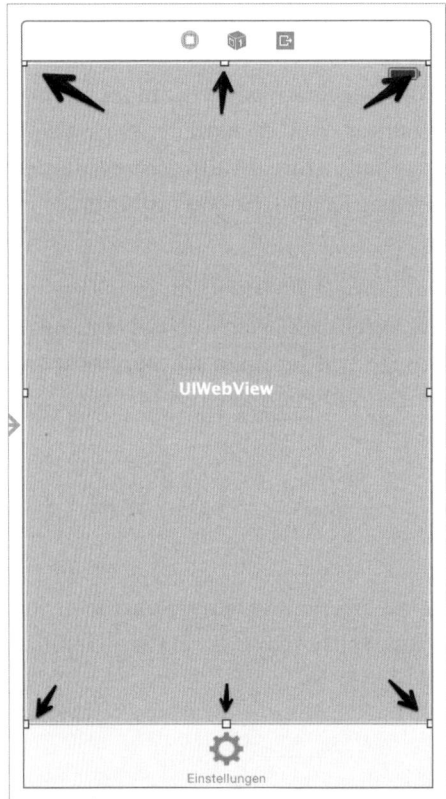

Abbildung 7.2 Ziehen Sie einen Webview auf den noch leeren View-Controller.

Und wie bei den anderen View-Controllern erstellen Sie auch für diesen View-Controller eine eigene Klasse (FILE • NEW • FILE ...). Geben Sie der Klasse den Namen »DBWebViewController«, und definieren Sie sie als Subklasse von UIViewController (siehe Abbildung 7.3).

Weisen Sie im IDENTITY INSPECTOR diese neue Klasse dem View-Controller mit dem Webview zu (siehe Abbildung 7.4).

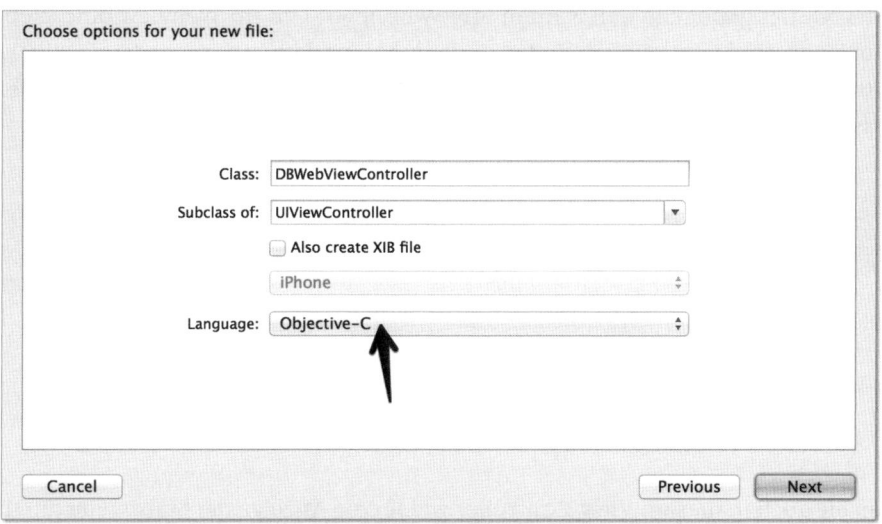

Abbildung 7.3 Eine neue Subklasse von »UIViewController«

Abbildung 7.4 Verbindung von View-Controller mit der neuen Klasse

Öffnen Sie anschließend wieder den ASSISTANT EDITOR mit dem View-Controller im linken und der Headerdatei (*DBWebViewController.h*) der neuen Klasse im rechten Fenster (siehe Abbildung 7.5).

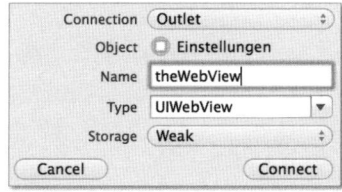

Abbildung 7.5 Ein neues Outlet für den Webview

Dem neuen Outlet geben Sie den Namen »theWebView«. Um im Webview eine Webseite anzuzeigen, sind jetzt nur vier Zeilen Code in der Implementierungsdatei *DBWebViewController.m* notwendig. Fügen Sie der Methode `viewDidLoad` unter dem Aufruf der Superklasse die folgenden vier Anweisungen hinzu:

```
NSString *fullURL = ↩
@"http://mobil.wetter.info/wetter/CityController.php? ↩
place=N-588435&day=0";
NSURL *url = [NSURL URLWithString:fullURL];
NSURLRequest *requestObj = [NSURLRequest ↩
requestWithURL:url];
[self.theWebView loadRequest:requestObj];
```

Listing 7.1 Laden einer Webseite im Webview

Verbergen Sie auch in diesem View-Controller wieder die Anzeige der Statuszeile durch Einfügen der folgenden Methode:

```
-(BOOL)prefersStatusBarHidden{
    return YES;
}
```

Listing 7.2 Verbergen der Statuszeile.

Sie kennen das Spiel schon von den vorherigen Durchläufen: Ohne Constraints läuft nichts (vernünftig). Setzen Sie mit der Pin-Funktion im Interface Builder noch vier Constraints für den Webview.

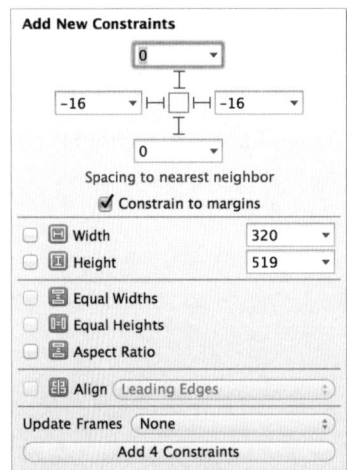

Abbildung 7.6 Vier Constraints für den Webview

Und das war's schon! Übersetzen und starten Sie die App, und öffnen Sie das Tab EIN-
STELLUNGEN.

Abbildung 7.7 Herrliches Wetter

Sie sehen nicht nur die gewünschte Webseite, Sie können auch ganz normal darauf
navigieren, so wie im Safari-Browser auch. Einfacher geht's nimmer!

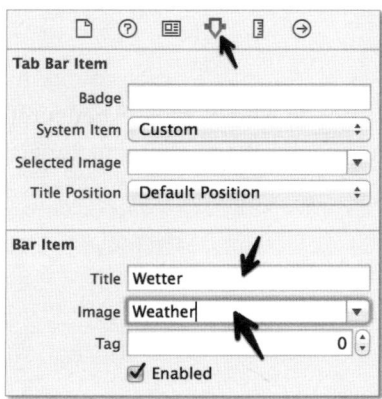

Abbildung 7.8 Ein Titel für die Wetterseite

Abbildung 7.9 Fertig!

7.2 Kommunikation mit Webservices

Auch wenn der Name ähnlich ist, hat ein Webservice nichts mit einer Webseite zu tun. Also zumindest nicht direkt. Ein Webservice ist eine standardisierte Schnittstelle, über die man automatisiert Daten abrufen bzw. mit der man automatisiert kommunizieren kann. Im Gegensatz zu einer Webseite erzeugt ein Webservice aber keine Ausgabe, mit der ein Mensch etwas anfangen kann, sondern kommuniziert in maschinenlesbaren Formaten. Da gibt es die sogenannte *Web Services Description Language* (WSDL)[1] und JSON[2].

7.2.1 JSON

Der Name JSON ist keine Verballhornung des Vornamens Jason, sondern steht für *Java-Script Object Notation*. Während WSDL, das auf der Auszeichnungssprache XML basiert, sehr technisch aufgebaut ist, lässt sich JSON auch von einem Menschen gut lesen. Daher empfiehlt sich für den Einstieg, sofern man die Wahl hat, die Verwendung von JSON.

JSON ist einfach zu verstehen. Eine JSON-Datei besteht aus Schlüssel-Wert-Paaren, die durch Semikolon getrennt werden. Die Werte können dabei weitere Schlüssel-Wert-Paare sein, wodurch sich beliebige Verschachtelungstiefen ergeben können.

Ein einfaches Beispiel ist das folgende:

```
{ "Typ": "Getraenk" }
```

Hier ist Typ der Schlüssel und Getraenk der zum Typ gehörende Wert. Schlüssel bedeutet, dass sich diese Zeichenkette nicht ändert, wohingegen sich der Wert sehr wohl ändern kann. Beispiel 2:

```
{ "Typ": "Nahrung" }
```

---

1 *http://de.wikipedia.org/wiki/Web_Services_Description_Language*
2 *http://www.json.org*

Der feste Schlüssel erlaubt das gezielte Suchen und Auslesen von JSON-Dokumenten anhand von Schlüsseln.

Ein Beispiel für eine Verschachtelung ist das folgende:

```
{ "Typ": "Getraenk"
    "Details": {
        "Art": "Koelsch",
        "Marke":"Reissdorf",
        "Attribut":"Lecker!"
    }
}
```

Um auf die verschachtelten Elemente zuzugreifen, müssen Sie einfach die Hierarchie entsprechend durchlaufen. Das klingt komplizierter, als es ist, wie Sie bei der Implementierung in der Beispiel-App gleich sehen werden.

Bei ebendieser Beispiel-App wäre es doch ein netter Service am Benutzer, wenn er sich aus der App heraus die Wettervorhersage für die Tauchschule angucken könnte, und zwar ohne sie als Webseite aufrufen und die Nachteile der Bannerwerbung in Kauf nehmen zu müssen.

Natürlich könnte der Benutzer die Wetter-App von iOS benutzen, aber genauso wie beim Anzeigen von Webseiten in einer App gilt auch hier: Der Wechsel zur Wetter-App würde die Benutzung Ihrer App unterbrechen. Und eigentlich möchte man als Programmierer ja, dass die eigene App benutzt und nicht verlassen wird. ☺

7.2.2 Das Wetter

Praktischerweise gibt es im Internet einen für Entwickler kostenlosen Wetterdienst, den viele App-Programmierer sehr schätzen, da er auch noch einen einfach zu verwendenden Webservice anbietet. Die Website dieses Dienstes ist *www.wunderground.com*. Dort können Sie sich für einen kostenlosen Entwicklerzugang anmelden. Dieser ist die Voraussetzung dafür, dass Sie einen API-Key von Wunderground erhalten, eine Art Zugangsschlüssel, den Sie in Ihrer App einbauen, so dass die App den Dienst nutzen darf.

Lassen Sie sich von der kostenlosen Nutzung für Entwickler aber nicht täuschen: Der kostenlose Entwicklerzugang erlaubt nur eine beschränkte Anzahl von Abfragen pro Tag und pro Minute. Wenn Sie den Wunderground-Dienst also in eine App integrieren, die Sie anschließend im Apple App Store veröffentlichen, müssen Sie eine kostenpflichtige Variante des Dienstes in Anspruch nehmen, und zwar eine, die so viele Abfragen erlaubt, wie alle Benutzer Ihrer App erzeugen. Aber keine Sorge; Sie müssen für die Nutzung des kostenlosen Zugangs keine Zahlungsdaten hinterlegen und werden auch nicht zur Kasse gebeten, wenn Sie zu viele Anfragen erzeugen – der Server gibt einfach keine Antwort mehr, es flattert keine Rechnung ins Haus.

Neben der Beschränkung der Zugriffe gibt es auch noch verschiedene Stufen des Dienstes, die sich in den angebotenen Features unterscheiden. Eine gute Übersicht über das Preismodell finden Sie auf der Website von *Weather Underground* unter *www.wunderground.com*.

Um den Service nutzen zu können, müssen Sie unter der URL *www.wunderground.com/weather/api/* ein kostenloses Konto anlegen. Sobald Sie das Konto erzeugt haben, können Sie den Entwicklerzugang aktivieren. Auf der Startseite Ihres Kontos finden Sie unter anderem die Preistabelle von Wunderground.

How much will you use our service?	Monthly Pricing	Calls Per Day	Calls Per Minute	+ History
⦿ Developer	$0	500	10	+ $0
○ Drizzle	$20	5000	100	+ $500
○ Shower	$200	100,000	1000	+ $2,500
○ Downpour	Get in touch for more than 100,000 calls per day.			

Abbildung 7.10 Die Preismatrix von Wunderground

Sie sehen, alle vier verschiedenen Feature-Stufen sind für den Entwicklerzugang kostenlos. Wählen Sie in der Konfiguration Ihres Kontos den Entwicklerzugang in der Stufe *Stratus* aus. Diese Stufe ist für unsere Beispiel-App vollkommen ausreichend. Je höher die gewählte Stufe, desto mehr Zugriffe sind möglich.

Your Selected Plan: Stratus Developer				Purchase Key »
Monthly Pricing**	Calls Per Day	Calls Per Minute	+ History	TOTAL
$0	500	10	$0	$0 USD per month

Abbildung 7.11 Bei so einem Betrag geht man doch gerne einkaufen.

Behalten Sie die Begrenzung auf zehn Zugriffe pro Minute im Hinterkopf, denn beim Testen kann es schnell vorkommen, dass man mehr als zehn Zugriffe in der Minute durchführt. Wenn dann keine sinnvolle Antwort vom Server zurückkommt, ist das kein Fehler in Ihrer Programmierung, sondern liegt an der Begrenzung des Entwicklerzugangs. Den Zugriffsschlüssel für den Entwicklerzugang, den sogenannten API-Key, können Sie in Ihrem Konto beantragen (*http://www.wunderground.com/weather/api/*). Der API-Key ist projektbezogen und erfordert einige wenige Angaben zu dem Projekt, in dem er verwendet wird.

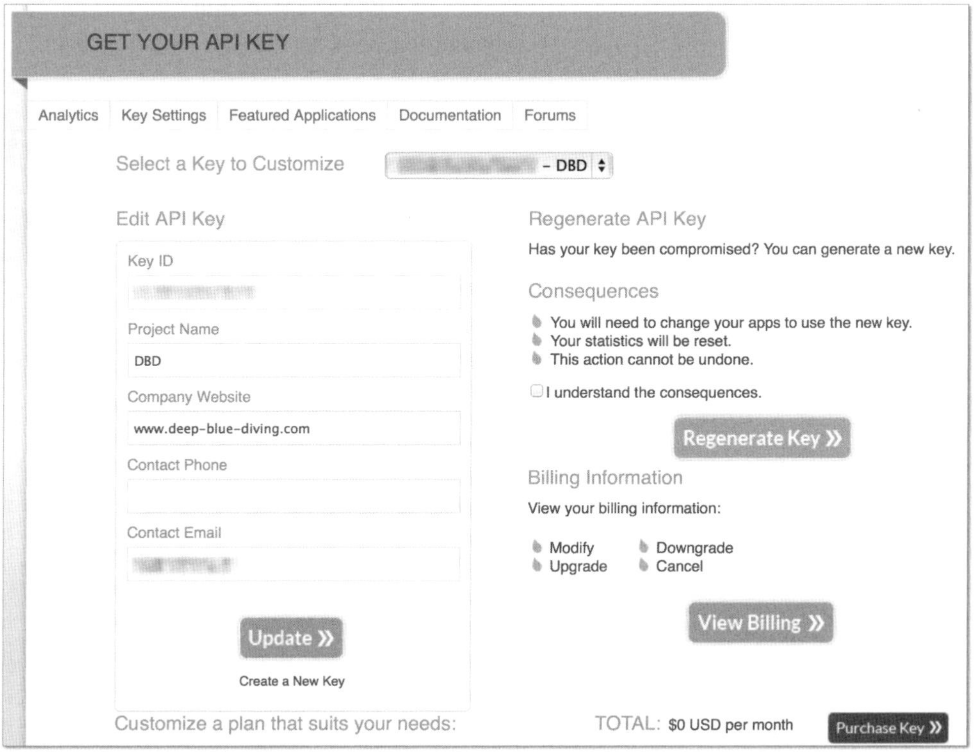

GET YOUR API KEY

Analytics   Key Settings   Featured Applications   Documentation   Forums

Select a Key to Customize   ▓▓▓▓▓▓▓▓▓ – DBD ⬍

Edit API Key

Key ID
▓▓▓▓▓▓▓▓▓▓▓

Project Name
DBD

Company Website
www.deep-blue-diving.com

Contact Phone

Contact Email
▓▓▓▓▓▓▓

Update ≫

Create a New Key

Customize a plan that suits your needs:

Regenerate API Key

Has your key been compromised? You can generate a new key.

Consequences

▶ You will need to change your apps to use the new key.
▶ Your statistics will be reset.
▶ This action cannot be undone.

☐ I understand the consequences.

Regenerate Key ≫

Billing Information

View your billing information:

▶ Modify   ▶ Downgrade
▶ Upgrade   ▶ Cancel

View Billing ≫

TOTAL: $0 USD per month   Purchase Key ≫

Abbildung 7.12 Der API-Key

Achten Sie auf den API-Key!

Aus naheliegenden Gründen müssen Sie den API-Key geheim halten! Wenn Sie einen kostenpflichtigen Zugang verwenden, kann jemand, der Ihnen den API-Key stibitzt, Missbrauch mit Ihrem Account treiben, zumindest aber durch missbräuchlichen Abruf das zugelassene Limit ausreizen.

Den Schlüssel fügen Sie an die Stelle IHR_API_KEY in dem folgenden HTTP-Aufruf ein, in dem Sie auch den Ort angeben, zu dem Sie die Wetterangaben abrufen möchten. Für die Beispiel-App ist der Ort Fuerteventura, eine Insel der Kanaren:

```
http://api.wunderground.com/api/IHR_API_KEY/ ⤶
conditions/q/Spain/Fuerteventura.json
```

Listing 7.3 Aufruf der Wunderground-API

Fügen Sie diesen HTTP-Aufruf in die Adresszeile eines Browsers ein, und rufen Sie die Seite ab. Der Server wird Ihnen dann eine Wettermeldung im JSON-Format zurückliefern.

Abbildung 7.13 Die Wetterdaten von Fuerteventura im JSON-Format

JSON ist zwar recht einfach, die Anzeige im Textformat aber doch etwas umständlich zu lesen. Im Apple App Store erhalten Sie die kostenlose App *Visual JSON*, die JSON-Daten hierarchisch darstellt, so dass das Debugging und Entwickeln eines JSON-Parsers wesentlich einfacher von der Hand geht.

Dieselben Daten wie in Abbildung 7.13 sind in Visual JSON wesentlich leichter zu lesen (siehe Abbildung 7.15).

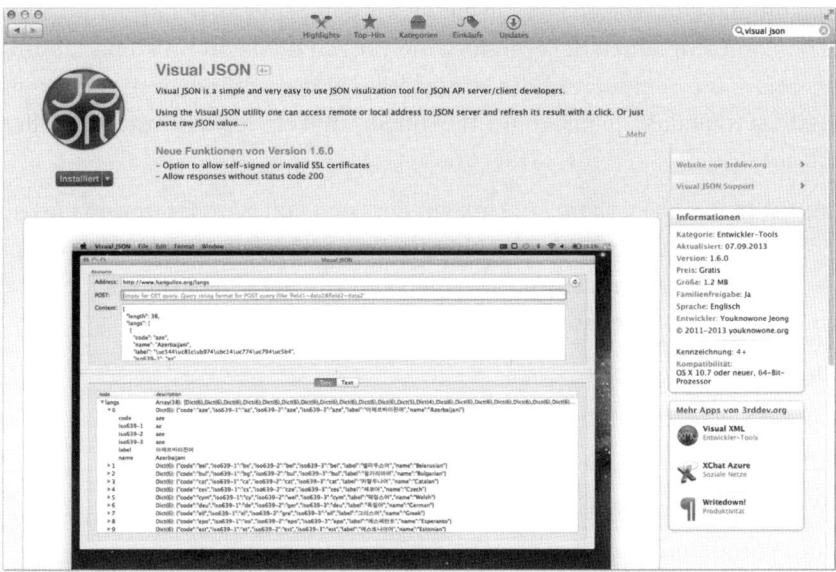

Abbildung 7.14 Visual JSON im App Store

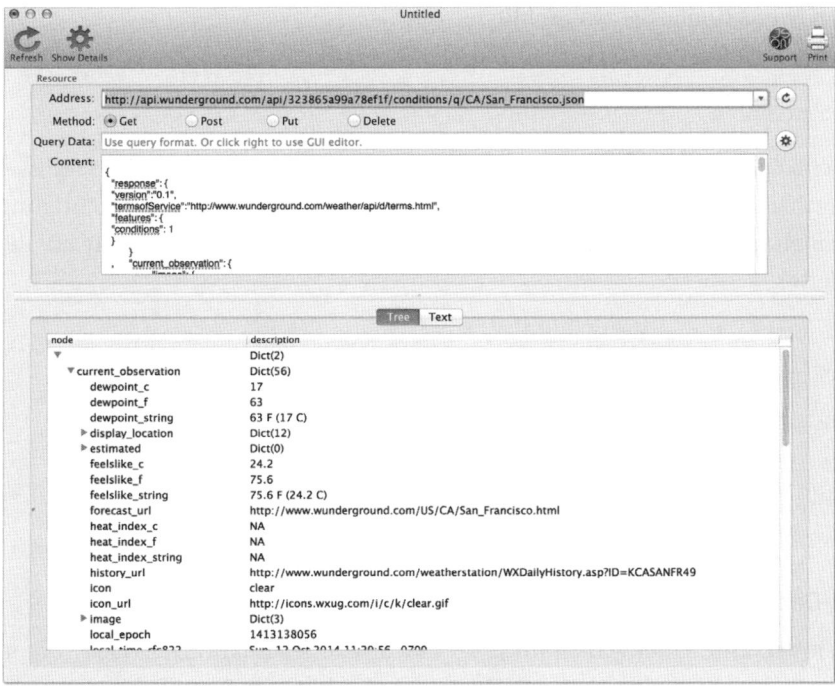

Abbildung 7.15 JSON-Darstellung in Visual JSON

In diesem Konglomerat von Werten stecken einige, die den Benutzer der App interessieren könnten. Das sind zum einen der Standort, die Uhrzeit der letzten Datenerfassung in der Wetterstation, die Temperatur, die Windstärke (je mehr Wind, desto höher die Wellen und desto stärker das Schaukeln im Tauchboot) und ein Icon, das den aktuellen Wetterzustand anzeigt.

Darüber hinaus ist in der JSON-Datei ein Link auf ein Logo von Wunderground enthalten, das laut Lizenzbedingungen bei der Nutzung anzuzeigen ist. Also gibt es einige Daten, die man dem Benutzer in der App anzeigen kann. In der Übersicht noch einmal die betreffenden Schlüsselwörter aus der JSON-Datei:

- `city` (der Ort der Messung)
- `observation_time_rfc822` (Datum und Uhrzeit)
- `temp_c` (Temperatur in Grad Celsius)
- `wind_kph` (Windgeschwindigkeit in km/h)
- `url` (Link zum Wunderground-Logo)

Wie in der Einleitung zu diesem Abschnitt bereits erwähnt, können JSON-Dokumente geschachtelt sein. Der Wunderground-Server gibt ein geschachteltes Dokument zurück. Auf der ersten Ebene finden Sie zwei Schlüssel:

- `response`
- `current_observation`

Die Angaben im Schlüssel `response` interessieren uns nicht, dafür aber die im Schlüssel `current_observation`, denn dort sind alle Wetterwerte abgelegt. Unter Berücksichtigung der Verschachtelung ergeben sie die folgenden Hierarchiepfade für die Zugriffe auf die einzelnen Werte:

- `current_observation : image : url`
- `current_observation : temp_c`
- `current_observation : wind_kph`
- `current_observation : observation_time`
- `current_observation : observation_location : city`

7.2.3   JSON-Daten verarbeiten

iOS bringt seit Version 5 einen Parser für JSON mit, also eine Funktion, die JSON-Daten so aufteilt, dass sie leicht in einer App verarbeitet werden können. Sie müssen also nicht

»zu Fuß« durch die JSON-Datei laufen und die benötigten Werte manuell rausfriemeln, sondern übergeben die JSON-Datei an den JSON-Parser und greifen über eine entsprechende Methode einfach auf die gesuchten Schlüssel zu. Also ans Werk!

Die in Abschnitt 7.1, »Anzeigen von Webseiten«, implementierte Funktion zur Anzeige der Wetter-Webseite benötigen wir jetzt nicht länger. Ändern Sie in der Datei *DBWebViewController.m* in der Methode `viewDidLoad` daher die URL `fullURL` in eine andere Webseite:

```
NSString *fullURL = @"http://www.deep-blue-diving.com/";
```

Im Storyboard ändern Sie im ATTRIBUTES INSPECTOR das Icon und die Beschriftung des `DBWebViewController` (das Bild ist auch im Grafikarchiv der Website zum Buch enthalten).

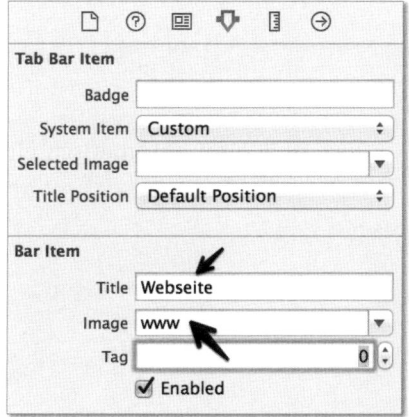

Abbildung 7.16 Ändern Sie Titel und Icon.

Abbildung 7.17 Neuer Titel, neues Bild

Wenn Sie die App nun übersetzen und ausführen, können Sie die Website der Tauchschule betrachten, auch im Querformat (siehe Abbildung 7.18).

Dergestalt umgebaut, fügen Sie dem Storyboard nun einen neuen View-Controller hinzu und ziehen bei gedrückter ctrl-Taste eine Verbindung vom Tabbar-Controller zu diesem neuen View-Controller.

Abbildung 7.18 Die Webseite innerhalb der App

Der Verbindung weisen Sie den Typ VIEW CONTROLLERS zu, womit automatisch ein neuer Tab im Tabbar-Controller erzeugt wird.

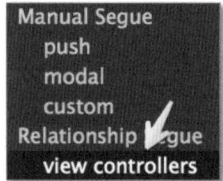

Abbildung 7.19 Eine Verbindung fürs Leben

Abbildung 7.20 Der neue Wetter-Controller

Der komplette Tabbar-Controller macht jetzt schon richtig was her.

Abbildung 7.21 Der Tabbar-Controller

Für den neuen View-Controller benötigen Sie noch eine entsprechende Klasse. Fügen Sie diese wie gehabt über die Menüpunkte FILE • NEW • FILE hinzu.

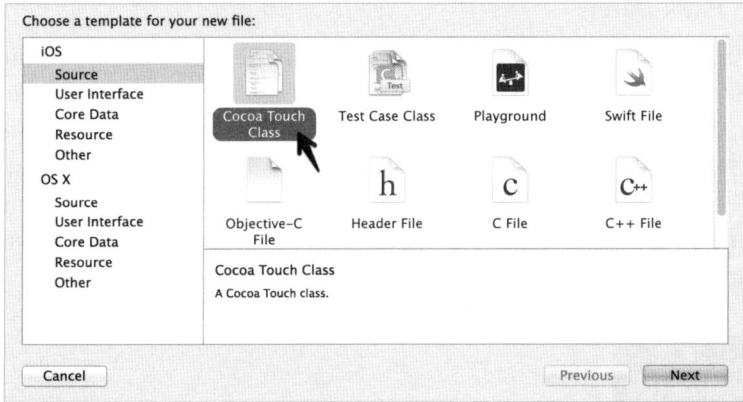

Abbildung 7.22 Eine neue Klasse

Die neue Klasse erhält den Namen »DBWeatherViewController« und ist eine Subklasse von UIViewController.

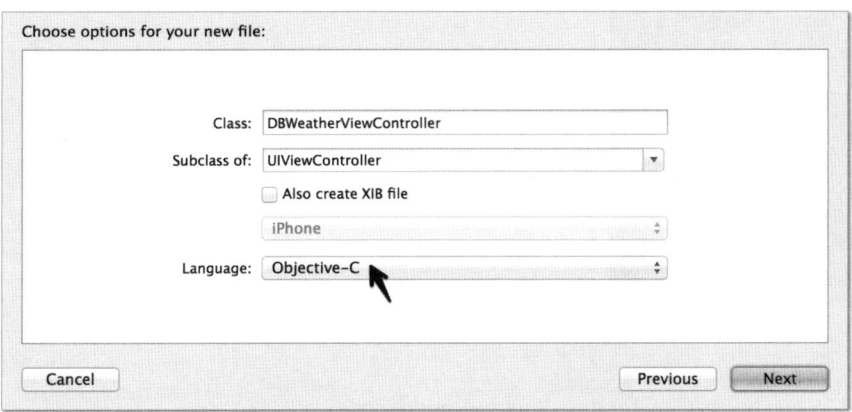

Abbildung 7.23 The same procedure as every time

Markieren Sie im Storyboard den neuen View-Controller, und weisen Sie ihm im IDEN-TITY INSPECTOR die neue Klasse zu.

Abbildung 7.24 Die neue Klasse für den View-Controller

7.2.4   Anzeigen von JSON-Daten

Jetzt fügen Sie dem neuen View-Controller im Storyboard die GUI-Elemente hinzu, die Sie zum Anzeigen der Wunderground-Daten benötigen. Das sind sieben Label und ein Imageview. All diese Elemente platzieren Sie auf einem weiteren Imageview, den Sie zum Anzeigen eines Hintergrundbildes verwenden (so wie bei den beiden im vorherigen Kapitel angelegten View-Controllern für Twitter und die Kontaktseite – dabei die Constraints nicht vergessen!). Den Imageview zur Anzeige des Wunderground-Icons platzieren Sie oben links auf dem View-Controller.

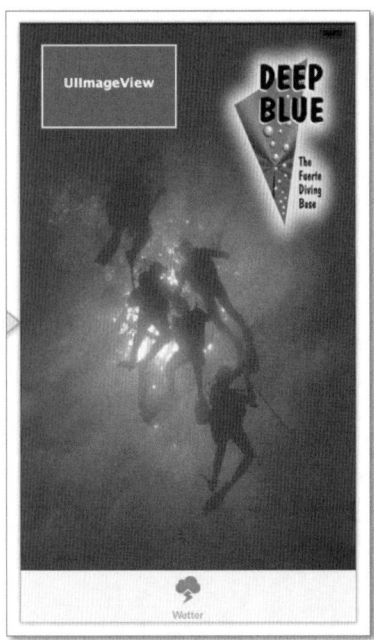

Abbildung 7.25 Der Imageview für das Wunderground-Icon

Die Größe des Imageviews legen Sie über den SIZE INSPECTOR rechts im Xcode-Fenster fest. Setzen Sie den Wert für WIDTH auf 130 und den für HEIGHT auf 80. Die Größe 130x80 ist in der JSON-Datei in der URL des Icons kodiert:

Die Label ordnen Sie, wie in Abbildung 7.26 gezeigt, auf dem View-Controller an.

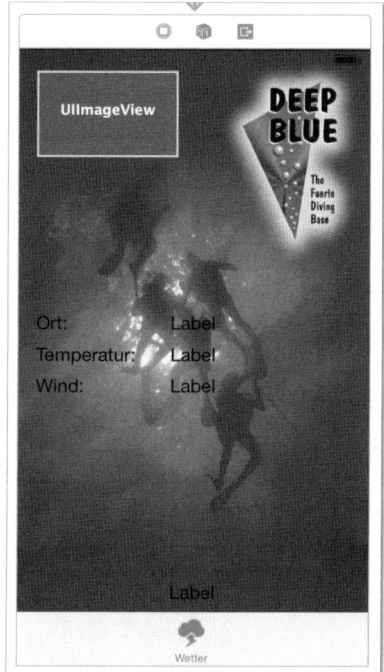

Abbildung 7.26 Der fertige View-Controller

Über den ASSISTANT EDITOR erstellen Sie für den für das Logo vorgesehenen Imageview und die vier Label mit dem Text »Label« jeweils ein Outlet in der Datei *DBWeatherViewController.h*.

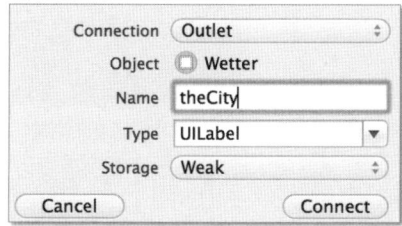

Abbildung 7.27 Das Label für die Anzeige der Stadt …

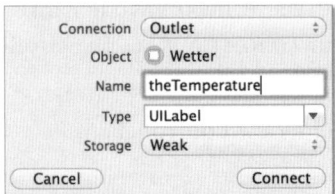

Abbildung 7.28 ... eins für die Temperatur, und ein paar weitere

Das Outlet für den Imageview erhält den Namen »theLogo«. Die Namen der Outlets für die Label sind:

▶ theCity,

▶ theTemperature,

▶ theWind,

▶ theTime.

Zum Schluss kommen noch einige kosmetische Tätigkeiten: Schieben Sie das Label am unteren Rand ganz nach links, in eine vertikale Reihe mit den Labels darüber. Im ATTRI-BUTES INSPECTOR ändern Sie dann noch im Feld FONT die Schriftgröße des Labels auf 12. Um alle Label auf einmal zu markieren, müssen Sie diese nicht mit ausreichend Zielwasser im Blut im Interface Builder auswählen. Öffnen Sie den DOCUMENT OUTLINE, und markieren Sie dort im betreffenden View-Controller die Label.

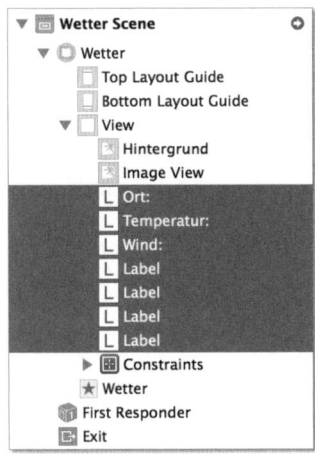

Abbildung 7.29 Sieben auf einen Streich

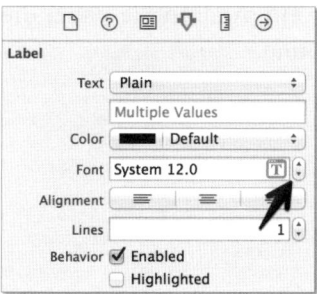

Abbildung 7.30 Hier können Sie die Schriftgröße des Labels ändern.

Ziehen Sie das Label mit der Maus anschließend größer, so dass es über die gesamte Breite des GUIs reicht (von Hilfslinie zu Hilfslinie).

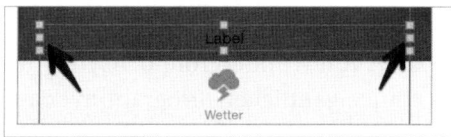

Abbildung 7.31 Mann, bist Du breit!

Und zu guter Letzt, um die Anzeige des Labels zentriert auf dem GUI zu haben, ändern Sie im ATTRIBUTES INSPECTOR im Feld ALIGNMENT die Ausrichtung des Labels auf zentriert.

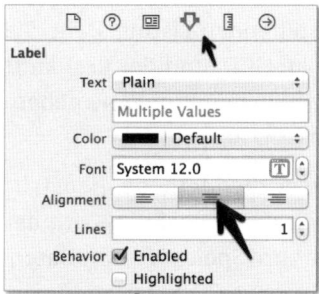

Abbildung 7.32 Zentrierte Anzeige des Label-Textes

7.2.5   Asynchrone Abrufe mit Grand Central Dispatch

Das GUI wäre damit fertig, nun fehlt noch das Abholen und Anzeigen der Wetterdaten von Wunderground. Öffnen Sie die Implementierungsdatei des `DBWeatherView-Controller` (*DBWeatherViewController.m*), und fügen Sie in der Methode `viewDidLoad` hinter dem Aufruf der Superklasse den folgenden Block ein. Ändern Sie dabei die Zeichenkette IHR_API_KEY in Ihren API-Key von Wunderground.

```
dispatch_async(dispatch_get_global_queue ⤶
    (DISPATCH_QUEUE_PRIORITY_DEFAULT, 0), ^{ ⤶
    NSData *theData = [NSData dataWithContentsOfURL: ⤶
    [NSURL ⤶
    URLWithString:@"http://api.wunderground.com/api/ ⤶
    IHR_API_KEY/conditions/q/Spain/ ⤶
    Fuerteventura.json"]];
    [self performSelectorOnMainThread:@selector ⤶
    (jsonData:)withObject:theData waitUntilDone:YES];}
);
```

Listing 7.4 Abruf der Wetterdaten

Dieser Block startet den asynchronen Abruf der Daten von Wunderground. Asynchron bedeutet, dass der Abruf der Daten losgelöst vom eigentlichen Programmverlauf geschieht. Der Grund dafür ist simpel: Das Übertragen der Daten kann einige Sekunden dauern. Würde der Abruf synchron verlaufen, also in den »normalen« Programmfluss eingebettet sein, wäre die App für die Zeit des Abrufs nicht benutzbar – sie würde vermeintlich einfrieren. Das ist ausgemacht schlechter Programmierstil, weswegen man Aufgaben, die aufgrund ihrer Abarbeitungszeit zum Blockieren einer App führen könnten, wie zum Beispiel den Abruf von Netzwerkdaten, asynchron erledigt. Dazu stellt Apple eine Technologie namens *Grand Central Dispatch* (*GCD*) zur Verfügung. Darüber müssen Sie an dieser Stelle nicht mehr wissen, als im vorstehenden Listing steht. Sie übergeben über die Funktion dispatch_async eine Aufgabe an GCD, und der Rest läuft automatisch ab. Sie müssen sich nicht um Threads oder die üblichen Probleme nebenläufiger Programmierung kümmern, das alles nimmt Ihnen GCD ab.

Der Aufruf enthält neben dem eigentlichen GCD-Aufruf über die Methode dispatch_async die Definition der abzurufenden URL, deren Inhalt in dem Objekt theData der Klasse NSData abgelegt wird. NSData ist eine universale Klasse zum Speichern von Daten. Der Methodenaufruf performSelectorOnMainThread am Ende des GCD-Blocks definiert die Methode im Haupt-Thread, die von GCD aufgerufen wird, wenn die Arbeit erledigt ist. In diesem Fall ist das die Methode jsonData. Damit wäre der Abruf der Wetterdaten erledigt. Jetzt fehlt noch die besagte Methode jsonData. Fügen Sie diese in der Datei *DBWeatherViewController.m* über der Methode viewDidLoad ein:

```
- (void)jsonData:(NSData *)theWeather {
    NSError *theError;
    NSDictionary *json = [NSJSONSerialization
```

```
                            JSONObjectWithData:theWeather
                            options:kNilOptions
                            error:&theError];

    self.theLogo.image = [UIImage imageWithData: ↩
        [NSData dataWithContentsOfURL:[NSURL ↩
        URLWithString:[[[json ↩
        objectForKey:@"current_observation"] ↩
        valueForKey:@"image"]valueForKey:@"url"]]]];
    self.theTemperature.text = [NSString stringWithFormat: ↩
        @"%@ °Celsius", [[json ↩
        objectForKey:@"current_observation"] ↩
        valueForKey:@"temp_c"]];
    self.theWind.text = [NSString stringWithFormat: ↩
        @"%@ km/h",[[json ↩
objectForKey:@"current_observation"] ↩
valueForKey:@"wind_kph"]];
    self.theCity.text = [[[json ↩
objectForKey:@"current_observation"] ↩
valueForKey:@"observation_location"]valueForKey:@"city"];
    self.theTime.text = [NSString stringWithFormat: ↩
@"%@",[[json objectForKey:@"current_observation"] ↩
valueForKey:@"observation_time"]];
}
```

Listing 7.5 Die Methode »jsonData« zum Anzeigen der Wetterdaten

Gehen wir die Methode der Reihe nach durch. Die erste Anweisung definiert ein Objekt vom Typ NSError. Darin werden Angaben über Fehlerzustände gespeichert. Benötigt wird das Objekt in der nächsten Anweisung, in der die von GCD aus dem Internet abgerufenen Daten (übergeben über den Methodenparameter theWeather) in einem Objekt vom Typ NSDictionary abgelegt werden. Ein NSDictionary ist ein perfekter Typ, um JSON-Daten zu speichern, denn er erlaubt das Speichern von Schlüssel-Wert-Paaren. Zu jedem in einem NSDictionary gespeicherten Objekt existiert genau ein Schlüssel – wie bei JSON.

Über die Verwendung der Klasse NSJSONSerialization bei der Zuweisung zum NSDictionary verwendet die App genau die Schlüssel-Wert-Zuordnungen, die in den als Parameter übergebenen JSON-Daten (theWeather) verwendet werden. Für den Fall, dass beim Aufruf von NSJSONSerialization ein Fehler passiert, wird das vorher erzeugte NSError-Objekt als Parameter übergeben.

Nach dem Erzeugen des NSDictionary-Objekts json, das die Wetterdaten enthält, erfolgt in den folgenden Anweisungen die Anzeige des GUIs; dabei werden die entsprechenden Werte aus den JSON-Daten den im Storyboard erzeugten Outlets zugewiesen. Dabei sind einige Feinheiten zu beachten.

Die erste Zuweisung stellt das Wunderground-Logo im Imageview dar. Dabei sind verschiedene Anweisungen zu einer einzigen Anweisung kombiniert. Dröseln wir diese mal von hinten auf.

Zunächst erfolgt das Extrahieren der Bild-URL aus den JSON-Daten:

```
[json objectForKey:@"current_observation"] ⤶
valueForKey:@"image"]valueForKey:@"url"]
```

Über die Methode objectForKey ermitteln Sie den Wert des als Parameter übergebenen Schlüssels (current_observation). Da der gesuchte Wert, die URL, in der dritten Hierarchieebene der JSON-Daten liegt, müssen Sie noch die Werte für die Schlüssel image und url ermitteln. Letzterer ist die gesuchte URL.

Diese URL verwenden Sie, um ein Objekt vom Typ NSData mit dem Inhalt der an der URL liegenden Daten zu füllen:

```
[NSData dataWithContentsOfURL:[NSURL URLWithString:...
```

Damit haben Sie ein Datenobjekt, in dem das gesuchte Bild gespeichert ist. Der Imageview auf dem GUI kann aber mit dem Typ NSData nichts anfangen, weswegen vor der Zuweisung an das Outlet theLogo noch die Konvertierung in ein UIImage notwendig ist:

```
[UIImage imageWithData:...
```

Voilà! Die weiteren Zuweisungen sind damit selbsterklärend. Einzig bei den Zeichenketten-Operationen gibt es noch einen Kniff:

```
... [NSString stringWithFormat:@"%@ ° Celsius", ⤶
[[json objectForKey:@"current_observation"] ⤶
valueForKey:@"temp_c"]];
```

Die Label auf dem GUI erwarten Objekte vom Typ NSString. Daher erzeugen Sie, wie beim UIImage, zunächst aus den JSON-Daten den benötigten Zieltyp. Da Angaben ohne Einheiten aber sehr benutzerunfreundlich sind, kommt hier bei der Erzeugung der NSString-Objekte die Methode stringWithFormat zum Einsatz. Diese Methode erlaubt das Erzeugen von kombinierten Zeichenketten, die aus feststehenden und dynamischen Zeichen bestehen. Dazu kommen am Prozentzeichen erkennbare Platzhalter zum Einsatz:

```
@"%@ ° Celsius"
```

Der führende Klammeraffe kennzeichnet eine Zeichenkette vom Typ `NSString`; so viel wussten Sie bereits aus den vorhergehenden Kapiteln. In der Zeichenkette selbst steht der Platzhalter `%@` für ein Objekt, in diesem Fall die Temperaturangabe aus den JSON-Daten. Die Zeichen danach, also die Grad- und Celsius-Angabe, sind feststehende Zeichen. Nach der Zeichenkette folgt, durch ein Komma separiert, das Objekt, für das der Platzhalter steht. Sie können beliebig viele Platzhalter in einer Zeichenkette dieser Art (einem sogenannten Formatstring) unterbringen. Wichtig ist nur, dass Sie genauso viele Platzhalter verwenden, wie Sie Objekte folgen lassen, bzw. umgekehrt.

Wenn Sie die Methode `jsonData` implementiert haben, können Sie zur Tat schreiten: Übersetzen und starten Sie die App. Öffnen Sie dann das Wetter-Tab. Sofern Sie eine funktionierende Internetverbindung haben, sehen Sie jetzt die gewünschten Daten.

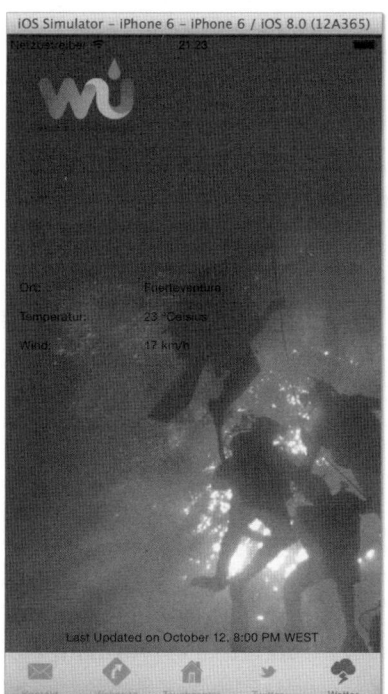

Abbildung 7.33 Und jetzt: das Wetter

Sie werden eine Sache sicher bemerken: Zwischen dem Aufruf des Wetter-Tabs und der Anzeige der Daten vergeht eine gewisse Zeit. Dies ist dem Umstand geschuldet, dass GCD die Wetterdaten im Hintergrund abruft, während im Vordergrund das GUI mit den Standardwerten bereits geladen ist. Schön ist anders. Also muss eine schönere Lösung her.

Um den Benutzer über im Gange befindliche Aktivitäten zu informieren, besitzt iOS das GUI-Element *Activity Indicator View* – den sich drehenden Kreis, den Sie sicher kennen. Suchen Sie diesen in der Objektbibliothek von Xcode, und ziehen Sie ihn im Storyboard auf den DBWeatherViewController.

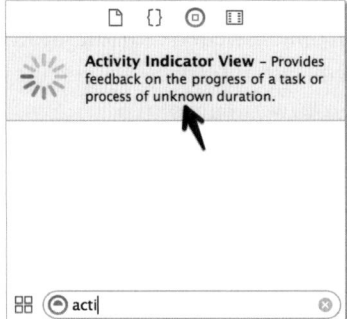

Abbildung 7.34 Die Aktivitätsanzeige von iOS

Platzieren Sie den Activity Indicator View gut sichtbar auf dem GUI. Anschließend ziehen Sie bei gedrückter ⌃ctrl⌄-Taste und geöffnetem ASSISTANT EDITOR eine Verbindung vom Activity Indicator View in die Headerdatei *DBWeatherViewController.h*. Erzeugen Sie ein Outlet, und geben Sie diesem den Namen »theIndicator«.

Abbildung 7.35 Ein Outlet …

Für das Autolayout ziehen Sie bei gedrückter ⌃ctrl⌄-Taste eine Verbindung vom unteren Label zum Activity Indicator und legen dort fest, dass der vertikale Abstand zwischen Label und Activity Indicator konstant sein soll.

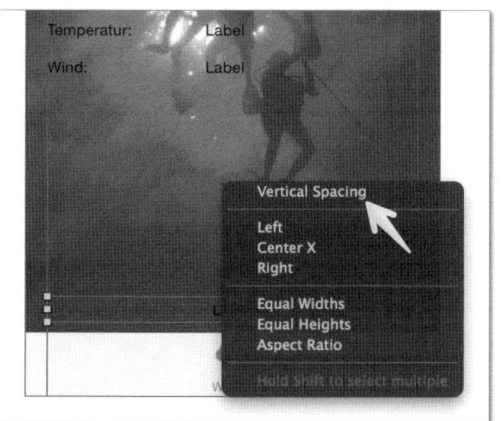

Abbildung 7.36 Konstanter Abstand

Der Activity Indicator View besitzt eine Methode zum Starten der Drehbewegung (start-Animation) und eine zum Stoppen (stopAnimation). Da der Benutzer beim Aufruf des Wetter-Tabs über das Laden der Wetterdaten informiert werden soll, fügen Sie die Anweisung zum Starten der Drehbewegung an den Anfang der Methode viewDidLoad in der Implementierungsdatei des DBWeatherViewController (*DBWeatherViewController.m*) ein:

```
- (void)viewDidLoad
{
    [super viewDidLoad];
    [self.theIndicator startAnimating];
[...]
```

Listing 7.6 Der Activity Indicator View startet die Drehbewegung.

Sobald die Wetterdaten geladen sind, soll der Activity Indicator View mit dem Drehen aufhören und verschwinden. Dafür bietet sich naheliegenderweise die Methode json-Data an, denn diese wird ja von GCD nach dem Abruf der Wetterdaten aufgerufen. Fügen Sie am Anfang dieser Methode also die folgenden zwei Anweisungen ein:

```
- (void)jsonData:(NSData *)theWeather {
    [self.theIndicator stopAnimating];
    self.theIndicator.alpha = 0;
[...]
```

Listing 7.7 Husch, ab ins Körbchen, Activity Indicator View!

Die erste Anweisung stoppt die Drehung des Activity Indicator Views, die zweite macht ihn durchsichtig, indem sie den Alphawert seiner Farbe auf 0 setzt. Jetzt können Sie einen weiteren Versuch wagen und die App übersetzen und starten. Und siehe da ... solange die Daten geladen werden, dreht sich der Activity Indicator View. Und sobald die Daten angezeigt werden, verschwindet er. Ändern Sie jetzt noch die Standardwerte der vier Label zum Anzeigen der Wetterdaten in »...«, dann sieht das GUI beim Laden der Daten noch besser aus.

7.3   Zusammenfassung

Es lässt sich nicht verleugnen: Sie haben jetzt so gut wie alle grundlegenden Techniken kennengelernt, um eine App zu programmieren. Sie wissen, was ein Storyboard ist, können verschiedene Ansichten erzeugen, Daten anzeigen, Kommunikationskanäle öffnen, mit Landkarten arbeiten, Webseiten öffnen und Daten aus dem Internet laden. Und über all dies können Sie Ihre Follower bei Twitter informieren. Damit halten Sie genügend Fäden in der Hand, aus denen sich bereits unzählige Apps stricken lassen. Jetzt ist Ihr Einfallsreichtum gefragt.

An vielen Stellen des GUI-Designs waren wir nachlässig; dort müssen Sie selber noch mit dem Autolayout nachpolieren. Autolayout ist ein mächtiges Werkzeug, aber recht arbeitsintensiv. Und da wir die wertvollen Seiten des Buches nicht damit füllen wollten, Ihnen immer wiederkehrende Autolayout-Anweisungen zu erteilen, nutzen Sie das gelernte Wissen einfach, um die Apps selber aufzuhübschen.

Kapitel 8
Arbeit auf dem Gerät

»Wie schon der Philosoph Mick Jagger sagte:
›You can't always get what you want.‹«
Dr. Gregory House

Bisher haben Sie eine Menge Grundlagen gelernt. Sie wissen jetzt, was Klassen und Objekte sind, wie man eigene Klassen erzeugt und Daten zwischen den verschiedenen Elementen einer App austauscht. Das sind in der Regel genau die Fallstricke, über die man als Einsteiger stolpert, und aus diesem Grund drehten sich die Kapitel 3 bis Kapitel 7 um die Erstellung einer »echten« App.

In diesem Kapitel geht es nun um verschiedene weiter gehende Themen, die sich besser an voneinander losgelösten Beispielen erläutern lassen als an der in den vorhergehenden Kapiteln verwendeten Tauchschulen-App. Darüber hinaus kommen in diesem Kapitel Themen vor, für die Sie den kostenpflichtigen Zugang zum *iOS Developer Program* benötigen. Um beispielsweise über Geolokation den eigenen Standort zu bestimmen (Abschnitt 8.2, »Standortbestimmung mit Core Location«) oder um die Sensoren des iPhones in einer App zu benutzen (Abschnitt 8.3, »Beschleunigungssensor«), müssen Sie Ihre App auf einem echten Gerät ausführen; der iPhone-Simulator von Xcode hilft da nicht weiter. Daher finden Sie in diesem Kapitel zunächst eine kurze Anleitung, wie Sie über den kostenpflichtigen Entwicklerzugang eine App auf einem echten Gerät ausführen können. Des Weiteren dreht sich das Kapitel um Standortbestimmung, Sensoren, Kompass und die Verwendung der Kamera. Zum Schluss erhalten Sie noch einen Ausblick auf drei grundlegende Themen, mit denen Sie im weiteren Verlauf der App-Programmierung unweigerlich intensiv zu tun bekommen werden: das Entwurfsmuster *Model View Controller* und *Delegation*. Damit sind Sie dann gerüstet, auf eigenen Füßen zu stehen und in die Welt der App-Programmierung einzutauchen.

8.1 Test auf dem eigenen Gerät

Für die Programmierung mit Xcode und den iPhone-Simulator benötigen Sie keinen Account im iOS Developer Program. Falls Sie bisher noch keinen hatten oder bis hierher mit dem kostenlosen Zugang gearbeitet haben, der zwar den Zugriff auf die gesamte

Dokumentation umfasst, nicht aber auf Beta-Software und das für den Test von Apps auf eigenen Geräten notwendige Entwicklerzertifikat, öffnen Sie jetzt die Seite zur Auswahl des iOS Developer Programs (siehe Abbildung 8.1) und folgen der in Kapitel 1 beschriebenen Anleitung zum Abschluss einer kostenpflichtigen Mitgliedschaft. Der dazugehörige Link lautet: *https://developer.apple.com/programs/ios/*

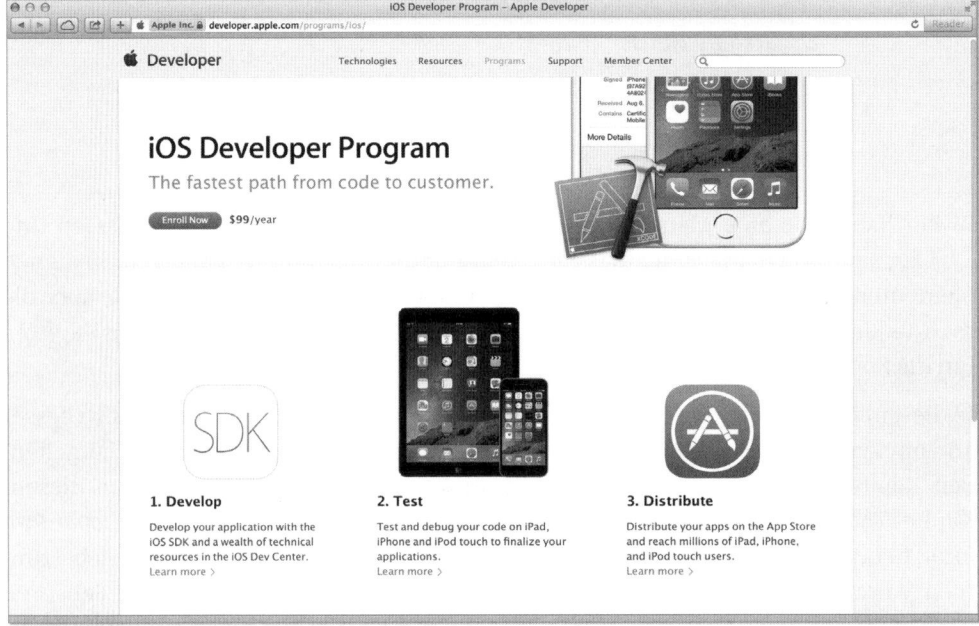

Abbildung 8.1 Auswahl des kostenpflichtigen iOS Developer Programs

Wie die Seite zeigt, umfasst die Mitgliedschaft den Zugriff auf alle Entwicklerressourcen, die Möglichkeit, Apps auf Endgeräten zu testen, und die Erlaubnis, Apps in den App Store einzustellen. Die Seite verschweigt, dass Sie mit diesem Programm obendrein Zugriff auf Vorabversionen von iOS, iTunes und Apple Apps erhalten. Sie können also schon mit einer neuen Version von iOS (iTunes und den anderen Programmen) arbeiten, bevor diese offiziell erhältlich sind. Einziger Wermutstropfen: Sie dürfen nicht darüber reden, denn Beta-Versionen von Apple-Software stehen unter NDA. NDA ist die Abkürzung für *Non Disclosure Agreement* und bezeichnet eine Vereinbarung, die Sie beim Abschluss der Mitgliedschaft des iOS Developer Programs akzeptiert haben und die festlegt, dass Apple ganz furchtbar böse wird, wenn Sie etwas über noch nicht veröffentlichte Produkte erzählen. Der offizielle Passus besagt:

»Pre-release versions of iOS are considered Apple Confidential Information and are subject to the terms of your iOS Developer Program License Agreement. Unauthorized distribution or disclosure of Apple Confidential Information is prohibited.«

Darüber hinaus umfasst die kostenpflichtige Mitgliedschaft zwei Support-Anfragen beim Entwickler-Support bei Apple. Sie können damit Fragen direkt an die Spezialisten bei Apple schicken.

Nach Abschluss des Assistenten und dem Einwurf einer ausreichenden Anzahl virtueller Münzen über Ihre Kreditkarte können Sie umgehend loslegen und Ihr iPhone oder iPad mit Xcode verbinden, um Ihre Apps darauf zu testen.

Schließen Sie das Gerät an Ihren Mac an, starten Sie Xcode, und öffnen Sie über den Menüpunkt WINDOW • DEVICES den Xcode-Organizer. Im Tab DEVICES finden Sie das angeschlossene Gerät.

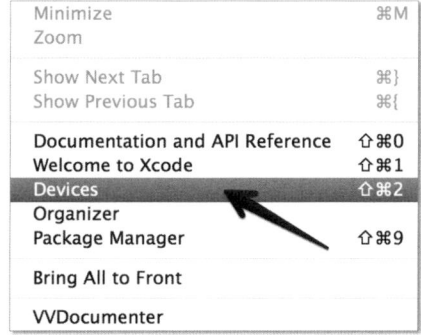

Abbildung 8.2 Zur Geräteverwaltung von Xcode

Abbildung 8.3 Übersicht über Geräte und Simulatoren

Sie können das Gerät direkt benutzen, um Ihre selbst geschriebenen Apps darauf laufen zu lassen. Um eine App auf dem eigenen Gerät auszuführen, klicken Sie in der Werkzeugleiste von Xcode auf den Namen des Projekts, rechts neben dem STOP-Button. Es öffnet sich ein Auswahlfeld, in dem Sie neben den verschiedenen installierten Simulatortypen jetzt auch Ihr iPhone auswählen können.

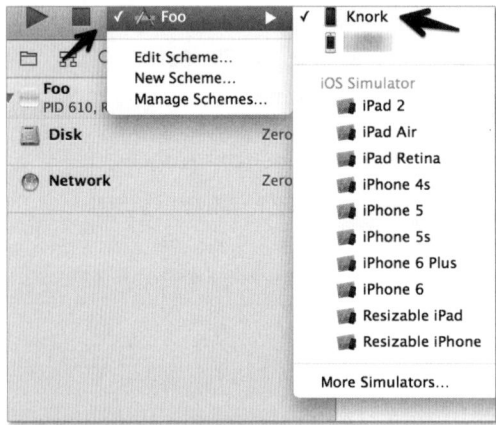

Abbildung 8.4 Das Gerät als Target im Xcode-Projekt

Xcode warnt bei der ersten Ausführung, dass es keine *Signing Identity* gefunden hat, auf dem Gerät also kein gültiges Entwicklerzertifikat vorhanden ist. Wählen Sie FIX ISSUE, und lassen Sie Xcode die Arbeit erledigen, das Zertifikat im Entwicklerportal zu beantragen und auf das Gerät zu kopieren.

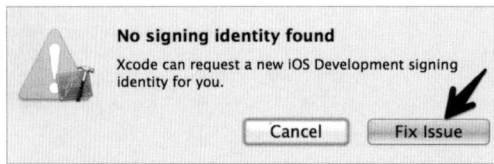

Abbildung 8.5 Lassen Sie Xcode ruhig machen.

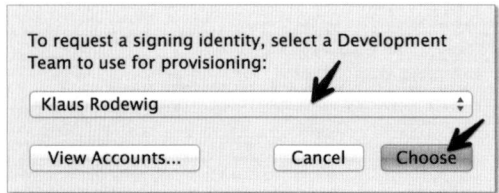

Abbildung 8.6 Xcode fragt, welches Entwicklerkonto es nutzen soll.

Abbildung 8.7 Und dann besorgt es alle Daten aus dem Entwicklerportal.

Kein Account in Xcode hinterlegt?

Damit Xcode sich um die Einrichtung des Geräts kümmern kann, müssen Sie die Zugangsdaten zu Ihrem Entwicklerkonto in Xcode hinterlegt haben. Das machen Sie im Menüpunkt XCODE • PREFERENCES ... • ACCOUNTS.

Nach der Auswahl funktioniert alles Weitere wie gehabt, nur dass Xcode die App jetzt nicht mehr an den Simulator, sondern an das iPhone schickt. Achten Sie nur darauf, dass das iPhone nicht gesperrt ist, wenn Sie Ihre App darauf ausführen möchten, sonst wird Xcode Ihnen die folgende Fehlermeldung um die Ohren hauen (siehe Abbildung 8.8). Die App befindet sich mit dem Test auf Ihrem Gerät natürlich noch nicht im App Store – dafür müssen Sie die App direkt bei Apple einreichen. Aber der Test auf einem echten Gerät statt auf dem Simulator zeigt Ihnen, wie sich die App auf einem echten Gerät anfühlt. Zudem können Sie dort, wie schon erwähnt, Funktionen testen, die im Simulator nicht funktionieren. Einige davon lernen Sie jetzt kennen.

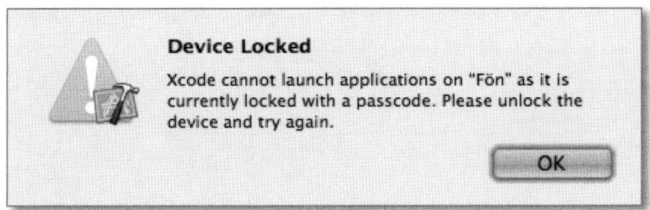

Abbildung 8.8 Xcode mag kein gesperrtes Gerät.

8.2 Standortbestimmung mit Core Location

Vorausgesetzt, die Anmeldung für die kostenpflichtige Mitgliedschaft und das Einrichten Ihres iPhones als Testgerät in Xcode waren erfolgreich, können Sie jetzt die erste App schreiben, die für die Lokalisierung des eigenen Standortes auf die Hardware des iPhones zugreift. Das iPhone besitzt neben einem eingebauten GPS-Empfänger zur

Bestimmung der eigenen Position über das *Global Positioning System*[1] die Möglichkeit, über das Mobilfunknetz und WLAN den eigenen geografischen Standort zu bestimmen. Das Gerät entscheidet selbst, über welche der angebotenen Möglichkeiten es seinen Standort bestimmt, darum müssen Sie sich als Programmierer nicht kümmern. Der Zugriff auf die Standortbestimmung erfolgt über das *Core Location Framework*. Erstellen Sie jetzt ein neues Xcode-Projekt vom Typ SINGLE VIEW APPLICATION.

Den Namen des Projekts können Sie wie immer frei wählen, auf der Website zum Buch trägt das Projekt den Namen »Arbeit auf dem Gerät«.

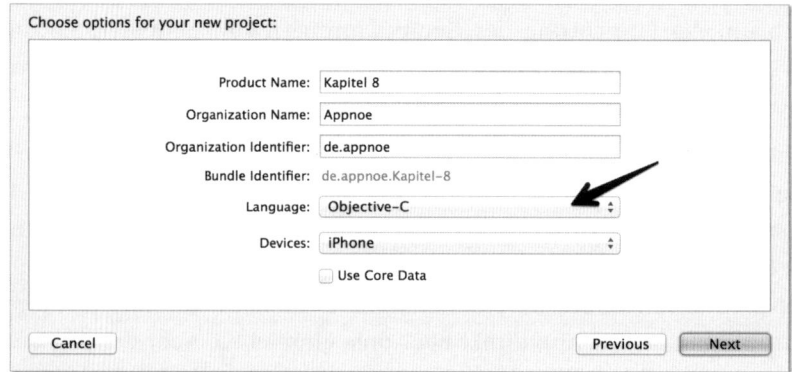

Abbildung 8.9 Auch hier ist Objective-C angesagt.

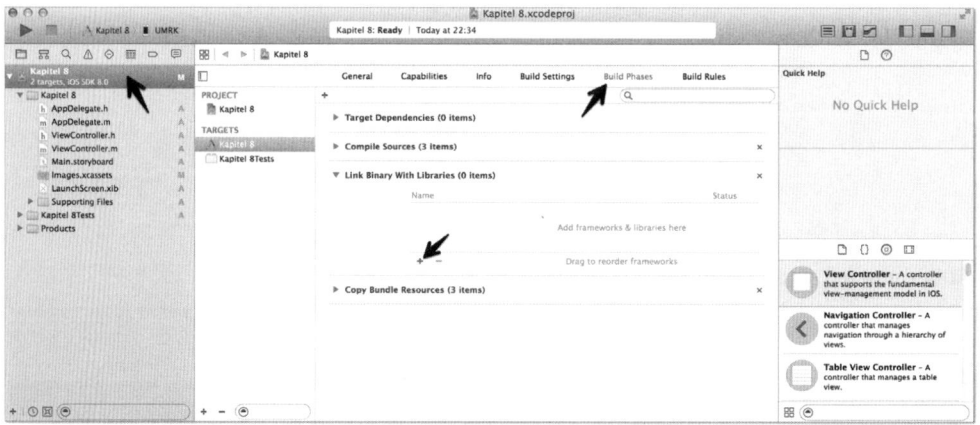

Abbildung 8.10 Die Projekteinstellungen der neuen App

---

1 *https://de.wikipedia.org/wiki/GPS*

Nach dem Anlegen des Objekts fügen Sie als Erstes das *Core Location Framework* hinzu. Wählen Sie dazu in der Hauptansicht von Xcode das Projekt selbst aus, wählen Sie im Fenster in der Mitte den Abschnitt LINK BINARY WITH LIBRARIES, und drücken Sie den Plus-Button.

Fügen Sie dann dort im Abschnitt LINK Binary With Libraries das CORELOCATION. FRAMEWORK hinzu.

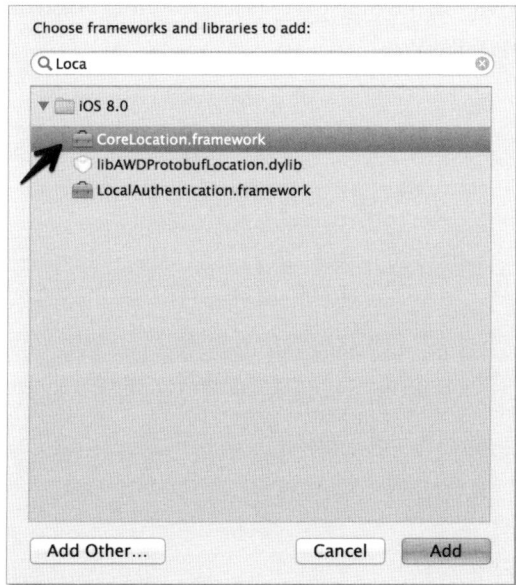

Abbildung 8.11 Das Core Location Framework

Xcode hat beim Anlegen des Projekts freundlicherweise direkt einen View-Controller im Storyboard erzeugt und eine dazugehörige Header- und eine Implementierungs-datei angelegt. Öffnen Sie die Headerdatei *ViewController.h*, und fügen Sie dort eine import-Anweisung für das Core Location Framework ein:

```
#import <CoreLocation/CoreLocation.h>
```

Der Zugriff auf das Framework erfolgt wie gewohnt über eine Property, die Sie ebenfalls in der Headerdatei deklarieren:

```
@property (nonatomic, strong) CLLocationManager ⤶
*locationManager;
```

Das Core Location Framework verwendet *Delegation* (siehe dazu Abschnitt 8.4.2, »Delegation«), daher müssen Sie Xcode noch mitteilen, dass die Klasse ViewController das Protokoll CLLocationManagerDelegate implementiert:

```
@interface ViewController : UIViewController ↩
<CLLocationManagerDelegate>
```

Öffnen Sie nun das Storyboard, und deaktivieren Sie die Size Classes des View-Controllers (wie bereits in den anderen Beispiel-Apps getan).

Abbildung 8.12 Deaktivieren Sie die Size Classes.

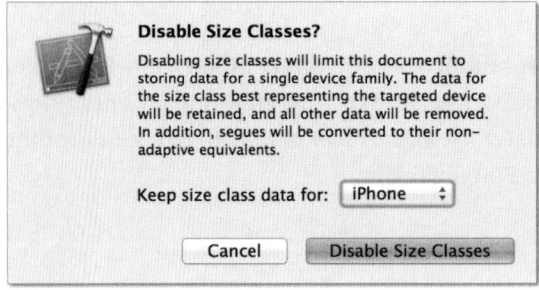

Abbildung 8.13 Das richtige Target ist iPhone.

Fügen Sie jetzt zwei Label auf dem View-Controller im Storyboard hinzu, und benennen Sie das linke davon in POSITION um. Das rechte Label ziehen Sie in der Größe bis zum rechten Bildschirmrand.

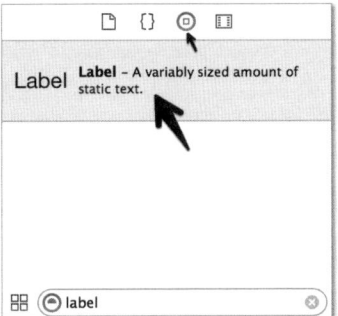

Abbildung 8.14 Ein Label ist gesucht.

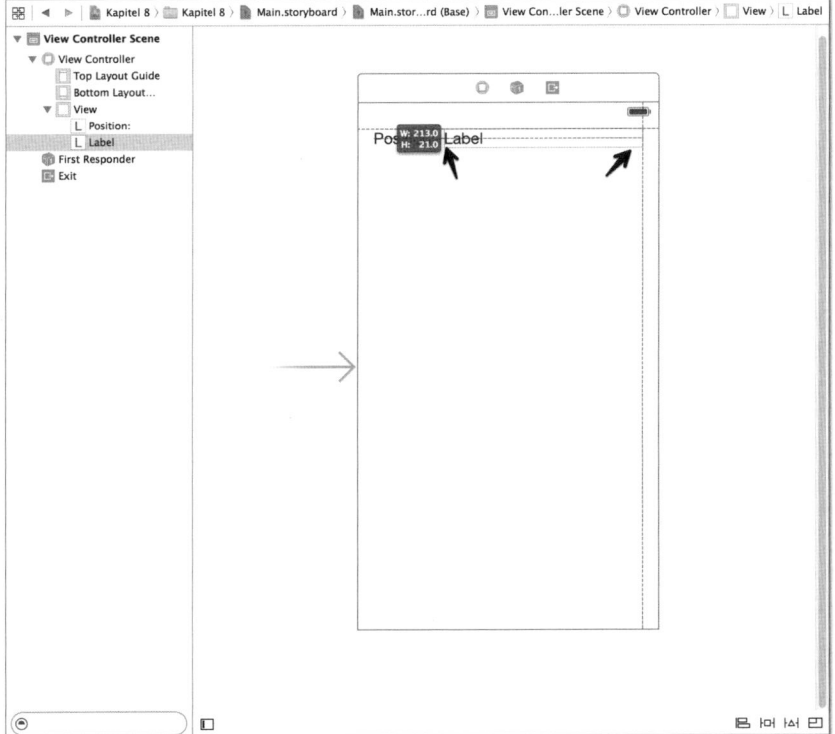

Abbildung 8.15 Bitte zum rechten Rand ziehen

Vom rechten Label ziehen Sie bei aktiviertem ASSISTANT EDITOR bei gedrückter `ctrl`-Taste eine Verbindung in die Headerdatei *ViewController.h*. Erzeugen Sie ein Outlet, und geben Sie ihm den Namen »thePositionLabel«.

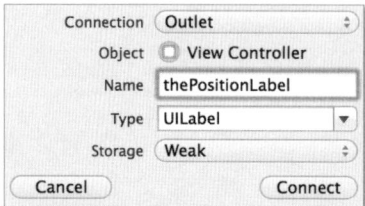

Abbildung 8.16 Ein Outlet mit dem Namen »thePositionLabel«

Damit die App den Standort bestimmen kann, müssen Sie bei ihrem Start eine Instanz der Klasse `CLLocationManager` erzeugen. Fügen Sie dazu in der Methode `viewDidLoad` in der Datei *ViewController.m* die folgende Zeile ein, die diese Instanz der Property `locationManager` zuweist:

```
self.locationManager = [[CLLocationManager alloc] init];
```

Teilen Sie in der nächsten Zeile dem neuen Objekt mit, dass der View-Controller selbst sein Delegate ist:

```
self.locationManager.delegate = self;
```

Die Eigenschaft `distanceFilter`, die Sie in der folgenden Zeile verwenden, dient dazu, ein automatisches Update der Standortbestimmung festzulegen:

```
self.locationManager.distanceFilter = 10;
```

Damit weisen Sie den `LocationManager` an, dass er bei einer Änderung des Standortes von mehr als 10 Metern den dann neuen Standort mitteilt.

Jetzt fehlt noch der Druck auf den Einschaltknopf, also das Aktivieren der Standortbestimmung. Dazu dient die folgende Zeile:

```
[self.locationManager startUpdatingLocation];
```

Die gesamte Methode `viewDidLoad` in der Datei *ViewController.m* sollte jetzt also wie folgt aussehen:

```
- (void)viewDidLoad
{
    [superviewDidLoad];
    self.locationManager = [[CLLocationManageralloc] init];
```

```
        self.locationManager.delegate = self;
        self.locationManager.distanceFilter = 10;
        [self.locationManagerstartUpdatingLocation];
}
```

Listing 8.1 Die Methode »viewDidLoad« des View-Controllers

Damit die App die aktuelle Position anzeigt, muss der View-Controller jetzt noch zwei Delegate-Methoden von CLLocationManager implementieren. Die erste wird aufgerufen, wenn der Standort erfolgreich bestimmt worden ist:

```
- (void)locationManager:(CLLocationManager *)manager
    didUpdateToLocation:(CLLocation *)newLocation
          fromLocation:(CLLocation *)oldLocation
{
        self.thePositionLabel.text = [NSString ⤶
        stringWithFormat:@"%f:%f", ⤶
        newLocation.coordinate.latitude, ⤶
        newLocation.coordinate.longitude];
}
```

Listing 8.2 Die Delegate-Methode »didUpdateToLocation«

Die zweite Methode ist für den Fall vorgesehen, dass ein Fehler bei der Standortbestimmung aufgetreten ist. Neben einer Angabe darüber, welcher Fehler aufgetreten ist, beendet die Methode den LocationManager:

```
- (void)locationManager:(CLLocationManager *)manager
        didFailWithError:(NSError *)error {
    NSLog(@"Fehler bei der Standortbestimmung: %@", error);
    [manager stopUpdatingLocation];
}
```

Listing 8.3 Die Methode »didFailWithError«

Fügen Sie beide Methoden in die Datei *ViewController.m* ein. Damit ist die Klasse komplett. Führen Sie die App auf Ihrem iPhone aus, das dazu über ein USB-Kabel mit Ihrem Entwicklungsrechner verbunden sein muss. Wie Sie sehen, sehen Sie ... nichts. Apple hat mit iOS 8 nämlich eine Pflichtabfrage eingeführt, die die App aus Datenschutzgründen dem Benutzer präsentieren muss. Erfolgt diese Abfrage nicht, gibt es keine Standortdaten. So einfach ist das.

Fügen Sie die Abfrage in der Methode `viewDidLoad` unter der Erzeugung des Location Managers ein:

```
[…]
self.locationManager = [[CLLocationManager alloc] init];
if([self.locationManager respondsToSelector:@selector
   (requestWhenInUseAuthorization)]) {
        [self.locationManager requestWhenInUseAuthorization];
}
[…]
```

Listing 8.4 Abfrage zur Erlaubnis für die Standortbestimmung

Diese Abfrage prüft, ob der Location Manager auf die Nachricht `requestWhenInUse-Authorization` reagiert. Tut er dies, und das macht er ab iOS 8, wird die Bitte um Autorisierung durch den Benutzer angezeigt. Die angeforderte Berechtigung ermöglicht es der App, den Standort des Geräts zu bestimmen, solange die App im Vordergrund ist. Für die Bestimmung des Standortes auch aus dem Hintergrund heraus gibt es eine andere Berechtigung.

Für das Funktionieren der Standortbestimmung ist das aber nur die halbe Miete. Es muss überdies in der Info-Plist-Datei der App ein String hinterlegt werden, der dem Benutzer bei der Anfrage angezeigt wird. Öffnen Sie daher die Datei *Info.plist*, zu finden in der Xcode-Gruppe SUPPORTING FILES.

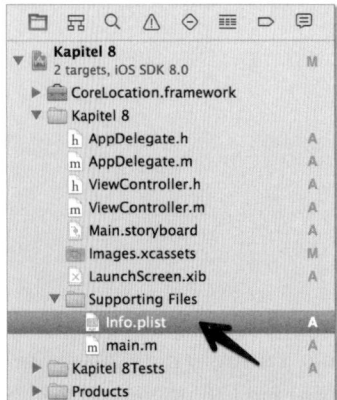

Abbildung 8.17 Die Info-Plist-Datei der App

Fügen Sie unter INFORMATION PROPERTY LIST einen neuen Schlüssel `NSLocationWhen-InUsageDescription` hinzu, und weisen Sie diesem den String »Ihre Daten werden nicht gespeichert!« zu.

Key		Type	Value
▼ Information Property List		Dictionary	(15 items)
NSLocationWhenInUseUsageDescription	↕	String	Ihre Daten werden nicht gespeichert!
Localization native development region	↕	String	en
Executable file	↕	String	$(EXECUTABLE_NAME)
Bundle identifier	↕	String	de.appnoe.$(PRODUCT_NAME:rfc1034identifier)
InfoDictionary version	↕	String	6.0
Bundle name	↕	String	$(PRODUCT_NAME)
Bundle OS Type code	↕	String	APPL
Bundle versions string, short	↕	String	1.0
Bundle creator OS Type code	↕	String	????
Bundle version	↕	String	1
Application requires iPhone environment	↕	Boolean	YES
Launch screen interface file base name	↕	String	LaunchScreen
Main storyboard file base name	↕	String	Main
▶ Required device capabilities	↕	Array	(1 item)
▶ Supported interface orientations	↕	Array	(3 items)

Abbildung 8.18 Der Schlüssel für den Location Manager

Wenn Sie alles richtig gemacht haben, wird iOS Ihnen beim nächsten Start der App eine Warnmeldung anzeigen, dass die App Ihren Standort bestimmen möchte und um Erlaubnis dafür fragt.

Abbildung 8.19 Sie sehen hier auch den String aus der Plist-Datei.

Geben Sie der App die entsprechende Berechtigung, und sie wird es Ihnen durch Anzeige Ihres Standortes in Längen- und Breitengrad danken.

8.3   Beschleunigungssensor

Ein iPhone verfügt über Sensoren, mit denen es seine Lage bestimmen kann. Diese Sensoren können Sie in einer App verwenden; dafür ist das *Core Motion Framework* zuständig. Fügen Sie dieses Framework dem Projekt hinzu (analog zum Hinzufügen des *Core Location Frameworks* im vorigen Abschnitt).

Abbildung 8.20 Hinzufügen des »CoreMotion.framework« zum Projekt

Ziehen Sie anschließend einen Image View auf den View-Controller im Storyboard.

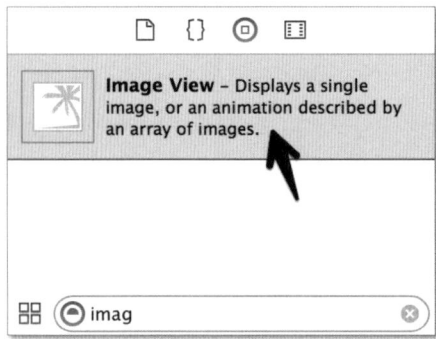

Abbildung 8.21 Ein Imageview ...

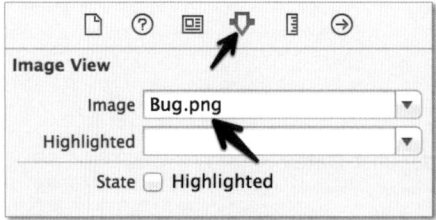

Abbildung 8.22 Ein Bild für den Imageview

Abbildung 8.23 Igitt, ein Riesenkäfer!

Ziehen Sie anschließend den Imageview so klein, dass er den Käfer in seiner echten Größe anzeigt.

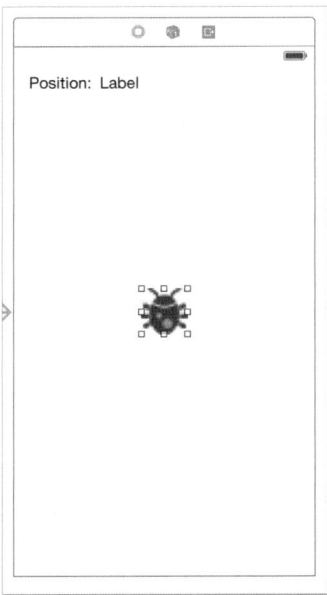

Abbildung 8.24 Was nicht passt, wird passend gemacht.

Öffnen Sie dann den ASSISTANT EDITOR, und ziehen Sie bei gedrückter [ctrl]-Taste eine Verbindung vom Imageview in die Datei *ViewController.h*. Dem neuen Outlet geben Sie den Namen »theImage«.

Abbildung 8.25 Und ein neues Outlet ist auch mit von der Partie.

Zum Schluss binden Sie noch die Headerdatei des Core Motion Frameworks in die Datei *ViewController.h* ein:

```
#import <CoreMotion/CoreMotion.h>
```

Sie benötigen darüber hinaus auch noch zwei Instanzvariablen, die Sie ebenfalls in der Headerdatei des View-Controllers deklarieren. Die komplette Datei *ViewController.h* ist dann die folgende:

```
#import <UIKit/UIKit.h>
#import <CoreMotion/CoreMotion.h>
#import <CoreLocation/CoreLocation.h>

@interface ViewController : UIViewController<CLLocationManagerDelegate>
{
CMMotionManager     *theManager;
NSOperationQueue    *theQueue;
}
@property (nonatomic, strong) CLLocationManager *locationManager;
@property (weak, nonatomic) IBOutletUIImageView *theImage;
@property (weak, nonatomic) IBOutletUILabel *positionLabel;
@end
```

Listing 8.5 Die Datei »ViewController.h«

Der Rahmen für unser kleines Projekt ist jetzt fertig – jetzt können wir uns näher mit dem Beschleunigungssensor des iPhones befassen. Dieser Sensor kennt drei Achsen: X, Y und Z. Für den Fall, dass Ihr Mathematikunterricht in der Schule schon zu lange zurückliegt, zeigt die folgende Abbildung die drei Achsen.

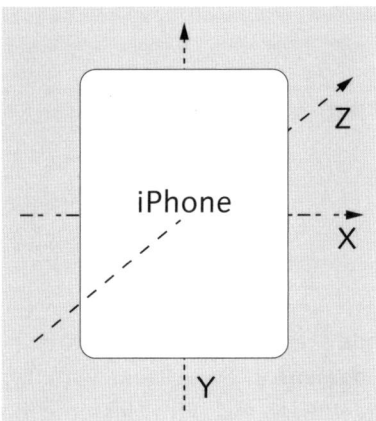

Abbildung 8.26 Die Achsen des Beschleunigungssensors

Bewegt man das iPhone also nach links oder rechts, ist dies eine Bewegung entlang der X-Achse. Eine Bewegung nach oben oder unten verläuft entlang der Y-Achse und die Bewegung nach vorne oder hinten entlang der Z-Achse.

In der Methode viewDidLoad (*ViewController.m*) müssen Sie zum Ansprechen des Bewegungssensors zunächst ein Objekt vom Typ CMMotionManager erzeugen:

```
theManager = [[CMMotionManager alloc] init];
```

Diesem Objekt teilen Sie in der nächsten Zeile mit, dass es jede Sekunde ein Update über die Bewegung des iPhones senden soll:

```
theManager.accelerometerUpdateInterval  = 1.0/1.0;
```

Anschließend erzeugen Sie eine Queue ...

```
theQueue = [NSOperationQueue currentQueue];
```

... und starten dann den Beschleunigungssensor, der seine Ergebnisse kontinuierlich an die Queue sendet, die für die Abarbeitung sorgt:

```
[theManager startAccelerometerUpdatesToQueue:theQueue ↩
withHandler:^(CMAccelerometerData *accelerometerData, ↩
NSError *error) {
     CMAcceleration theAccelerationData = ↩
accelerometerData.acceleration;
```

```
    NSNumber *theAngle = [NSNumber ⤸
numberWithFloat:atan2((theAccelerationData.x), ⤸
-(theAccelerationData.y))];
    [self.theImage ⤸
setTransform:CGAffineTransformMakeRotation ⤸
([theAngle floatValue])];
}];
```

Listing 8.6 Die Verwendung des Beschleunigungssensors

Aber noch mal der Reihe nach: Der Aufruf der Methode `startAccelerometerUpdatesTo-Queue` aktiviert die Messung über den Beschleunigungssensor. Das Objekt vom Typ `CMAcceleration` (`theAccelerationData`) nimmt die Ergebnisse auf. Ein Messergebnis besteht aus den Einzelwerten für die jeweiligen Bewegungsachsen. Den Zugriff auf diese Daten sehen Sie in der Zuweisung der X- und Y-Werte an das Objekt `theAngle`. In der letzten Zeile werden dann X- und Y-Wert, gespeichert in ebendiesem Objekt `theAngle`, verwendet, um die Ausrichtung des Käfers im Imageview zu ändern.

Damit sich die App nicht mit dem Gerät dreht, legen Sie in den Projekteinstellungen fest, dass die App nur aufrecht angezeigt werden soll. Öffnen Sie dazu die Projekteinstellungen, und wählen Sie dort im Abschnitt DEPLOYMENT INFO im Punkt DEVICE ORIENTATION alle Ausrichtungen außer PORTRAIT ab.

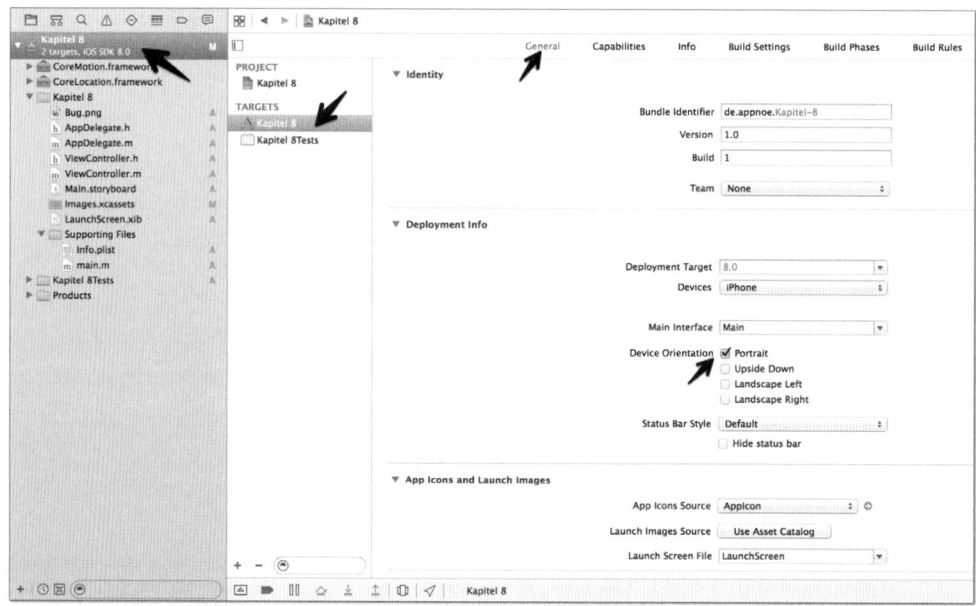

Abbildung 8.27 Die Einstellungen zur Ausrichtung der App

Übersetzen und starten Sie jetzt die App auf dem iPhone, und drehen Sie das Gerät nach rechts und/oder links. Sie sehen: Der Käfer dreht sich entsprechend der Bewegung mit!

Abbildung 8.28 Einmal nach rechts

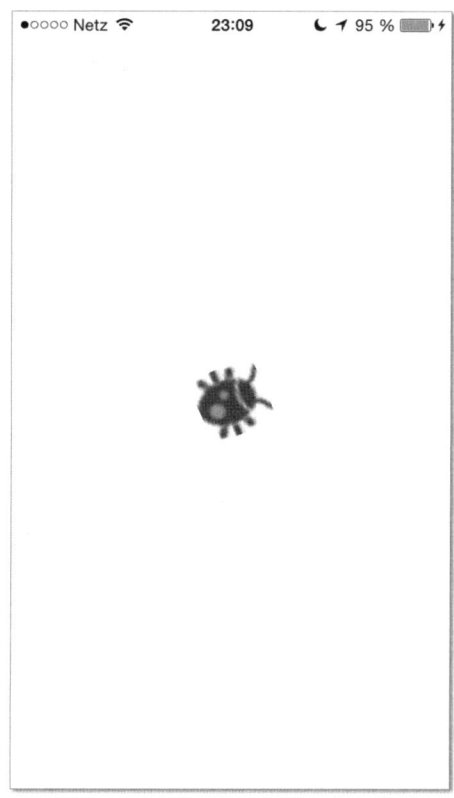

Abbildung 8.29 Und weiter geht das Karussell

Die Anwendung der Beschleunigungsdaten ist in diesem Fall natürlich ein bisschen konstruiert. Sie sollten anhand dieses Beispiels aber einen Einblick gewonnen haben, wie man auf den Beschleunigungssensor zugreifen und die Daten weiterverarbeiten kann.

Damit sich der Käfer nicht mit der Drehbewegung des Geräts dreht, sondern seine Position behält, kehren Sie die Ausrichtung des Käfers einfach um. Dazu wandeln Sie die Daten des Bewegungssensors in einen negativen Wert um (beachten Sie das Minuszeichen!):

```
[self.theImage ⤶
setTransform:CGAffineTransformMakeRotation ⤶
(-[theAngle floatValue])];
```

8.4   Ein bisschen Theorie zum Abschluss

Kurz vor dem Ende können wir es nicht lassen, Sie noch auf wenigstens zwei elementare Begriffe hinzuweisen, die Ihnen bei der Programmierung von Apps für iOS immer wieder begegnen werden und deren Verständnis so fundamental wichtig ist, dass wir Sie ohne nicht ziehen lassen.

8.4.1   MVC

Apple sieht vor, dass jede App für iOS nach dem Entwurfsmuster *Model View Controller*, abgekürzt *MVC*, aufgebaut wird. Sie werden sich jetzt vermutlich zu Recht fragen, was ein Entwurfsmuster ist. Das Wort hört sich trocken an, die Theorie dahinter ist aber schnell erklärt und erleichtert Ihnen, bei konsequenter Anwendung, enorm das Leben. Ein Entwurfsmuster ist nicht mehr als eine Vorlage zur Lösung von Problemen.

Bei der Programmierung haben Sie beim Aufbau einer App immer mit demselben Problem zu kämpfen: Der Benutzer interagiert mit Ihrer App, die App führt Operationen im Hintergrund aus und muss diese mit den Ein- und Ausgaben vom und zum Benutzer synchronisieren. Und, was mittlerweile ja nicht unwahrscheinlich ist, die App soll nicht nur auf einem iPhone laufen, sondern auch auf einem iPad, einem iPad mini, einem iPod touch, einem iPhone 4 und einem iPhone 5.

Wenn Sie Ihre App nun so aufbauen, dass die gesamte Logik, sowohl die für die Interaktion mit dem Benutzer als auch die zur Ausführung von Berechnungen und sonstigen Operationen, parallel in denselben Klassen implementiert ist, bekommen Sie spätestens dann ein Problem, wenn Sie die App vom iPhone zum iPad portieren möchten. Für das iPad benötigen Sie eine andere Benutzeroberfläche als für das iPhone, und nun beginnt die Arbeit, den Code für die Benutzerinteraktion vom Rest zu trennen.

Um sich dieses Problems (und noch einiger anderer) zu entledigen, gibt es das besagte Entwurfsmuster MVC. Es besagt nichts anderes, als dass eine App stets aus den drei Schichten *Model*, *View* und *Controller* bestehen sollte:

- ▶ **Model**: die eigentliche Logik (Geschäftslogik, Speichern von Daten, Netzwerkverbindungen etc.)
- ▶ **View**: die Interaktion mit dem Benutzer
- ▶ **Controller**: die Verbindung von Model und View

Die Idee dahinter sollte nach den einleitenden Worten offensichtlich sein: Die Model-Schicht bleibt immer gleich. Egal, ob auf einem iPad oder iPhone, Ihre App führt auf jedem Gerät die gleichen Operationen aus. Denken Sie an die Musik-App von iOS. Egal, ob auf iPad, iPhone oder iPod touch, auf allen drei Gerätetypen ist die Funktionalität der App gleich: Audiodateien abspielen.

Die View-Schicht dagegen ist auf allen Geräten anders. Auf dem iPad sieht die Musik-App ganz anders aus als auf dem iPhone.

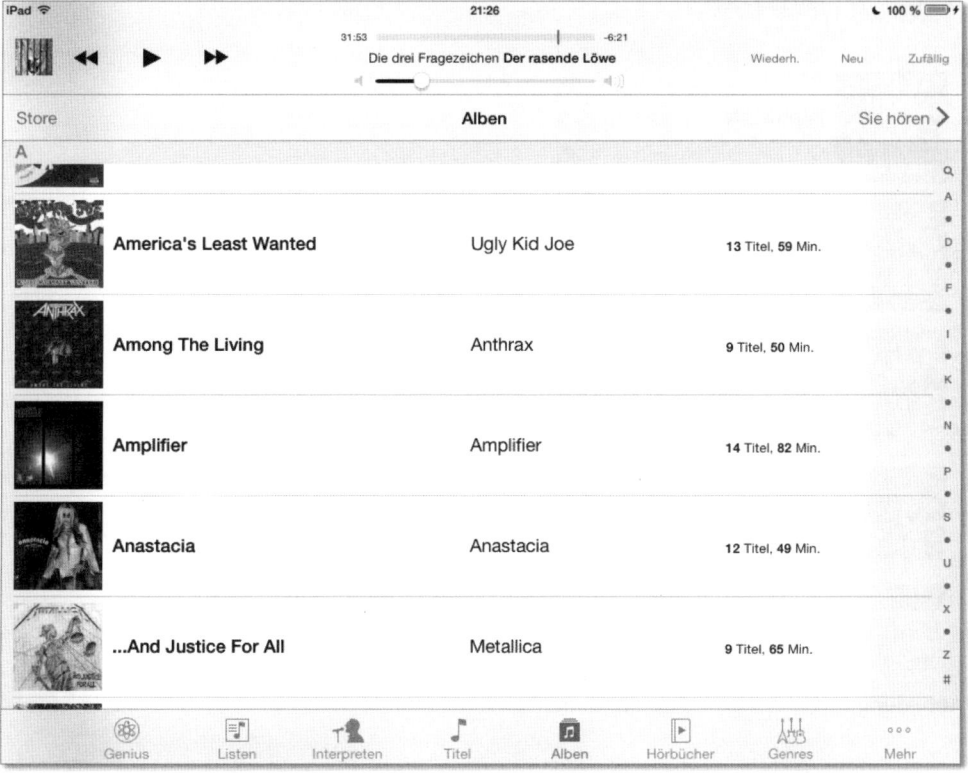

Abbildung 8.30 Die Musik-App auf dem iPad

Um zu verhindern, dass beim Wechsel der Plattform die Benutzeroberfläche neu geschrieben werden muss, trennt MVC eben die Logik von der Benutzeroberfläche. Apple hat **einmal** die Logik der App implementiert und pflegt für iPad und iPhone nur zwei verschiedene Benutzeroberflächen.

Die jetzt noch verbleibende Schicht, die Controller-Schicht, vermittelt zwischen beiden Schichten. Das heißt, in Richtung Model-Schicht bleibt die Controller-Schicht immer gleich, in Richtung der View-Schicht muss sie sich an die jeweilige Benutzeroberfläche anpassen. Das bedeutet, dass bei konsequenter Umsetzung von MVC die Model-Schicht immer gleich bleibt, View und Controller hingegen von Plattform zu Plattform unterschiedlich sind. Da die Model-Schicht in der Regel die komplexeste Schicht ist, hält MVC den Implementierungsaufwand entsprechend gering. Achten Sie also immer auf eine saubere Trennung der Funktionalitäten innerhalb einer App.

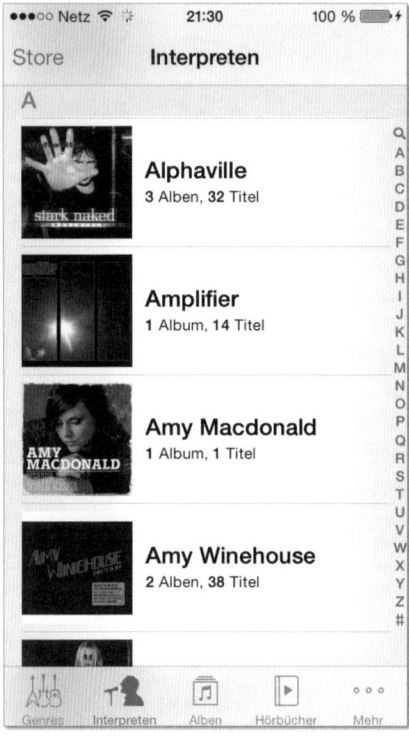

Abbildung 8.31 Die Musik-App auf dem iPhone

8.4.2   Delegation

Neben MVC werden Sie bei der App-Programmierung regelmäßig mit dem Begriff *Delegation* in Berührung kommen. In der Praxis haben Sie Delegation bereits angewendet, nämlich in Abschnitt 8.2, »Standortbestimmung mit Core Location«. Dort haben Sie den View-Controller zu einem Delegate des CLLocationManager gemacht. Dahinter verbirgt sich nichts anderes, als dass der View-Controller ab dem Zeitpunkt seiner Ernennung zum Delegate Methodenaufrufe in Empfang nehmen kann, die eigentlich an den CLLocationManager gehen. Er ist quasi sein Stellvertreter, oder, um beim eigentlichen Wortsinn zu bleiben, der CLLocationManager delegiert eigene Aufgaben an den View-Controller.

Durch Delegation entfällt die aus anderen objektorientierten Programmiersprachen bekannte Tätigkeit, für jede Funktionalität einer bestimmten Klasse eine neue Subklasse ableiten zu müssen. Sie können mit Delegation einfach eine eigene Klasse um Funktionalitäten einer anderen Klasse erweitern, ohne dass Sie den Typ der eigenen Klasse ändern müssen.

8.4.3   Protokolle, Kategorien, Notifications und, und, und ...

Neben MVC und Delegation gibt es natürlich noch Fantastilliarden weiterer wichtiger theoretischer Themen, die man bei der App-Programmierung kennen und beherzigen sollte. Es würde den Umfang eines Einsteigerbuches aber bei Weitem sprengen, auf jedes Detail einzugehen. Daher möchten wir Sie an dieser Stelle ermutigen, das in diesem Buch erlernte Wissen als Grundlage zu verwenden, um, damit gerüstet, Schritt für Schritt komplexere Apps zu programmieren.

Kapitel 9
Zeichnen wie ein Profi

»Bart, kannst du mal kurz das Lenkrad halten,
ich muss mich an zwei Stellen gleichzeitig kratzen!«
Homer Simpson

Im bisherigen Verlauf des Buches haben Sie das notwendige Rüstzeug erhalten, mit den von Apple vorgefertigten Elementen eigene Apps zu programmieren. Damit haben Sie den wichtigsten Schritt auf dem Weg zum App-Programmierer schon hinter sich. Sie kennen jetzt die Grundlagen, wissen, wie eine App funktioniert, und haben die wichtigsten Funktionalitäten kennengelernt, mit denen Sie Ihre Apps ausstatten können. Und trotzdem sehen die bisher gezeigten Beispiele alle nicht so aus wie von einem professionellen Entwickler erstellt. Um das hinzubekommen, werden Sie nicht umhinkommen, die Oberflächen Ihrer Apps selbst zu gestalten, anstatt auf Standardelemente von Apple zurückzugreifen. Das bedeutet zum einen, dass Sie ansprechende Grafiken verwenden sollten. Zum anderen bedeutet es, dass Sie sich mit der hohen Kunst der Grafikprogrammierung vertraut machen müssen. Dabei unterscheidet man in der Programmierung zwischen zweidimensionaler (2D) und dreidimensionaler Grafik (3D).

3D – Die hohe Kunst der drei Dimensionen

Auch für die 3D-Programmierung stellt iOS entsprechende Schnittstellen bereit. Allerdings ist die 3D-Programmierung sehr anspruchsvoll und sollte nur nach eingängiger Auseinandersetzung mit der 2D-Programmierung in Angriff genommen werden. 3D-Programmierung kommt zum Beispiel für anspruchsvoll gestaltete Spiele zum Einsatz. Aufgrund der Komplexität verwenden viele Spiele-Programmierer aber eigene sogenannte *Engines*, die sie bei der 3D-Programmierung unterstützen. Dabei übernimmt die Engine die grundlegenden Zeichen- und Animationsaufgaben, und der Programmierer steuert »nur« noch Grafiken und Spiele-Inhalt bei. Eine verbreitete 3D-Engine ist *Unity 3D*[1]. Die Herausforde-

---

1 *http://unity3d.com*

rung bei der 3D-Programmierung liegt dabei weniger in der Programmierung selbst als in der Theorie von Bewegung, Animation und deren Umsetzung. Daher ist das Thema 3D-Programmierung viel zu speziell, als dass es in dieses Buch passen würde.

Für die 2D-Programmierung stellt iOS das *CoreGraphics*-Framework zur Verfügung. Damit können Sie Punkte, Linien, Kreise, Rechtecke und andere Formen zeichnen und auf diese Weise individuelle Funktionalitäten implementieren oder sogar Animationen darstellen. In diesem Kapitel werden Sie die Grafikprogrammierung mit *CoreGraphics* kennenlernen.

9.1   Die Wasserwaage

Legen Sie zunächst ein neues Projekt in Xcode an. Als Template verwenden Sie SINGLE VIEW APPLICATION.

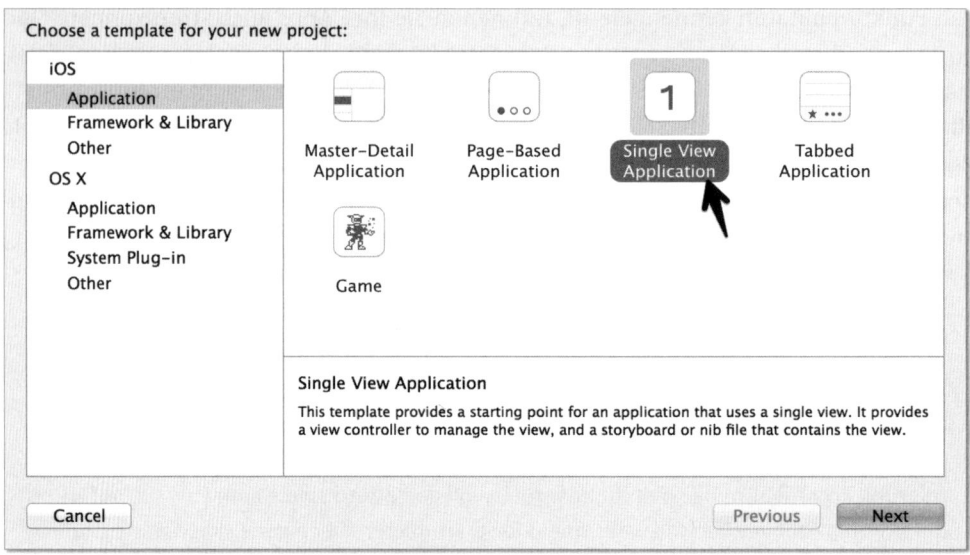

Abbildung 9.1 Ein Projekt vom Typ »Single View Application«

Geben Sie dem Projekt den Namen *Wasserwaage*, denn genau eine solche werden Sie nun im Folgenden programmieren. Achten Sie auch hier wieder darauf, als Sprache Objective-C auszuwählen.

Abbildung 9.2 Wir bauen ein Atomkraft... nee, eine Wasserwaage.

Setzen Sie in den Einstellungen des Projekts die DEVICE ORIENTATION auf PORTRAIT. Alle anderen Ausrichtungen wählen Sie ab. Die Wasserwaage soll sich ja aus naheliegenden Gründen drehen, wenn der Benutzer das Gerät dreht.

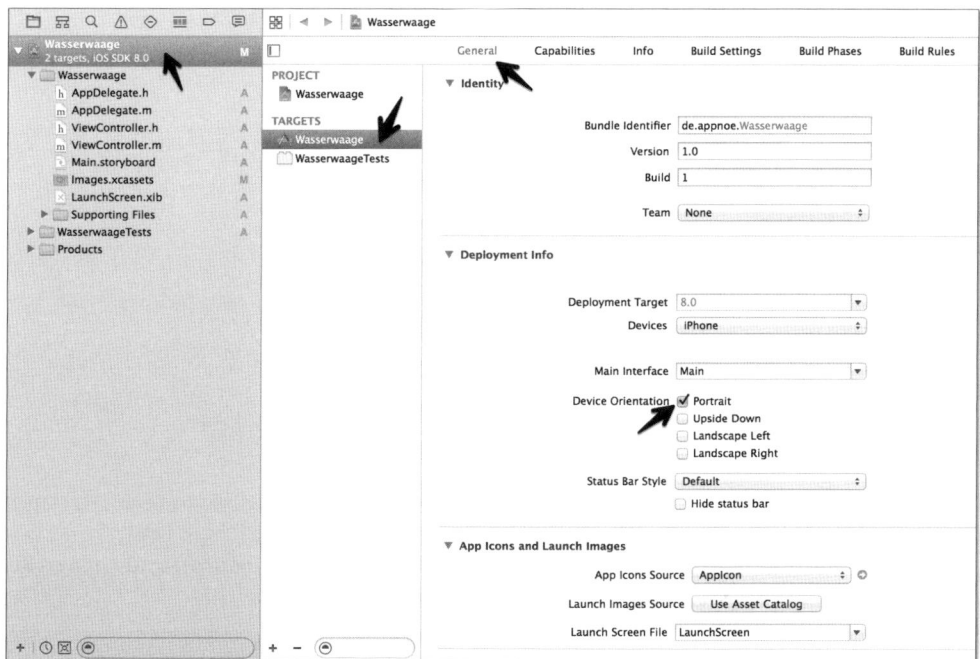

Abbildung 9.3 Die Ausrichtungsoptionen müssen auf »Portrait« stehen.

Wie in den vorhergehenden Beispielen deaktivieren Sie auch in diesem Projekt die *Size Classes*, indem Sie im Interface Builder den View-Controller auswählen und dort die entsprechende Option abwählen. Das Target soll auch dieses Mal iPhone sein.

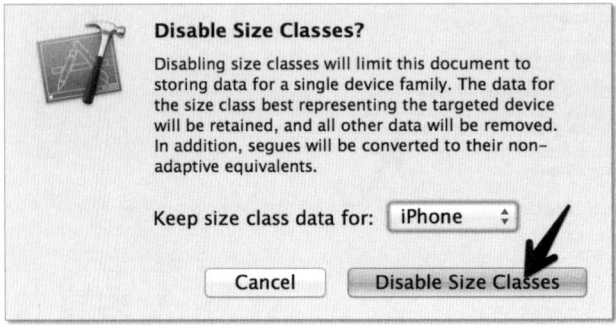

Abbildung 9.4 Target iPhone

Abbildung 9.5 Aber keine Size Classes

9.1.1   Der UIView

Öffnen Sie anschließend das Storyboard des Projekts (*Main.storyboard*), und suchen Sie in der Objektbibliothek von Xcode nach einem *UIView*.

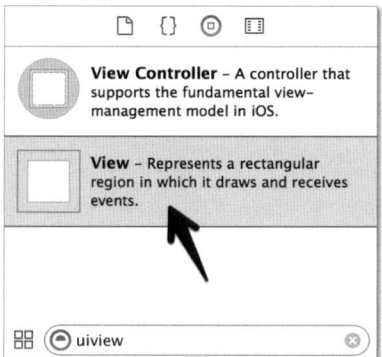

Abbildung 9.6 Nicht zu verwechseln mit einem View-Controller

Ziehen Sie den View auf den View-Controller im Storyboard.

Abbildung 9.7 Ostfriesische Nationalflagge

Der View soll kleiner sein als der View des originären View-Controllers. Markieren Sie den View daher mit der Maus, und legen Sie über den Pin-Button zwei Constraints an, einen für die Breite (320), einen für die Höhe (320).

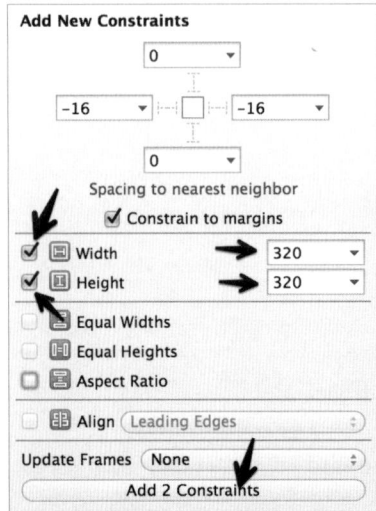

Abbildung 9.8 Ein quadratischer View

Sie werden nach Betätigen des Buttons ADD 2 CONSTRAINTS orangefarbene Hilfslinien im Interface Builder sehen.

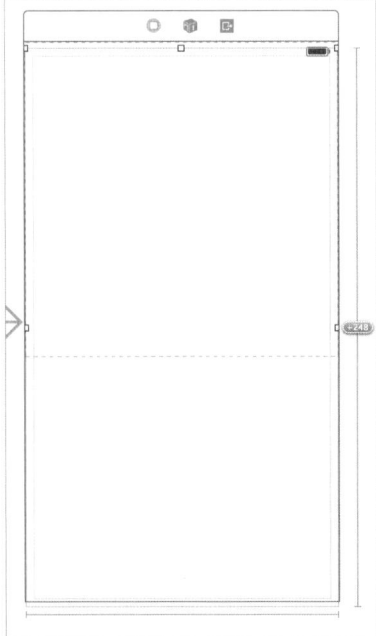

Abbildung 9.9 Baustelle?

Damit zeigt der Interface Builder an, dass sich die Darstellung von den definierten Constraints unterscheidet. Was daran liegt, dass Sie zwar Constraints festgelegt haben, Xcode aber aus gutem Grund nicht automatisch die Anzeige im Interface Builder ändert. Es könnte ja sein, dass Sie das gar nicht möchten.

Um das Problem zu beheben, klicken Sie im Document Outline des Interface Builders auf das rote Zeichen rechts neben der Anzeige VIEW CONTROLLER SCENE.

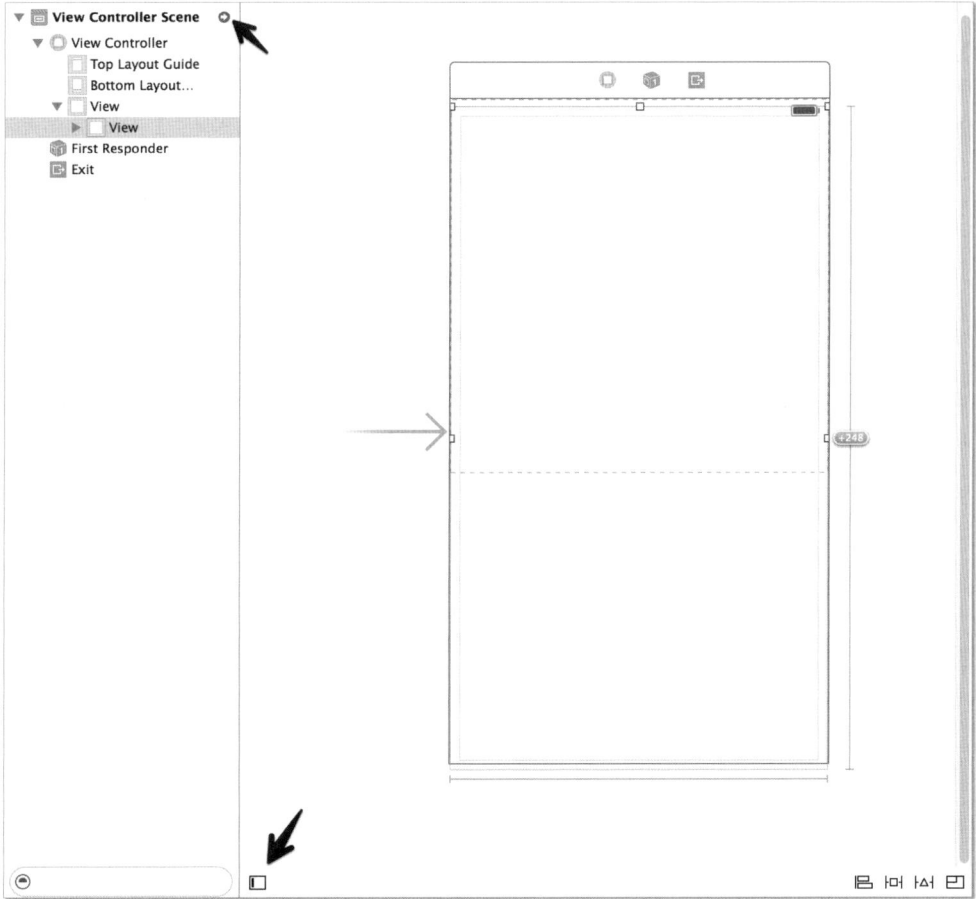

Abbildung 9.10 Ein Klick auf das rote Zeichen, bitte

Damit gelangen Sie in die Übersicht der Autolayout-Probleme. Die beiden oberen (MISSING CONSTRAINTS) ignorieren Sie bitte kurz und widmen sich dem unteren (MISPLACED VIEWS). Klicken Sie auf das gelbe Dreieck, und wählen Sie die oberste Option. Damit teilen Sie Xcode mit, dass es die Anzeige im Interface Builder den Constraints anpassen soll. Genau das wollen wir ja haben.

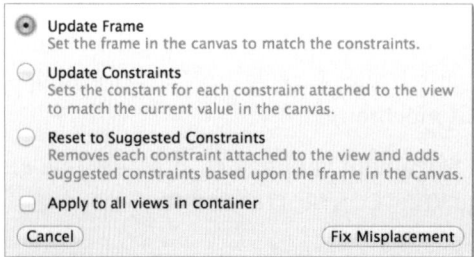

Abbildung 9.11 Passen Sie die Anzeige an die Constraints an.

Anschließend sieht der View-Controller ... ähem ... noch seltsamer aus als vorher. Magischer Xcode-Voodoo.

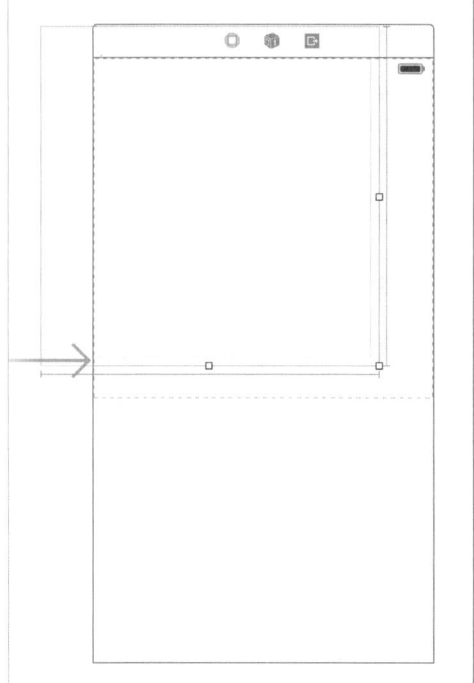

Abbildung 9.12 Ja wo laufen sie denn?

Xcode weiß offenbar nicht, wo genau es den jetzt quadratischen View hinpacken soll. Also legen Sie über den ALIGN-Button in der Fußzeile des Interface Builders zwei weitere Constraints an: HORIZONTAL CENTER IN CONTAINER und VERTICAL CENTER IN CONTAINER. Der View soll genau mittig platziert sein.

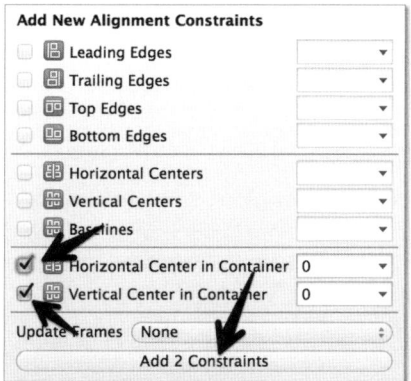

Abbildung 9.13 Mitte Mitte

Anschließend sind die Fehlermeldungen des Autolayouts verschwunden, und der View-Controller sitzt an der richtigen Stelle.

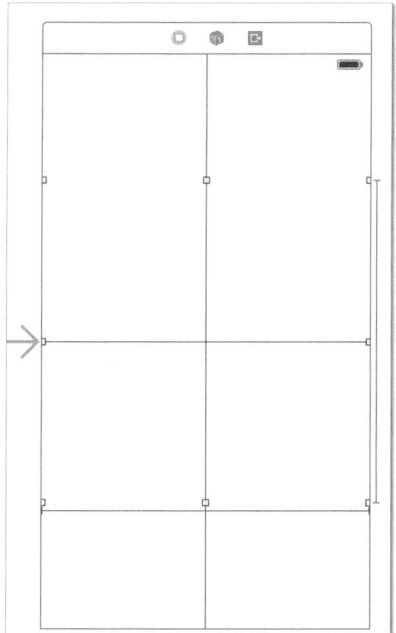

Abbildung 9.14 Alles fein

Wenn Sie die App jetzt im Simulator ausführen, sehen Sie ... nichts. Die gesamte Oberfläche der App ist weiß. Das verwundert nicht, da Sie einen leeren (weißen) View-Controller mit einem leeren (weißen) View überlagert haben.

Abbildung 9.15 Von einer Wasserwaage noch weit entfernt

Um den farblosen Zustand zu beenden, markieren Sie den View im Storyboard und wählen im ATTRIBUTES INSPECTOR als BACKGROUND die Farbe Schwarz (BLACK).

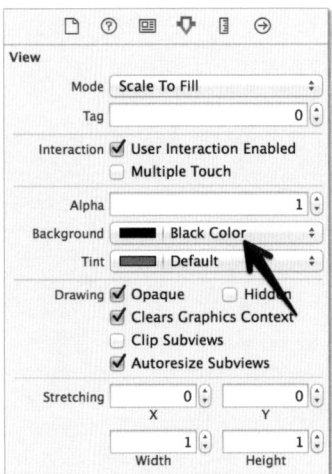

Abbildung 9.16 Färben Sie den View schwarz.

Wenn Sie die App jetzt erneut übersetzen und im Simulator ausführen, sehen Sie den View klar und deutlich.

Abbildung 9.17 Der View – dieses Mal gut erkennbar

Als Nächstes benötigen Sie eine Klasse, in der Sie die Grafikoperationen, die für die Anzeige der Wasserwaage notwendig sind, implementieren können. Fügen Sie daher über den Menüpunkt FILE • NEW • FILE ... eine neue Klasse zum Projekt hinzu. Verwenden Sie als Vorlage dafür wie bei den anderen Beispielen im Buch auch die Schablone IOS • COCOA TOUCH • OBJECTIVE-C CLASS.

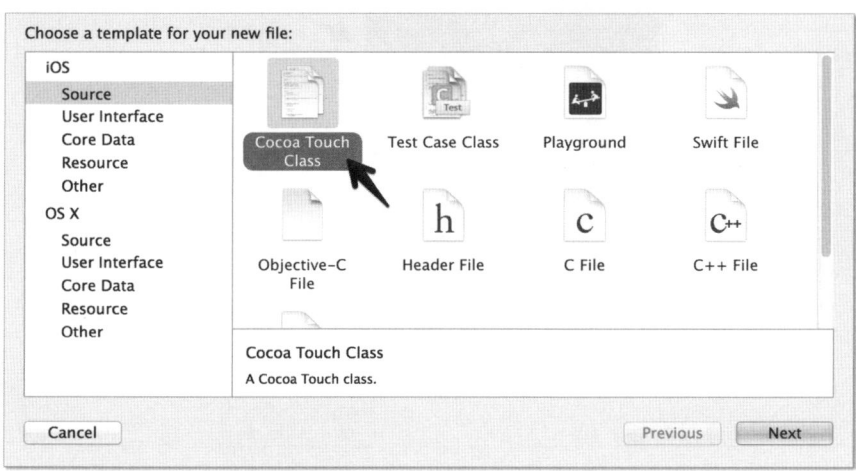

Abbildung 9.18 Eine neue Klasse für die Grafikoperationen

Geben Sie der Klasse den Namen `WWView` (WW steht für Wasserwaage), und legen Sie als Superklasse `UIView` fest. Auch hier ist Objective-C als Sprache notwendig. Achten Sie darauf, die Superklasse zu definieren, sonst funktioniert es nicht.

Abbildung 9.19 Eine Subklasse von UIView

Öffnen Sie anschließend das Storyboard in Xcode, wählen Sie den kleinen, schwarzen View aus, und weisen Sie ihm im IDENTITY INSPECTOR als Klasse die neue Klasse `WWView` zu.

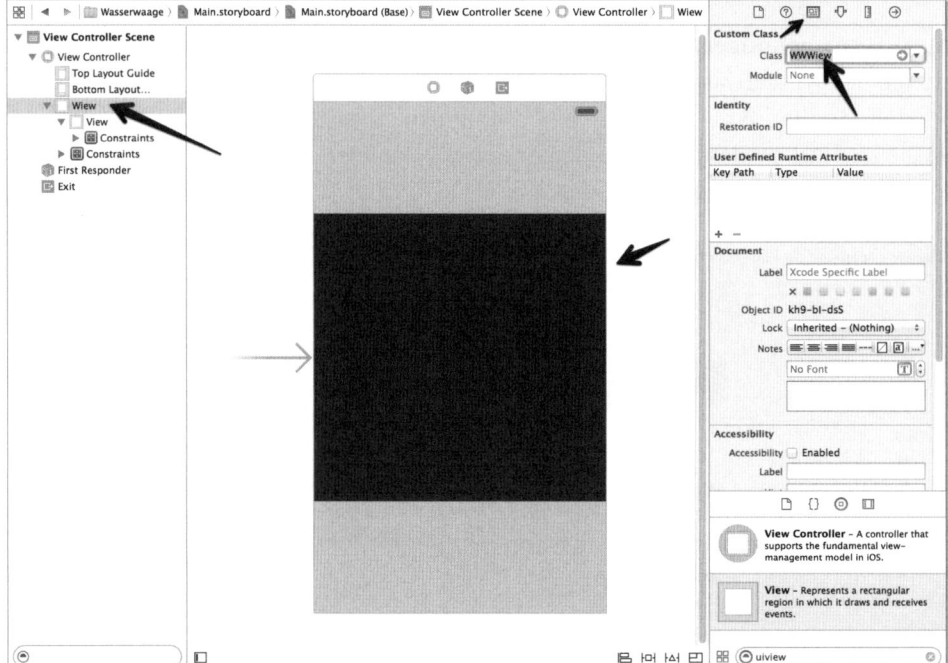

Abbildung 9.20 Verknüpfen Sie die neue Klasse mit dem View im Storyboard.

9.1.2 Zeichnen mit CoreGraphics

Die neue Klasse besitzt eine auskommentierte (siehe Abschnitt 2.2.1, »Kommentare«) Methode drawRect (zu finden in der Datei *WWView.m*):

```
/*
// Only override drawRect: if you perform custom drawing.
// An empty implementation adversely affects performance during animation.
- (void)drawRect:(CGRect)rect
{
    // Drawing code
}
*/
```

Listing 9.1 Testen auf dem iPhone 5

Entfernen Sie die Kommentarzeichen, so dass die Methode aktiv ist. Ein UIView repräsentiert eine rechteckige Fläche, innerhalb deren Sie Grafikoperationen ausführen können. Zum Durchführen einer Grafikoperation wird die Methode drawRect aufgerufen. *Rect* kommt vom englischen Wort *Rectangle* (Viereck). Sie müssen die Grafikoperation zum Zeichnen der Wasserwaage also in dieser Methode implementieren.

Öffnen Sie zunächst die Headerdatei der Klasse WWView (*WWView.h*), und fügen Sie zwei Propertys ein.

```
#import <UIKit/UIKit.h>
@interface ClockView : UIView
@property double xMotion;
@property double yMotion;
@end
```

Listing 9.2 Die Headerdatei der Klasse »WWView«

Bei beiden Propertys handelt es sich um den Datentyp double, also einen C-Datentyp. Die beiden Propertys werden später dazu dienen, die Daten des Beschleunigungssensors aufzunehmen, damit der View sie in Koordinaten zum Zeichnen der Blase der Wasserwaage verwenden kann. Öffnen Sie nun die Implementierungsdaten von WWView (*WWView.m*), und fügen Sie die folgenden Zeilen in die Methode drawRect ein, unmittelbar unter dem Kommentar //Drawing code:

```
CGContextRef theContext = UIGraphicsGetCurrentContext();
CGRect theBounds = self.bounds;
CGContextSaveGState(theContext);
```

Listing 9.3 Die ersten Anweisungen aus dem CoreGraphics-Framework

Sie sehen direkt in der ersten Zeile einen Datentyp, dessen Name mit den Buchstaben *CG* beginnt. CG ist die Abkürzung für *CoreGraphics*, das oben bereits erwähnte Framework für Grafikoperationen. Die Datentypen von CoreGraphics sind C-Datentypen und keine Objekte (Sie erinnern sich hoffentlich noch an das zweite Kapitel!). Daher verwenden Sie diese Datentypen auch ohne die üblichen Methodenaufrufe, sondern wie die bereits bekannten C-Datentypen Integer, Double usw.

Der Datentyp CGContextRef, der in der ersten Zeile von Listing 9.3 steht, übernimmt als Parameter den gegenwärtigen *Grafikkontext* des Views. Sie werden sich jetzt fragen: Was ist denn der Grafikkontext? Die Antwort ist einfach; der Grafikkontext ist der aktuelle Zustand des Views. Sie möchten ja den Zustand (Inhalt) des Views durch eigene Grafikoperationen verändern. Vorher müssen Sie aber den Zustand des Views speichern. Dann führen Sie Ihre eigenen Grafikoperationen durch, und anschließend stellen Sie den gespeicherten Zustand des Views wieder her. Es ist wie im Museum: bloß keine wertvollen Vasen umstoßen und alles so hinterlassen, wie es beim Reinkommen gewesen ist.

Nachdem Sie über den Aufruf UIGraphicsGetCurrentContext() den aktuellen Kontext einer Variablen vom Typ CGContextRef zugewiesen haben, weisen Sie in der nächsten Zeile die Abmessungen des Views einer Variablen vom Typ CGRect zu. Sie erinnern sich: Beim UIView dreht sich alles um Rechtecke. Die Abmessungen des Rechtecks benötigen Sie gleich, um die Linien und Bewegungen für die Wasserwaage zu zeichnen – Sie müssen ja wissen, wo Sie mit dem Zeichnen anfangen müssen und aufhören können.

Bounds und Frame

Bei der Arbeit mit Views werden Sie auf die Begriffe Bounds und Frame stoßen. Der Frame beschreibt das Verhältnis eines Views zu einem umgebenden View. Diese Angabe benötigen Sie also, wenn Sie einen View in einem anderen positionieren möchten. Über die Bounds erhalten Sie die Positionen **innerhalb** eines Views.

Mit der Funktion CGContextSaveGState speichern Sie dann anschließend den Zustand des Kontextes.

Da das Speichern des Kontextes alleine nur die halbe Miete ist, fügen Sie am Ende der Methode `drawRect` noch die Anweisung zum Wiederherstellen des gespeicherten Zustands ein:

```
CGContextRestoreGState(theContext);
```

Damit stellen Sie den Kontext wieder her, und alles ist so, wie es beim Aufruf der Methode `drawRect` war. Jetzt geht es ans eigentliche Zeichnen. Dazu brauchen Sie noch ein wenig Theorie.

9.1.3   Die Y-Achse

Das von einem UIView beschriebene Rechteck hat eine Ausdehnung entlang der X-Achse und eine entlang der Y-Achse. Sie erinnern sich jetzt vermutlich dunkel an Ihren Mathematikunterricht in der Schule ...

Der Nullpunkt der X-Achse ist ganz links, und der Nullpunkt der Y-Achse ist ganz oben. Das heißt, dass die X-Achse im UIView von links nach rechts verläuft und die Y-Achse von oben nach unten.

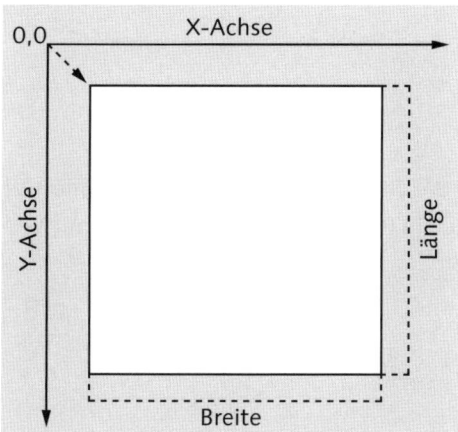

Abbildung 9.21 Das Rechteck des UIView

Das Rechteck besitzt eine Höhe und eine Breite sowie einen Ursprungspunkt; das ist stets die linke obere Ecke. Um innerhalb dieses Rechtecks zeichnen zu können, benötigen Sie also mindestens immer die Höhe und die Breite des Rechtecks, um die Position errechnen zu können, an der Sie zeichnen möchten. CoreGraphics stellt verschiedene Hilfsmittel zur Positionsbestimmung im Rechteck bereit; einige davon werden Sie gleich kennenlernen.

Nachdem nun der Grafikkontext gespeichert und der View somit fertig zum Zeichnen ist, definieren Sie mit der nächsten Anweisung, die Sie in die Methode drawRect schreiben, die Farbe für die nächste Grafikoperation. Als Erstes werden Sie zwei Linien zeichnen, die sich genau in der Mitte des Rechtecks treffen. Dort ist der Mittelpunkt der Wasserwaage. Beide Linien benötigen eine Farbe:

```
CGContextSetRGBStrokeColor(theContext, 1.0, 1.0, 1.0, 1.0);
```

Listing 9.4 Die Farbe der nächsten Grafikoperation

Der Funktionsaufruf CGContextSetRGBStrokeColor legt eine Farbe im RGB-Farbraum[2] und die Deckkraft dieser Farbe fest. Der erste Parameter der Funktion ist der Grafikkontext, für den die Werte gelten. Die drei folgenden Parameter definieren die Farben Rot, Grün und Blau, aus deren Mischung sich alle Farben erzeugen lassen (jetzt erinnern Sie sich vermutlich dunkel an Ihren Physikunterricht). Die letzte Zahl legt die Deckkraft der Farbe fest. 1.0 ist vollständig deckend; je niedriger dieser Wert, desto durchsichtiger wird die Farbe. Sind alle drei Farben Rot, Grün und Blau gesetzt, ist das Ergebnis die Farbe Weiß.

Anschließend legen Sie mit der Funktion CGContextSetLineWidth noch die Dicke der zu zeichnenden Linien fest.

```
CGContextSetLineWidth(theContext, 1.0);
```

Listing 9.5 Die Dicke einer Linie

Auch hier ist der erste Parameter der Funktion der Grafikkontext, für den die Änderung gilt. Der zweite Parameter gibt die Dicke der Linie in Punkten an. Bis jetzt war es nur Vorgeplänkel, jetzt kommt das eigentliche Zeichnen:

```
CGContextMoveToPoint(theContext, ↩
CGRectGetMidX(theBounds), CGRectGetMinY(theBounds));
```

Listing 9.6 Der Ausgangspunkt einer Linie

Mit der Funktion CGContextMoveToPoint definieren Sie den Ausgangspunkt einer Linie (genauer gesagt eines Sub-Pfads, aber das ist für den Anfang unerheblich). Auch hier ist der erste Parameter der Grafikkontext, gefolgt von der X-Koordinate und der Y-Koordinate des Punktes. Die Linie soll die senkrechte Linie sein und muss daher genau in der Mitte des Rechtecks liegen.

Die horizontale Mitte des Rechtecks ermitteln Sie über die Funktion CGRectGetMidX, die, wie der Name vermuten lässt, die Mitte der X-Achse des als Parameter übergebenen

---

2 *https://de.wikipedia.org/wiki/RGB-Farbraum*

Rechtecks zurückliefert. Die vertikale Mitte gibt die Funktion `CGRectGetMinY` zurück. Sie haben damit (Listing 9.6) jetzt den Startpunkt der Linie in der horizontalen Mitte des Rechtecks, am unteren Ende der Y-Achse gesetzt.

Jetzt ziehen Sie die Linie vom gerade gesetzten Punkt zum Zielpunkt. Dieser muss wieder auf der horizontalen Mitte liegen, dieses Mal aber am oberen Ende der Y-Achse. Dazu verwenden Sie den folgenden Aufruf:

```
CGContextAddLineToPoint(theContext, ↩
CGRectGetMidX(theBounds), CGRectGetMaxY(theBounds));
```

Listing 9.7 Der Endpunkt einer Linie

Die Funktion `CGContextAddLineToPoint` definiert den Endpunkt einer Linie (korrekter: eines Sub-Pfades). Der Grafikkontext ist der erste Parameter, danach folgen die Koordinaten des Punktes. Die X-Koordinate bleibt gleich, zum Bestimmen der Y-Koordinate kommt die Funktion `CGRectGetMaxY` zum Einsatz, die die maximale Höhe des als Parameter übergebenen Rechtecks zurückgibt. Abbildung 9.22 zeigt den Verlauf der Linie im Rechteck.

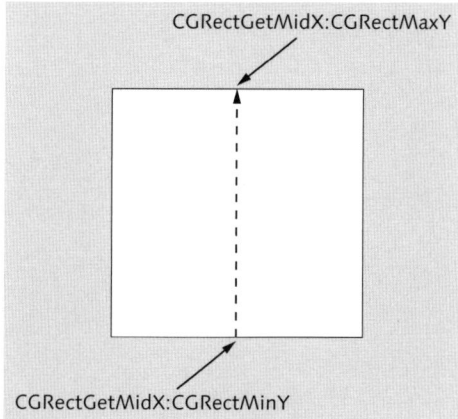

Abbildung 9.22 Die Koordinaten der senkrechten Linie

Damit die Linie gezeichnet wird, fügen Sie noch die folgende Funktion in die Methode `drawRect` ein:

```
CGContextStrokePath(theContext);
```

Damit weisen Sie CoreGraphics an, die vorher definierte Linie zu zeichnen. Um sicherzustellen, dass Sie alles korrekt beisammen haben, hier noch einmal die komplette Methode `drawRect`:

```
- (void)drawRect:(CGRect)rect
{
    CGContextRef theContext = ⤸
    UIGraphicsGetCurrentContext();
    CGRect theBounds = self.bounds;
    CGContextSaveGState(theContext);
    CGContextSetRGBStrokeColor(theContext, ⤸
    1.0, 1.0, 1.0, 1.0);
    CGContextSetLineWidth(theContext, 1.0);
    CGContextMoveToPoint(theContext, ⤸
    CGRectGetMidX(theBounds), CGRectGetMinY(theBounds));
    CGContextAddLineToPoint(theContext, CGRectGetMidX(theBounds), ⤸
    CGRectGetMaxY(theBounds));
    CGContextStrokePath(theContext);
    CGContextRestoreGState(theContext);
}
```

Listing 9.8 Die Methode »drawRect«

Führen Sie das Projekt jetzt aus; die Linie ist da.

Abbildung 9.23 Linie

9.1.4   Die X-Achse

Jetzt kommt die waagerechte Linie der Wasserwaage dazu. Mit dem Wissen um das Zeichnen der senkrechten Linie ist die Umsetzung selbsterklärend:

```
CGContextMoveToPoint(theContext, ↩
CGRectGetMinX(theBounds), CGRectGetMidY(theBounds));
CGContextAddLineToPoint(theContext, ↩
CGRectGetMaxX(theBounds), CGRectGetMidY(theBounds));
CGContextStrokePath(theContext);
```

Listing 9.9 Die waagerechte Linie der Wasserwaage

Fügen Sie diese Anweisungen vor dem Aufruf von `CGContextRestoreGState` in die Methode `drawRect` ein. Für die CoreGraphics-Funktionen gilt das oben bereits Gesagte, nur dass jetzt die Werte für die waagerechte Linie gesucht sind.

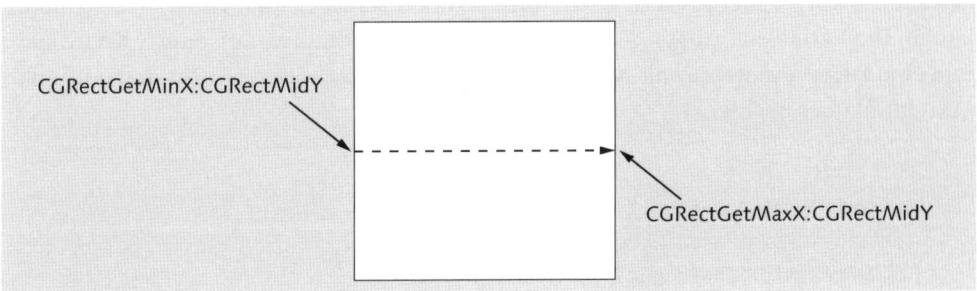

Abbildung 9.24 Die Koordinaten der waagerechten Linie

Die Wasserwaage sieht nun schon etwas kompletter aus (auch wenn die Markierung noch fehlt).

Abbildung 9.25 Jeder nur ein Kreuz!

9.1.5   Der Mittelpunkt

Jetzt kommt die Anzeige der Wasserwaage, also das, was bei einer konventionellen Wasserwaage die Luftblase ist. In der Beispiel-App soll das ein kleiner Kreis sein, der mit einer dicken Linie gezeichnet ist.

```
CGContextSetLineWidth(theContext, 9.0);
CGPoint theMidPoint = [self midPoint];
```

Listing 9.10 Vorbereitung für die Anzeige

`CGContextSetLineWidth` setzt die Dicke der zu zeichnenden Linie oder des zu zeichnenden Kreises auf 9.0; der Kreis ist also neunmal dicker als die beiden vorher gezeichneten Linien. Die Variable vom Typ `CGPoint` nimmt zwei Koordinaten auf, eine X-Koordinate und eine Y-Koordinate. Die als Argument übergebene Methode `midPoint` bestimmt den Mittelpunkt des Rechtecks:

```
- (CGPoint)midPoint {
    CGRect theBounds = self.bounds;
    return CGPointMake(CGRectGetMidX(theBounds), ⤶
    CGRectGetMidY(theBounds));
}
```

Listing 9.11 Die Methode »midPoint«

Fügen Sie diese Methode vor der Methode `drawRect` in die aktuelle Implementierungsdatei ein (*WWView.m*). Anschließend fügen Sie noch die folgenden Anweisungen in die Methode `drawRect` ein:

```
NSNumber *theXPoint = [NSNumber ⤶
numberWithDouble:(theMidPoint.x)];
NSNumber *theYPoint = [NSNumber ⤶
numberWithDouble:(theMidPoint.y)];
CGContextAddArc(theContext, [theXPoint doubleValue], ⤶
[theYPoint doubleValue], 10.0, 0, 2*M_PI, 0);
CGContextStrokePath(theContext);
```

Listing 9.12 Das Zeichnen des Kreises

Die ersten beiden Variablen vom Typ `NSNumber` übernehmen jeweils die X- bzw. Y-Koordinate der Variablen `theMidPoint`. Beide Variablen werden für die darauffolgende Anweisung benötigt, `CGContextAddArc`. Damit weisen Sie CoreGraphics an, einen Kreis an den übergebenen Koordinaten zu zeichnen. Der erste Parameter der Funktion ist, wie gewohnt, der Grafikkontext. Danach kommt die X-Koordinate, dann die Y-Koordinate, anschließend der Radius des Kreises in Punkten, der Start- und der Endwinkel und zuletzt die Zeichenrichtung. Die komplette Implementierung der Kreiszeichnung in der Methode drawRect ist wie folgt:

```
[...]
CGContextSetLineWidth(theContext, 9.0);
CGPoint theMidPoint = [self midPoint];
NSNumber *theXPoint = [NSNumber ↩
numberWithDouble:(theMidPoint.x)];
NSNumber *theYPoint = [NSNumber ↩
numberWithDouble:(theMidPoint.y)];
CGContextAddArc(theContext, [theXPoint ↩
doubleValue], [theYPoint doubleValue], ↩
10.0, 0, 2*M_PI, 0);
CGContextStrokePath(theContext);
CGContextRestoreGState(theContext);
}
```

Listing 9.13 Zeichnen eines Kreises

Übersetzen und führen Sie das Projekt aus. Wie gewünscht befindet sich jetzt in der Mitte der zukünftigen Wasserwaage ein weißer Kreis mit dicken Linien. Zugegeben, das Layout erinnert ein wenig an das Eröffnungsmotiv des *Tatort* in der ARD. ☺

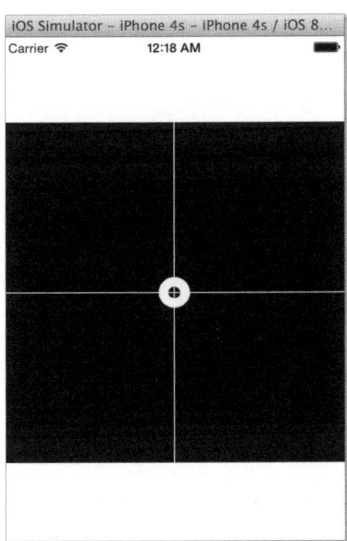

Abbildung 9.26 Ginge auch als Zielfernrohr durch.

Zu guter Letzt öffnen Sie jetzt noch das Storyboard, wählen den bildschirmfüllenden View aus, also den weißen, auf dem der schwarze Wasserwaagen-View liegt, und setzen im ATTRIBUTES INSPECTOR die Hintergrundfarbe auf Schwarz.

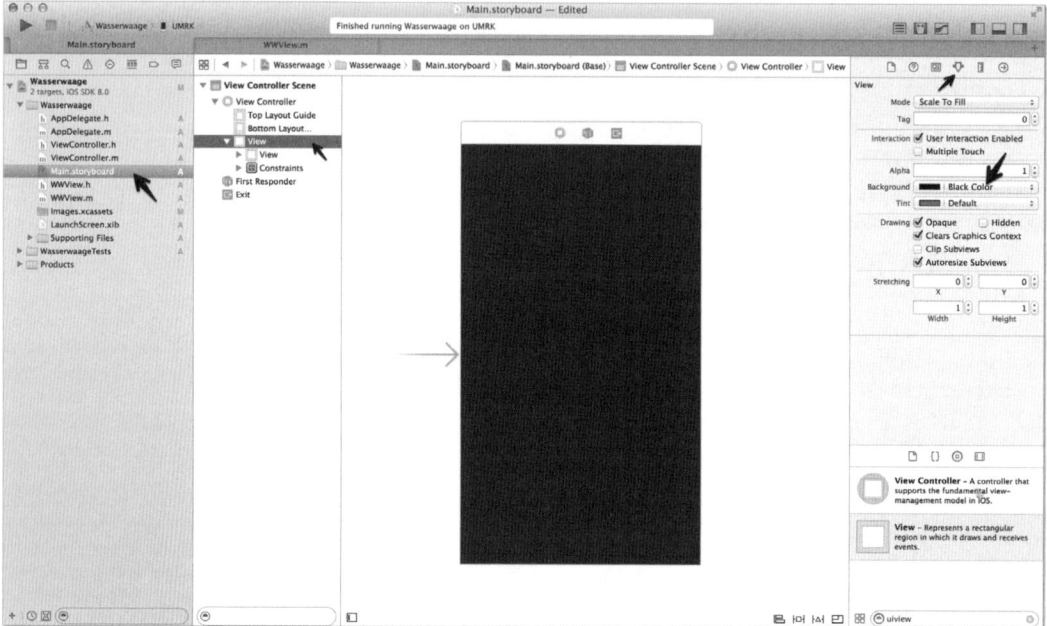

Abbildung 9.27 Der Hintergrund ist jetzt auch schwarz.

Wenn Sie die App jetzt ausführen, ist das Erscheinungsbild wesentlich einheitlicher.

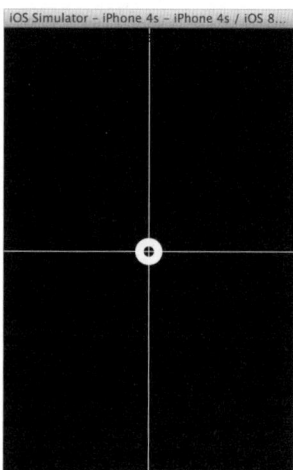

Abbildung 9.28 Es wird ...

9.1.6   Es kommt Bewegung in die Sache

Damit die Wasserwaage ihren Zweck erfüllt, müssen Sie jetzt noch den Bewegungssensor einbinden und dessen Werte zur grafischen Darstellung an den WWView übergeben.

Gemäß dem MVC-Paradigma wäre die Verwendung des Bewegungssensors im View selbst keine gute Idee; dies ist eine Aufgabe der Controller-Schicht. Xcode hat dem Beispielprojekt freundlicherweise ja bereits einen Controller spendiert, den View-Controller. In der Headerdatei des View-Controllers (*ViewController.h*) importieren Sie daher zunächst die Headerdatei der Klasse WWView:

```
#import "WWView.h"
```

Anschließend öffnen Sie das Storyboard und den ASSISTANT EDITOR und ziehen bei gedrückter ⌃ctrl⌄-Taste eine Verbindung vom WWView im Storyboard in die Headerdatei *ViewController.h*. Erstellen Sie ein Outlet, und geben Sie diesem den Namen »theBubble-View«. Falls das nicht gelingt, weisen Sie dem View-Controller im Storyboard noch händisch die Klasse ViewController zu.

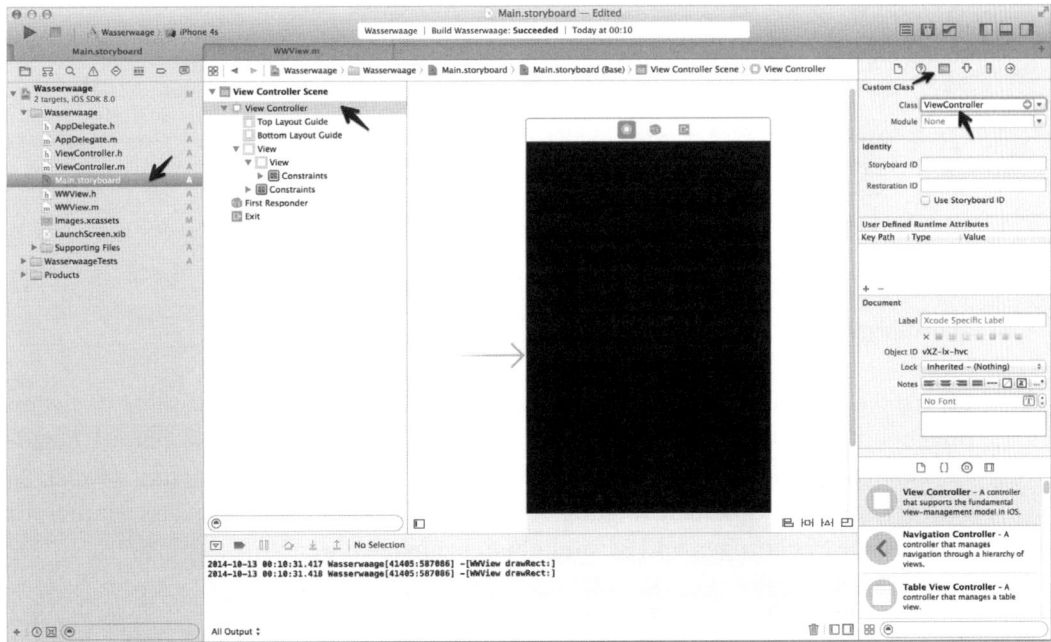

Abbildung 9.29 Die richtige Klasse zum richtigen View-Controller

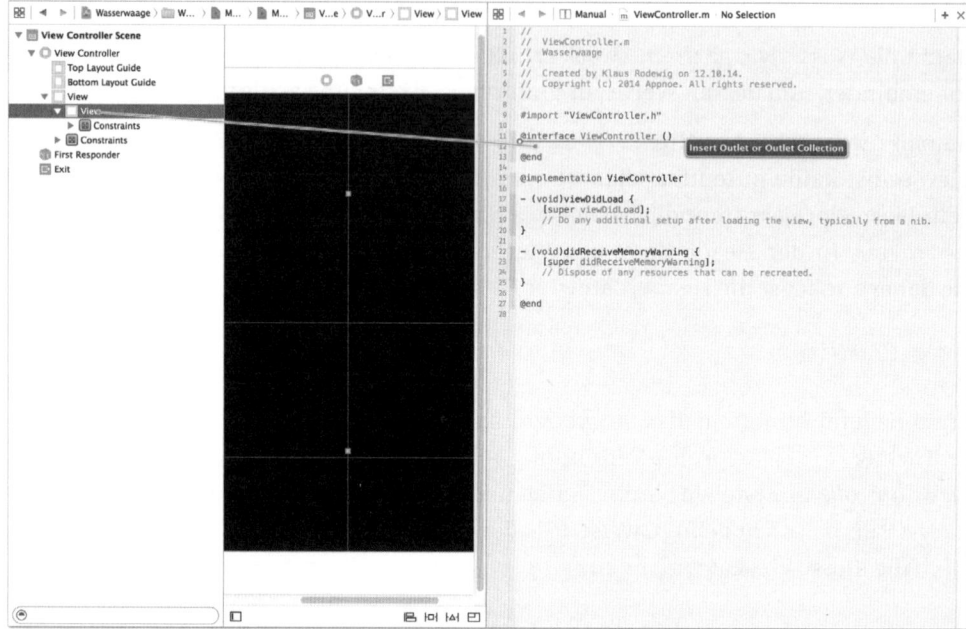

Abbildung 9.30 Eine Verbindung vom View zum View-Controller

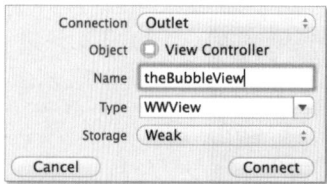

Abbildung 9.31 Und das passende Outlet

Öffnen Sie anschließend die Implementierungsdatei des View-Controllers (*ViewController.m*), und fügen Sie eine `import`-Anweisung für das CoreMotion-Framework hinzu – das kennen Sie ja bereits aus Kapitel 8, »Arbeit auf dem Gerät«. Überhaupt kennen Sie die Verwendung des Beschleunigungssensors bereits aus Kapitel 8, so dass wir hier nur noch auf die Neuerungen und Besonderheiten eingehen werden.

```
#import <CoreMotion/CoreMotion.h>
```

Die `@interface`-Anweisung, ebenfalls in der Implementierungsdatei *ViewController.m*, erweitern Sie um zwei Propertys:

```
@interface ViewController ()
    @property CMMotionManager *theManager;
    @property NSOperationQueue *theQueue;
@end
```

Listing 9.14 Die Interface-Definition in der Implementierungsdatei

Die Implementierung des Sensorzugriffs führen Sie in der Methode viewDidLoad des View-Controllers durch:

```
- (void)viewDidLoad
{
    [super viewDidLoad];
    self.theManager = [[CMMotionManager alloc] init];
    self.theManager.accelerometerUpdateInterval  = 0.1;
    self.theQueue = [NSOperationQueue currentQueue];
    self.theQueue = [NSOperationQueue currentQueue];
    [self.theManager startAccelerometerUpdatesToQueue: ↵
     self.theQueuewithHandler:^(CMAccelerometerData ↵
     *accelerometerData, NSError *error) {
       CMAcceleration theAccelerationData = ↵
           accelerometerData.acceleration;
    self.theBubbleView.xMotion = theAccelerationData.x;
    self.theBubbleView.yMotion = theAccelerationData.y;
    [self.theBubbleView setNeedsDisplay];
       }];
}
```

Listing 9.15 Der Zugriff auf den Beschleunigungssensor

Das einzig Neue ist die Übergabe der Werte des Beschleunigungssensors an den WWView über die beiden im vorstehenden Listing fett gedruckten Anweisungen. Der Zugriff erfolgt auf die beiden in Listing 9.2 bereits implementierten Propertys. Ebenfalls neu ist die Zeile mit dem Methodenaufruf setNeedsDisplay. Damit weist der View-Controller den View WWView an, sich selbst neu anzuzeigen. Damit wird (hoffentlich) der Zusammenhang zwischen View-Controller und View deutlich: Der View-Controller fragt den Beschleunigungssensor ab und veranlasst dann den View beim Vorliegen neuer Bewegungsdaten, sich selbst neu zu zeichnen. Der View ruft dazu die Methode drawRect auf. Diese Methode dürfen Sie niemals direkt aufrufen, sondern Sie verwenden dazu den Methodenaufruf setNeedsDisplay.

Um zu verhindern, dass der Beschleunigungssensor immer aktiv ist, also auch dann, wenn der View gar nicht angezeigt wird, fügen Sie in der Implementierungsdatei am Ende noch die folgende Methode ein:

```
-(void)viewWillDisappear:(BOOL)animated
{
    [self.theManager stopAccelerometerUpdates];
}
```

Listing 9.16 Anhalten des Bewegungssensors

Jetzt fehlt nur noch im WWView das Umsetzen der Daten des Bewegungssensors für die Anzeige. Dazu ändern Sie in der Methode drawRect die beiden Definitionen der Objekte theXPoint und theYPoint, die zurzeit noch statisch auf den Mittelpunkt des Rechtecks zeigen, wie folgt:

```
NSNumber *theXPoint = [NSNumber ↩
numberWithDouble:(theMidPoint.x- ↩
self.xMotion*(CGRectGetMidX(theBounds)- ↩
CGRectGetMinX(theBounds)))];
NSNumber *theYPoint = [NSNumber ↩
numberWithDouble:(theMidPoint.y+ ↩
self.yMotion*(CGRectGetMidY(theBounds)- ↩
CGRectGetMinY(theBounds)))];
```

Listing 9.17 Die beiden geänderten Anweisungen in »drawRect«

Jetzt führen Sie die App aus – auf einem echten Gerät natürlich, denn im Simulator funktioniert der Beschleunigungssensor ja nicht. Wenn sich kein Fehler eingeschlichen hat, haben Sie jetzt eine Wasserwaage, bei der der Kreis die Ablenkung anzeigt. Gratulation!

9.2   Zusammenfassung

In diesem Kapitel haben Sie die Zeichenfunktionen von iOS kennengelernt. Sie können jetzt einfache geometrische Formen erstellen und mit verschiedenen Eigenschaften ausstatten. Auch Sensoren des iPhones wie die Bewegungssensoren haben Sie kennengelernt und wissen jetzt, wie man diese einsetzen kann, um beispielsweise eine Wasserwaage damit zu programmieren.

Kapitel 10
Ab in den App Store

»Ah, ich seh schon: das ist eine ganz, ganz minderwertige
Qualität! Ich meine, ich kann Ihnen das besorgen, aber daran
werden Sie keine Freude haben!«
Loriot

10.1 So kommt die App in den App Store

Auf den folgenden Seiten finden Sie die wichtigsten Schritte, wie die App aus Xcode in den App Store kommt – oder besser gesagt: wie Sie das Programm so an Apple übermitteln, dass es vom Unternehmen geprüft und dann für den App Store freigegeben werden kann. Die Schritte beschreiben, wie Sie vorgehen müssen, wenn Sie Ihre erste App bei Apple hinterlegen. Wenn Sie später weitere Apps hochladen oder neue Versionen Ihrer App an Apple übermitteln, können Sie einzelne Schritte weglassen; zum Beispiel das Erstellen eines Zertifikats.

10.1.1 Zertifikat erstellen und von Apple gegenzeichnen lassen

Damit Sie überhaupt mit Xcode die Programmdatei erzeugen können, müssen Sie ein Zertifikat für den App Store erstellen. Apple will eben genau wissen, mit wem sie es zu tun haben und dass sich keine Programme einschleichen, die aus für Apple unbekannter Quelle stammen.

▶ Starten Sie die Schlüsselbundverwaltung des Mac, die Sie unter PROGRAMME • DIENSTPROGRAMME finden.

▶ Im Menü SCHLÜSSELBUNDVERWALTUNG wählen Sie den Befehl ZERTIFIKATSASSISTENT • ZERTIFIKAT EINER ZERTIFIZIERUNGSINSTANZ ANFORDERN.

▶ Geben Sie die E-Mail-Adresse ein, unter der Sie Ihren Entwickler-Account angemeldet haben, wählen Sie die Option AUF DER FESTPLATTE SICHERN, und klicken Sie auf FORTFAHREN.

▶ Die Datei speichern Sie am besten auf der Schreibtischoberfläche; Sie brauchen diese gleich wieder.

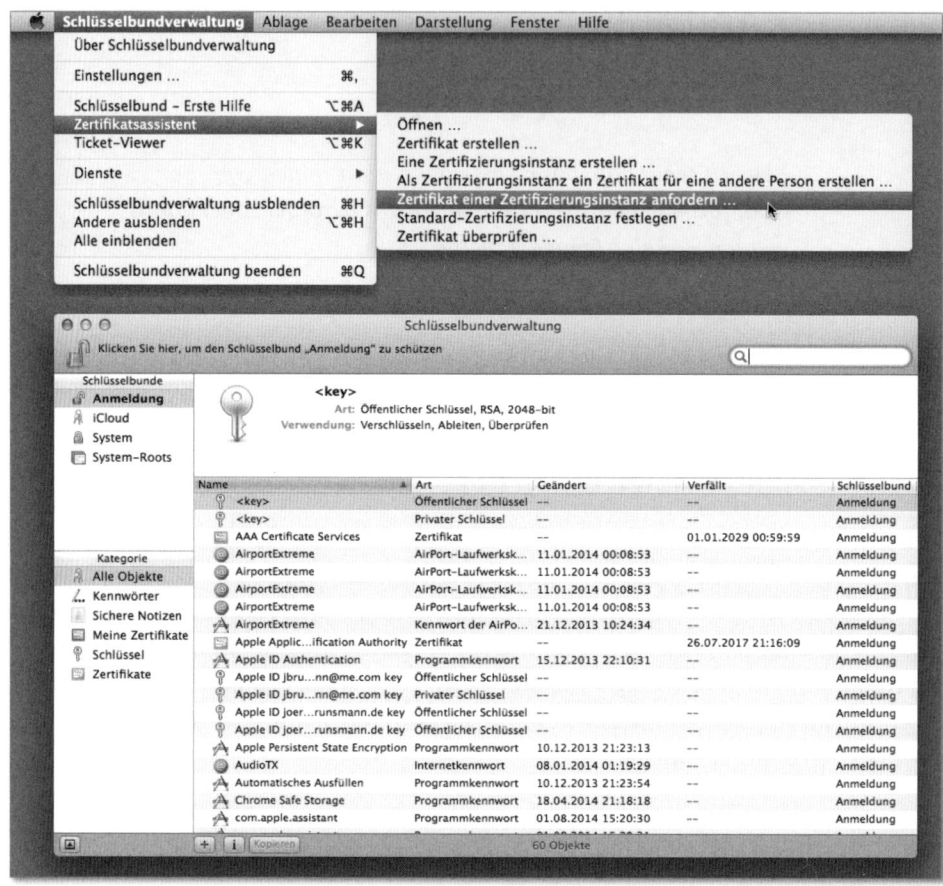

Abbildung 10.1 Ohne Zertifikat geht es nicht – speichern Sie dieses auf der Festplatte.

▶ Jetzt rufen Sie den Entwicklerbereich von Apple unter *https://developer.apple.com*
auf, gehen dort in den Bereich MEMBER CENTER und melden sich mit Ihren Daten an.

▶ Wählen Sie den Bereich CERTIFICATES, IDENTIFIERS & PROFILES. Danach wählen Sie
unter iOS APPS den Eintrag CERTIFICATES.

▶ Klicken Sie auf das Pluszeichen rechts oben, um das vorhin heruntergeladene Zertifikat an Apple zu übermitteln. Als Art des Zertifikats wählen Sie im Bereich PRODUC-
TION den Eintrag APP STORE AND AD HOC. Danach klicken Sie auf CONTINUE.

▶ Sie bekommen noch eine Informationsseite, wie Sie in der Schlüsselbundverwaltung
ein Zertifikat erstellen; das haben wir ja bereits gemacht – also erneut ein Klick auf
CONTINUE.

▶ Wählen Sie jetzt CHOOSE FILE, und suchen Sie dann das auf der Festplatte gespeicherte Zertifikat. Mit SUBMIT wird es an Apple übertragen; das kann einen Moment dauern.

▶ Wenn alles geklappt hat, können Sie jetzt über die Schaltfläche DOWNLOAD das neue, von Apple gegengezeichnete Zertifikat herunterladen. Diese Datei wird in der Regel automatisch im Ordner *Downloads* abgelegt.

▶ Weiter geht's, im nächsten Schritt müssen wir dieses gegengezeichnete Zertifikat jetzt wieder in die Schlüsselbundverwaltung einfügen. Holen Sie das Programm wieder nach vorne (oder starten Sie es neu). Öffnen Sie parallel den Ordner *Downloads*, und suchen Sie sich dort das gerade heruntergeladene Zertifikat aus. Diese Datei können Sie jetzt per Drag & Drop an die Schlüsselbundverwaltung übergeben.

10.1.2   Eine App-ID erstellen

Jetzt geht es wieder auf der Developer-Seite von Apple weiter, im Bereich CERTIFICATES, IDENTIFIERS & PROFILES.

▶ Wählen Sie hier den Bereich IDENTIFIERS • APP IDs, und klicken Sie auf das große Pluszeichen rechts oben.

▶ Sie müssen jetzt zumindest eine Beschreibung für Ihre App eingeben (im Feld APP ID DESCRIPTION).

▶ Zudem brauchen Sie die *Bundle-ID* ihrer App. Diese ist ein bisschen schwer zu finden: Öffnen Sie Xcode, und laden Sie Ihre App. Unter *Targets* wählen Sie Ihr Projekt aus.

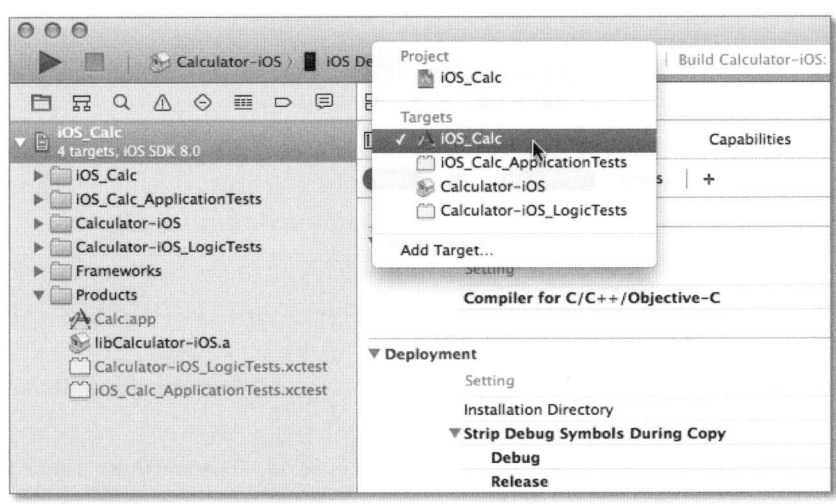

Abbildung 10.2 Um die Bundle-ID zu finden, müssen Sie Xcode starten.

▶ Wechseln Sie in den Bereich INFO. Unter CUSTOM IOS TARGET PROPERTIES schließlich finden Sie den Eintrag BUNDLE IDENTIFIER. Dies ist ein Textfeld; Sie können den Eintrag markieren und in die Zwischenablage kopieren.

▶ Sie können den Inhalt in diesem Feld aber auch verändern; hier können Sie zum Beispiel den Namen Ihrer App eintragen.

▶ Danach wechseln Sie wieder zum Browser und fügen den kopierten Text in das Feld BUNDLE ID ein.

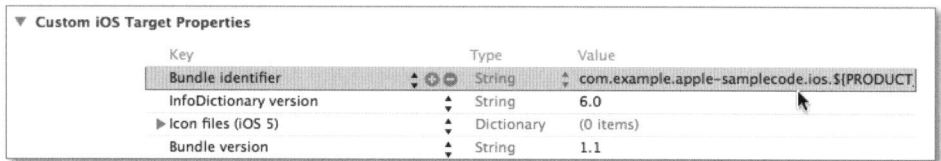

Abbildung 10.3 Hier ist sie, die Bundle-ID Ihrer App – markieren und in die Zwischenablage kopieren ...

▶ Sie können jetzt noch festlegen, auf welche Services von Apple Ihre App zurückgreifen soll; zum Beispiel, ob sie in das *Game Center* eingebunden sein soll oder ob es *In-App-Käufe* gibt. Klicken Sie auf CONTINUE. Sie bekommen noch einmal alle gemachten Angaben in der Übersicht angezeigt – mit SUBMIT übertragen Sie die Daten dann endgültig an Apple.

▶ Im Bereich CERTIFICATES, IDENTIFIERS & PROFILES taucht die gerade angelegte App-ID jetzt im Bereich IDENTIFIERS auf. Daran erkennen Sie auch, dass bis hierhin alles in Ordnung ist.

10.1.3   Provisioning Profile erstellen

Nein, noch haben wir nicht alles an Zertifikaten und Profilen zusammen, um die App tatsächlich an Apple übertragen zu können. Der nächste Schritt ist, ein sogenanntes *Provisioning Profile* zu erstellen, das dann zum Programmcode hinzugefügt wird.

▶ Bleiben Sie dazu auf der Developer-Seite, im Bereich CERTIFICATES, IDENTIFIERS & PROFILES, und wählen Sie im linken Bereich PROVISIONING PROFILES • DISTRIBUTION.

▶ Klicken Sie auf das große Pluszeichen rechts oben. Unter DISTRIBUTION wählen Sie die Option APP STORE und klicken auf CONTINUE.

▶ Im nächsten Schritt müssen Sie aus dem Listenfeld eine APP ID auswählen; hier sollte jetzt die vorhin angelegte ID auftauchen.

▶ Nun müssen Sie ein Zertifikat wählen; hier sollte das ganz zu Beginn erstellte Zertifikat auftauchen.

▶ Im nächsten Schritt müssen Sie jetzt im Textfeld einen PROFILE NAME eingeben; was Sie dort hinterlassen, ist Ihnen freigestellt – sinnvoll ist es, den Namen der App einzugeben.

▶ Mit einem Klick auf GENERATE wird jetzt das *Provisioning Profile* erstellt. Es handelt sich hierbei um eine Datei, die Sie herunterladen können. Merken Sie sich den Ort, wo Sie diese Datei speichern, denn Sie brauchen sie im nächsten Schritt wieder.

10.1.4 Provisioning Profile in die App einbauen

Öffnen Sie jetzt den Ordner, in dem Sie die Datei des Provisioning Profiles abgelegt haben.

▶ Machen Sie einen Doppelklick darauf, und bestätigen Sie, dass dieses Profil in die Bibliothek (ADD TO LIBRARY) aufgenommen werden soll.

▶ Jetzt sollte sich das *iPhone Configuration Utility* öffnen, das Teil von Xcode ist, und das neu übernommene Provisioning Profile anzeigen.

▶ Jetzt geht es wieder im Editor von Xcode selbst weiter – öffnen Sie Ihr Projekt, und aktivieren Sie es auch im Bereich PROJECT.

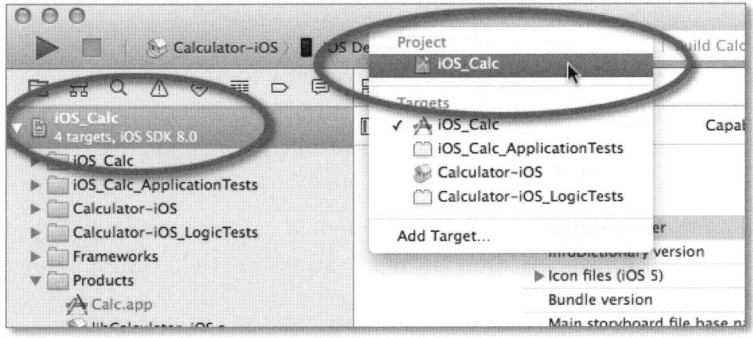

Abbildung 10.4 In beiden Bereichen muss Ihr Projekt ausgewählt sein.

▶ Wechseln Sie jetzt in den Bereich INFO. Sie finden hier einen Abschnitt CONFIGURATIONS. Klicken Sie auf das Pluszeichen etwas weiter unten in diesem Abschnitt.

▶ Wählen Sie DUPLICATE »RELEASE CONFIGURATION«, und geben Sie dem neuen Eintrag den Namen »Distribution«.

▶ Sie sollten im Bereich CONFIGURATIONS nur insgesamt drei Einträge haben: DEBUG, RELEASE und den gerade neu geschaffenen Eintrag DISTRIBUTION.

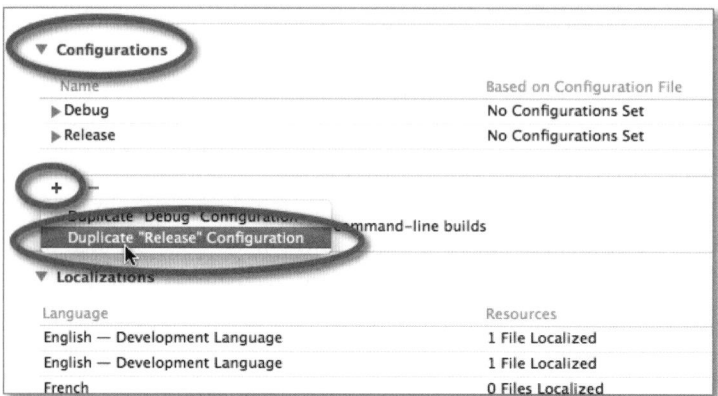

Abbildung 10.5 Etwas tricky – Sie müssen genau darauf achten, wo Sie den neuen Eintrag anlegen.

▶ Wählen Sie jetzt oben unter Targets wieder Ihre eigentliche App, und wechseln Sie in den Bereich Build Settings. Scrollen Sie weiter nach unten in den Abschnitt Code Signing.

▶ Stellen Sie hier unter Code Signing Identity den Namen des anfangs geschaffenen Zertifikats ein.

▶ Und im Bereich Provisioning Profile wählen Sie das zuvor erstellte Provisioning Profile.

▶ Stellen Sie im oberen Bereich statt Targets jetzt wieder Project ein, und wiederholen Sie den letzten Schritt im Bereich Build Settings. Unter Code Signing Identity und Provisioning Profile müssen auch hier die jeweiligen zuvor erstellten Zertifikate eingetragen werden.

▶ Jetzt ein ganz wichtiger Schritt – und ein Zeichen, dass es langsam (endlich!) ernst wird. Statt wie bisher Ihr Projekt auf dem Simulator zu testen, stellen Sie als Zielgerät jetzt *iOS Device* ein.

▶ Wählen Sie jetzt im Menü den Eintrag Product • Archive.

▶ Sollte irgendwas mit dem Erstellen der Schlüssel oder Zertifikate nicht funktioniert haben, dann erfahren Sie es jetzt – Xcode meckert dann nämlich und will nicht weitermachen. Sie müssen dann prüfen, ob Sie die Zertifikate korrekt angelegt und in Xcode übernommen haben.

▶ Wenn alles geklappt hat und Xcode nicht meckert, dann haben Sie den gröbsten Teil hinter sich gebracht!

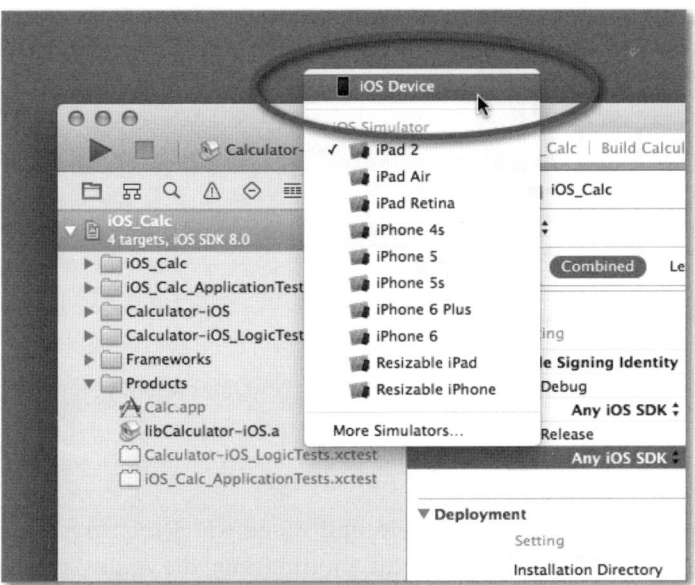

Abbildung 10.6 Als Zielgerät muss »iOS Device« eingestellt werden.

10.1.5   Beschreibung, Screenshots und Co. erstellen

Die meisten technischen Arbeiten sind erledigt, jetzt kommt allerdings eine Aufgabe, die für Erfolg oder Misserfolg Ihrer App viel entscheidender ist: Wenn Sie die App an Apple übermitteln, müssen Sie auch eine aussagekräftige Beschreibung eingeben und Screenshots abliefern.

Um Screenshots von der App zu erstellen, nutzen Sie am besten Xcode:

▶ Laden Sie das Projekt, und wählen Sie als Ausgabe eines der simulierten Geräte. Bieten Sie Ihre App für iPhone und iPad an, ist es wichtig, dass Sie für beide Gerätearten Screenshots erstellen.

▶ Starten Sie die App im Simulator.

▶ Im Menü FILE wählen Sie den Eintrag SAVE SCREEN SHOT. Die Bilder werden automatisch und ohne weitere Nachfrage auf dem Schreibtisch abgelegt.

▶ Gehen Sie verschiedene Bereiche Ihrer App durch; wichtig ist, dass ein potenzieller Käufer sich ein gutes Bild machen kann, welche Aufgaben die App erfüllt und wie sie sich dabei verhält.

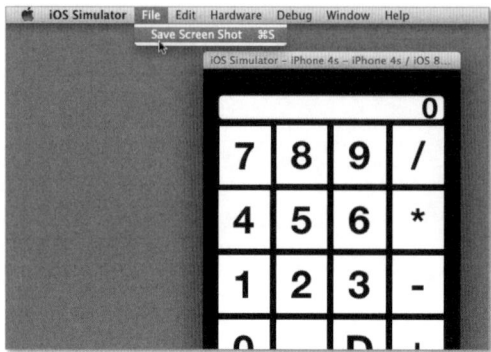

Abbildung 10.7 Screenshots lassen sich am einfachsten mit dem Simulator anfertigen.

10.1.6   Mit iTunes Connect verbinden und neue App anlegen

Ihr Werkzeug, um die App an Apple zu übermitteln und Daten wie Screenshots und Beschreibungen einzugeben, ist *iTunes Connect*, eine Internetseite, die Apple speziell für Autoren eingerichtet hat. Sie können – falls Sie Autor für diese Bereiche sind – hierüber übrigens auch Musik oder Bücher in die jeweiligen Online-Stores von Apple hochladen. Uns interessiert jetzt aber natürlich nur der Apps-Bereich; melden Sie sich mit den Zugangsdaten Ihres Entwickler-Accounts an.

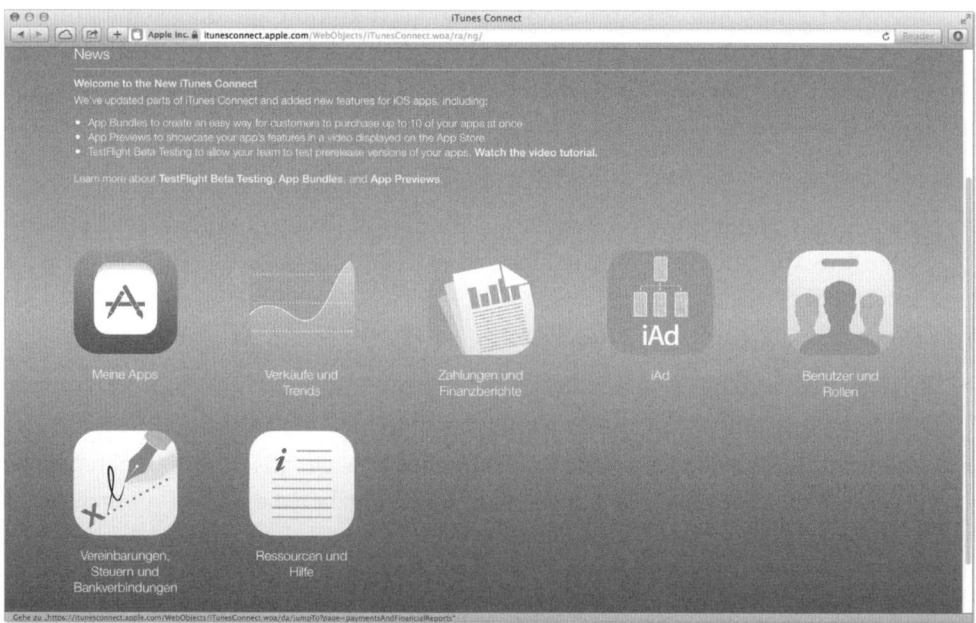

Abbildung 10.8 Über die Seite »iTunes Connect« geben Sie wichtige Daten für Ihre App ein.

▶ Klicken Sie auf MEINE APPS und danach auf das Pluszeichen links oben in der Ecke. Dort wählen Sie NEUE IOS APP.

▶ Sie müssen jetzt auswählen, unter welchem Namen Sie die neue App übertragen wollen; Sie sollten hier die Angaben finden, die Sie bei der Einrichtung des Entwickler-Accounts gemacht haben.

▶ Jetzt kommt der erste Schwung an wichtigen Daten: Geben Sie den Namen Ihrer App ein, in welcher Hauptsprache (Deutsch) sie vorliegt und welche Version Sie hochladen. Wenn Sie die App zum ersten Mal hochladen, geben Sie hier »1.0« ein.

▶ Für Verwirrung bei Anfängern sorgt häufig das Feld SKU. Was soll man hier bloß eingeben. Die Lösung ist ganz einfach: Sie können eintragen, was Sie wollen. SKU steht für »Stock Keeping Unit«; das ist eine Nummer, die Ihnen die Lagerhaltung in Ihrem Betrieb erleichtern soll. Sie können hier 2015001 eintragen – die erste App in 2015, die Sie in den App Store stellen –, es kann aber auch etwas beliebiges anderes sein, Buchstaben oder Zahlen, völlig egal.

▶ Als Bundle-ID wählen Sie aus dem Listenfeld den Namen der App; diesen Eintrag haben wir in den Schritten zuvor erstellt.

iTunes Connect – ein vielfältiges Werkzeug

Mit iTunes Connect können Sie nicht nur Ihre App für das Hochladen vorbereiten, Sie können auch alle Ihre Apps und ihre Entwicklung im App Store im Blick behalten. Der Bereich VERKÄUFE UND TRENDS bietet eine Reihe von Werkzeugen, mit denen Sie beispielsweise sehen können, wie oft Ihre App heruntergeladen wurde und aus welchen Ländern die Käufer kommen.

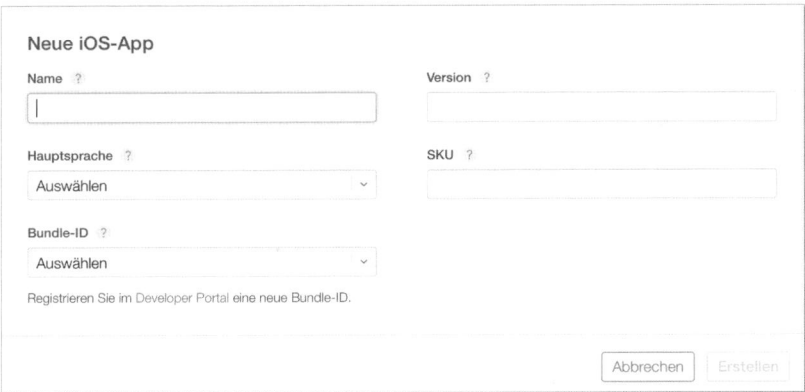

Abbildung 10.9 Ein aussagekräftiger Name muss schon sein, damit Ihre App auch gefunden wird.

▶ Im nächsten Schritt tragen Sie das Verfügbarkeitsdatum und die Preisstufe der App ein.

▶ Als Verfügbarkeitsdatum können Sie den aktuellen Tag eingeben, das heißt allerdings nicht, dass Ihre App auch am aktuellen Tag im App Store verfügbar ist. Vor Veröffentlichung wird sie noch von Apple geprüft, was in der Regel einige Tage in Anspruch nimmt.

▶ Auch bei der Auswahl des Verkaufspreises sind Sie nicht ganz frei; Sie müssen sich nach den Preisstufen richten, die Apple vorgibt – die Preise können sich dabei auch durchaus mal ändern. Anfangs war die niedrigste Preisstufe im deutschen App Store ein Preis von 79 Cent; später hat Apple diesen Preis dann auf 89 Cent angehoben. Alle Apps, die in der niedrigsten Preisstufe eingestellt wurden, haben diese Verteuerung automatisch mitgemacht.

▶ In den nächsten Schritten müssen Sie eine Beschreibung für Ihre App eingeben – auch die sollte, so wie der Name, möglichst aussagekräftig sein, darf aber maximal 4.000 Zeichen umfassen.

▶ Wichtig ist auch, in welcher Kategorie Sie die App anbieten, hier sollten Sie die angebotenen Kategorien genau durchschauen.

▶ Danach geht es um die Altersfreigabe für Ihre App. Sie müssen verschiedene Bereiche bewerten und Apple angeben, was davon in der App nicht, wenig oder häufig vorkommt. Entsprechend ändert sich auch die Altersfreigabe, die Apple dem Programm mit auf den Weg gibt.

Achtung, wenn Sie Webseiten mit einbinden!

Sobald Sie Webseiten in Ihre App mit einbinden (es können auch reine Infoangebote wie Wikipedia & Co. sein), wird die App automatisch mit der Altersstufe 17+ versehen. Der Hintergrund: Mit dem Aufruf der Webseite verlässt Ihre App sozusagen den geschützten Bereich des Apple-Universums. Apple kann nicht bestimmen, welche Inhalte – vielleicht irgendwann später einmal – auf der eingebundenen Webseite zu sehen sind. Daher geht der Konzern auf Nummer sicher und sperrt die App praktisch für Kinder.

▶ In den nächsten Schritten müssen Sie nun noch die Screenshots und das Icon für die App hochladen. Diese sollten Sie sich passend auf der Schreibtischoberfläche zurechtlegen.

▶ Seit Neuestem können Sie auch kurze Videos mit in die Beschreibung einbinden. Apple schlägt vor, dass Sie Ihre App in Aktion zeigen – quasi als Weiterführung der Screenshots.

Abbildung 10.10 Auch Videos lassen sich jetzt in die Beschreibung mit einbinden – für die erste App muss das nicht unbedingt sein.

▶ Haben Sie alle Schritte durchlaufen, klicken Sie am Ende auf Save, um die Einstellungen zu speichern. Klicken Sie dann auf Ready to upload binary. Sie müssen noch die Frage beantworten, ob Ihre App Verschlüsselungsmechanismen enthält. Der Hintergrund ist, dass nach US-amerikanischem Recht nur bestimmte dieser Techniken für den Export zugelassen sind. In der Regel werden Sie diese Frage einfach mit No beantworten können.

10.1.7   Von Xcode zu Apple

So, Endspurt – jetzt geht es nur noch darum, die App aus Xcode heraus an Apple zu übertragen. Das funktioniert über den Organizer, der in Xcode eingebaut ist.

▶ Wechseln Sie zu Xcode, und rufen Sie dort unter Window die Ansicht Organizer auf.

▶ Im Bereich Archives finden Sie die in den vorhergehenden Schritten vorbereitete App. Markieren Sie die App, die Sie jetzt in den App Store schicken wollen, und klicken Sie dann auf Validate.

▶ Xcode sollte zurückmelden, dass alles mit dem Archive okay ist. Danach klicken Sie auf Submit – das war es.

Abbildung 10.11 Endlich auf der Zielgeraden – mit »Submit« wird die App an Apple übertragen.

▶ Ab jetzt liegt die App in den Händen von Apple – sie wird dort überprüft und dann für den App Store freigeschaltet. Sollte es Probleme geben, wird Apple Sie darüber per Mail informieren.

10.2   So geht's weiter: Hilfen aus dem Netz und von außerhalb

Wir sind mit den Basics durch – Ihre erste App kann jetzt programmiert und in den App Store gestellt werden, und wir hoffen, Ihnen mit diesem Buch das nötige Rüstzeug dafür geliefert zu haben. Wie geht es nun weiter? Wenn Sie sich langfristig mit der Entwicklung von Apps beschäftigen, werden Sie vor allem in Sachen Programmiertechnik eine Menge an weiterem Wissen brauchen – in diesem Buch konnten wir viele Bereiche nur ankratzen.

Wir möchten Ihnen daher gerne (hüstel, hüstel) ein anderes Buch empfehlen: »Apps programmieren für iPhone und iPad«, so wie dieses Buch erschienen bei Galileo Computing. Einer der beiden Autoren ist Klaus Rodewig, der auch dieses Buch mitgeschrieben hat.

Darüber hinaus wird es sicherlich immer mal wieder Probleme und Fragen geben, die sich am besten im Dialog mit anderen Entwicklern klären lassen. Erste Anlaufstelle dafür ist das Entwicklerforum von Apple, das Sie im Developer-Bereich unter *https://devforums.apple.com* finden (siehe Abbildung 10.12).

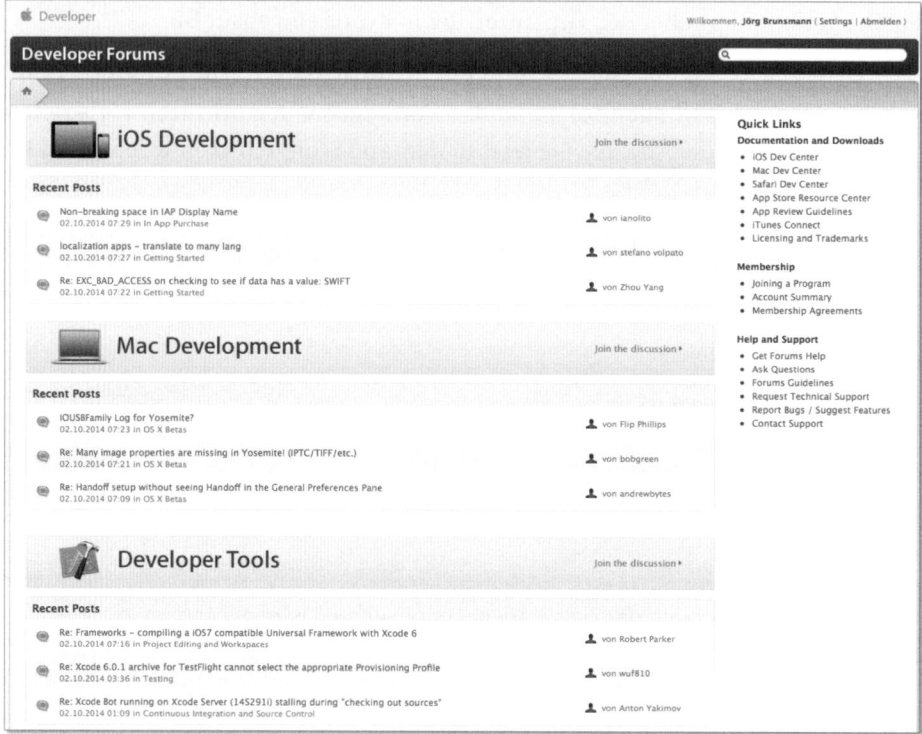

Abbildung 10.12 Apple hat ein eigenes Forum eingerichtet – hier können Sie viele Gleichgesinnte und viel Fachkompetenz finden.

Sinnvoll ist es auch, wenn Sie sich regelmäßig in Blogs und Foren rund um iPhone, iPad und deren Apps umschauen – auf diese Weise werden Sie schneller neue Apps entdecken entdecken und können sich dabei die eine oder andere Anregung holen. Ein recht interessantes Forum ist beispielsweise die Seite *www.iszene.com*, die sich selbst als »Deutschlands größtes iPhone-Forum« bezeichnet. Auch unter *www.apfeltalk.de* finden Sie viele Nachrichten und ein sehr umfangreiches Forum rund um Apple und seine Produkte.

Für App-Programmierer hat sich in Deutschland mittlerweile das OSX-Entwicklerforum (*www.osxentwicklerforum.de*) als wichtige Plattform für den Austausch rund um die iOS- und Mac-Programmierung etabliert. Wie der Name schon sagt, stammt das Forum noch aus Zeiten, in denen es ausschließlich um die Mac-Programmierung ging, aber mittlerweile dreht sich der Großteil der Themen dort um die iOS-Programmierung.

Es gibt inzwischen auch Verbände von App-Entwicklern, die gemeinsam Aktionen durchführen (zum Beispiel Sonderangebote zu Weihnachten oder anderen Anlässen herausbringen) und die sich als Interessenvertreter der App-Entwickler auch gegenüber Apple sehen. In den USA gibt es die Application Developers Alliance (*http://appdevelopersalliance.org*), in Deutschland hat sich mit vieda (*http://www.vieda.de*) ein Verband mit ähnlichen Aufgaben und Zielen gegründet (siehe Abbildung 10.13).

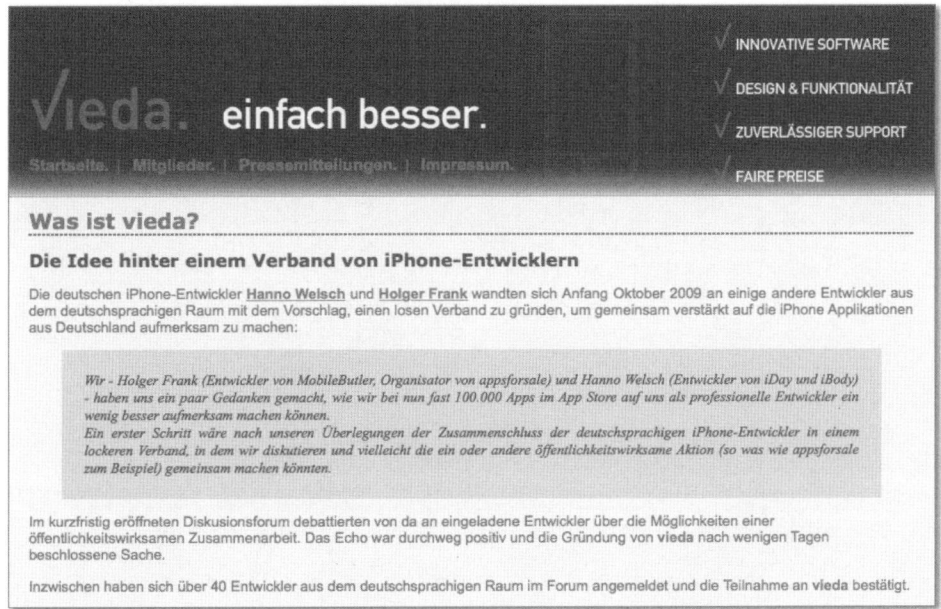

Abbildung 10.13 Gemeinsam sind wir stark – unter diesem Motto haben sich einige App-Entwickler im deutschen Verband vieda zusammengeschlossen.

10.3   Zusammenfassung

Wir hoffen, dass Ihnen die Lektüre dieses Buches Spaß gemacht und, vor allen Dingen, dabei geholfen hat, einen Einstieg in die App-Programmierung für iPhone und iPad zu finden. Viele Themen mussten aus Platzgründen außen vor bleiben, wir haben uns aber bemüht, die Themen, die wir für unerlässlich halten, so zu erklären, dass das Buch einen soliden Einstieg in die Thematik gibt.

Als letzten Satz möchten wir dann ein Zitat von Steve Jobs bringen, das Ihnen Mut machen soll, Ihre Kreativität bei der App-Programmierung auszuleben und sich von Rückschlägen nicht beirren zu lassen:

»Stay hungry, stay foolish!«

Wir wünschen Ihnen viel Spaß beim Programmieren und freuen uns über eine kurze Nachricht, wenn Sie Ihre erste App in den App Store eingestellt haben.

Glossar

Begriff	Erklärung
Accessor	Methode für den Zugriff auf → *Variablen* eines → *Objekts*.
Action	Von einem → *GUI-Element* (z. B. einem Button) aufgerufene → Methode.
API	Application Programming Interface. Schnittstelle für den Zugriff durch den Programmierer. Die Klassen von → *Cocoa Touch* stellen z. B. eine API dar.
App	Ein Programm für das → *iPhone*.
App Store	Virtuelles Geschäft im Internet, in dem man sich über iPhone, iPad, iPod touch oder iTunes Apps, Musik und Filme herunterladen kann.
App Store Review Guidelines	Von → *Apple* aufgestellte Regeln, die eine App einhalten muss, um im → *App Store* veröffentlicht werden zu können.
Apple	Hersteller schicker Gadgets, die sich mit einer sehr eleganten Programmiersprache programmieren lassen. ☺
Assistant editor	Zweites Editorfenster in → *Xcode*, in das von einem Storyboard aus direkt Verbindungen in eine Headerdatei gezogen werden können.
Attributes inspector	Panel zum Einstellen von Eigenschaften eines → *GUI-Elementes* im → *Storyboard*.
Bonjour	Netzwerkprotokoll von → *Apple*, das die Kommunikation von Rechnern im selben Netzwerk ohne manuelle Konfiguration durch den Benutzer ermöglicht.
BSD	Berkeley Software Distribution. Eine Version von → *Unix*, von der → *iOS* abstammt.
C	Hardwarenahe und weit verbreitete Programmiersprache. → *Objective-C* ist eine Erweiterung von C.
C++	→ *Objekt*orientierte Weiterentwicklung von → *C*. Lange Zeit erfolgreicher als → *Objective-C*, mittlerweile stark auf dem Rückzug.

Begriff	Erklärung
Cocoa	Framework für Apps unter → OS X.
Cocoa Touch	Framework für Apps unter → iOS.
Core OS	Der Kern von → iOS, der schmutzige Teil unter der Motorhaube sozusagen.
Delegation	Die Fähigkeit, Aufgaben von → Objekten an andere Objekte weiterleiten zu können, um komplizierte Vererbungshierarchien zu vermeiden.
Framework	Eine Zusammenstellung von → Klassen, → Methoden und → Techniken.
Game Center	Multimedia-Framework und -App von Apple für Mehrspieler-Apps unter → iOS.
Getter	Accessor zum Auslesen einer → Instanzvariablen.
GUI	Graphical User Interface (grafische Benutzeroberfläche). Der für den Benutzer sichtbare Teil einer → App.
Headerdatei	Quelltextdatei, die die Beschreibung der Eigenschaften und Methoden einer Klasse enthält.
IDE	Integrated Development Environment (Integrierte Entwicklungsumgebung). Zusammenfassung verschiedener Programmierwerkzeuge zu einem einheitlichen Werkzeug.
Implementierungsdatei	Quelltextdatei, in der die Programmlogik einer Klasse enthalten ist.
Instanzmethode	Methode eines Objekts.
Instanzvariable	Variable, Attribut oder Eigenschaft eines Objekts. Auch »Ivar«.
Instruments	Xcode-Bestandteil zur Analyse von Apps.
Interface Builder	Xcode-Bestandteil zum Erstellen von Benutzeroberflächen, z. B. in Storyboards.
iOS	Das auf iPhone, iPad und iPod touch laufende Betriebssystem.
iOS Human Interface Guidelines	Zusammenstellung von Vorgaben und Empfehlungen von Apple für das Layout von Benutzeroberflächen für iOS-Apps.
iPad	Tablet-Computer von Apple, auf dem iOS läuft.
iPhone	Smartphone von Apple, auf dem iOS läuft.

Begriff	Erklärung
iPod	MP3-Spieler von Apple.
iPod touch	iPhone ohne Telefon. ☺
Jailbreak	Entfernen der Sicherheitsmechanismen von Apple durch Installation einer speziellen Software.
Java	Programmiersprache der Firma Oracle. Kommt auf Smartphones mit dem Betriebssystem Android zum Einsatz.
JSON	Javascript Object Notation. Sprache für den Austausch strukturierter Informationen.
Kategorie	Die Erweiterung einer bestehenden Klasse um eine oder mehrere Methoden.
Klasse	Bauplan für ein Objekt. Definiert Eigenschaften und Methoden.
Klassenmethode	Die Methode einer Klasse, die zur Laufzeit aufgerufen werden kann.
Konstruktor	Methode zum Setzen von Eigenschaften beim Erzeugen eines Objekts.
Methode	Implementierung einer Aktion, die ein Objekt oder eine Klasse ausführen kann.
NeXTStep	Unix-basiertes Betriebssystem der Firma NeXT. Vorläufer von OS X und damit auch von iOS.
Objective-C	Objektorientierte Programmiersprache, die u. a. unter OS X und iOS verwendet wird. Erweiterung von C.
Objekt	Die Instanz einer → *Klasse*.
Objektorientierte Programmierung	Durch die Verwendung von Objekten charakterisierte Programmiertechnik.
OS X	→ *Unix*-basiertes Betriebssystem der Mac-Rechner. Großer Bruder von → *iOS*.
Outlet	Stelle im Quelltext, über die auf ein Oberflächenelement zugegriffen werden kann (z. B. ein Label).
Parser	Programmteil für die Verarbeitung strukturierter Daten.
POSIX	Ein Standard, der das Verhalten von → *Unix* beschreibt. Abkürzung für Portable Operating System Interface.

Begriff	Erklärung
Property	Von → *Objective-C* bereitgestellte vereinfachte Art des Zugriffs auf → *Objekt*eigenschaften.
Protokoll	Zusammenfassung von → *Methoden*, die nicht zu einer bestimmten → *Klasse* gehören.
Quartz	Grafikunterbau von → *OS X*.
Segue	Verbindungen verschiedener GUI-Ansichten im → *Storyboard*.
Setter	Methode zum Setzen von Werten eines → *Objekts*.
Simulator	Simuliertes → *iPhone* oder → *iPad* innerhalb von → *Xcode*.
Socket	Allgemein: Schnittstelle zur Kommunikation.
Storyboard	Werkzeug zur grafischen Erstellung von Benutzeroberflächen in → *Xcode*.
Template	Eine Vorlage.
Unix	Ein uraltes Betriebssystem (aus den 70er Jahren), auf dem auch → *OS X* und → *iOS* aufbauen.
Variable	Ein Speicherbereich zur Ablage von Daten.
View	Ein Oberflächenelement zur Anzeige beliebiger Inhalte. Existiert in verschiedensten Ausprägungen (Imageview, Mapview etc.).
Webservice	Schnittstelle eines Servers im Internet, der das maschinelle Abrufen strukturierter Daten erlaubt.
WSDL	Web Service Description Language. Beschreibungssprache für die von einem Webservice bereitgestellten Daten.
Xcode	Integrierte Entwicklungsumgebung von → *Apple* für die Entwicklung von → *Mac*- und → *iOS*-Apps.
XML	Beschreibungssprache für strukturierte Daten.
Vererbung	Merkmal → *objektorientierter Programmierung*. → *Klassen* können Eigenschaften an → *Subklassen* vererben.
Subklasse	→ *Klasse*, die Eigenschaften einer → *Superklasse* erbt und eigene Eigenschaften hinzufügt.
Superklasse	Die Klasse, von der eine → *Subklasse* Eigenschaften geerbt hat.

Index

502 Seiten, broschiert, mit DVD,
29,90 Euro
ISBN 978-3-8362-1933-4
erschienen November 2012
www.galileo-press.de/3141

Thomas Theis

Einstieg in Objective-C 2.0 und Cocoa

Programmieren für Mac, iPhone und iPad

Wer ansprechende GUI-Anwendungen und gute Apps für die Mac-Welt entwickeln will, benötigt grundlegende Kenntnisse der Programmiersprache und der Entwicklungsumgebung. Dieses Buch bietet Ihnen das notwendige Basiswissen, leicht verständlich aufbereitet, damit Sie sofort durchstarten können.

DVD, Mac, 12 Stunden Spielzeit,
39,90 Euro
ISBN 978-3-8362-2746-9
erschienen Dezember 2013
www.galileo-press.de/3528

Stefan Popp

Apps entwickeln für iPhone und iPad

Das umfassende Training

Sie suchen ein Training, das Ihnen die App-Entwicklung für das neue iOS 7 praxisnah erklärt? Dann ist dieses Training genau das Richtige für Sie. Hier lernen Sie anhand von vielen Programmierbeispielen die Grundlagen der App-Entwicklung und machen sich fit für das Programmieren eigener Apps.

- Grundlagen der Anwendungsentwicklung mit Xcode 6

- Apps entwickeln, testen, absichern und veröffentlichen

- Inkl. Xcode, Debugging, Versionierung, zahlreiche Praxisbeispiele, Sicherheit

Klaus M. Rodewig, Clemens Wagner

Apps programmieren für iPhone und iPad
Das umfassende Handbuch

Unsere Autoren zeigen Ihnen, wie Sie schnell zur eigenen App kommen. Dabei werden alle wichtigen Themen in der gebotenen Tiefe mit viel Hintergrundwissen beschrieben. Praktische und direkt nachvollziehbare Beispiele helfen beim Verständnis. Natürlich kommt in diesem Buch auch die Programmierung nicht zu kurz. Grundkenntnisse sollten jedoch vorhanden sein. Eine kurze Einführung in Objective-C und Cocoa vermittelt Ihnen alles, was Sie wissen müssen. Inkl. Schnittstellen zum Datenaustausch, Events, Alerts, Datenverwaltung mit Core Data, Sicherheit und die verschiedenen Möglichkeiten der Netzwerkprogrammierung. Aktuell zu iOS 8.

1.216 Seiten, gebunden, 49,90 Euro
ISBN 978-3-8362-2955-5
4. Auflage, erscheint Januar 2015
www.galileo-press.de/3653

409 Seiten, broschiert, mit DVD,
24,90 Euro
ISBN 978-3-8362-2790-2
4. Auflage 2014
www.galileo-press.de/3556

Uwe Post

Android-Apps entwickeln
Eine Spiele-App von A bis Z

Ihr Einstieg in die App-Entwicklung! Hier
lernen Sie auf besonders einfache und
unterhaltsame Weise, wie Sie Apps für
Android entwickeln. Schritt für Schritt
programmieren Sie ein eigenes Spiel, das
sich sehen lassen kann! Grundkenntnisse
in der Programmierung werden vorausgesetzt. Dann kann nichts mehr schief
gehen.

DVD, Windows, Mac und Linux,
8 Stunden Spielzeit, 39,90 Euro
ISBN 978-3-8362-3037-7
erschienen Juli 2014
www.galileo-press.de/3697

Sebastian Witt

Apps entwickeln mit Android Studio
Schritt für Schritt zur eigenen Android-App

Steigen Sie ein in die App-Entwicklung mit
Android Studio! Sebastian Witt ist
professioneller App-Entwickler. Er zeigt
Ihnen, wie Sie sich in Android Studio
zurechtfinden und führt Sie Film für Film
durch alle Schritte in der App-
Entwicklung, Java-Crashkurs inklusive.

- Spiele-Apps: von der Idee bis zu Google Play

- Von A bis Z: Sound & Grafik, 2D- und 3D-Spiele, Social Gaming

- Mit Erfolg: Verstehen, nachbauen, selbst entwickeln

Uwe Post

Spieleprogrammierung mit Android Studio

Programmierung, Grafik & 3D, Sound, Special Effects

Entwickeln Sie Ihre eigenen Spiele-Apps mit Android Studio! Das Buch führt Sie in alle wichtigen Bereiche der Spieleprogrammierung für mobile Endgeräte ein: Sie erfahren, wie Sie Layouts für verschiedene Geräte entwickeln und wie die Spielesteuerung funktioniert. Sie entwickeln 2D- und 3D-Spiele und statten Ihre Spiele mit Sound, Musik und Special Effects aus. Auch das Social Gaming kommt nicht zu kurz: Sie erfahren z. B., wie Sie den Spielstand in die Cloud bringen und Facebook integrieren. Java-Kenntnisse und Grundlagen von Android werden vorausgesetzt.

381 Seiten, gebunden, 34,90 Euro
ISBN 978-3-8362-2760-5
erschienen April 2014
www.galileo-press.de/3537

Galileo Press

Christian Ullenboom

Java ist auch eine Insel

Einführung, Ausbildung, Praxis

Unser Handbuch ist die erste Wahl, wenn
es um aktuelles und praktisches Java-
Wissen geht. Java-Einsteiger, Studenten
und Umsteiger profitieren seit mehr als
einem Jahrzehnt von diesem Lehrwerk.
Neben der Behandlung der Sprach-
grundlagen von Java gibt es kompakte
Einführungen in Spezialthemen. Dieses
Buch gehört in das Regal eines jeden Java-
Programmierers.

1.306 Seiten, gebunden, 49,90 Euro
ISBN 978-3-8362-2873-2
11. Auflage 2014
www.galileo-press.de/3606

Christian Ullenboom

Java SE 8 Standard-Bibliothek

Das Handbuch für Java-Entwickler

Java 8 ist da und viele Themen neu dabei!
Ganz frisch an Bord: Stream-API, Date-
time-API, noch mehr JavaFX und JUnit
und Testen. Alte Hasen sind auf den
neuesten Stand gebracht, wie Swing, XML,
RMI, JDBC, Reflection, An-notationen,
Logging und Monitoring. Dieses
Handbuch ist ein Must-have für
Entwickler.

1.448 Seiten, gebunden, 49,90 Euro
ISBN 978-3-8362-2874-9
2. Auflage 2014
www.galileo-press.de/3607

- Von „Hallo Schrödinger" über Multithreading zur komplexen GUI-Anwendung

- Nutze die Schwerter aller Versionen: Generics, New File I/O und Java 8

- Perfekt zum Durchblicken und Hand anlegen, fantastisch illustriert

Philip Ackermann

Schrödinger programmiert Java
Das etwas andere Fachbuch

Vom Feinsten! Die Java-Einführung, die Dir den vollen Durchblick verschafft. Schreibe von Anfang an auf Profi-Art, objektorientiert, mit Interfaces, Generics und auf dem neuesten Stand. Mit Schrödinger und seinen witzigen Fragen macht guter Code richtig Spaß. Von einfachen Schleifen bis zur fertigen Anwendung löst ihr Probleme wie die Frage, ob Schrödingers Freundin "solche Schuhe" nicht schon hat. Oder ob es wirklich schon wieder Dinkel-pfannkuchen geben muss. Spitzen-Beispielcode, fantastisch illustriert. Für Einsteiger, Umsteiger und Fans.

704 Seiten, broschiert, in Farbe, 44,90 Euro
ISBN 978-3-8362-1740-8
erschienen Dezember 2013
www.galileo-press.de/2565

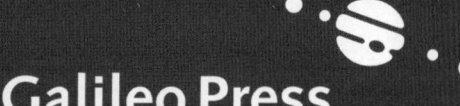

1.064 Seiten, gebunden, in Farbe,
39,90 Euro
ISBN 978-3-8362-2933-3
erschienen September 2014
www.galileo-press.de/3636

Michael Kofler, Charly Kühnast, Christoph Scherbeck

Raspberry Pi
Das umfassende Handbuch

Raspberry Pi-Wissen in seiner umfassendsten Form: Ob Linux mit dem RasPi, Grundlagen und fortgeschrittene Techniken der Programmierung und der Elektronik oder zahlreiche spannende, durchaus ambitionierte Bastelprojekte – mit diesem Buch ist einfach mehr für Sie drin! Lassen Sie sich mit Witz und von zahlreichen Praxistipps begeistern!

324 Seiten, broschiert, in Farbe,
29,90 Euro
ISBN 978-3-8362-2875-6
erschienen Oktober 2014
www.galileo-press.de/3608

Stefan Nitz

3D-Druck
Der praktische Einstieg

Sie möchten die Grundlagen des 3D-Drucks kennenlernen – und zwar mit coolen Projekten? Dann ist das Ihr Buch! Am Beispiel des 3D-Druckers Ultimaker 2 geht es richtig zur Sache. Von der vorhandenen oder selbst erstellten Druckvorlage über die Auswahl des optimalen Filaments bis hin zum Druck und dem Veredeln der Oberfläche: Hier ist alles für Sie drin!